· 全国党校行政学院系统应急管理系列教材 ·

突发事件风险管理

主　编　张小明
副主编　董幼鸿　逯惠艳

中国人民大学出版社
· 北京 ·

全国党校行政学院系统应急管理系列教材

目　录

第1章

突发事件风险管理概述

所谓风险，是指在不确定性情境下不利事件或危险事件发生的可能性及其后果/影响的综合体。所谓风险管理，是指对风险进行识别、分析与评估、处理并对其进行监控的过程。风险的识别和评估是开展有效应急管理的重要的第一步，突发事件风险管理是应急管理的起点。把突发事件风险管理作为应急管理的起点，改变了传统应急管理对突发事件采取的“刺激—反应”式的较为被动的管理模式；引入风险管理的应急管理模式和方法，更有利于资源配置和任务管理的优化。

突发事件风险管理是政府的一项基本的核心职能，涉及政府组织的全部范围以及政府组织中所有成员的管理职能。建立和发展更为有效的全面整合的风险管理模式是大势所趋。政府应构建“发现、定义、防范、抗击、转移、缓冲”风险的相关机制。

关于突发事件风险管理的流程和策略，可以将其归纳为四个步骤：风险识别（risk identification）、风险分析与评估（risk analysis & assessment）、风险处理（risk treatment）以及风险监控（risk monitoring）。而在这四个步骤中，自始至终都需要进行风险沟通（risk communication）。

我国不断探索突发事件风险管理实践，自然灾害、事故灾难、公共卫生事件、社会安全事件四大类突发事件风险管理实践全面展开，北京市、重庆市等地方政府启动公共安全风险管理长效体系建设，取得了积极成效。

本章主要说明风险的定义和特点、风险管理的概念与模型、突发事件风险管理的含义和内容、突发事件风险管理的流程和策略分析，阐明我国突发事件风险管理的研究进展和实践探索。

重点问题

- 风险的含义
- 风险管理的概念
- 风险管理的模型
- 突发事件风险管理内容
- 突发事件风险管理流程
- 突发事件风险管理流程整合
- 我国突发事件风险管理的政策进展
- 我国突发事件风险管理的实践探索

1.1 风险管理与突发事件风险管理

1.1.1 风险的定义和特点

关于风险的定义，国内外学者有不同的认识，至今尚未统一，它的定量表达仍在探索之中。提起风险，人们通常的理解是“可能发生的危险”。《韦氏大词典》将风险定义为“面临的伤害或损失的可能性”。保险业则将风险定义为“灾害或可能的损失”。在金融投资风险的概念中，有三种定义：第一种认为风险就是实现预期投资收益的不确定性；第二种认为风险应是投资结果损失的可能性；第三种认为风险是与不确定性和相应的不利投资后果同时相联系，只有在不确定性可能给投资者带来损失时，或者说，只有在投资损失具有不确定性时，才构成投资风险，通常以一定置信水平下投资工具所可能发生的最大投资损失计量风险。

在国外，通常认为风险（risk）的定义为：能够对研究对象产生影响的事件发生的机会，它通过后果和可能性这两个方面来具体体现。风险概念中包括三个因素：对可能发生的事件的认知；该事件发生的可能性；发生的后果①。早期德温（Devin）等设计的风险表达式为“易损性=风险×敏感性”②，布莱基（Blaikie）等提出的风险表达式为“风险=危险性+易损性”。国外学者对风险的定义中，较有代表性的可以归纳为：风险是某种特定的危险发生的可能性和后果/影响的综合体③。联合国人道主义事务部于 1992 年公布了自然灾害风险的定义：风险是在一定区域和给定时段内，由于特定的自然灾害而引起的人民生命财产和经济活动的期望损失值，并采用了“风险度(R)=危险度(H)×易损度(V)”的表达式。舒克（Shook）进一步解释了风险表达式中为什么危险度和易损度只能相乘而

---

① H B. A Basic Introduction to Managing Risk. AS/NZS4360，1999.

② Devin L B，Hobba L J. Considerations for Establishing Flood Mitigation Priorities and Appropriate Level of Adjustment (Australia). Australian Government Publishing Service，1997：261-266.

③ Research and Special Programs Administration. Risk Management Definitions.（2005-01-15）. http://hazmat. dot. gov；HM TREASURY. Risk Improvement Management Definitions.（2005-01-17）. www. hm-treasury. gov. uk.

不能相加的问题①。

在国内，蒋维等认为，“风险是指可使未来的管理遭受损失的不确定因素，风险是指发生不幸事件的概率，风险就是一个事件产生我们所不希望的后果的可能性”，并将风险的定义表达式写成：风险（后果/时间）=频率（事件数/单位时间）×危害度（后果/每次事件）②。汪敏等认为，风险是指在一定条件下和一定时期内可能发生各种结果的变动程度③。王虎林认为，风险是指（未来）不利结果发生的可能性及不利程度。相应地，机会就是有利结果发生的可能性及有利程度④。王虎林认为，所谓不利，就是人们认为某个结果会给自己带来损失（损害主体既有或将有利益），或者不能实现某个目标，或者阻碍自己实现某个目标，等等。判断某个结果是否不利，完全以主体的期望为标准。当然，主体的期望又是由社会的要求所决定的。

可以大致将学者们关于风险的定义归结为四类。第一类是将未来结果的变动可能性视为风险；第二类是将不确定性视为风险；第三类是将不利事件发生的可能性视为风险；第四类是从结果之间的差异来界定风险。第四类定义中，又分为三种：第一种，将各种可能结果之间的差异本身视为风险；第二种，以客观实际结果为参照对象，将风险界定为主观预想与客观实际结果间的距离；第三种，以主观预想的结果为参照对象，将风险定义为未来结果与预期或期望结果之间的差距。

从学术上的诸多定义和日常生活对风险的理解中我们知道，人们在风险探索和研究中得到了这样一些比较正确的认识成果：风险与不确定性有关；风险是不确定性结果中的一种，即可能发生的不利结果中的一种；风险是可能发生的结果中的那种不利于人们的结果；风险是未来可能不利结果与期望结果之间的差异。根据人们的理解，我们可以通俗地这样描述风险：风险是这样一个东西，它在将来可能发生，也可能不发生；一旦发生，将会给人们带来不利和损失。在所有发生的后果中：已经发生的，不能称作风险；必然要发生的，不能称作风险；给人带来好处的，也不能称为风险。

可以认为，风险是对不确定性结果的一种度量。所谓风险，是指在不确定性情境下不利事件或危险事件发生的可能性及其后果/影响的综合体。而所谓不确定性，就是一个问题的结果存在两个或更多的选择。风险的不确定性突出表现在两个方面，即风险发生的不确定性和风险损失的不确定性。风险具有客观性，其大小随时间延续而变化，是一定时期内的风险。从系统分析的角度来看，风险具有系统特性和动态特性。风险实际上并非某一单一实体或事物的固有特性，而是属于一个系统的特性。若系统发生变化，很容易就会使事先对风险所做的估算随之发生变化。可以把风险分为有形风险和无形风险。有形风险即物理性的条件，例如有疏漏的防护设施；无形风险则更多的是指道德和心理方面的影响。还可以把风险分为系统风险和非系统风险。一个组织所能控制的只有非系统风险，对系统风险是无能为力的。

显而易见，风险是针对不确定性事件而言的，在许多情况下，危机就是不确定性事

① Shook G. An Assessment of Disaster Risk and Its Management in Thailand. Disaster，1997，21（1）：77-88.

② 蒋维，金磊．中国城市综合减灾对策．北京：中国建筑工业出版社，1992：74-85.

③ 汪敏，刘东燕．滑坡灾害风险分析研究．工程勘察，2001（2）.

④ 王虎林．正确评估风险的指标选用．经济科学，1998（2）.

件。这就提出了风险管理和风险评估的问题。

1.1.2 风险管理的概念

应急管理是指对危机事前、事中、事后所有方面的管理[①]。在应急管理的事前预防这一阶段，需要找出组织面临的所有潜在危机，并根据它们发生的概率大小排列出处理的先后顺序。这种量化、排序的工作是非常困难的，单靠应急管理研究和实践中以前固有的手段，难以很好地完成这项任务，因此风险管理被逐步引入应急管理领域。

风险管理最早起源于保险业，其后被运用到金融领域，含有很强的计量因素，用于在面临各种风险时估算成本和收益[②]；后来又逐渐被运用到医疗保健、环境保护等被认为是高风险的行业和领域。20 世纪八九十年代开始，风险管理被引入应急管理领域，风险管理的流程、策略等被广为借鉴，成为应急管理的重要手段。

克里斯蒂（Christie）将风险管理定义为：风险管理是组织为控制偶然损失的风险，以保全获利能力和资产所做的一切努力。威廉斯（Williams）和汉斯（Hance）将风险管理定义为：风险管理是通过对风险的识别、衡量和控制，以最低的成本使风险所致的各种损失降到最低限度的管理方法。所谓风险管理（risk management），是指对风险进行识别、分析与评估、处理并对其进行监控的过程[③]。风险评估（risk assessment）是对一定时期内某一种或多种尚未发生，但可能发生的危机风险在某一地区可能发生的概率，以及这一危机风险发生时对社会经济及人们的生命财产构成的危害，作出动态变化的评估。风险的识别和评估是开展有效应急管理的重要的第一步，因为人们只有知道会出现什么样的危机情境，才能去考虑如何对其进行管理，所以国外一些学者现在把风险管理视为应急管理的起点[④]。

1.1.3 突发事件风险管理的含义与内容

风险产生于风险源。所谓风险源，是指可能导致风险后果的因素或条件的来源。突发事件风险管理是指政府对突发事件风险进行识别、分析与评估、处理并对其进行监控的过程。突发事件风险管理是应急管理的前哨和起点，也是应急管理的第一道防线，是危机预防基础上的“关口再前移”。

2007 年 8 月 30 日，第十届全国人民代表大会常务委员会第二十九次会议通过《中华人民共和国突发事件应对法》。该法第三条规定，本法所称突发事件，是指突然发生，造成或者可能造成严重社会危害，需要采取应急处置措施予以应对的自然灾害、事故灾难、公共卫生事件和社会安全事件。该法第五条规定，突发事件应对工作实行预防为主、预防与应急相结合的原则。国家建立重大突发事件风险评估体系，对可能发生的突发事件进行

---

① 希斯．危机管理．王成，宋炳辉，金瑛，译．北京：中信出版社，2004：12.

② 同①24.

③ News on Risk Management. What is Risk Management. (2005-01-10). www.rm-news.com; BambooWeb Dictionary. Risk Management. (2005-01-10). www.bambooweb.com/articles.

④ 同①46.

综合性评估，减少重大突发事件的发生，最大限度地减轻重大突发事件的影响。该法第三十五条规定，国家发展保险事业，建立国家财政支持的巨灾风险保险体系，并鼓励单位和公民参加保险。

2012年11月8日，党的十八大报告提出：加快形成源头治理、动态管理、应急处置相结合的社会管理机制；建立健全重大决策社会稳定风险评估机制；加强防灾减灾体系建设，提高气象、地质、地震灾害防御能力；坚持预防为主、综合治理，以解决损害群众健康突出环境问题为重点，强化水、大气、土壤等污染防治。2013年11月12日，《中共中央关于全面深化改革若干重大问题的决定》第十三部分"创新社会治理体制"第五十条"健全公共安全体系"提出：深化安全生产管理体制改革，建立隐患排查治理体系和安全预防控制体系，遏制重特大安全事故。第四十九条"创新有效预防和化解社会矛盾体制"提出：健全重大决策社会稳定风险评估机制。建立畅通有序的诉求表达、心理干预、矛盾调处、权益保障机制，使群众问题能反映、矛盾能化解、权益有保障。2014年10月23日，《中共中央关于全面推进依法治国若干重大问题的决定》提出：健全依法决策机制。把公众参与、专家论证、风险评估、合法性审查、集体讨论决定确定为重大行政决策法定程序，确保决策制度科学、程序正当、过程公开、责任明确。构建对维护群众利益具有重大作用的制度体系，建立健全社会矛盾预警机制、利益表达机制、协商沟通机制、救济救助机制，畅通群众利益协调、权益保障法律渠道。2015年5月29日，中共中央政治局就健全公共安全体系进行第二十三次集体学习，强调要牢固树立安全发展理念，自觉把维护公共安全放在维护最广大人民根本利益中来认识，扎实做好公共安全工作，努力为人民安居乐业、社会安定有序、国家长治久安编织全方位、立体化的公共安全网。维护公共安全，要坚持问题导向，从人民群众反映最强烈的问题入手，高度重视并切实解决公共安全面临的一些突出矛盾和问题，着力补齐短板、堵塞漏洞、消除隐患，着力抓重点、抓关键、抓薄弱环节，不断提高公共安全水平。要坚持标本兼治，坚持关口前移，加强日常防范，加强源头治理、前端处理，建立健全公共安全形势分析制度，及时清除公共安全隐患。2015年10月29日，《中共中央关于制定国民经济和社会发展第十三个五年规划的建议》提出，完善和落实安全生产责任和管理制度，实行党政同责、一岗双责、失职追责，强化预防治本，改革安全评审制度，健全预警应急机制，加大监管执法力度，及时排查化解安全隐患，坚决遏制重特大安全事故频发势头。落实重大决策社会稳定风险评估制度，完善社会矛盾排查预警和调处化解综合机制，加强和改进信访和调解工作，有效预防和化解矛盾纠纷。2016年1月，中共中央政治局常委会会议指出，重特大突发事件，不论是自然灾害还是责任事故，其中都不同程度存在主体责任不落实、隐患排查治理不彻底、法规标准不健全、安全监管执法不严格、监管体制机制不完善、安全基础薄弱、应急救援能力不强等问题。必须坚决遏制重特大事故频发势头，对易发重特大事故的行业领域采取风险分级管控、隐患排查治理双重预防性工作机制，推动安全生产关口前移，加强应急救援工作，最大限度减少人员伤亡和财产损失。必须加强基础建设，提升安全保障能力，针对城市建设、危旧房屋、玻璃幕墙、渣土堆场、尾矿库、燃气管线、地下管廊等重点隐患和煤矿、非煤矿山、危化品、烟花爆竹、交通运输等重点行业以及游乐、"跨年夜"等大型群众性活动，坚决做好安全防范，特别是要严防踩踏事故发生。要强化重点行业领域安全治理，加快健全隐患排查治理体系、风险预防控制体系和社会共治体系，依法严惩安全生产领域失职渎职行为，坚决遏制重特大事故频发势头，确保人民群众生命财产安全。

《中华人民共和国国民经济和社会发展第十三个五年规划纲要（2016—2020 年）》“第十七篇　加强和创新社会治理”用两章的篇幅专门就公共安全与应急管理问题进行了阐释。其中，“第七十二章　健全公共安全体系”指出，改革安全评审制度，健全多方参与、风险管控、隐患排查化解和预警应急机制，强化安全生产和职业健康监管执法，遏制重特大安全事故频发势头；加强隐患排查治理和预防控制体系、安全生产监管信息化和应急救援、监察监管能力等建设；加快建立巨灾保险制度；强化突发事件应急体系建设；建成与公共安全风险相匹配、覆盖应急管理全过程和全社会共同参与的突发事件应急体系；加强应急基础能力建设，健全完善重大危险源、重要基础设施的风险管控体系，增强突发事件预警发布和应急响应能力，提升基层应急管理水平。“第七十三章　建立国家安全体系”指出，建立外部风险冲击分类分等级预警制度；加强重大安全风险监测评估，制定国家安全重大风险事件应急处置预案；健全国家安全审查制度和机制；对重要领域、重大改革、重大工程、重大项目、重大政策等进行安全风险评估；防范化解经济安全风险；统筹应对去过剩产能、去商品房库存和去债务杠杆过程中的财政金融风险，以可控方式和节奏主动释放风险；加强对金融市场异常波动、风险传递和金融新业态风险的监管应对；完善全口径政府债务管理，推动地方政府融资平台市场化转型，有效化解地方政府债务风险；拓宽银行业不良资产处置渠道，完善流动性风险管理工具和应急预案，严厉打击非法集资；防范企业债务风险。提高能源、矿产资源、水资源、粮食、生态环保、安全生产、网络等方面风险防控能力。此外，《中华人民共和国国民经济和社会发展第十三个五年规划纲要（2016—2020 年）》还在其他篇章中多次提出加强公共安全与应急管理能力建设。例如，在“第七篇　构筑现代基础设施网络”中提出，加快中小河流治理、山洪灾害防治、病险水库水闸除险加固，推进重点海堤达标建设；加强气象水文监测和雨情水情预报，强化洪水风险管理，提高防洪减灾水平。在“第十篇　加快改善生态环境”中提出，实施环境风险全过程管理；加强有毒有害化学物质环境和健康风险评估能力建设；加强生态文明制度建设，建立健全生态风险防控体系，提升突发生态环境事件应对能力，保障国家生态安全；加强生态环境风险监测预警和应急响应；建立健全国家生态安全动态监测预警体系，定期对生态风险开展全面调查评估。

按照《突发事件应对法》的有关规定，突发事件风险管理的主要类型与内容，包括自然灾害风险管理、事故灾难风险管理、公共卫生事件风险管理和社会安全事件风险管理四个方面。

第一，自然灾害风险管理主要包括：（1）水旱灾害风险管理；（2）气象灾害风险管理，主要包括台风、冰雹、雪、高温、沙尘暴等风险管理；（3）地质灾害风险管理，主要包括地震、山体崩塌、滑坡、泥石流等风险管理；（4）海洋灾害风险管理，主要包括风暴潮、巨浪、海冰等风险管理；（5）森林草原火灾和重大生物灾害风险管理；等等。

第二，事故灾难风险管理主要包括：（1）民航、铁路、公路、水运、轨道交通等重大交通运输事故风险管理；（2）工矿企业、建筑工程、公共场所及机关、企事业单位发生的各类安全事故风险管理；（3）供水、供电、供油和供气等城市生命线事故风险管理；（4）通信、信息网络、特种设备等安全事故风险管理；（5）核辐射事故风险管理；（6）重大环境污染和生态破坏事故风险管理；等等。

第三，公共卫生事件风险管理主要包括：(1) 突然发生，造成或可能造成社会公共健康严重损害的重大传染病疫情风险管理；(2) 群体性不明原因疾病风险管理；(3) 重大食品安全事件和职业危害事件风险管理；(4) 重大动物疫情风险管理；(5) 其他严重影响公众健康事件风险管理。

第四，社会安全事件风险管理主要包括：(1) 重大刑事案件风险管理；(2) 涉外突发事件风险管理；(3) 恐怖袭击事件风险管理；(4) 突发重大经济安全事件风险管理；(5) 民族宗教事件风险管理；(6) 规模较大的群体性突发事件风险管理。

《突发事件应对法》第二十条规定，县级人民政府应当对本行政区域内容易引发自然灾害、事故灾难和公共卫生事件的危险源、危险区域进行调查、登记、风险评估，定期进行检查、监控，并责令有关单位采取安全防范措施。省级和设区的市级人民政府应当对本行政区域内容易引发特别重大、重大突发事件的危险源、危险区域进行调查、登记、风险评估，组织进行检查、监控，并责令有关单位采取安全防范措施。县级以上地方各级人民政府按照本法规定登记的危险源、危险区域，应当按照国家规定及时向社会公布。第二十一条规定，县级人民政府及其有关部门、乡级人民政府、街道办事处、居民委员会、村民委员会应当及时调解处理可能引发社会安全事件的矛盾纠纷。第二十三条规定，矿山、建筑施工单位和易燃易爆物品、危险化学品、放射性物品等危险物品的生产、经营、储运、使用单位，应当制定具体应急预案，并对生产经营场所、有危险物品的建筑物、构筑物及周边环境开展隐患排查，及时采取措施消除隐患，防止发生突发事件。第六十三条规定，地方各级人民政府和县级以上各级人民政府有关部门未按规定采取预防措施，导致发生突发事件，或者未采取必要的防范措施，导致发生次生、衍生事件的，根据情节对直接负责的主管人员和其他直接责任人员依法给予处分。第六十四条规定，有关单位未按规定采取预防措施，导致发生严重突发事件的，或者未及时消除已发现的可能引发突发事件的隐患，导致发生严重突发事件的，由所在地履行统一领导职责的人民政府责令停产停业，暂扣或者吊销许可证或者营业执照，并处五万元以上二十万元以下的罚款，构成违反治安管理行为的，由公安机关依法给予处罚。

新《安全生产法》第三条规定，安全生产工作应当以人为本，坚持安全发展，坚持安全第一、预防为主、综合治理的方针。第三十二条规定，生产经营单位应当在有较大危险因素的生产经营场所和有关设施、设备上，设置明显的安全警示标志。第三十七条规定，生产经营单位对重大危险源应当登记建档，进行定期检测、评估、监控，并制定应急预案，告知从业人员和相关人员在紧急情况下应当采取的应急措施。生产经营单位应当按照国家有关规定将本单位重大危险源及有关安全措施、应急措施报有关地方人民政府安全生产监督管理部门和有关部门备案。第三十八条规定，生产经营单位应当建立健全生产安全事故隐患排查治理制度，采取技术、管理措施，及时发现并消除事故隐患。事故隐患排查治理情况应当如实记录，并向从业人员通报。县级以上地方各级人民政府负有安全生产监督管理职责的部门应当建立健全重大事故隐患治理督办制度，督促生产经营单位消除重大事故隐患。第九十九条规定，生产经营单位未采取措施消除事故隐患的，责令立即消除或者限期消除；生产经营单位拒不执行的，责令停产停业整顿，并处十万元以上五十万元以下的罚款，对其直接负责的主管人员和其他直接责任人员处二万元以上五万元以下的罚款。

1.2 突发事件风险管理的流程与方法

关于突发事件风险管理的流程和策略，可以将其归纳为四个步骤：风险识别、风险分析与评估、风险处理以及风险监控①。在这四个步骤中，自始至终都需要进行风险沟通。缺少风险沟通这一步骤，任何风险管理活动都毫无价值。

1.2.1 风险识别

风险识别是指找出组织面临的各种突发事件风险，识别并确认潜伏的风险，主要回答“会发生什么糟糕的事”以及“如何发生”的问题。风险识别要求鉴别风险的来源、范围、特性及与其行为或现象相关的不确定性，这在很大程度上界定了风险的本质特征。开展风险识别工作，要求对组织有全面而深刻的了解，根据组织自身的情况和特点，从组织的目标（是否有什么会妨碍组织目标的实现）、收益、财务、声誉（是否有什么会影响组织的声誉）、日程（有什么会阻碍组织按时完成预定的计划）等方面预测组织可能面临的各种风险，通常需要召集组织各部门的相关人员（如果需要的话还可以外请一些专家），采用头脑风暴及群体讨论等方法，尽可能罗列所有组织可能面临的风险，然后整理出来，在更大范围内进行反复讨论，从而最终确定一份目录②。

风险识别具体包括四个部分：（1）列出风险/事件列表，系统、全面、详细地分析并列举该领域/地区可能发生的各种不利事件（风险），以回答“可能发生哪些突发事件”的问题。（2）分析排查风险源，系统、全面、详细地分析、排查可能导致各类不利事件发生的原因、致灾因子、风险源等，以回答“这些突发事件为什么会发生、可能如何发生”的问题。（3）分析风险/事件可能产生的影响，系统、详细地分析各种不利事件可能导致的后果、次生衍生灾害，受影响的对象、范围和可能的影响方式，以回答“这些突发事件可能产生怎样的影响”的问题。（4）通过列出风险/事件列表、分析排查风险源、分析风险/事件可能产生的影响这三个步骤，可以制定详细的风险识别表。

风险识别要求建立定期的组织脆弱度分析检查制度。组织经常进行自我反省，制度性地定期检查自己的薄弱环节并了解最新情况，以便在风险发展成为危机之前得以发现和解决。脆弱度分析审查不仅有助于预防风险，避免对组织的不良影响，还会使组织在未来变得更为强大。

---

① Healthcare Associated Infection (HAI). The Risk Management of HAI: A Proposed Methodology for NHS Scotland Consultation Document. (2005-01-15). www.scotland.gov.uk; Schirick. Risk Management and Crisis Response: Are You Prepared. (2005-01-11). www.acacamps.org/campmag; Tusler R. An Overview of Project Risk Management. (2005-01-17). www.netcomuk.co.uk.

② 王晓晖．初探公共关系危机管理中的风险管理．国际关系学院学报，2005（6）．

1.2.2　风险分析与评估

风险分析是从风险发生的可能性和后果/影响两个方面对风险进行分析。其中，可能性又可以从概率和频率两方面来衡量。概率通常是以百分比（或千分比等）的形式来表示事情发生的可能性的大小；频率则是指事件可能在多长时间内发生一次（例如，三个月一次、十年一次等）。风险分析包括三个必不可少的步骤：其一，采集数据。首先必须采集所要分析的与风险相关的各种数据。其二，完成不确定性模型。不确定性模型以得到的有关风险信息为基础，对风险发生的可能性和可能的结果明确地定量化。其三，风险影响评估。在不同风险事件的不确定性模型化后，就要评估这些风险的全面影响。通过风险评估把不确定性与可能的结果结合起来。

根据风险分析的两个标准——可能性和后果/影响，我们可以将风险分为四个象限或区域：A 区、B 区、C 区、D 区（见图 1-1）。其中，D 区表示高可能性、严重的后果，处在这一区的风险需要立即想办法处理。C 区表示低可能性、严重的后果，处在这一区的风险需要尽可能想办法避免。A 区表示高可能性、轻微的后果，处在这一区的风险需要较好地控制。B 区表示低可能性、轻微的后果，如果有足够的资源，可以对其加以处理；如果没有足够的资源，可以暂时不去理会处在这一区的风险。

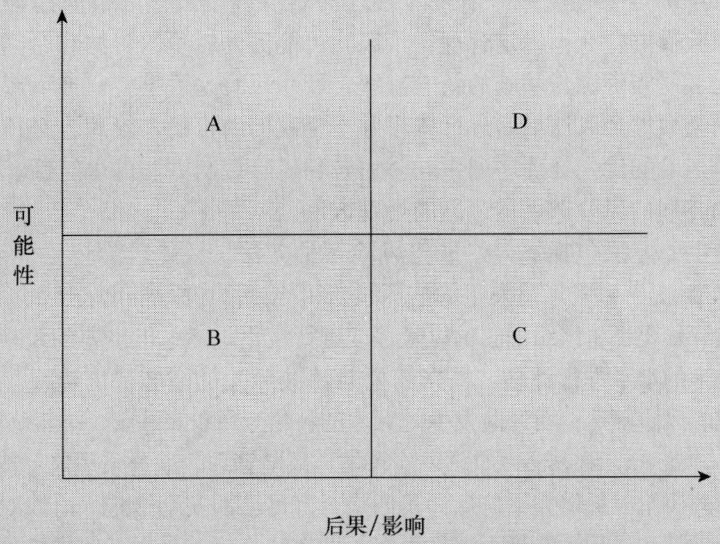

图 1-1　风险分类象限图

资料来源：Tusler R. The Elements of Project Risk Management.（2005-01-17）. www.netcomuk.co.uk.

将风险分为四个象限或区域，可以直观、形象地看到风险分析的结果，但是这种方法仍然是比较抽象的，无法具体、精确地表示出风险发生的可能性和后果的严重性。因此，我们还可以用打分的方法来表示风险发生的可能性和后果的严重性：1 分、2 分的区域表示为相对安全的“绿色”区域；3 分的区域为需要警惕的“黄色”区域；而 4 分、5 分的区域为有严重威胁的“红色”区域。

风险水平可以划分为不可以接受、可以接受和尽可能降低。在尽可能降低风险的范围内，为了将风险的水平尽可能地降低，应当尽量采取降低风险的措施。如果能够采取所有的措施来使风险的水平尽可能地降低，抑或降低风险是不现实的或者从成本—收益的观点看来是不可能的话，这样的风险水平是可以接受的。也就是说，有必要在从成本的角度考虑可行的前提下，采取某些风险消减措施。通过风险分析，我们会发现，有些风险需要马上想办法应对，而有些风险可以暂时忽略不计。那么，哪些风险必须马上处理？而哪些风险又可以暂且搁置一边呢？这就要进行风险评估。

风险评估是指根据风险分析的结果以及组织自身的状况，把组织所有可能面临的风险按照紧急程度和需要重视的程度排序，以便更加合理、有效地分配组织有限的资源。风险评估需要设定风险发生概率和严重后果及其伴随的不确定性的衡量标准或尺度，对该标准或尺度进行分析和估算，确定某一特定风险值的重要性或某一特定风险发生变化的指标和权重。风险评估应遵循系统性原则、定性和定量评估相结合的原则、客观性原则。风险评估在风险管理过程中占有十分重要的地位，所以需要构建风险分析试验环境，研制开发科学、实用的检查、评估工具，开展风险评估技术、理论、标准的研究。加强风险评估核心技术研究与攻关研究，通过技术创新，增强风险评估核心技术的竞争力；建立风险评估数据库，积累资料，全面提高风险评估水平。

风险评估的主要内容包括：(1) 风险出现的可能性；(2) 风险对组织的影响大小或规模；(3) 风险管理的难易程度：评估风险管理的难易程度，并可根据其难易程度进行排序；(4) 管理风险需要什么：确定管理每项风险可能需要耗费的资源和时间，这样会产生一组以管理能力和所需资源为基础的新的排序；(5) 风险是否可控制或可预测。然而，仅仅将各项风险的重要性加以评估后进行排序并不是我们的目的，管理者必须综合考虑各种因素以建立一个风险的优先处理序列，同时对各种风险控制方法的可行性、成本及收益加以分析，最终为不同的风险选用最适当的处理方法。

风险评估的主要方法包括：(1) 量化风险评估方法。量化风险评估 (quantitative risk assessment，QRA) 是一种对风险发生的估算频率和/或后果进行量化表述的系统方法和技术手段。量化风险评估要求将组织面临的风险程度进行量化，确定出主要的风险要素，针对有关认可标准对风险的水平进行评估，根据需要对消减风险的措施提出建议。其基本内容包括：风险识别或者风险筛选；对风险发生的频率的评估 (frequency assessment)；对风险产生后果的评估 (consequence assessment)；风险评估；风险管理。通过采用这一技术，可以为我们在进行风险管理决策时提供如下信息：我们是否有足够的安全措施，可以对发生的风险进行控制；我们的设计和运行策略是否满足我们的可靠性目标；采用某些措施是否可以显著地降低我们所面临的风险；哪一种设计方法可以在成本可以接受的前提下将我们的风险降低到最低水平；我们是否已经达到了组织标准或者法规的要求①。(2)“风险、危害和经济价值评估”方法。1999 年，美国消防局与特许金融分析师协会 (CFAI) 在“消防局自我评估”及“消防安全标准”的工作基础上，更突出强调了“火灾科学”的“科学性”，开发出名为“风

① 崔伟珍. 量化风险评估 (QRA) 在海上生产设施风险管理中的应用. 安全、健康和环境，2003 (5).

险、危害和经济价值评估”方法。美国消防局于2001年11月19日发布了该方案，这是一个计算机软件系统，包含了多种表格、公式、数据库、数据分析方法，主要用于采集相关的信息和数据，以确定和评估辖区内火灾及相关风险情况，供地方公共安全政策决策者使用。该方法的要点集中于两个方面：一是各种建筑场所火灾隐患评估。其目的是收集各种数据元素，这些数据能够通过高度认可的量度方法，以便提供客观的、定量的决策指导。其中的分值分配系统包括：建筑设施、建筑物、生命安全、供水需求、经济价值。二是社区人口统计信息。包括居住人口、年均火灾损失总值、每1 000人口中的消防员数目等数据元素。该方法已在一些消防局的救援响应规划中得到应用。以苏福尔斯消防局为例，它利用该方法把其社区风险定义为高中低三类区域，分别指人员密集的场所和经济利益较大的场所、居住区和绿地、水域等。(3)“风险评估工具箱”方法。英国某公司研发出“风险评估工具箱”，解决了两个问题：一是评估方法的现实性。通过对环境、毒品管理、海事安全等部门所使用的各种风险评估方法进行广泛考察之后，研究人员认为如果对这些方法加以适当转换，就可以通过不同的方法对消防队应该接警响应的不同紧急情况进行评估。二是建立了表现社会对生命安全风险可接受程度的指标。“风险评估工具箱”方法分为三个阶段。第一阶段，应该先在全国范围内，对应该接警响应的各类事故和各类建筑设施进行风险评估，得到一组关于力量部署和安全设施规划的国家指南，进而对于国家水平上的风险评估设定一个包括四个阶段的通用的程序：对生命和/或财产的风险水平进行估算；把风险水平与可接受指标进行对比；确定降低风险的方法，包括相应的预防和力量的部署；对不同层次的风险预防工作的作用进行估算，确定能合理、可行地降低风险的最经济有效的方法。第二阶段，国家指南确定后，才能提供一套评估工具，各地风险主管部门可以利用这些工具在国家规划要求范围内对当地的风险进行评估，并对有关力量进行相应的部署。该项目要求针对以下四类事故制定风险评估工具：住宅火灾；商场、工厂、多用途建筑和民用塔楼这样人员比较密集的建筑的火灾；道路交通事故一类危及生命安全、需要特种救援的事故；船舶失事、飞机坠落这样的重特大事故。第三阶段是对使用上述评估工具的区域进行考察，估算其风险水平，与国家风险规划指南对比，并推荐应具备的有关力量和安全设施水平[①]。(4) 灾害风险评估工具。根据灾害风险评估的内容，可以将灾害风险评估模型分为致灾因子模型、易损性模型和经济损失及人员伤亡模型。致灾因子模型 $PH(T, S, M)$ 有三种形式：物理模型关系式 $M=\Phi(T, S)$，即对给定的空间 S，预报何时量值为 M 的灾害会发生；概率模型关系式 $Prob(T, S, M)$，即在 T 时（或时间段内），在 S 位置（或区域）上量值为 M 的灾害发生的概率值；可能性概率模型关系式 $Poss(T, S, M, P)$，即在 T 时，在 S 位置上最大值为 M 的灾害发生概率为 P 的可能性。易损性模型 $D=f(M)$，从理论上讲，或许能依据经衰减后的致灾因子强度 M 由某个函数关系计算出承灾体的破坏强度 D，然而很难找到所需要的函数关系 f，通常用历史灾情资料统计 M 与 D 的关系，或用模糊关系矩阵来代替这种函数关系。经济损失和人员伤亡模型 $L=g(D)$，多用统计方法并用专家经验加以校正，和模糊关系矩阵来表达函数关系 g，利用模糊综合评估及灰色聚类综合评估技术进行综合评估。风险区划合成结果模型 $P(L, T, S)$ 一般用模糊关系的合成算法，最简单的是

① Wright I S. Dwelling Risk Assessment. Toolkit，1999.

max-min 方式。对于合成结果模型 $P(L, T, S)$，如果 f、g 均是一一对应的数学映射，则在灾害上表现出的概率特性可以十分容易地过渡到损失上面去。假定 $PH(T, S, M)$ 已知，则有 $P(L, T, S)=P[g(f(M)), T, S]=PH[T, S, g(f(M))]$①。

风险评估主要运用风险矩阵模型。风险矩阵模型（risk matrix）方法是借鉴了朗和约翰（Long & John，1993）的思想②，由利特尔咨询公司提出来的（见图 1-2）③。风险矩阵模型按照严重程度和发生频度对风险进行评估，严重程度估计包括潜在的死亡情况、受伤情况、财产损失、商业中断、环境和经济影响，级别从“灾难”（catastrophic）到“小”（minor）。然后以发生频度和严重性做 x 轴和 y 轴，作风险矩阵（见图 1-3）。最后根据风险特点划分风险类别，A 类风险具有最高优先级，需要立即处置；B 类属于中高风险，尽可能给予处置；C 类属中低风险，需要密切关注；D 类属于低风险，需要进行监控。

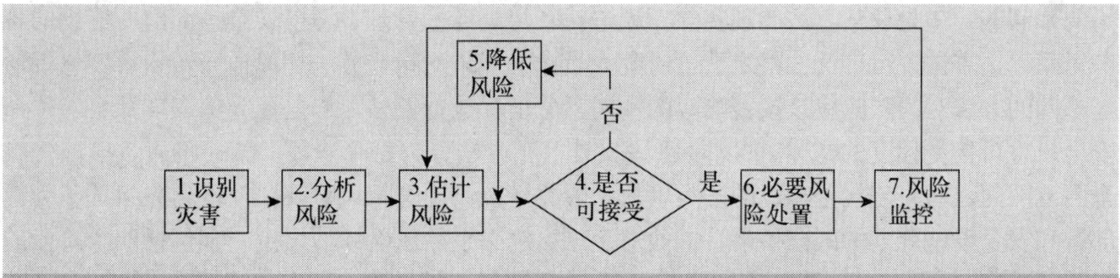

图 1-2 风险矩阵模型

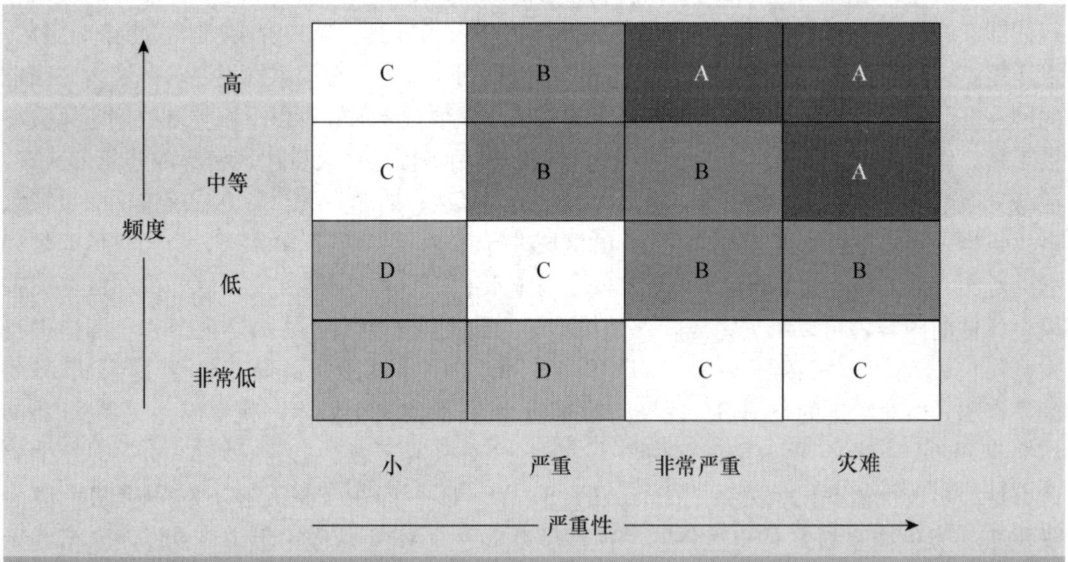

图 1-3 风险矩阵

① 黄崇福. 自然灾害风险分析的基本原理. 自然灾害学报，1999（2）.

② Long M H，et al. Risk-based Emergency Response. Paper presented at the ER93 Conference on the Practical Approach to Hazardous Substances Accidents，1993. St. John，New Brunswick，Canada.

③ FEMA. Multi-Hazard Identification and Risk Assessment—the Cornerstone of the National Mitigation Strategy，1997.

1.2.3　风险处理

风险处理是指选择应对风险的合适的策略和手段并加以执行①。传统上，有四种策略可供选择：避免（avoidance）、缩减（reduction）、转移（transfer）、保持或接受（retention or acceptance）②。

风险避免是指不去做那些可能导致风险的行为，直接避开导致风险的事项和活动，以消除可能发生的损失。比如说，为了避免飞机失事，就不坐飞机。从理论上说，对于一切风险都可以采用这种策略，但这是不现实的，因为这意味着什么都不能做。然而，在某些情况下，"避免"的策略的确是既合理又可行的，比如，通过移走有火灾隐患的物品来避免火灾。

风险缩减是指采用恰当的做法来减少风险的发生、减弱风险的后果。比如，在不得不存放易燃物品的情况下，可以在易燃物品的周围多放置些消防设施，这样一旦真的发生火情，可以减少损失。总的来说，风险的避免和缩减在很大程度上可以通过 ABC 原则得以实现：远离（away）——使风险源远离工作环境或使工作环境远离风险源；改善（better）——通过更坚固、更安全的设计和原料等来改善工作环境；相容（compatible）——使设计和原料等符合工作环境的要求。

风险转移是指把风险的负担转嫁给另一方，通常是通过合同来实现的。对于有些无法控制的风险，或者控制成本过大的风险，就可以通过风险转移的方法将损失转移给其他方。比如，可以不在本单位存放易燃物品，而交由专门的仓储公司去保管，从而把发生火灾的风险转嫁给仓储公司。另外，购买保险也是常用的转移风险的方法。

风险接受是指在无法避免、缩减和转移风险的情况下，接受风险发生的可能性和后果。在不得不接受风险的情况下，管理者可以做的工作有：得失分析——通过得失分析，确定可以接受的风险的上限；计算费用——确定了可以接受的风险的上限，计算出风险管理的费用；均衡风险——用接受风险所获得的利益来补偿所造成的损失。

除了上述传统的四种风险处理与控制策略以外，还有两种常用的风险处理与控制策略：预防风险损失和分离风险单位。预防风险损失是指降低风险损失发生的频率。分离风险单位包括两种风险管理方法：分割风险单位和复制风险单位。分割风险单位是将面临损失的单一的风险单位分为两个或两个以上独立的单位，并且每一个风险都应投入使用。摩天大楼中的隔离层和舰船上的水密隔舱就是分割风险单位的最好实例。复制风险单位是指组织保存备用的资产或设备，只有在使用的资产或设备遭受损失后才会使用这些备用品。复制风险单位在组织风险处理控制中最广泛的使用实例就是组织的信息系统的数据备份。

---

① Max's Project Management Wisdom. Wideman Comparative Glossary of Project Management Terms V2.1.（2005-01-27）. www.pmforum.org/library/glossary.

② 希斯. 危机管理. 王成，宋炳辉，金瑛，译. 北京：中信出版社，2004：40；Argos Press. Risk Management and Decision Making Glossary.（2005-01-27）. http://risk-management.argospress.com.

1.2.4 风险监控

对识别出的风险加以分析、评估，并选择合适的策略和手段来应对，这并不是风险管理的全过程。还需要对这些环节进行监控，根据实际情况不断进行修正和调整，构成一个封闭的、动态的风险管理流程。风险监控要求以切实可行的方式开展突发事件风险监测和报告，及时发现突发事件风险苗头，以有效处置突发事件风险隐患。

风险监控的主要目的服务于风险反馈与更新。而风险反馈与更新的实质是跟踪、监控、审查、信息采集和调整以及再跟踪、再调整的循环过程，是除了风险评估单位之外，包括协调单位、具体执行单位、情报单位等多家单位参与协作的过程。因此，在这个过程中，各单位需要建立反馈和更新的工作机制，如风险评估与应急预案衔接互动机制，信息沟通与共享机制，等等，从而保证风险监控得以及时调整更新。

1.2.5 风险沟通

在风险识别、风险分析与评估、风险处理以及风险监控这四个步骤中，自始至终都需要进行风险沟通。除非把有关风险的情况传达给相关的人——导致风险的人、面临风险的人、需要进行风险管理的人等，否则任何风险管理的方法都没有价值，因此需要进行风险沟通。风险沟通主要强调的是一种社会过程，通常发生在人们的风险意识逐渐上升的危机情境中。研究风险沟通主要是为了改善人们的风险认知。风险认知（risk perception）是个体对存在于外界的各种客观风险的主观感受与认识，而这些主观感受是受到心理、社会和文化等多方面因素影响的。根据美国国家研究委员会（the National Research Council）的定义，风险沟通是关于风险本质、影响、控制与其他相关讯息的意见交换过程。风险沟通的作用在于："告知""引导""解决冲突""营造正面关系"①。

"告知"是指告诉公众有关风险的知识，增进他们对风险的认识。例如，烟草生产商在香烟包装盒上印上"吸烟有害健康"的警告，一方面告知吸烟者吸烟的危害，另一方面也减轻了自己相关的法律责任。"引导"是指协助公众对风险形成正确的讨论与结论，进而产生个别的或共同的行为来降低风险，例如预防艾滋病的宣传。"解决冲突"是指调停因风险问题而造成的利益冲突。通过恰当的风险沟通，组织与其公众之间可以建立起一种正面的互动关系，提高组织处理风险、解决问题的能力，这就是风险沟通的"营造正面关系"的功用。

风险沟通的方法和模式可分为单向传播和双向沟通。单向传播模式主要用于由专家向一般公众传达风险知识，而双向沟通模式则赋予公众思考、提问、建议甚至决策的权利。单向传播模式能够实现风险沟通"告知"和"引导"的功能，但若要实现"解决冲突"和"营造正面关系"的功能，则必须采用双向沟通模式。

---

① 吴宜蓁. 危机传播：公共关系与语义观点的理论与实证. 台北：五南图书出版公司，2002：97-99.

1.2.6　风险管理流程整合与策略

综上所述，突发事件风险管理的流程模型和策略，主要包括五个步骤（见图1－4）：风险识别、风险分析与评估、风险处理、风险监控、风险沟通；其中，风险沟通贯穿于突发事件风险管理流程的全过程。通过对突发事件风险管理流程模型和策略的了解，不难看出：把风险管理作为应急管理的起点，改变了传统应急管理对突发事件采取的“刺激—反应”的较为被动的管理模式；引入风险管理的应急管理模式和方法，更有利于资源配置和任务管理的优化（见图 1－5、图 1－6）。

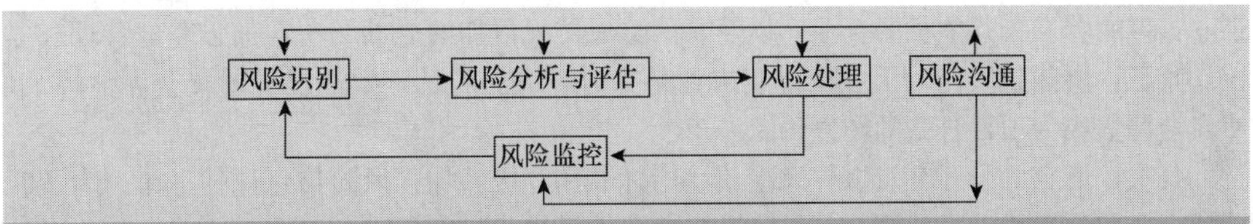

图 1－4　风险管理流程模型图

资料来源：希斯．危机管理．王成，宋炳辉，金瑛，译．北京：中信出版社，2004：43.

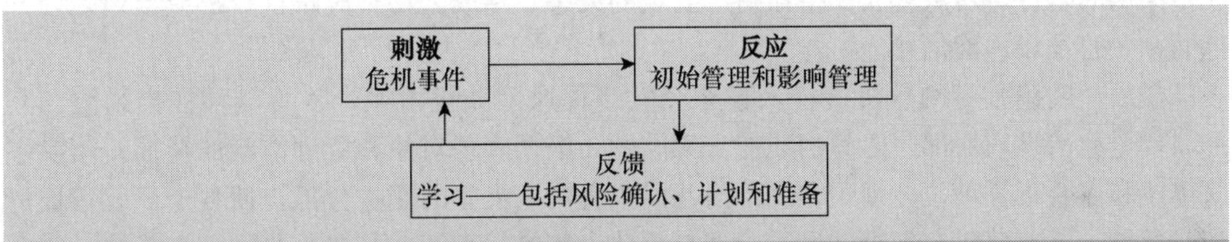

图 1－5　传统的应急管理模型图

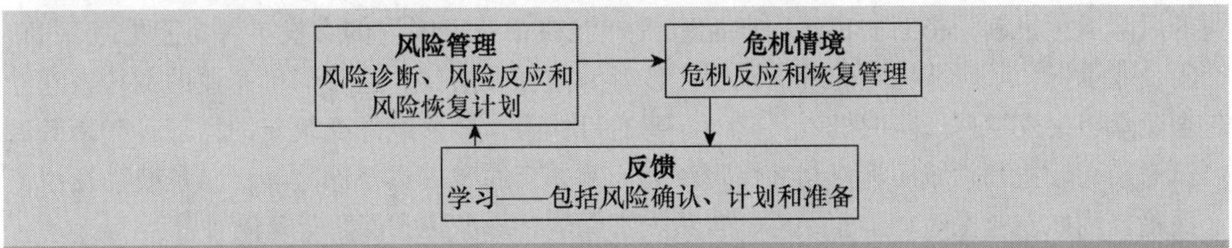

图 1－6　引入风险管理的应急管理模型图

资料来源：希斯．危机管理．王成，宋炳辉，金瑛，译．北京：中信出版社，2004：47.

突发事件风险管理是一个不断学习和积累的过程，对于政府的要求很高。政府作为公共事务的管理者，看清风险的不可避免性，积极地控制和管理风险，理应被纳入政府的日常工作中。突发事件风险管理是政府的一项基本的核心职能，是涉及政府组织的全部范围以及政府组织中所有成员的管理职能，建立和发展更为有效的全面整合的风险管理模式是大势所趋①。政府应构建“发现、定义、防范、抗击、转移、缓冲”风险的相关机制，提高突发事件风险管理水平，尽快建立现代型的社会风险管理体系。

① 冯，杨．公共部门风险管理．陈通，等译．天津：天津大学出版社，2003：76.

具体来说，加强突发事件风险管理与评估工作，要注意掌握以下三个方面的策略①。

首先，定期、持久地开展突发事件风险评估与薄弱评估工作，并使之成为政府的常规管理职能。其一，要全面做好突发事件危险源的普查工作，比如自然灾害、地质灾害、危险行业、危险场所等；并对这些危险源可能造成的危害进行评估，定期更新灾害安全记录，标识危险源等级，及时告知相关部门，向社会公布。利用高新技术不断提高勘察监测能力，狠抓对重大危险源和重大事故隐患的勘查、评估和监控，注意科学总结，掌握规律，不断提高预测和预报风险的技术水平。其二，要全面做好突发事件薄弱评估与监控工作，根据薄弱评估结果设计出针对危险源的监控办法，包括工作目标、组织结构、工作流程、绩效标准和所需资源等。在全面掌握危险源的基础上，对生产、运输和使用危险品的企业，可能爆发公共危机的企业，以及可能造成群死群伤的公共场所，加强登记管理和监控。其三，要强化政府对于危险行业的管制能力，增加项目审批过程中的安全评估环节，使安全评估成为项目合格的硬性约束。

其次，设定并公开突发事件风险信息的标准和等级，加强风险信息评估工作。为及时向社会公众预警风险，就要设定并公开突发事件风险信息的标准和等级，达到设定要求的马上自动将信号公布于众，没有达到设定等级的风险继续追踪。如对人们同时感染某种烈性传染病的事件，对威胁人民生命财产安全的灾害、事故、污染等事件，都应当列入公开范畴，及时发布风险信息。

最后，明确政府的危机责任，建立突发事件风险共担机制，妥善转移社会风险。其一，要全面清理政府部门之间的职能交叉问题。根据管理对象和管理活动的特征，落实主管单位和主要责任单位，理顺多个部门共同主管同一灾害的职责分工，使各个环节责任清晰。此外，还要落实突发事件风险管理与评估工作的问责制。其二，要积极培养社会中介力量，发挥行业协会对于突发事件风险管理的监管优势和风险共担机制。其三，要建立企业的风险承担机制。将某些在政府职能范围外但在企业范围内的突发事件风险管理项目，交由企业承担。政府从原先的统抓统管，转变为监督和指导；通过明确企业的责任，建立起企业承担突发事件风险的机制。其四，要通过保险，转移或降低政府的风险。一是政府可以对某些行业和领域实施强制性保险政策，例如交通事故意外保险等；二是鼓励发展商业保险，例如农业保险、工业保险、自然灾害保险、气象灾害保险等新险种②。

1.3 突发事件风险管理的研究进展与实践探索

1.3.1 突发事件风险管理的研究进展

作为系统性的科学，风险管理产生于20世纪初的西方工业化国家。20世纪30年代以

① 张小明. 公共危机要设计超前管理系统. 光明日报，2010-07-26.

② 唐钧，陈淑伟. 全面提升政府危机管理能力，构建城市安全和应急体系. 探索，2005（4）.

来，风险管理作为一门新兴的管理学科得到了长足的发展，迅速成为一种国际性的运动，受到世界各国政府、企业和学术界的高度重视，并逐步在企业和政府管理中得到广泛运用。有关突发事件风险管理的研究进展，在时间和内容上大体可分为三个阶段：20 世纪 30 年代至 70 年代为风险管理的理论探索与学科发展阶段；20 世纪 70 年代至 90 年代，风险管理开始在政府部门得到广泛应用；21 世纪初至今，突发事件风险管理得到各国政府全方位的普遍重视①。

第一，理论探索与学科发展阶段：20 世纪 30 年代至 70 年代。20 世纪 30 年代至 70 年代是风险管理理论探索和学科发展时期。自 20 世纪 30 年代风险管理的思想理论开始萌芽起，风险管理逐渐以学科的形式发展起来，并形成了独立的理论体系。在此阶段，风险管理主要运用于企业管理领域，主要目的是对企业的人员、财产和自然、财务资源进行适当保护，民间和企业是此阶段风险管理的主角，风险管理以保险为核心。20 世纪 30 年代，风险管理的思想理论开始萌芽。20 世纪 50 年代，风险管理开始在美国以学科的形式发展起来，产生了风险管理的基本构思，并逐步形成了独立的理论体系。20 世纪 60 年代，企业风险管理的方法进一步扩大，很多学者开始系统研究风险管理的方法，开始寻求风险管理方法的多样化，并取得了丰硕的成果。1962 年，美国管理协会出版了一本有关风险管理的专著《风险管理的兴起》（*The Rising of Risk Management*）。1963 年和 1964 年，梅尔（Robert I. Mehr）和赫奇斯（Bob A. Hedges）、小威廉斯（Williams C. Arthur，Jr.）和海因斯（Richard M. Heins）分别出版了《企业风险管理》（*Risk Management in the Business Enterprise*）和《风险管理与保险》（*Risk Management and Insurance*）。这两本著作的出版引起了欧美各国的广泛重视，标志着风险管理研究系统化、专业化的开始，风险管理由此成为企业管理领域的一门独立学科②。在风险管理学科稳步发展的同时，有关风险管理的教育和培训也陆续展开。

第二，在政府部门开始得到广泛应用阶段：20 世纪 70 年代至 90 年代。20 世纪 70 年代后，风险管理在欧洲、亚洲、拉丁美洲等一些国家和地区获得了广泛的传播，被公认为企业管理领域内的一项重要内容，控制企业环境中的风险和不确定性已成为企业管理的核心问题。同时，风险管理逐步规范化、标准化和程序化，管理方法不断丰富，管理领域不断扩大。在这一阶段，风险管理研究从企业管理领域逐渐扩大到了社会管理领域，成为政府管理和制定政策的重要方面，科学家成为风险管理的主角。从研究领域来看，20 世纪 70 年代开始，风险管理逐渐从经济风险（如工矿企业的生产安全、投资风险、保险等）、自然风险（如地震、海啸、暴风雨、洪水、火灾）等传统风险领域，扩大到环境、技术风险（如核泄漏、臭氧层破坏、水资源污染和基因研究与克隆技术风险等）、公共健康风险（如食品和药品安全、传染疾病、癌症和艾滋病等）以及社会不公平风险（如贫困、失业和犯罪）等其他领域。从研究方法来看，各种风险分析方法和准则不断出台，风险管理更趋科学化和规范化，形成了风险科学的雏形：风险学是一门以概率统计和模糊系统等研究

① 钟开斌. 风险管理研究：历史与现状. 中国应急管理，2007（11）.

② Covello V T，Mumpower J. Risk Analysis and Risk Management：An Historical Perspective. Risk Analysis，1985（6）：103-119.

不确定现象的理论为基础、以风险系统的专门知识为支撑、以风险分析和风险管理为主要研究内容、以通过降低风险间接创造效益为研究目标的综合性交叉学科。从研究内容来看，理论界开始把风险管理看作自然科学、社会科学交叉的综合领域，自然科学家们在风险管理领域取得丰富的研究成果，社会学家们开始积极介入风险管理领域。自然科学家们坚持风险客观说理论，试图寻找量化、度量、具体化、计算、科学化、明确风险的途径，认为风险可以而且应该被精确和准确地量化。社会学家们则提出风险主观说的理论，将风险视为一种有机的文化结构，认为对风险的测量、理解和管理行为同时也改变了风险本身，强调要将公众的风险观点引入政策实施中来，理解和接纳公众的风险意识作为有效的风险管理策略的基础，还研究风险意识与性别、种族、政治观点、从属关系、情感以及信任程度等的关系。从研究队伍来看，风险管理在美国兴起后很快扩展到世界各地，成为全球性运动。20 世纪 70 年代中期之后，风险管理的概念、原理和实践已从它的起源地美国传播到加拿大和欧洲、亚洲、拉丁美洲的一些国家，美、英、日、法、德等国纷纷建立了全国性和地区性风险管理协会。

第三，各国政府全方位普遍重视阶段：21 世纪初至今。"9・11"事件后，突发事件风险管理研究进入了一个新的阶段，开始得到各国政府全方位的重视。各国纷纷投入大量的人力、物力和财力，强调政、研、企多方合作，开展风险管理的理论研究和实际运作。在此过程中，政府、企业、社会等不同利益主体之间就风险管理理论研究和实践操作形成了新颖的合作关系——民间和企业是风险技术的使用者，科学家是风险科学的研究者，政府则是风险事务的管理者。自 20 世纪 90 年代以来，世界各国和国际组织纷纷发表风险管理报告，提出风险管理的综合分析框架。各种国家层面的以及跨国的、国际性的综合风险管理机构纷纷成立。综合风险管理机构最具代表性的是国际风险治理理事会和欧洲诚信网络①。2003 年，由影响国家的政府官员、科学家和其他领域的专业人士组成了国际风险治理理事会，将风险管理从民间学术交流和企业自发推动的层次上升到政府行为层次，标志着政府将在关系国计民生的风险评估和风险管理中发挥更大作用。成立于 1997 年的欧洲诚信网络是一个多元化和跨学科的欧洲风险管理网络。在此期间，"全面整合型风险管理"（integrated risk management）和"风险治理"（risk governance）开始得到理论界和实务部门的重视。突发事件风险管理研究从单一风险管理走向全面整合型风险管理，风险管理已成为多学科交叉的前沿管理领域，综合了自然科学与社会科学、工程技术与管理科学等多学科和多领域。欧洲诚信网络较早提出"风险治理"一词，并着重探讨了该词的含义。2003 年，国际风险治理理事会将"风险治理"一词提到最为显著的位置，并较系统地探讨了该词的含义。2004 年 2 月，联合国开发计划署下属的预防危机与恢复局发布了一份名为《减少灾害风险：发展面临的挑战》（Reducing Disaster Risk：A Challenge for Development）的报告，其中使用了"风险治理"一词。这是联合国在自然灾害领域首次使用该词。与"风险管理"相比，"风险治理"这个概念主要强调的是风险管理主体的多元性、社会因素和心理因素（如风险认知、社会风险放大等）、风险利益相关者和公众的参与性、风险沟通等方面的作用。

---

① Snider H W. Risk Management：A Retrospective View. Risk Management，1990（4）：47-54.

1.3.2　我国突发事件风险管理的实践探索

1. 自然灾害风险管理的实践与探索

推进“天—空—地—现场”一体化灾害风险监测预警体系建设。加强包括大雾、雪灾、滑坡、泥石流等灾害在内的综合风险监测能力建设。加强灾害风险预警系统和设施建设，特别是城市、中小河流、中小水库、山洪灾害易发区和人口密集区的风险预警体系建设。加强旱情风险监测系统建设，尽快建立旱情监测预警分析评估决策支持体系。加强全球气候变暖背景下的极端天气气候事件风险预测预报技术方法的研究，提高气象灾害预报、预警能力。建立部门间综合风险预警信息共享平台和信息发布机制，加强条块之间信息管理能力建设。

组织开展自然灾害风险评估工作。组织开展《灾害风险管理基本术语》《自然灾害风险制图》等标准的制定工作。以灾害性天气预警信息为参考，结合减灾卫星监测、评估模型和历史数据等资料，及时开展灾害风险评估，改进洪涝、旱灾、雪灾、森林火灾、滑坡、泥石流六个灾种风险评估、灾情快速评估业务模型与技术流程，制作风险分析产品，为各有关地区和有关部门做好防灾备灾工作提供有力支持。加快建立重特大自然灾害遥感监测评估业务体系。通过集成快速制图系统和洪涝、雪灾风险预警改进系统等，大大提高了灾害遥感监测能力，灾害风险评估产品的处理效率和产品精度得到显著提高。

增建地质灾害风险群测群防“十有县”，完善灾害隐患点群测群防信息，地质灾害气象预警体系覆盖范围进一步扩大。水利部门积极组建覆盖全国各大流域的宽带水情广域网，水情测报和信息传播的时效性和准确性明显提高。地震管理部门加强水库地震台网建设和管理。气象部门初步建立国家和省级极端天气气候事件监测和灾害影响评估业务，改进了天气预报和气候预测质量评价办法，建立了月质量通报制度。各级气象部门充分利用卫星、雷达、自动气象站、闪电定位系统等装备加强实时监测，自动气象站覆盖全国85%以上的乡镇以及我国近海海域。海洋管理部门加快海洋观测站（点）、锚系浮标、Argo浮标、海啸浮标等基础监测设施升级完善，初步建成覆盖沿海的立体海洋观测系统。

2. 事故灾难风险管理的实践与探索

安全生产风险管理与隐患排查治理深入开展。立足治大隐患、防大事故，不断加大安全生产风险管理与隐患排查治理力度，健全完善安全生产风险管理与隐患排查治理长效机制，推动隐患排查治理走向制度化、规范化、常态化。公安部门会同文化部门、工商管理部门、安全监管部门开展了公众聚集场所易燃可燃装修材料消防安全专项整治；交通运输部门加大“安保工程”和灾害防治工程投入，治理公路安全隐患，整治灾害易发路段，开展桥梁安全隐患排查治理等专项行动；农业部门组织农机系统排查农机安全隐患；质检管理部门组织排查特种设备生产使用单位各类安全隐患；安全监管部门在配合公安、交通、建设等部门积极推进相关行业（领域）隐患排查治理的同时，积极组织全国矿山、危险化学品应急救援队伍开展预防性安全检查工作；民航管理部门对航空公司、机场和空管单位进行安全审计，排查各类隐患。

重点行业（领域）安全隐患专项整治工作力度不断加大。深化重点行业（领域）安全专项整治，不断加大隐患排查治理力度。安全监管部门、煤矿安监部门组织开展了煤矿瓦斯防治、防治水和防灭火、领导干部带班下井、建设项目安全设施“三同时”、兼并重组与整合技改煤矿安全生产等专项检查；实施了煤矿瓦斯治理示范工程；集中开展了金属与非金属地下矿山安全生产大检查，抓好防尾矿库溃坝、防海洋石油泄漏等安全专项整治；以石英砂加工、木制家具制造和石棉生产使用企业为重点，对粉尘与高毒物品危害进行了排查治理；组织矿山、危险化学品应急救援队伍开展了预防性安全检查。公安部门组织开展了建筑工地、人员密集场所、高层地下建筑、文物古建筑、中小学校和幼儿园的消防检查，督促整改火灾隐患；以高速公路、农村地区、山区、临水临崖道路为重点，全面排查治理事故多发路段、安全防护设施和管理设施严重缺失路段，会同有关部门排查治理公路危险路段。环境保护部门启动了全国重点行业企业环境风险及化学品检查工作，对重点行业企业生产和使用化学品情况、环境风险单元和周边环境敏感点开展全面排查，基本建成了全国重点行业企业环境风险及化学品数据库。住房城乡建设部门组织开展了建筑安全生产大检查，下发隐患通知书。交通运输部门积极推进水上交通安全整治，实施渡改桥工程，开展“放心桥、平安渡”建设活动。工业和信息化管理、农业、质检、旅游、国防科工等部门组织开展了民爆器材、农业机械、特种设备、游乐设施、军品科研生产等安全专项治理工作。

重大危险源监测监控管理不断加强。不断完善重大危险源监督管理制度，建立健全重大危险源数据库，推广应用实时监测监控技术，深化重大危险源预案管理。相继出台了《关于重大危险源申报登记试点工作的指导意见》《关于开展重大危险源监督管理工作的指导意见》《关于规范重大危险源监督与管理工作的通知》《关于认真做好重大危险源监督管理工作的通知》《重大危险源监督管理规定》等文件，进一步界定了重大危险源的内涵和外延，明确了重大危险源的监控主体，确定了分级监控、分级备案与核销的工作原则。同时，正在制定《煤矿重大危险源分级与辨识》《非煤矿山重大危险源分级与辨识》《尾矿库重大危险源分级与辨识》《重大危险源安全评估实施细则》等相关配套标准，拟逐步建立支撑重大危险源监管的技术标准体系，全面加强重大危险源监管工作。各地普遍加强了对重大危险源的监测监控管理，开展了普查、登记、建档和申报工作，实施分级管理和动态监控。各级安全监管和安全生产应急管理机构对管辖范围内的各类危险源进行普查、辨识和登记，建立危险源数据库，切实掌握危险源的数量、类别、危害程度以及应急处置程序，落实分级监控、重点监控措施。有重大危险源的企业开展危险源评价，建立危险源计算机监控系统，并与当地安全监管机构的应急平台联网。本着“险时救援、平时防范”的原则，组织各类应急救援队伍，对服务范围内的企业开展预防性安全检查，及早发现、及时督促企业解决安全生产隐患和问题。继续做好自然灾害引发生产安全事故的预警预防工作，及时发布预警信息。

3. 公共卫生事件风险管理的实践与探索

不断提升突发公共卫生事件的风险管理能力。全国突发公共卫生事件网络直报系统已经覆盖100%的县级疾病预防控制机构、98%的县级及以上医疗机构、84%的乡镇卫生院和社区卫生服务中心；全国流感风险监测网络已经实现了对全国地市级的全覆盖。同时，卫生部门加强了突发公共卫生事件及危险因素的监测预警，组织开展传染病突发公共卫生事件早期发现能力评估和突发公共事件媒体监测工作，及时指导地方各级卫生部门加强甲型 H1N1 流感、鼠疫、人禽流感监测预警和不明原因肺炎病例的筛查。

进一步完善药品不良反应和医疗器械不良事件风险监测体系，积极推进化妆品不良反应监测体系建设。修订《药品不良反应报告和监测管理办法》，进一步规范药品不良反应报告和监测工作；制定发布《中药注射剂安全性再评价工作方案》，全面启动中药注射剂安全性再评价工作；初步建立药品电子监管系统，实现重点药品购销情况的实时、动态监控；定期向社会公布药品不良反应信息，通报辛伐他汀和胺碘酮合用、克林霉素注射液等重点品种安全性监测和分析信息，做好药品不良反应监测预警各项工作。

制定下发《国家动物疫情测报站和边境动物疫情监测站管理规范》，加大专项监测力度，对重点活畜禽交易市场和养禽场开展监测。定期组织专家对禽流感等重大动物疫情和外来病防控形势进行分析评估。强化流行病学调查，组织完善动物疫情测报体系管理和报告网络，加强疫情举报核查。建立农产品质量安全监测制度，组织开展农药及农药残留、饲料及畜产品违禁药物污染、兽药与兽药残留等质量安全监测。建立农产品质量安全信息通报制度。及时发布有关农产品农药残留、兽药残留等质量安全监测信息。针对重点地区、重点品种的农产品开展例行监测，密切关注全球特别是周边国家疫情，积极做好防范应对准备。

加强质检风险监测预警工作，制定了《进出口食品安全风险监测（控）计划》《进出口食用农产品和饲料安全风险监控计划》《口岸传染病疫情评估和处置程序》，对监测（控）数据及时汇总分析，尽早发现公共卫生、食品安全风险隐患，及时控制。开展食品生产加工环节风险监测，重点监测添加剂、致病菌、农兽药残留、非食用物质等风险项目。

4. 社会安全事件风险管理的实践与探索

社会安全事件风险管理，主要以社会稳定风险评估的形式进行。社会稳定风险评估是指在重大事项（重要社会决策、重大工程项目以及重大活动）制定、出台及实施前，通过系统的调查，科学的预测、分析、研判和评估，对可能影响社会稳定的诸因素进行分析，评估发生危害的可能性，对不同的风险进行等级管理，并制定风险应对策略和预案，采取措施防范、降低、消除风险的工作。社会稳定风险评估机制实质上是以“维稳”为主轴，推动政府与公民的互动，最终实现经济社会的有序良性发展。当前社会稳定风险评估的重点是：与人民群众利益密切相关的重大决策、重要政策、重大改革措施、重大工程建设项目，与社会公共秩序相关的重大活动等重大事项，在制定出台、组织实施或审批审核前，对可能影响社会稳定的因素开展系统的调查，科学的预测、分析和评估，制定风险应对策略和预案，从而有效规避、预防、控制重大事项实施过程中可能产生的社会稳定风险，更好地确保重大事项顺利实施。

2005 年初，四川省遂宁市率先在重大工程领域进行社会稳定风险评估工作试点；2006 年建立重大事项社会稳定风险评估机制，效果显著。中央维稳办推广了遂宁市的做法，各地纷纷仿效。2009 年，中央要求在全国推广社会稳定风险评估。党的十七届五中全会第二次全体会议强调指出，建立健全重大工程项目建设和重大政策制定的社会稳定风险评估机制，着力从源头上预防和减少矛盾，把问题解决在基层、解决在萌芽状态。2012年1月20日，中共中央办公厅、国务院办公厅印发《关于建立健全重大决策社会稳定风险评估机制的指导意见（试行）》。全国已有20多个省区市下发了开展社会稳定风险评估工作的指导意见。

1.3.3 部分地方政府突发事件风险管理的实践探索

1. 北京市政府风险管理的实践与探索

2007年至2009年，北京市圆满完成了北京奥运会、残奥会期间城市公共安全风险评估与控制工作和新中国成立60周年庆祝活动风险评估与控制工作实践。2010年起，北京市全面启动了公共安全风险管理长效体系建设，取得了积极成效。

2007年2月，北京市全面启动第29届奥运会与第13届残奥会期间城市公共安全风险评估与控制工作，成立了由常务副市长牵头的风险评估工作小组，由市应急办具体组织全市55个相关单位、24个科研机构和200余名专家，对奥运期间（2008年6月至10月）可能发生的自然灾害、事故灾难、公共卫生和社会安全四大类突发事件的风险，以及场馆外围保障区、重点商业场所、大型活动场所、重要交通枢纽、主要旅游区等重点区域的风险进行识别、评估并提出控制对策与建议。市应急办编制了《北京市奥运期间突发公共事件风险评估框架指南》和《北京市奥运期间突发公共事件风险评估实施细则》。经过1年多时间，共形成73份评估报告，约270万字，共评估出北京市奥运期间城市公共安全领域存在的32类、250项风险，风险源（点）2 204个。同时，综合考虑各项风险发生的可能性及其对奥运赛事和城市安全的影响，以及风险的承受力和控制力，确定了奥运期间城市公共安全面临的14个方面的主要风险。2008年6月、7月，又组织进行了两轮风险动态更新。根据风险评估结果，北京市落实了1 000余项工程、技术和特殊管理措施。建立了风险管理信息化系统，作为奥运期间城市运行监测指挥系统的重要组成部分，实现跨部门、跨区域、跨灾种的风险信息共享；完善了风险动态监测和更新机制，提高了自然灾害短时预报和精细化预测水平；强化了对水、电、气、交通、通信、环境等风险的动态监测能力；提高了突发公共卫生事件早期识别能力；增强了社会安全事件情报信息掌控能力；依托市气象部门建立统一的预警信息发布平台，实现对城市特定区域及特定人群的各类预警信息快速发布功能。

2009年，北京市开展了新中国成立60周年庆祝活动风险和城市公共安全风险两个层次的评估与控制工作。针对群众游行、阅兵服务保障、联欢晚会、国庆游园等庆祝活动，共评估出104种风险。针对国庆期间城市范围社会面开展了社会安全、公共卫生、城市生命线、事故灾难、自然灾害、经济民生6大方面、24个综合类、52个专项的风险评估与控制工作，共评估出291种风险。制定并落实阅兵、群众游行、联欢晚会、游园等庆祝活动甲型H1N1流感防控工作方案，提前做好人员、药品、物资等各种防范和应急准备。

继承奥运和国庆的成功经验，北京市政府于2010年4月印发了《北京市人民政府关于加强公共安全风险管理工作的意见》（京政发〔2010〕10号），明确提出建立健全北京市公共安全风险管理长效体系。北京市应急委先后配套印发了《北京市突发事件应急委员会关于印发北京市公共安全风险管理实施指南的通知》（京应急委发〔2010〕8 号）和《北京市突发事件应急委员会关于公共安全风险管理重点工作安排（2010—2011 年）的通知》（京应急委发〔2010〕11 号），明确了北京市公共安全风险管理长效体制、机制、流程、规范和工作要求。各单位风险管理工作意识明显增强，北京市 40 余相关部门和各区县政府将公共安全风险管理工作纳入本部门、本区县常态工作，建立了相应的组织体系。

北京市公共安全风险管理体系建设立足于建立科学、规范、系统、动态的公共安全风险管理长效机制，健全全市“各级政府分级负责、政府部门依法管理、责任主体认真履责、社会公众积极参与”的公共安全风险管理工作格局，通过完善风险管理工作体制机制，规范标准体系和工作要求，明确配套保障制度，实现风险识别、风险评估、风险监测、风险控制、风险预警、应急准备和应急处置全过程综合管理，增强应急管理工作的预见性、针对性、科学性和主动性，强化全面预防与应急准备，实现对公共安全风险的有效控制和应对，保障人民生命财产安全和首都社会和谐稳定。

按照“积极稳妥、确保实效，应急推动、常态运转，强化专项、重在基层，依靠科技、规范标准”的原则，北京市搭建了重点依托常态行政管理体系、发挥应急体系统筹协调作用的风险管理工作组织体系。成立了由常务副市长、市应急委副主任任组长的北京市公共安全风险管理工作协调小组，负责统筹领导相关工作。工作小组办公室设在市应急办，具体负责统筹、规划、指导各单位开展风险管理工作，包括：牵头制定风险评估工作标准规范和原则性指导意见；制定相关工作制度（政策、要求等）；定期部署风险管理阶段性工作；组织开展重大突发事件（重要时期、重大活动）综合风险应急评估等工作。全市各相关部门依托常态行政管理体系和业务部门，负责建立健全各领域、各行业、各系统的专项风险管理体系；制定专项风险评估标准，规范工作机制和流程；组织开展专项风险评估并落实重大风险控制工作。各区县政府在市相关部门指导下，负责建立健全区域风险管理体系，负责重点区域的综合风险管理工作，负责本行政区域内的风险控制工作。街道（乡镇）、社区（村）、企事业单位等根据市相关部门、区县政府的要求，做好风险排查、登记，并落实风险控制主体责任。

北京市公共安全风险管理工作全面覆盖自然灾害、事故灾难、公共卫生和社会安全四大类突发事件，贯穿城市规划、发展、建设、管理、运行和服务等各个环节。重点针对城市生命线（水、电、气、热、交通、通信）安全、传染病疫情防控、食品安全、社会稳定、能源保障、生活必需品市场秩序、大型社会活动安全，以及政治、宗教、教育、商业、旅游、文化、体育等敏感场所和人员密集场所的各领域风险。

北京市应急委确定了全市第 20 个重点专项风险管理体系建设任务，包括城市水资源与供水、城市防汛与排水、电力供应、燃气供应、热力供应、地下管线、轨道交通运营、轨道交通建设、道路与桥梁安全、道路交通安全、公共网信息安全与通信保障、政务专网与无线电、生产安全事故、城乡消防安全、食品安全、传染病疫情、动植物疫情、生活必需品市场供应、金融风险、大型群众性活动安全等专项风险管理体系。2010 年，北京市确定了第一批 15 个风险管理示范（试点）项目，分期开展建设工作。其中，市交通委开展了轨道交通新线开通对既有轨道线网运营影响风险评估和缓解交通拥堵新政风险评估，将可能出现的安全稳定风险降至最低。市公安局探索建立了大型群众性活动第三方风险评估机制，取得了良好效果。市质监局完成了产品食品监督和特种设备安全风险管理机制建设，并将成果拓展应用到质检系统其他业务领域。天安门地区管委会开展天安门城楼风险管理体系建设，明确了风险类型、控制点、管理流程。东城区搭建了信息系统，实现风险源常态化管理。

2. 重庆市政府风险管理的实践与探索

重庆市以中德灾害风险管理合作项目为契机，以重庆市九龙坡区作为项目试点单位，开展风险分析，积极进行科学、规范、系统、动态的风险管理实践探索。

在标准化方面，制定了九龙坡区参数临界值的地方标准。打破现有预案分级标准，结合九龙坡区的区情、风险承受能力、风险控制能力、相关法律法规以及历史经验数据、突发事件发生频率等综合因素，对德国风险分析中有关风险损害规模的参数进行了本土化调整，最终确定了人、经济、基础设施、生态环境、社会环境5个损害领域、18个损害参数的九龙坡区灾害损失等级评估的地方标准，充分考虑到九龙坡区的脆弱性和应急能力。

在规范化方面，制作了危险源场景描述及风险分析的标准模板。为方便各镇街、部门开展风险分析特别是进行危险源场景描述工作，将各类危险源的基础数据、共性要素进行提炼、整理，制作了涵盖危险的定义、事件的描述（包括基本概况、事件发生时间、地点及影响区域、事件起因、事件的强度与持续时间、事件波及范围、常态管理水平、应急管理水平、被评估方及受影响人群的风险意识）、参考事件、参考文献4个方面内容的危险源场景描述的通用模板。同时，根据危险源可能引发的最大风险、最小风险、一般风险3种情形，将危险源场景的个性描述、损害参数、损害后果估计以及发生概率、危险等级等内容用表格进行集中反映，制作形成危险源风险分析的个性模板。通过1个危险源场景描述的通用模板和3张危险源风险分析的表格就集中反映了风险分析的全过程，简单明了。

在流程化方面，起草了九龙坡区突发事件风险评估指南。从风险管理流程角度出发，结合九龙坡区实际情况，编制了《重庆市九龙坡区突发事件风险评估指南》，并将此指南作为九龙坡区开展风险识别、登记、分析、评估工作的学习教材和理论依据。同时，还结合镇街、村社、相关基层部门的工作特点，制作了内容简单、格式规范、图表结合、操作方便的《九龙坡区突发事件风险分析方法操作手册》《九龙坡区突发事件风险分析案例》，供九龙坡区各乡镇、部门在实际工作中参考使用。

下一步，重庆市将逐步完善风险登记表，绘制风险矩阵图。根据危险源的类别、范围、危害程度、行业主管、责任单位等要素特征，进一步规范、完善公共风险登记内容，制作统一的风险登记表，对各类风险隐患进行全面排查摸底、分析评估、统计汇总、建档立卡，准确地掌握全市风险隐患的种类、数量和分布状况，建立全市统一、完备的风险隐患数据库系统。及时标绘风险矩阵图，制作形成九龙坡区风险管理三维地图。在条件成熟的情况下，绘制完成全市风险源、隐患点“一张图”。

本章小结

1. 风险是对不确定性结果的一种度量。所谓风险，是指在不确定性情境下不利事件或危险事件发生的可能性及其后果/影响的综合体。而所谓不确定性，就是一个问题的结果存在两个或更多的选择。风险的不确定性突出表现在两个方面，即风险发生的不确定性和风险损失的不确定性。风险具有客观性，其大小随时间延续而变化，是一定时期内的风险。从系统分析的角度来看，风险具有系统特性和动态特性。

2. 所谓风险管理，是指对风险进行识别、分析与评估、处理并对其进行监控的过程。风险评估是对一定时期内某一种或多种尚未发生，但可能发生的危机风险在某一地区可能发生的概率，以及这一危机风险发生时对社会经济及人们的生命财产构成的危害，作出动态变化的评估。风险的识别和评估是开展有效应急管理的重要的第一步。风险管理是应急管理的起点。

3. 量化风险评估是一种对风险发生的估算频率和/或后果进行量化表述的系统方法和技术手段。量化风险评估要求将组织面临的风险程度进行量化，确定出主要的风险要素，针对有关认可标准对风险的水平进行评估，根据需要对消减风险的措施提出建议。

4. 关于突发事件风险管理的流程和策略，可以将其归纳为四个步骤：风险识别、风险分析与评估、风险处理以及风险监控。在这四个步骤中，自始至终都需要进行风险沟通。

5. 风险识别是指找出组织面临的各种突发事件风险，识别并确认潜伏的风险，主要回答“会发生什么糟糕的事”以及“如何发生”的问题。风险识别要求鉴别风险的来源、范围、特性及与其行为或现象相关的不确定性，这在很大程度上界定了风险的本质特征。

6. 风险分析是从风险发生的可能性和后果/影响两个方面对风险进行分析。风险评估是指根据风险分析的结果以及组织自身的状况，把组织所有可能面临的风险按照紧急程度和需要重视的程度排序，以便更加合理、有效地分配组织有限的资源。

7. 风险处理是指选择应对风险的合适的策略和手段并加以执行。传统上，有四种策略可供选择：避免、缩减、转移、保持或接受。

8. 风险沟通主要强调的是一种社会过程，通常发生在人们的风险意识逐渐上升的危机情境中。风险沟通是关于风险本质、影响、控制与其他相关讯息的意见交换过程。风险沟通的作用在于：“告知”“引导”“解决冲突”“营造正面关系”。

9. 突发事件风险管理是一个不断学习和积累的过程。突发事件风险管理是政府的一项基本的核心职能，是涉及政府组织的全部范围以及政府组织中所有成员的管理职能，建立和发展更为有效的全面整合的风险管理模式是大势所趋。政府应构建“发现、定义、防范、抗击、转移、缓冲”风险的相关机制，提高突发事件风险管理水平，尽快建立现代型的社会风险管理体系。

10. 社会安全事件风险管理，主要以社会稳定风险评估的形式进行。社会稳定风险评估是指在重大事项（重要社会决策、重大工程项目以及重大活动）制定、出台及实施前，通过系统的调查，科学的预测、分析、研判和评估，对可能影响社会稳定的诸因素进行分析，评估发生危害的可能性，对不同的风险进行等级管理，并制定风险应对策略和预案，采取措施防范、降低、消除风险的工作。社会稳定风险评估机制实质上是以“维稳”为主轴，推动政府与公民的互动，最终实现经济社会的有序良性发展。

11. 北京市政府明确提出建立健全北京市公共安全风险管理长效体系，立足于建立科学、规范、系统、动态的公共安全风险管理长效机制，健全全市“各级政府分级负责、政府部门依法管理、责任主体认真履责、社会公众积极参与”的公共安全风险管理工作格局，通过完善风险管理工作体制机制，规范标准体系和工作要求，明确配套保障制度，实现风险识别、风险评估、风险监测、风险控制、风险预警、应急准备和应急处置全过程综合管理，增强应急管理工作的预见性、针对性、科学性和主动性。

关键术语

风险　风险管理　量化风险评估　突发事件风险管理　风险识别　风险矩阵模型　风险处理　风险沟通　关口前移　社会稳定风险评估　公共安全风险管理长效机制

复习思考题

1. 何谓风险？中外学者是如何给风险下定义的？
2. 何谓风险管理？如何理解风险管理与应急管理的概念与关系？
3. 何谓量化风险评估？试举例说明之。
4. 突发事件风险管理的流程如何操作？试举例说明之。
5. 突发事件风险管理流程整合的基本要求有哪些？
6. 政府应如何加强突发事件风险管理工作？
7. 自然灾害、事故灾难、公共卫生事件、社会安全事件四大类突发事件风险管理有何异同？
8. 北京市建立科学、规范、系统、动态的公共安全风险管理长效机制有何重大意义和借鉴价值？试举例说明之。

阅读案例

北京2008年奥运会风险管理案例分析

一、北京2008年奥运会风险管理的工作背景

奥林匹克运动会，简称“奥运会”，是一个由国际奥林匹克委员会主办的国际性综合运动会，包括夏季奥林匹克运动会、冬季奥林匹克运动会、青少年奥林匹克运动会、残疾人奥林匹克运动会、听障奥林匹克运动会和特殊奥林匹克运动会。奥林匹克运动会每四年举办一次，每届会期不超过16天。2008年8月，北京市承办第29届夏季奥运会。

奥林匹克运动会起源于古希腊，因举办地点在奥林匹亚而得名。而现代奥林匹克运动会，是参与国家和地区众多，具有巨大吸引力、穿透力和凝聚力的一项全球性活动。然而，随着奥林匹克运动自身的不断发展完善和影响力越来越大，安全问题越来越突出、越来越严峻。从奥运会的百年历史来看，因为安全问题而导致奥运会的举办受到严重干扰的事件也不在少数。其中，1972年慕尼黑奥运会上的“黑色九月事件”是奥运史

上最早、最严重和伤亡人数最多的一次恐怖事件。

除了影响较为巨大的安全事件，每一次的奥运会上都发生过许多关乎安全的问题和大小安全事件。上述这些事例都说明，奥运会不仅仅是一个全世界运动员聚在一起竞技的和平盛会，同时也是面临着各种各样风险的活动。因此，主办国不但要尽力为各国运动员提供最好的比赛场馆，更需要保证其有能力及时地控制和处理各种可能干扰奥运会顺利举行的突发事件。对于 2008 年第 29 届夏季奥运会而言，其面临的安全问题同样严峻。“9·11”事件以后，恐怖活动成为奥运会最重要的防范事项。但其他的突发事件同样也会对奥运会造成干扰，因为任何一个小的突发公共事件，在奥运这个大背景下，都有可能产生放大效应，造成严重的国际影响。

这样的局势对北京市以及我国政府的应急管理能力提出极大的挑战。如何在现有的应急管理体制和能力下保证北京奥运会的安全举办，成为政府应急管理工作面临的重大问题。鉴于突发事件的特性以及应急工作的需要，开展关于奥运的风险评估工作也就成为必然。在此次风险评估之前，国内的应急管理领域几乎没有开展过关于风险评估方面的实际工作，所以北京市的奥运风险评估可以看作我国应急管理工作的新进展。

二、北京 2008 年奥运会风险管理的工作阶段

北京 2008 年奥运会风险管理工作，主要目标在于通过开展涉及自然灾害、事故灾难、公共卫生事件和社会安全事件四大类突发公共事件风险评估工作，建立科学、规范、完整、系统、动态的风险评估机制，制定有效的风险控制措施，预防与处置并重、评估与控制结合，进一步完善应急预案体系，及早发现和控制各种可能干扰奥运会顺利举办的风险因素，进一步提高政府的应急反应速度和应急处置能力，确保第 29 届夏季奥运会和第 13 届残奥会的顺利举办以及整个城市的安全运行。

北京 2008 年奥运会风险管理工作是由北京市应急委负责组织的，市应急办负责协调、指导、督促、检查市属各专项应急指挥部办公室、各区县应急委和相关部门风险评估和风险控制具体工作。充分依托现有的应急管理体系进行了基本职责分工：北京市应急委成立了由相关市领导组成的风险评估工作小组，具体工作由市应急委办公室牵头，奥运安保工作协调小组办公室、2008 年环境建设指挥部办公室、市属 13 个专项应急指挥部办公室、18 区县应急委和 24 个相关部门共同参与。承担领导职责的是由相关市领导组成的领导小组，承担具体组织、协调职责的是日常应急管理工作机构——市应急办，具体的评估工作则由各职能部门负责。其中，市应急办主要负责编制《北京市奥运期间突发公共事件风险评估框架指南》和《北京市奥运期间突发公共事件风险评估实施细则》，用于指导整个风险评估工作。在整个风险评估工作中，市应急办承担指导、统筹、协调、监督等作用。市属 13 个专项应急指挥部办公室、18 区县应急委和 24 个相关部门则是具体评估工作的承担者。各单位所负责的风险评估项目由其本身所承担的行政职能所决定。例如，市国土局负责突发性地质灾害的风险评估，各区县应急委负责本区域的重点场所和重点区域突发事件的风险评估工作等。

根据北京市的具体情况，北京 2008 年奥运会风险管理工作的时间范围为：2007 年 3 月至 2008 年 5 月；空间范围为：奥运会场馆安保线以外的城市公共区域；评估对象为：奥运期间城市公共安全领域可能发生的自然灾害、事故灾难、公共卫生和社会安全四大

类突发事件的风险，以及场馆外围保障区、重点商业场所、大型活动场所、关键交通枢纽、重要旅游区域等城市重点区域的风险。

北京2008年奥运会风险管理工作，具体划分为五个工作阶段：

第一阶段（2007年3月至7月）：开展奥运期间风险源调查，识别风险。在此期间，各单位开展本市奥运期间风险源调查工作，初步摸清本市可能出现的各种风险源，普查不稳定因素和脆弱环节，于2007年7月底前完成调查工作并报市应急办。

第二阶段（2007年8月至11月）：开展专项或区域风险评估，提出对策。各单位开展风险评估工作，于2007年10月底前向工作小组提交《奥运期间专项风险评估与对策报告》和《重点区域风险评估与控制对策报告》，并分别组织专家对报告进行论证。

第三阶段（2007年12月至2008年1月）：市应急办在各单位风险评估结果的基础上，组织开展分类综合和总体评估。由工作小组牵头组织，于2007年12月底前完成社会安全类、事故灾难类、公共卫生类、自然灾害类和重点区域类5份《北京市奥运期间城市公共安全风险评估与控制对策分报告》和《北京市奥运期间城市公共安全主要风险评估与控制对策总报告》，并征求各相关单位和专家论证意见，报市有关领导和奥组委、市应急委，为决策提供依据。

第四阶段（2007年9月至2008年5月）：根据"边评估、边控制"的原则，开展风险控制与动态管理。开展隐患治理，加强风险控制与动态管理。各单位依据风险评估结果，结合城市日常运行管理和应急体系建设，开展隐患治理，突出重点，加强风险控制与整改，实时调整评估级别，提出对策和工作建议，及时报市有关领导和奥组委、市应急委。同时，结合风险评估成果，开发软件应用系统。

第五阶段（2007年10月至2008年5月）：完善应急预案，开展应急演练。各单位依据风险评估结果，制定修订针对性、操作性强的应急预案和演练方案，开展模拟演练。

此外，为了保证奥运风险评估工作的顺利开展，确定了以下原则为此次评估工作的基本原则，包括：(1) 系统性原则，即风险评估必须坚持系统性的工作原则，不能停留在对"点"的分析方式上。(2) 专业性原则，即充分利用专家资源，依托科研机构开展风险评估工作。(3) 综合性原则，即风险往往是多个领域的耦合，要跳出单灾种的局限，注重综合分析。(4) 实用性原则，即要紧紧围绕奥运期间本市实际情况和突发公共事件应急管理工作需要，不拘泥于理论，适用优先。(5) 保密性原则，即风险评估工作涉及面广，内容敏感，影响大，要建立风险评估保密工作制度，加强知识产权保护。

三、北京2008年奥运会风险管理的工作流程

北京2008年奥运会风险管理的实际工作流程，主要包括计划和准备、风险识别、风险承受能力与控制能力分析、风险可能性评估、评估风险后果、确定风险等级、提出风险控制措施、反馈与更新八个步骤。

第一个步骤是计划和准备工作。风险评估的计划和准备过程是各单位进行风险评估的基础，是整个风险评估过程有效性的保证。各单位对于风险评估的实施过程可能存在不同的要求，在进行风险评估之前应进行充分的计划和准备，制定有效的风险评估工作方案，明确风险评估的目标和范围，建立相关工作机制，落实责任。在这一工作阶段所

进行的主要工作是制定风险评估工作方案和进行信息准备。风险评估工作方案包括了风险评估的目的、意义、范围、组织管理与工作机制、实施程序、进度安排和经费预算等。其中，各单位的风险评估工作方案应经市应急办审核后，报本单位主要负责人批准实施。具体而言：一是各单位依据相关责任分工的要求细化评估范围。二是各单位明确组织管理与工作机制。三是制定实施程序，包括风险评估的工作流程、数据搜集、评估模板、表格、评估报告样式等。四是编制工作进度和经费预算。该阶段的信息准备工作则是在制订风险评估计划之后，搜集、整理相关信息。要针对具体的评估任务，通过多种途径采集有针对性的信息，包括：业务数据信息积累，以往评估或分析预测结果，相关文件（政策法规等），专家经验（来自内部或外部专家、专业组织的信息），公开信息源收集（媒体等），座谈、讨论、人员访谈和调研等途径采集的信息。

第二个步骤是风险识别阶段。该阶段的工作主要是对本市奥运期间可能会发生的突发公共事件以及存在的风险进行识别和描述。

第三个步骤是风险承受能力与控制能力分析。风险的可能性和后果，受三个因素决定：一是风险源/不利事件本身的可能性和危害程度；二是风险所作用对象（客体）的承受能力（脆弱性）；三是控制和应对事件的能力。因此，对风险承受能力与控制能力的分析，是评估风险可能性和后果级别的前提。风险承受能力分析（脆弱性）就是分析受风险影响对象（客体）对风险的承受、抵抗能力，包括系统自身承受能力和社会心理承受能力等。而风险控制能力分析则是对所有为避免或减少风险发生的可能性及潜在损失的措施及手段进行分析和评估的过程。评估风险控制能力主要是从预测预警能力、应急预案、应急组织体系、应急处置能力、应急资源保障水平、恢复重建能力等几个方面进行的。

第四个步骤是风险可能性评估。风险可能性评估是通过对风险源情况、风险承受能力、控制能力等要素的综合分析，确定不利事件发生的可能性过程。主要考虑是风险的本身性质、风险承受能力以及风险控制能力三个因素，运用的方法和工具主要是模型定量分析、预测预警系统分析、历史数据分析、专家经验和会商等，最终将风险可能性划分为五级：A＝基本不可能发生；B＝较不可能发生；C＝可能发生；D＝很可能发生；E＝肯定发生。

第五个步骤是评估风险后果。这是风险评估过程中最重要的环节之一。确定风险后果等级对于有关部门提出相应的处置建议，制定必要的应对预案，具有重要的参考价值。风险后果评估工作是否全面、准确、客观，将直接影响对风险等级判断的准确性。风险后果是一旦事件发生将会产生的不利影响以及影响的严重程度，包括客观损失和主观影响两部分。在综合考虑风险源性质、风险承受能力、控制能力等要素的基础上，将风险后果划分为五级：1＝影响很小；2＝一般；3＝较大；4＝重大；5＝特别重大。

第六个步骤是确定风险等级，即在风险可能性分析与后果分析的基础上，划分出风险等级。通过风险分级，明确哪些风险需要控制，哪些风险可以接受，确定风险管理的优先级。最后还要将风险识别、风险承受能力、风险控制能力、风险可能性等级、风险后果等级、风险分级等风险评估各流程的分析结果列在同一张风险分析表中。北京市的风险评估采取了风险矩阵法，结合利用历史数据分析法、系统/流程分析法、专家评议、安全隐患排查结果等，综合确定风险等级，并按照可行性、有效性、针对性、综合性、成本效益的原则提出明确的风险控制措施。确定风险等级并分别以特定的颜色进行标志：极高风险、高度风险、中等风险、低度风险，并且分别对应红色预警、橙色预警、黄色预警、蓝色预警。

第七个步骤则是根据风险评估与分级结果，提出有针对性的风险控制措施，以达到消除或减小风险、做好预防的目的。风险控制措施的确定都是从降低可能性和后果严重性、加强风险承受力和控制力等方面考虑，分析存在的问题和薄弱环节，加强监测，制订应急预案，提出相应的风险控制建议。可以概括为以下四种：（1）接受风险；（2）降低风险；（3）规避风险；（4）转移风险。

第八个步骤是风险的反馈与更新。由于风险评估是一个动态持续的过程，所以还要对评估结果及时进行沟通反馈，定期或按要求更新评估内容。各单位根据监测报告，及时地对风险等级进行调整，并且上报给市应急办。

四、北京 2008 年奥运会的风险控制工作

（一）强化风险控制

1. 对于能在奥运前基本消除的风险（可控性为 A 类），由牵头单位明确责任主体及配合单位，采取工程、技术和管理等措施，结合安全隐患排查整改工作，全力消除。

2. 对于通过采取特殊控制措施可有效降低等级的风险（可控性为 B 类），由牵头单位制定严密的奥运期间特殊风险管理措施，形成具体工作方案，有效规避风险或将风险降到最低。

3. 对于超出本市控制能力和范围的风险，确需商请北京奥组委、国家有关部门和其他省（区、市）共同解决的，由市应急委汇总后，统筹协调解决。

（二）加强风险监测

1. 完善风险动态监测和更新机制。分别于 2008 年 6 月 15 日前和 7 月 15 日前完成两轮动态更新。

风险评估、控制与两轮动态更新：截至 2007 年底，奥运期间城市公共安全领域共存在 32 类、250 项风险，其中，极高风险 21 项，高风险 70 项，中风险 97 项，低风险 62 项，风险源（点）2 204 个。截至 2008 年 7 月 15 日，还存在 31 类、208 项风险，其中，极高风险 9 项，高风险 39 项，中风险 81 项，低风险 79 项。两轮风险动态更新结果显示：各相关单位通过采取 1 000 余项风险控制措施，共消除风险 49 项，降低风险 93 项。此外，新增风险 7 项。

2. 建设风险管理信息化系统。实现跨部门、跨区域、跨灾种风险信息共享。

3. 建立风险社会监测网络，充分动员全社会力量。

4. 建设统一的预警信息发布平台。

（三）加强应急准备

1. 完善了 9 800 余个有针对性的应急预案。

2. 制定《北京市保障奥运期间城市运行安全演练总体工作方案》，组织 17 次全市性综合应急演练。

3. 统筹加强应急队伍。

4. 统筹加强应急物资管理。查清本市应急物资储备现状，加强应急物资储备能力建设，明确应急物资的调用、使用机制。

5. 建立统一应急标志。

6. 完善市、区县两级突发事件专项准备资金制度

7. 建立不可预见风险应对机制。组织各方面有丰富实践经验的专家，加强风险关联性和连锁反应分析。

8. 制定奥运期间突发事件新闻宣传操作指南。

9. 组织开展奥运期间相关风险知识的宣传，提高广大市民的风险意识和自救互救能力。

（资料来源：王敬波．公共危机管理案例．北京：研究出版社，2009；董杰，刘新立，宋璐毅．北京 2008 年奥运会对突发事件的风险管理．体育与科学，2005（1）；詹承豫．《公共风险管理》教学大纲．未刊稿，2012；以及相关资料）

案例思考题

从上述案例提供的材料来看，你认为北京 2008 年奥运会风险管理成功吗？为什么？你认为北京 2008 年奥运会风险管理的经验可以推广吗？值得推广吗？其成本—收益分析如何？从北京 2008 年奥运会风险管理的实践来看，你对突发事件风险管理有何新的认识？

第2章

突发事件风险管理理论

突发事件风险管理理论，主要包括四个方面代表性的基础理论：脆弱性理论、抗逆力理论、风险感知理论、风险放大理论。

脆弱性理论的典型模型主要包括九个：R-H 模型（risk-hazards model）、“三角模型”分析框架、HOP（hazards of place）模型、PAR（pressure and release）模型、“钻石模型”分析框架、AHV（airlie house vulnerability）模型、可持续生计模型、BBC 模型、MOVE 模型。脆弱性理论的典型模型，为脆弱性理论的建构奠定了重要基础，同时也为脆弱性评估与实证分析提供了指导。

在应急管理学科的研究框架中，开展个体、组织、社区和国家在面对自然灾难、事故灾难、公共卫生事件、社会安全事件等各类突发事件时恢复和适应能力的研究，已成为应急管理科学研究的重大课题。抗逆力理论在风险管理和应急管理领域逐渐受到重视，国内外学者越来越关注突发事件形成之前、之中、之后对受灾体的抗逆力问题。从抗逆力的角度研究灾害逐渐成为灾害学、风险管理和应急管理领域的一个方向，抗逆力在应急管理研究中的价值越来越受到重视。

风险感知理论形成了两大主要理论流派：一是风险的心理测量流派，其代表人物有保罗·斯洛维奇（Paul Slovic）、里纳特·舍贝里（Lennart Sjoberg）等，他们主要运用心理学方法研究风险问题，侧重对风险根源的主观特征和主观感受的测量；二是风险的文化理论流派，其代表人物有人类学家玛丽·道格拉斯（Douglas）、迈克·汤姆森（Mike Tomson）等，该流派试图从认知主体自身的生活方式角度理解风险感知及与风险有关的行为。

风险放大理论主要包括两个方面的代表性理论：风险的社会放大理论、风险的社会表征理论。风险的社会放大理论（social amplification of risk frame，SARF），用来描述心理、社会、文化和政治因子如何互动“扩大风险”及产生波及效应。社会放大的反应机制主要出现在社会、制度、文化等背景下，风险存在两种放大机制：社会放大的信息机制和社会放大的反应机制。风险的社会表征理论基础为：社会表征的结构理论、身份理论和三角巧克力模型。风险的社会表征理论有理由成为风险研究的新的指导理论。

本章主要说明脆弱性理论的概念框架、脆弱性理论的典型模型、脆弱性评估方法与指标体系、抗逆力的含义与内容、抗逆力理论评估模型、抗逆力理论在应急管理中的应用，阐明风险感知理论的两大流派、风险感知理论的争议与趋势，介绍风险的社会放大理论、风险的社会表征理论。

重点问题

- 脆弱性理论
- 脆弱性理论的典型模型
- 脆弱性评估框架
- 脆弱性评估指标体系
- 抗逆力理论
- 抗逆力理论评估模型
- 风险感知理论
- 风险的心理测量流派
- 风险的文化理论流派
- 风险的社会放大理论
- 风险的社会表征理论

2.1 脆弱性理论

2.1.1 脆弱性理论的概念框架

1. 脆弱性理论研究进展

“脆弱性”一词来自拉丁文 Vulnerare，意思是“可能受伤”。脆弱性的英文原意是指物体易受攻击、易受伤和被损坏的特性。中文中对“脆弱性”一般解释为：“脆”是易破碎的性质，“弱”是弱小并易受挫。20 世纪 70 年代，吉尔伯特·怀特（Gilbert F. White）首次提出了脆弱性（vulnerability）的概念，之后被广泛应用于灾害学、生态学、金融学、社会学和经济学等许多方面。20 世纪 80 年代以来，脆弱性研究逐步成为全球环境变化和可持续发展研究中的热点和前沿领域，受到国内外学者的广泛关注。传统的灾害研究只关注致灾因子，对灾害发生的机制、强度、频率及其分布等进行探讨。当人们探求为什么相同的灾害能够造成不同的损失、如何寻找应对灾害的机制以便减轻致灾风险时，脆弱性的概念应运而生。正是脆弱性分析把灾害与风险研究紧密联系起来，即分析社会、经济、自然与环境系统相互耦合作用及其对灾害的驱动力、抑制机制和响应能力①。

肯尼思·休伊特（Kenneth Hewitt）和他的同事们对致灾因子论提出强烈的批评，灾难的本质受到根本性的质疑。1981 年，佩兰达（Pelanda）指出，灾害是社会脆弱性的实现。灾害是一种或多种致灾因子对脆弱性人口、建筑物、经济财产或敏感性环境打击的结果，这些致灾事

① UN/ISDR. Living with Risk: A Global Review of Disaster Reduction Initiatives 2004 Version. United Nations Publication, 2004.

件超过了当地社会的应对能力。布莱基等在《危险无处不在》(*At Risk*)一书中进一步提出灾害的压力与释放模型(D=H+V,灾害=致灾因子+脆弱性),指出:脆弱性是灾害形成的根源,致灾因子是灾害形成的必要条件,在同一致灾强度下,灾情随脆弱性的增强而扩大。他们还认识到全球人口增长、城市化、全球经济一体化、全球气候变化等宏观因素对区域乃至个人脆弱性的影响,指出:灾害镶嵌于日常生活之中,减灾就是要减轻灾害形成的压力(包括致灾因素和人的脆弱性)。2004 年,联合国国际减灾战略组织(UNISDR)首次正式将脆弱性定义为"能够导致社会群体对灾害影响的敏感性增加的自然、社会、经济和环境因素或者过程的状态"。

在国外的灾害脆弱性文献中,常常针对具体的灾害种类,将人群承灾体根据收入分为富人、中等收入的人、穷人,或根据不同的年龄和健康状况划分出脆弱性不同的人群,定性地分析这些人在灾害中所受灾害的程度与反应及当地现行的社会、政治、经济、法律、宗教、文化、市场体系等对这些人的影响。对于环境、财产与资源的脆弱性,则从其自身抗灾特性分析。脆弱性理论在实践中进一步应用,其概念也得到了不同层次的扩充。

国内脆弱性研究起步较晚。"承灾体"一词的用法比较普遍,就是指承受灾害的对象。国内学者中较早研究受灾体脆弱性的商彦蕊认为,脆弱性应指一定社会政治、经济、文化背景下,某孕灾环境区域内特定承灾体对某种自然灾害表现出的易于受到伤害和损失的性质。这种性质是区域自然孕灾环境与各种人类活动相互作用的综合产物。[①] 姜桂华在对地下水脆弱性研究后也认为,脆弱性是灾害系统在自然条件和人为活动影响下适应性不足而导致不良结果的可能性[②]。苏桂武等对危险性和脆弱性的关系进行了总结归纳,认为风险源的危险性是脆弱性存在的外因和条件,脆弱性强度随风险源变异强度的增大而增大;承灾体自身的性质是其脆弱性产生的内因和基础;承灾体相对于风险源的脆弱性高低还与风险源和承灾体间的相互作用方式密切相关[③]。林冠慧等也定义了脆弱性的两种基本内涵。一方面通过对传统灾害的评估,主要考虑灾害带来的损失程度。通常是人类系统无法处理灾害事件的结果,因此不考虑人类的主动应对能力。另一方面则是将脆弱性视为灾害之前就存在的状态,探讨个体或群体受致灾影响的功能因素,认为脆弱性对于某一类型的灾害有一定的依存性[④]。方修琦等在对国外脆弱性综述研究总结后指出,由于研究的背景不同,脆弱性的概念是不明确的,但其中心问题已逐渐从环境转向人类自身[⑤]。另有部分学者从专项脆弱性研究入手,在不同领域灾害中对脆弱性的概念做出补充。如石勇等通过对城市脆弱性的评估研究认为,自然灾害的脆弱性是人为系统在面对自然与人为灾情影响时的应对和救援的能力,其更侧重强调承灾体本身特性和灾难触发人为因素,是在一定经济、文化背景下,某地区承灾体面对灾情体现出的受到损失的难易程度[⑥]。

---

① 商彦蕊. 自然灾害综合研究的新进展:脆弱性研究. 地域研究与开发,2000 (2).

② 姜桂华. 地下水脆弱性研究进展. 世界地质,2002 (1).

③ 苏桂武,高庆华. 自然灾害风险的分析要素. 地学前缘,2003 (50).

④ 林冠慧,张长义. 巨大灾害后的脆弱性:台湾集集地震后中部地区土地利用与覆盖变迁. 地球科学进展,2006 (2).

⑤ 方修琦,殷培红. 弹性、脆弱性和适应:IHDP 三个核心概念综述. 地理科学进展,2007 (5).

⑥ 石勇,石纯,孙蕾,等. 沿海城市自然灾害脆弱性评价研究:以上海浦东新区为例. 中国人口·资源与环境,2008 (4).

2009 年，清华大学范维澄教授提出突发事件、承灾载体、应急管理三者构成一个三角形的闭环的“公共安全体系的三角形框架”，认为承灾载体是突发事件的作用对象，一般包括人、物、系统（人与物及其功能共同组成的经济社会与自然系统）三方面。范维澄等认为，承灾载体在突发事件作用下发生本体破坏的可能性和程度，通常用脆弱性来衡量，脆弱性越强的承灾载体越容易发生本体破坏，破坏程度也更严重；承灾载体在突发事件作用下发生功能破坏的可能性和程度，可以用鲁棒性（robustness）① 来衡量，鲁棒性越强的承灾载体在突发事件作用下保有原有功能的能力越强。脆弱性减低和鲁棒性增强，是提高承灾载体抗灾能力的两大方向。脆弱性研究的目的在于如何减少本体破坏，鲁棒性研究的目的在于如何做到本体破坏下的功能保有②。

2. 脆弱性的概念与类型

总体来看，“脆弱性”概念在不同领域具有不同的研究情况（见表 2－1）。

表 2－1 不同领域脆弱性的研究情况

学科领域	研究情况
灾害学	泥石流灾害脆弱性、农业旱灾脆弱性等
地理学	人地系统脆弱性、经济系统脆弱性、社会系统脆弱性等
生态、环境科学	生态脆弱性、生态环境脆弱性等
资源科学	水资源脆弱性、旅游资源脆弱性等
经济、金融学	经济脆弱性、信贷市场脆弱性、银行体系脆弱性、金融体系脆弱性等
工程学	电网脆弱性、计算机软件/信息系统脆弱性等
人类学	人性脆弱性、人群脆弱性等
其他	物流系统脆弱性、公共权力脆弱性等

由于不同领域的研究对象和学科视角不同，对“脆弱性”的理解也存在一定的差异。归纳起来可划分为如表 2－2 所示的四类。

表 2－2 脆弱性概念的类型

类型	典型界定	侧重点
脆弱性是暴露于不利影响或遭受损失的可能性。	（1）个体或群体暴露于灾害及其不利影响的可能性。 （2）由于强烈的外部扰动事件和暴露部分的易损性，导致生命、财产及环境发生损害的可能性。	与自然灾害研究中“风险”的概念相似，着重于对灾害产生的潜在影响进行分析。
脆弱性是遭受不利影响损害或威胁的程度。	（1）系统或系统的一部分在灾害事件发生时所产生的不利影响的程度。 （2）系统、子系统由于暴露于灾害（扰动或压力）而可能遭受损害的程度。	常见于自然灾害和气候变化研究中，强调系统面对不利扰动“灾害事件”的结果。

① 鲁棒性就是系统的健壮性。
② 范维澄，刘奕．城市公共安全体系架构分析．城市管理与科技，2009（5）．

续前表

类型	典型界定	侧重点
脆弱性是承受不利影响的能力。	(1) 社会个体或社会群体应对灾害事件的能力，这种能力基于他们在自然环境和社会环境中所处的形式。 (2) 社会个体或社会群体预测、处理、抵抗不利影响，并从不利影响中恢复的能力。	突出了社会、经济、制度、权利等人文因素对脆弱性的影响作用，侧重对脆弱性产生的人文驱动因素进行分析。
脆弱性是一个概念的集合。	(1) 包含三层含义：系统、群体或个体存在内在的不稳定性，对外界的干扰和变化比较敏感，在外来干扰和外部环境变化的胁迫下容易遭受某种程度的损失或损害且难以复原。 (2) 暴露单元由于暴露于扰动和压力而容易受到损害的程度以及暴露单元处理、应付、适应这些扰动和压力的能力。 (3) 系统由于暴露于环境和社会变化带来的压力及扰动，并且缺乏应对能力而导致的容易受到损害的一种状态。	包含了“风险”“敏感性”“适应性”“恢复力”等一系列相关概念，既考虑了系统内部条件对系统脆弱性的影响，也包含系统与外界环境的相互作用特征。

脆弱性有许多定义，但它们都有一个共同点，即社会对灾害的敏感性程度，该程度会因灾害暴露因素或处理能力的变动而变动。总之，这个概念的特征包括：(1) 它是模糊的，不能直接或确切地被测量，但可以通过指标估计。(2) 不同因素对脆弱性的影响不能被确切计算出。例如，收入高，敏感性明显低。但敏感性到底怎样随不同收入水平而变化？这可能是很多因素相互作用的结果。(3) 影响因素和易感性之间的关系往往是非线性的。例如，一些高收入水平者敏感性非常低，然而随着收入的进一步提高，易感性并不随之成比例降低。考虑到这些不确定因素，推测量化敏感性必须考虑到概念的不精确性和其他的影响因素。

脆弱性通常被界定为系统容易受到损害的可能性、程度或状态。由于研究对象和学科视角的不同，不同研究领域学者对脆弱性概念的理解并不一致。但总体而言，随着脆弱性研究领域的不断拓展，脆弱性的概念已经逐渐演变成包含风险、敏感性、适应性、恢复力等一系列相关概念在内的一个概念集合，内涵不断丰富。很多学者认为，系统对外界干扰的暴露、系统的敏感性、系统的适应能力是脆弱性的关键构成要素。尽管不同学科对脆弱性概念的界定仍然存在着很大的争议，但随着脆弱性研究的不断深入和频繁的国际学术交流，脆弱性概念的内涵呈现不断扩展的趋势。脆弱性研究作为一种新的研究范式，已在不同学科领域得到广泛应用，且学术界对脆弱性研究的关注程度越来越高。

脆弱性的概念不断延展，基本呈现由单一到多维、由环境到以人为中心的研究方向。脆弱性成为一个由自然、社会、经济、环境共同决定的综合性词语，多数研究者也基本达成一个共识：脆弱性与社会群体的敏感性、灾害暴露程度以及与社会经济文化背景相关的应对灾害事件的各种能力相关。综合来看，脆弱性是指人群、系统或其他感受体承受环境或社会经济方面的干扰和压力而受伤害的能力。脆弱性主要体现在以下几个方面：物质方面（比如经济能力、地理位置、地质构造、建筑物的结构等）、组织方面（如通信系统、应急预案、救援计划等）和意识方面（如对待危机态度积极与否、警觉性如何等）。

在风险管理领域，脆弱性已成为一个专用名词，虽然对其解释很多，但较一致被认可的概念是：脆弱性是指对危险暴露程度及其易感性（susceptibility）和抗逆力（resilience）尺度的考量。也就是说，面对灾害时，自身存在较易遭受伤害和损失的因素。联合国曾提出一个风险评估模型：R(risk)=H(hazard)×V(vulnerability)/C(capacity)，明确提出，应把脆弱性作为风险评估的一个函数，以取代经典的 R(risk)=L(likelihood)×C(consequences) 模型。灾难（disaster）的破坏程度取决于源发事件（triggering agent）与承灾体脆弱性（vulnerability）之间的相互作用，即 T+V=D。

学术界对脆弱性的特质已有了比较一致的认识：脆弱性是在灾害发生前即可存在的条件，在灾害发生时涌现；脆弱性表现为对包括灾害抗灾能力和恢复能力在内的适应性；脆弱性也是在特定环境中的受灾敏感性；脆弱性是决定灾难性质与强度的基本要素。麦肯泰尔（McEntire）以矩阵图形式表示为脆弱性的分类构成：从环境属性角度，脆弱性由不利因素（liabilities）与能力（capabilities）的此消彼长所构成，不利因素来源于固有风险（risk）和社会的易受损性或称易感性，能力则由科学技术与工程设施对灾害抵抗力（resistance）和社会公众面临灾难时表现出的抗逆力共同构成。

现代社会中发生的危机事件具有明显的复杂性，灾难和脆弱性涌现几乎涉及从自然到社会的所有领域，而且互相交叉、融合，脆弱性存在于风险管理的各个层面和危机事件应急准备、响应及恢复的全过程。脆弱性是在危机发生前即已存在的客观条件，在事故发生过程中才“涌现”。在危机发生之前，脆弱性具有潜在性或隐蔽性，这种不确定性的特征可使危机发生的“易感性”明显增加。脆弱性研究为我们提供了一个新视角。脆弱性分析逐渐将注意力转向关注：哪些人、事物、地区面对正在进行的人文与环境条件的变化较脆弱？这些变化及其结果在不同的人与环境条件下是怎样被减弱或增强的？通过什么措施可以减少对这些变化的脆弱性？怎样建立更具恢复力和适应性的团体与社会？

3. *社会脆弱性研究*①

社会脆弱性作为脆弱性的维度之一，是脆弱性与可持续性科学研究领域的新兴热点问题。传统的脆弱性研究更多关注风险或灾难的特征和结构属性及其导致的生物物理损失。从当前国内外研究来看，自然灾害、气候变化和生态环境等自然科学领域的脆弱性研究仍占据主导地位，主要关注自然环境变化扰动下系统所遭受的不利影响和脆弱程度，研究重点集中在风险和脆弱性区域的分布、形成原因和过程，脆弱性的评价与测度，典型脆弱性区域的环境问题以及降低脆弱性的对策等。

许多学者开始运用自然—社会系统综合的方式理解脆弱性，认为脆弱性是代表着人与环境综合研究的概念集群②。除了环境变化等外部扰动因素，也开始关注“哪些人在脆弱性过程中更容易受到伤害？哪些因素使得脆弱性对社会系统的影响被减缓或加剧？如何构建更具弹性和适应能力的社会？”，并由此出现了融合自然、经济、社会、制度、文化等特征的人类—环境耦合系统（coupled human-environment system）脆弱性概念。研究重点从单纯的自然系统脆弱性演化为以人和社会为中心，注重人和社会在脆弱性的形成以及降低脆弱性中的作用，并将人与社会的主动适应性作为脆弱性评价的核心问题。在探讨脆弱

① 黄晓军，黄馨，崔彩兰，杨新军. 社会脆弱性概念、分析框架与评价方法. 地理科学进展，2014 (11).

② 王岩，方创琳，张蔷. 城市脆弱性研究评述与展望. 地理科学进展，2013 (5).

性发生机理过程中，不仅考虑外部扰动对社会系统的影响，还把脆弱性看作由社会系统内部结构特征所决定，是社会系统存在的先天不稳定性和敏感性所致（如贫困、不平等、边缘化、社会剥夺、社会排斥等），关注于识别社会中最脆弱的群体，侧重探讨导致人类社会容易受到损害的政治、经济、制度和文化因素以及提高社会系统适应力与恢复力的人文机制和对策。在此背景下，提出了社会脆弱性的概念，社会系统的脆弱性研究逐渐成为脆弱性科学领域的新热点。

20世纪末，研究者开始关注灾难对人口和社会的影响，尤其是针对灾难后果在社会群体及其居住空间中的不均衡分布，相关学者提出了脆弱性的社会维度研究，使得社会脆弱性术语得到广泛应用。脆弱性概念中暴露于风险的对象是一个多维复杂系统，涉及自然、经济、社会、环境等要素，社会脆弱性概念则明确了人口和社会系统是风险事件中被关注的主要对象，即谁处于风险之中及其可能遭受的损失或伤害程度有多大。社会脆弱性概念倾向于构建这样一种逻辑，即暴露在风险区域的所有人都是脆弱的，但风险对社会的影响是不均衡的，这取决于不同人群的应对能力，如穷人、儿童、老年人、少数族裔和残疾人等往往是更加脆弱的社会群体，因为这些群体由于自身特征而缺乏对风险事件的应对能力，在遭受灾难后，又缺乏必要的知识、社会和政治等资源，难以从灾害中恢复。

学者们从不同视角对社会脆弱性的概念进行了界定，并提出了社会脆弱性三个方面的特征：一是扰动的范畴。扰动可能来源于自然系统（如自然灾害、气候变化等）或人文—社会系统（如土地利用变化、环境污染等），也可能来源于二者在特定空间（地方、区域等）内的共同作用。二是社会脆弱性发生的根本原因。有的学者认为外部扰动是导致社会脆弱性形成的主要原因；有的学者则认为社会脆弱性由社会结构所致，将灾难本身视为一种社会建构，认为社会脆弱性是社会不平等的产物。三是社会脆弱性的表现形式。有的学者认为社会脆弱性同脆弱性一样，是关于暴露度、敏感性和应对能力的函数；有的学者则认为社会脆弱性主要通过人口和社会特征来反映，与系统对扰动的敏感程度成正比，与对扰动的应对能力成反比。

综合相关学者的研究，可以认为社会脆弱性是脆弱性的维度之一，是暴露于自然因素或人为因素扰动下的社会系统，由于自身的敏感性特征和缺乏对不利扰动的应对能力而使系统受到的负面影响或损害状态。社会脆弱性特征包括：（1）自然因素或人为因素扰动，主要包括自然灾害、气候变化、资源衰退、环境污染、土地利用变化等，可能源于社会系统之外或社会系统自身，也可能受多重压力影响；（2）社会系统的内在结构特征是社会脆弱性产生的主要原因，外部扰动是社会系统脆弱性变化的驱动因素，扰动对社会系统施加的影响并不均衡，取决于系统的结构特征和应对能力，扰动与社会系统之间的相互作用加剧或缓解了社会脆弱性状态；（3）社会脆弱性描述了暴露于扰动过程中的社会群体的敏感性特征及其对扰动的应对能力特征，因此，它是一个关于暴露度、敏感性和应对能力的函数；（4）社会脆弱性具有明显的尺度特征，包括社会系统中的个体、家庭和群体尺度以及空间上的地方、区域和国家尺度。

总体来看，国外对社会脆弱性的研究涵盖了灾害学、生态学、地理学、环境学、社会学和经济学等不同学科领域，形成了丰富的研究成果。许多专门的研究机构长期从事社会脆弱性相关研究工作，如南卡罗来纳大学风险与脆弱性研究所（USC-HVRI）、联合国大学环境与人类安全研究所（UNU-EHS）、斯德哥尔摩国际环境研究院（SEI）等。总体来看，社会脆弱性研究正受到越来越多的关注，研究内容不断扩展，研究深度不断强化。与之相比，国内社会脆弱性研究起步较晚，研究成果数量有限，已有内容主要集中在自然灾害和资源衰退扰动下的社会脆弱性研究，理论和实践内容都需要进一步完善与提高。自然环境变化扰动下的社会脆弱性仍是当前的主要研究内容，人文因素及社会系统自身结构变化的压力和冲击（如快速城市化、土地利用变化、环境污染、公共安全等）导致的社会脆弱性正逐渐得到关注，并成为该领域新的研究热点。

由于社会脆弱性研究刚刚兴起，相关概念、分析框架和评价方法尚存在较多争议。例如，由于学者对社会脆弱性概念的理解存在分歧，导致社会脆弱性的研究视角与分析框架差异较大；长期以来，脆弱性研究主要关注物质环境，社会群体、组织与制度等社会层面的脆弱性特征被忽视；由于社会脆弱性较难量化，相应的评价方法仍显滞后，评价指标体系不够合理。由于学者们对社会脆弱性概念的理解尚未达成共识，导致社会脆弱性的研究视角、分析框架和研究方法的应用存在较大差异，且还没有形成专门的社会脆弱性分析框架，相关研究更多是在脆弱性框架基础上的延伸和拓展。大多数已有的社会脆弱性研究以案例研究为主，成果多是关于社会脆弱性的特征和脆弱性程度的评价，缺乏对社会脆弱性过程和内在机理等内容的深入探讨；研究尺度方面，主要集中于某一时间截面或特定的空间尺度，缺乏不同时、空尺度社会脆弱性的动态对比分析，社会脆弱性的时空过程和演化规律研究不够。未来应建立统一的社会脆弱性概念体系，明确社会脆弱性的构成要素和尺度特征，整合社会脆弱性的影响因素、动态过程和发生机制等内容，形成专门的社会脆弱性理论模型或分析框架。重点对影响社会脆弱性的系统外部扰动因子和系统内部经济、社会、制度、文化等关键性人文驱动因子及其相互之间的作用关系进行深入剖析，定量解析各因素对社会脆弱性的影响程度，对不同时间和空间尺度上的社会脆弱性动态变化和社会脆弱性格局特征进行比较分析，系统揭示社会脆弱性的动态过程和发生机理，深化并完善社会脆弱性的理论研究体系。

2.1.2　脆弱性理论的典型模型①

1. R-H 模型

R-H 模型以伯顿（I. Burton）等人为代表，认为区域自然灾害是致灾事件与人类相互作用过程的产物，脆弱性是指人们是否容易受到自然灾害影响及其受到影响的程度。灾害影响用衡量承灾体暴露性和敏感性的函数表示，脆弱性表示自然灾害强度与损失程度之间的关系。应用该模型对灾害或气候变化影响进行评价时，一般都强调承灾体对致灾因子或环境冲击的暴露和敏感性，关注的是致灾因子和灾难后果，对政治、经济尤其是人类社会结构和制度在形成不同的承灾体暴露程度及灾害后果的过程中发挥的作用重视不够，同时也没有考虑承灾体对灾害结果产生放大或缩小的影响以及具体影响途径②。

---

① 黄建毅，刘毅，马丽，李鹤，苏飞．国外脆弱性理论模型与评估框架研究评述．地域研究与开发，2012（5）；黄晓军，黄馨，崔彩兰，杨新军．社会脆弱性概念、分析框架与评价方法．地理科学进展，2014（11）．

② Burton I，White G F. The Environment as Hazard. 2nd edition. New York：The Guilford Press，1993.

2. “三角模型”分析框架

沃茨（M. J. Watts）和博勒（H. G. Bohle）在研究食物安全领域中的饥饿、饥荒与贫困之间的结构关系时，从人类生态学、权利理论和政治经济学三个方面构建了食物安全脆弱性的理论模型，即“三角模型”。该模型包括以下几个方面：（1）权利的具体分配以及在特定环境下是如何产生的？（2）权利的集合。（3）政治经济的结构特征（会产生权利危机）。这些过程构成了食物安全脆弱性分析的“三角模型”。该模型从脆弱性产生的社会、经济、政治和体制角度进行分析，揭示了脆弱性产生的社会、经济、政治背景，但是没有考虑自然环境变化对食物安全产生的影响①。

3. HOP 模型

卡特（S. L. Cutter）认为脆弱性科学应该是建立在地理学、社会学和人类学基础之上的综合学科，并于 1996 年提出了 HOP 模型。在 HOP 模型中，风险（危险事件发生的可能性）与减缓（减轻风险或减少它们影响的措施）的交互作用形成潜在的危险，潜在危险要么被缓解，要么被增强，主要由地理环境（如海拔或邻近性）和社会环境（社会经历、感知和建成环境）决定。地理环境决定了地方的生物物理脆弱性，社会环境影响社区或社会对风险的响应、处理、恢复和适应的能力，而这又受到人口、收入水平和住房等社会经济因素的影响。最终，生物物理脆弱性与社会脆弱性的相互作用形成地方脆弱性。该模型通过特定地区的脆弱性来综合分析自然环境和社会状况对脆弱性的影响，从而把自然脆弱性研究中的风险概念与社会脆弱性研究中的恢复力、应对能力等结合起来并落实到具体空间地域单元，同时避免了以往脆弱性研究中只关注自然或人文系统脆弱性的弊端，使脆弱性研究向着耦合系统的方向发展。HOP 模型提出后，许多研究在此基础上进一步展开，通过分析特定地方的多种风险或多重压力来探讨人口和社会的脆弱性，这些研究明确了风险暴露度和社会敏感性之间的关系，对于确定风险事件特征和脆弱人群的识别起到关键作用，而且对地方和区域尺度制定风险干预和减缓措施具有重要意义。但是，该模型把地方脆弱性与最初的风险和应对能力之间构成了闭合回路，忽略了系统外部变化对其脆弱性的影响②。

4. PAR 模型

PAR 模型是以布莱基等人为代表，从灾害形成的根源上进一步探讨脆弱性的形成机理。PAR 模型阐明了自然灾害事件如何发生以及如何影响脆弱的人口。“pressure”（压力）是指产生脆弱性的自然灾害事件过程，“release”（释放）是指灾害、压力与脆弱性的减弱。该模型认为致灾因子是产生脆弱性的压力，而脆弱性是这种压力的释放。脆弱性可以通过三个递进的影响因素来定义，分别是产生根源、动态压力和不安全条件。在该模型中，灾害被明确定义为承灾体脆弱性与致灾因子（扰动或压力）相互作用的结果，并且对作为根源的社会因子是如何经过“动态压力”和“不安全条件”两个阶段逐渐产生脆弱性进行了详细阐释。该模型认为脆弱性根植于社会的经济、人口和政治过程，它们决定了权

---

① Watts M J, Bohle H G. The Space of Vulnerability: The Causal Structure of Hunger and Famine. Progress in Human Geography, 1993, 17 (1): 43-67.

② Cutter S L. Vulnerability to Environmental Hazards. Progress in Human Geography, 1996, 20 (4): 529-539.

力和各种资源的分布及可获得性；动态压力包括了所有可能的将根源转变成风险事件的过程和活动，如流行疾病、快速城市化和暴力冲突等；而一些存在于自然环境、地方经济、社会关系和公共行为与制度中的不安全条件进一步加剧了脆弱性。PAR 模型认为，脆弱性取决于人群能够通过哪种途径、在何种程度上有权使用资源来预料、应对、抵抗灾害，并从灾害影响中恢复，认为社会经济和个人特征对灾害脆弱性具有决定性的意义。

PAR 模型强调了脆弱性的驱动力和根本原因，同时强调通过改善政治和经济系统来缓解脆弱性，因为政治和经济系统是脆弱性的根源。该模型为分析灾害脆弱性提供了基本思路，体现了致灾因子与人文因素的共同作用。但该模型忽略了人地系统的相互作用关系，没有对自然系统进行深入分析，并将致灾因子与社会过程分离；对致灾因子因果关系以及承灾体的反馈作用缺乏深入分析，没有从耦合系统角度进行脆弱性分析①。

5. “钻石模型”分析框架

钱伯斯（R. Chambers）认为脆弱性应该包括内部和外部两个方面，外部是指系统所暴露的扰动和压力，内部是指系统对外部压力和扰动的响应及恢复力。博勒认同钱伯斯对脆弱性的划分方法，但是他认为以往的研究比较关注脆弱性外部方面的分析，对脆弱性内部方面的研究不足，尤其是在概念和理论方面。他认为应对能力是一个非常复杂的问题，并提出与应对策略关系最为紧密的三种概念和理论的探讨，一是对脆弱性内外两个方面相互作用及其辩证关系的研究，二是对应对资源使用权的研究，三是冲突和危机理论②。在吸收钱伯斯观点的基础上，博勒创建了脆弱性分析的“钻石模型”，该模型将上述三个研究方向与权利理论、人类生态学和政治经济学等概念及理论融入脆弱性分析中，促进了脆弱性研究的进一步发展③。

6. AHV 模型

以特纳（B. L. Turner）、卡斯珀森（Kasperson）等人为代表，从可持续发展的角度，认为脆弱性是由“人类—环境”耦合系统决定的，并且这种关系存在于任何尺度上的耦合系统。系统的脆弱性包括暴露、敏感性和恢复力。该模型以人类—环境耦合系统为分析对象，强调扰动的多重性及多尺度性，突出对脆弱性产生的内因机制及地方特性进行分析，是一个多要素、多流向、跨尺度、多重循环的闭合回路。该模型由以下三个层次构成：一是耦合系统中的人文条件与环境条件；二是人文、环境条件及其相互作用过程中面临的扰动或压力；三是表征耦合系统脆弱性的暴露、敏感性和恢复力（响应、应对、调整、适应等）。各层次与要素之间的相互作用关系存在于不同尺度上（地方、区域和全球）的耦合系统，系统的人文—环境条件（生物物理资本和社会资本）决定其暴露度和敏感性，并影响系统的应对机制。对于社会系统，可能是个人的自主行动或相关的政策变化，且这些机制体现了社会与环境的相互影响和反馈过程，反映了社会系统的应对能力和社会适应性。在该模型中，人类与自然环境的脆弱性是相互联系的，系统的脆弱性具有动态性，并且随着时间、地域和社会空间的不断变化而变化，具有地方特性。同时，该框架还强调了扰动

① Blaikie P, Cannon T, Davis I, et al. At Risk: Natural Hazards, People's Vulnerability and Disasters. London: Psychology Press, 2004.

② Chambers R. Vulnerability, Coping and Policy (Editorial Introduction). IDS Bulletin, 2006, 37 (4): 33-40.

③ Bohle H G. Vulnerability and Criticality: Perspectives from Social Geography. IHDP Update, 2001, 2 (1): 3-5.

的多重性与多尺度性，突出了脆弱性的内因机制、地方特性及其跨尺度转移过程，对探讨人类—环境相互作用机理具有重要借鉴意义。特纳、马特森等通过具体案例进一步阐述了人类—环境耦合系统脆弱性分析框架，在地方尺度上，对墨西哥南部尤卡坦半岛洪水和飓风导致的社会脆弱性进行了分析，并探讨了当地农户的响应对策和适应过程；在全球尺度上，探讨了全球环境和社会变化对北极地区人类—环境耦合系统的影响，并指出外部政治和经济力量正在重塑地方应对能力①。

7. 可持续生计模型

可持续生计模型由英国国际发展部（DFID）提出。该框架将脆弱性视为一个更广泛的概念。在脆弱性语境中，包括了各种外部冲击、发展趋向及季节性变化特征。生计和可持续是该框架的两个核心概念，其中，生计是指获得生存的能力，包括有形和无形的资本，如人力资本、社会资本、自然资本、物质资本、金融资本，可用来判断社会对自然灾害的敏感性和应对能力；可持续与从压力和冲击中恢复以及保持自然资源本底的能力相关②。该模型强调，政治系统和私人部门的结构转型以及法律、制度、文化等过程的变化不仅影响脆弱性语境，同时还决定了人们生计资本的获取程度及其生计策略与生计结果。可持续生计模型已被广泛应用于脆弱性研究领域，主要集中在农村地区的社会与贫困脆弱性、家庭生计安全等，其主要贡献之一是为社会脆弱性评价提供了指标来源③。许多研究从该模型的五个生计资本出发，选取反映各生计资本的指标对社会脆弱性进行评价，但对于政治、经济结构与过程对脆弱性和生计的影响还有待于进一步深入研究。

8. BBC 模型

BBC 模型因包加迪（Bogardi）、比克曼（Birkmann）和卡多纳（Cardona）三位学者的提出和发展而得名④。该模型认为脆弱性应从环境、社会和经济三个层面来分析，暴露于脆弱性状态下的不同层面由于应对能力有限，导致相应的环境、社会和经济风险发生。该模型将风险应对和脆弱性降低分为两种情况：一是风险或灾难发生前（$t=0$），通过预警和准备对环境、社会和经济进行系统干预，从而避免灾害事件的发生；二是风险或灾难发生后（$t=1$），通过灾难响应和突发事件管理减少脆弱性后果。该模型强调脆弱性是一个动态过程，包括脆弱性的发生、对风险的应对和减少脆弱性的干预（反馈—回路系统）。该模型中的反馈和干预系统尤为重要，风险和灾难发生的不同阶段对应不同的降低脆弱性

---

① Turner B L，Kasperson R E，Matson P A，et al. A Framework for Vulnerability Analysis in Sustainability Science. Proceedings of the National Academy of Sciences of the United States of America，2003，100（14）：8074-8079.

② Chambers R，Conway G R. Sustainable Rural Livelihoods：Practical Concepts for the 21st Century. IDS Discussion Paper，1992：296；Department for International Development. 1999. Sustainable livelihoods guidance sheets. 2008-06-15. http://www. efls. ca/webresources/DFID_Sustainable_livelihoods_guidance_sheet. pdf.

③ Lamichhane K. Sustainabel Livelihood Approach in Assessment of Vulnerability to the Impacts of Climate Change：A Study of Chhekampar VDC，Gorkha district of Nepal. Kathmandu，Nepal：Kathmandu University，2010；Shah K U，Dulal H B，Johnson C，et al. Understanding Livelihood Vulnerability to Climate Change：Applying the Livelihood Vulnerability Index in Trinidad and Tobago. Geoforum，2013（47）：125-137.

④ Bogardi J，Birkmann J. Vulnerability Assessment：The First Step Towards Sustainable Risk Reduction // Malzahn D，Plapp T. Disaster and Society-from Hazard Assessment to Risk Reduction. Berlin，Germany：Logos Verlag Berlin 2004：75-82；Birkmann J，Cardona O D，Carreno M L. Framing Vulnerability，Risk and Societal Responses：The MOVE Framework. Natural Hazards，2013，67（2）：193-211.

措施，脆弱性分析与评估也应该包括潜在干预工具的识别和分析，以降低不同层面的脆弱性，提高系统的应对能力。

9. MOVE 模型

MOVE 模型由联合国大学环境与人类安全研究所提出。该模型的目标是提供一个涵盖脆弱性多元特征的概念模型，解释暴露、敏感性、社会响应能力与适应能力等核心因素，并整合脆弱性的不同维度，包括物理、社会、生态、经济、文化和制度。MOVE 模型中的风险不仅来源于自然环境，还包括人类社会以及自然与社会系统的交互作用，而脆弱性的多元化特征主要与社会条件和过程相关。暴露于风险下的不同维度，由于预防、应对和恢复能力的缺失，使得各系统遭受不同程度的损失，通过组织、规划和实施可进行风险管治，具体包括风险源的干预、降低暴露度、缓解敏感性、提高恢复力与适应能力等。该模型强调脆弱性是动态的过程，具有非线性和尺度特征，因此，该模型的应用必须考虑影响脆弱性的地方特征及其社会和环境系统的构成因素与耦合过程。MOVE 模型为社会脆弱性的系统评估提供了指导，尽管没有提供具体的评估方法和指标体系，但其概括的脆弱性关键因子和不同维度为脆弱性的分析提供了概念框架，主要应用在气候变化适应（CCA）、风险灾害管理（RDM）以及欧洲不同地理尺度上洪水、极端高温、干旱等风险的社会脆弱性研究中①。

上述脆弱性理论的典型模型，为脆弱性的理论建构奠定了重要基础，同时也为脆弱性评估与实证分析提供了指导。脆弱性的理论模型是对脆弱性产生原因及机理的概念化表述，每个模型都试图找出脆弱性形成的根本原因，从不同角度探索脆弱性驱动因素之间的内在联系。但由于研究视角的差异，不同模型的脆弱性研究出发点、逻辑思路和主要内容有很大不同。由于不同学科领域自身对脆弱性内涵的理解及研究方向具有显著差异，从而造成这些脆弱性理论模型具有不同的特色。例如，在可持续生计和贫困的脆弱性研究中，主要集中于个体和家庭的尺度上，从人的谋生能力和消除贫困的角度分析脆弱性，脆弱性被解释为谋生能力对环境变化的敏感性以及不能维持生计。生计能力评价过程中侧重对谋生技能、资产状况、生态风险和生态服务等多方面内容进行分析②。而在可持续发展领域，关注的焦点则在区域尺度，区域面临外部扰动时的应对能力成为脆弱性研究的重点。另外，即使在同一学科领域内部，不同学派对脆弱性的争议也产生了多种脆弱性理论模型，自然灾害学领域的三种脆弱性理论模型就是很好的例证。由于在解释人类社会对灾害表现出的不同脆弱性时的理论基础不同，该领域中对脆弱性研究可分为三种类型：第一种把脆弱性理解为一种暴露状况，即能使人或地区陷入危险的自然条件；第二种把脆弱性看成各种社会因素，衡量其对灾害的抵御能力；第三种把可能的暴露与社会恢复力在特定的地区结合起来。不难看出，脆弱性概念内涵的理解对脆弱性理论模型构建起着关键作用③。

① Birkmann J，Cardona O D，Carreno M L. Framing Vulnerability，Risk and Societal Responses：The MOVE Framework. Natural Hazards，2013，67（2）：193-211.

② Adger W N. Vulnerability. Global Environmental Change. 2006，16（3）：268-281.

③ Cutter S L. The Vulnerability of Science and the Science of Vulnerability. Annals of the Association of American Geographers. 2003，93（1）：1-12.

2.1.3 脆弱性评估方法与指标体系①

1. 国外脆弱性评估指标体系

脆弱性评估是风险管理研究推出的新概念。在脆弱性形成机制还没有研究透彻的情况下，指标体系是脆弱性评估最常用的方法。与利用历史灾情进行脆弱性分析不同，该方法采用归纳的思路，选取代表性指标组成指标体系，综合衡量灾害脆弱性。严格来讲，该方法衡量的是脆弱性状态，即发生灾害时与安全性对立的一面，反映遭受灾害冲击时，区域受自然灾害影响、威胁的程度。

三大国际自然灾害风险评估计划中，美洲计划是较早利用指标体系进行脆弱性评估、空间尺度最大的实例。2005年，由哥伦比亚大学与美洲开发银行合作的美洲计划，共开发了4组相互独立的指标体系，即灾害赤字指数（DDI）、地方灾害指数（LDI）、普适脆弱性指数（PVI）和风险管理指数（RMI），对1980—2000年间12个拉美国家的灾害风险和风险管理成效进行了评估，其中普适脆弱性指数和风险管理指数与脆弱性关系最密切。PVI是国家内部、固有脆弱性的复合指数，包括3个次级指标：暴露和敏感度、社会和经济脆弱性、恢复力的空缺程度，分别由8个定量指标衡量，风险管理指数中的部分指标也反映了系统面对自然灾害时的脆弱性。而后，针对国家、地方、城市、社区等不同空间尺度的承灾系统，衡量不同灾种的脆弱性指标体系大量涌现。国际上共有两类脆弱性评估方向——基于巨灾的脆弱性评估和基于社区的脆弱性评估，两者的界限并不很明确，有相当部分重合，例如，很多项目评估社区面对巨灾时的脆弱性，但研究侧重点稍有差异。前者研究脆弱性主要为计算巨灾来临时损失的可能性，保险业和国际相关组织是该方法主要的推动者；后者研究脆弱性是着重分析特定社区脆弱性的决定因素，从日常过程中找出风险产生的可能原因，以便采取相应措施阻止和减少灾害所产生的影响。

基于巨灾的脆弱性评估方法提供了全新的视角，不依据历史数据，而是用纯粹归纳方法，选取代表性指标衡量脆弱性。但该方法也存在局限性，以美洲计划为例，PVI和RMI指标很多，指标的规范和权重确定有一定问题，指标是否解释脆弱性的主要因素以及能否合成综合指标，不同应用背景下指标是否起相同作用等问题，都有待进一步论证。但可以肯定的是，从美洲发展中国家应用到发达国家，部分指标需要调整。当前国外已开展不同空间尺度的巨灾脆弱性评估的代表性项目，具体情况如表2-3所示。

表2-3 不同空间尺度的巨灾脆弱性评估代表性项目

范围	项目名称	机构	灾种	备注
全球	灾害风险指标计划	联合国开发计划署等	地震、气旋、洪水、干旱	覆盖全球，以国家为单位
	热点计划	世界银行等	地震、气旋、洪水、滑坡、干旱和火山	覆盖全球，以栅格为单元，共410万个

① 石勇. 灾害情景下城市脆弱性评估研究. 上海：华东师范大学，2010.

续前表

范围	项目名称	机构	灾种	备注
区域	美洲计划	美洲开发银行	滑坡和碎屑流，地质构造运动、洪水和风暴一级其他技术、生物灾害	以国家为单元，覆盖中、南美洲 12 个国家
国家	海啸脆弱性评估	斯里兰卡海蒂奇（Hettige）等	海啸	不同社会群体、关键基础设施和经济部门的脆弱性特征
	洪水脆弱性	俄罗斯下诺夫哥罗德州立大学	洪水	经济社会体制转型下的城市（农村）社会洪水脆弱性
地方	地方脆弱性评估	坦桑尼亚的比利（Bilia）	洪水、干旱、龙卷风等	问卷调查等方法
	卡特里娜飓风海岸带脆弱性评估	佛罗里达大学	飓风	压力释放模型，从根源、动态压力和不安全环境衡量脆弱性
城市	地震灾害风险指数	戴维森（Davidson）	地震	物理基础设施和人口脆弱性
	飓风灾害风险指数	戴维森（Davidson）和兰伯（Lambert）	飓风	人口、建筑、经济脆弱性
	环境灾害社会脆弱性指数	卡特（Cutter）、博鲁夫（Boruff）、雪莉（Shirley）	环境灾害	10 种因素的脆弱性分析
普查单元	洪水的社会脆弱性指数	塔布塞尔（Tapsell）、彭宁·罗瑟（Penning-Rowsell）	洪水	两大类特征，7 个要素分析

基于社区的脆弱性评估，主要目的是找出特定社区脆弱性的决定因素，减少面临灾害时损失的可能性。此类研究更多地关注承灾个体，例如对社区的建筑等子系统根据年限、高度、结构等进行分类，依据不同类别进行脆弱性评估，选择关键设施（医院、学校等）和对自然灾害较为敏感的社会群体（老人、无地农民等）进行脆弱性分析，采取相应措施阻止和减少灾害影响、降低社区脆弱性。社区脆弱性评估探讨的角度由全球议题落实到社区上，主要目的是找出特定社区脆弱性的决定因素，使得面对灾害冲击，如外援支持不及时，社区能将灾害带来的损失降至最低。这一研究方向，也代表着国际上对于灾害研究态度的转变，救灾不再是唯一的目的，以社区为单位，组织居民参与社区减灾的思路转换，从基础单元着眼，以实现整体社会的可持续发展。当前国外社区脆弱性研究的主要代表性成果情况如表 2－4 所示。

表 2－4　　当前国外社区脆弱性研究的主要代表性成果

项目名称	简称	机构
社区范围灾害脆弱性风险分析	CVAT	美国国家海洋和大气管理局（NOAA）
社区范围的脆弱性和能力评估	CVCA	加拿大公共安全暨急难防备部（MPSEPC）

续前表

项目名称	简称	机构
灾害、脆弱性和能力评估	HVCA	英国克兰斯菲尔德备灾中心（CDP）
公众参与的能力与脆弱性评估	PCVA	牛津饥荒救济委员会（OXFAM）
公众参与的脆弱性评估	PVA	国际行动援助组织
中美洲基于社区的脆弱性和能力评估	VCA	红十字会与红新月会国际联合会（IFRC）等
灾害、风险和脆弱性分析工具	HRVA	蕾妮·皮尔斯
社区灾害、影响、风险和脆弱性分析	HIRV	不列颠哥伦比亚大学

2. 国外脆弱性评估框架

国外学者们提出了多种脆弱性评估框架，运用较多的主要有两种。

（1）VSD（vulnerability scoping diagram）评估框架。波斯基（C. Polsky）等人受美国公共空间计划（project for public spaces）整合框架的启示，把脆弱性分解为“暴露—敏感—适应”三个组成部分，使用VSD评估框架来组织数据、统一概念和构建脆弱性评估指标体系①。运用VSD评估框架进行脆弱性评估的流程，包括整合、分析、VSD评估框架三个系列。VSD模型的一般形式：模式中心为脆弱性，外层是维度层，由暴露、敏感性和适应能力构成；在具体的评估中，指标和参数层逐级细化。由中心层、维度层、指标层和参数层逐级构建了分析框架，指标和参数的选择根据具体评估对象和研究目的而定。VSD评估框架的优势在于：一是具有明确的含义，将脆弱性分解为暴露程度、敏感性和适应能力三个维度；二是用方面层—指标层—参数层逐级递进、细化的方式来组织评价数据；三是有规范评估流程的八个步骤。VSD评估框架具有较好的兼容性，明晰的评估流程可以系统指导从数据整理到结果应用的全过程。该框架提供了一种系统地进行脆弱性分析和评估的基本思路，囊括了从抽象的定性分析到具体的指标和参数选取的全过程，在数据理想的情况下，作为脆弱性评估的实践指导，其圈层式的数据组织框架具备良好的延展性，具有重要的应用价值②。

（2）ADV（agents' differential vulnerability）评估框架。随着脆弱性研究的深入，学者们越来越重视人在脆弱性评估中的作用。作为受到自然和社会经济变化影响的人类的发展需求以及对适应方式的选择等因素被纳入脆弱性评估体系之中，米希利克（L. Acosta Michlik）等提出了以人为中心的“交互式脆弱性评估框架”，即ADV评估框架③。该框架更能体现将脆弱性形成的时间和空间的动态变化过程以及包括气候变化和全球化过程在内的多种全球变化过程结合起来的脆弱性评估理念，并且提出要将大多数研究中的一般性指标评估方法转变为面向适应者的脆弱性评估。作为适应者的脆弱性不仅由反映暴露水平、敏感性

① Polsky C，Neff R，Yarnal B. Building Comparable Global Change Vulnerability Assessments：The Vulnerability Scoping Diagram. Global Environmental Change. 2007，17（34）：472-485.

② 刘小茜，王仰麟，彭建. 人地耦合系统脆弱性研究进展. 地球科学进展. 2009，24（8）：917-927.

③ Acosta M L，Espaldon V. Assessing Vulnerability of Selected Farming Communities in the Philippines Based on a Behavioural Model of Agent's Adaptation to Global Environmental Change. Global Environmental Change. 2008，18（4）：554-563.

和适应能力的函数予以测量，还体现在适应者对变化和风险的认知过程中。例如，对变化及风险的感知、评估，是对适应方式的权衡与选择、决策过程以及对自身适应行为产生效果的评估等诸多过程。这些过程更好地涉及各种经济、社会和行为科学理论，不同的风险承担者会有不同的认知策略。但由于人们感知的脆弱性很难度量，实用性还值得进一步检验①。

上述两个脆弱性评估框架给出了详细的脆弱性评估流程，并且通过系统的数据组织方法对脆弱性评估过程中庞杂的数据指标信息进行了有效的统筹，为研究者提供了一个清晰的脆弱性评估思路，这对于当前的脆弱性评估工作具有重要的应用价值。但两者对脆弱性概念内涵理解不同，VSD 评估框架立足于传统的“暴露—敏感—适应”的脆弱内涵理解，ADV 评估框架则侧重于对人类自身脆弱性的阐述。为了能使评估框架具有较为广泛的适用性，VSD 评估框架将不同学科研究重点引入了脆弱性评估过程，ADV 评估框架则从复杂的耦合系统角度出发，对影响脆弱性的多项因素进行了全面分析。相比较而言，VSD 评估框架更适用于区域尺度的脆弱性评估工作，而 ADV 评估框架在个体或社区尺度的研究中更具有优势。总体来看，两个评估框架都尝试构建一个整合的脆弱性评估框架，然而受脆弱性概念内涵多元化因素的影响，并未形成一个通用的脆弱性评估框架②。

3. 国内脆弱性评估方法与指标体系

相对于欧美等国在自然灾害脆弱性评估方面取得的众多成果，国内相关研究仍很薄弱。国内自 20 世纪 60 年代就开始了对生态脆弱性和地下水脆弱性的研究，20 世纪 80 年代之后，受到国际灾害学界重视脆弱性在灾害形成过程中的作用的影响，国内才逐步开展有关自然灾害脆弱性的研究。史培军在灾害系统探讨中初步形成了脆弱性理论体系，并对区域旱（水）灾脆弱性定量评估进行了系统的研究③。樊运晓等对大空间尺度区域承灾体脆弱性指标体系、指标权重确定方法、脆弱性评价理论模型进行了初步探讨，并建立了承灾体脆弱性评估的模糊综合评判模型、物元分析评判模型和灰色聚类评判模型，并分别应用三种模型评价了江西省地质灾害的区域脆弱性、浙江省地震灾害的区域脆弱程度和广西壮族自治区洪涝灾害的区域脆弱程度④。王静爱、商彦蕊、苏筠、崔欣婷等对草地畜牧业的雪灾和农业旱灾进行了较为深入的探讨⑤。刘兰芳、汪朝辉等以湖南省为主，研究农业的水（旱）灾脆弱性⑥。陈

---

① 方修琦，殷培红．弹性、脆弱性和适应：IHDP 三个核心概念综述．地理科学进展，2007，26（5）：11-22.

② 黄建毅，刘毅，马丽，李鹤，苏飞．国外脆弱性理论模型与评估框架研究评述．地域研究与开发，2012（5）.

③ 史培军．灾害研究的理论与实践．南京大学学报（自然科学版），1991（11）：37-42；再论灾害研究的理论与实践．自然灾害学报，1996，5（4）：6-17；三论灾害系统研究的理论与实践．自然灾害学报，2002，11（3）：1-9；四论灾害系统研究的理论与实践．自然灾害学报，2005，14（6）：1-7.

④ 樊运晓．区域承灾体脆弱性综合评价研究．岩石力学与工程学报，2001（1）：130；樊运晓等．模糊综合评判区域承灾体脆弱性的理论模型．灾害学，2003，18（3）：20-23；樊运晓等．区域承灾体脆弱性综合评价指标权重的确定．灾害学，2001，16（1）：85-87.

⑤ 王静爱，商彦蕊，苏筠，等．中国农业旱灾承灾体脆弱性诊断与区域可持续发展．北京师范大学学报（社会科学版），2005（3）：130-137；商彦蕊．农业旱灾风险与脆弱性评估及其相关关系的建立．河北师范大学学报，1999，23（3）：420-428；河北省农业旱灾脆弱性动态变化的成因分析．自然灾害学报，2000，9（1）：40-46；苏筠，周洪建，崔欣婷．湖南鼎城农业旱灾脆弱性的变化及原因分析．长江流域资源与环境，2005，14（4）：522-527.

⑥ 刘兰芳．农业水旱灾害风险评估及生态减灾研究：以衡阳市水旱灾情为例．衡阳师范学院报，2005，26（3）：111-114；农业水灾脆弱性综合评价及生态减灾研究：以湖南省为例．水土保持学报，2006，20（2）：188-192；汪朝辉，王克林，等．湖南省洪涝灾害脆弱性评估和减灾对策研究．长江流域资源与环境，2003，12（6）：586-592.

香着重对福建的台风脆弱性进行了评估，另有部分研究者针对滑坡、泥石流等地质灾害，进行了承灾体脆弱性的初步探讨①。

国内主要针对宏观区域进行脆弱性评估，多采用定性分析与建立概念模型的方法，针对具体灾害种类，采用定性与定量相结合，选取指标后构建指标体系，结合综合指数模型进行脆弱性分析，其中，指标的选取多采用专家推荐法、数学分析法、反推法、信息量法等，权重的确定主要有专家打分法、经验权数法、AHP 层次确定法、模糊综合评价法等②。GIS 技术的发展，为指标体系评估脆弱性提供了高效的应用工具，每个指标建立一个图层，图层叠合分析加权求出承灾体的脆弱性指数，再利用 GIS 空间叠合分析，绘出区域分等级的脆弱性区划图。该成果能对区域灾害系统中脆弱性及风险总体特征给出科学的评价，为区域经济可持续发展提供参考。

不同的脆弱性评估方法在处理复杂系统问题上各有利弊，评估者应根据评估目的选择适宜的方法并对方法进行集成（见表 2-5）。

表 2-5　常用的脆弱性评估方法

方法	特点	优点与缺点
综合指数法	对选取的指标数据进行标准化处理，采取加权求和的方法得出脆弱度指数，来评价单元脆弱性程度的相对大小	综合指数法计算简单，容易操作；但在指标体系的构建和权重的确定方面缺乏有效的方法，研究结果带有一定的主观性
概念函数法	在脆弱性概念的基础上，构建由暴露—敏感性和应对能力组成的函数模型，用暴露—敏感性与应对能力的比值计算脆弱度指数	概念函数法明确了脆弱性构成要素之间的相互作用，能很好地解释脆弱性的成因和特征；但关于脆弱性的概念及构成要素之间的相互关系还未形成统一观点，需继续深入研究
集对分析法	将要评价的要素构成的集合与最优评价集组成一个对子，通过计算同一度、对立度得出贴近度，用贴近度的大小反映脆弱程度	集对分析法处理不确定性问题时较为客观，运算也较简单；但是对于最优评价集的选择没有统一标准，影响了集对分析法在脆弱性研究领域的应用
数据包络分析	以相对效率概念为基础，借助于数学规划和统计数据来对 DMU（decision making units）单元的相对有效性进行评价，用有效性来衡量系统脆弱程度	数据包络分析不需要预先估计权重参数和函数模型，避免了主观因素影响，提升了评价的客观性；但在评价时未考虑被评价单元的差异性，并且无法区分不同扰动对系统造成的影响程度的差异
情景分析法	主要应用于全球气候变化背景下的脆弱性研究。通过模拟气候变化对各种系统主要功能的影响，分析不同气候条件下脆弱性格局及其变化	情景分析法能计算不同假设情景下多个因素同时作用的结果；但此方法主要是针对全球或区域尺度上如何减缓气候变化影响而运用的，对系统的脆弱性和适应性等问题则关注不够

① 陈香．台风灾害脆弱性评价与减灾对策研究：以福建省为例．防灾科技学院学报，2008，10（3）：18-22，46.

② 郝璐，王静爱，史培军，等．草地畜牧业雪灾脆弱性评价：以内蒙古牧区为例．自然灾害学报，2003，12（2）：51-57.

续前表

方法	特点	优点与缺点
图层叠置法	针对脆弱性构成要素图层间的叠置和针对不同扰动的脆弱性图层间的叠置	图层叠置法为多重扰动下的城市脆弱性研究提供了一种方法，为城市脆弱性评估结果制图输出提供巨大的技术支持；但图层叠置的过程中无法区分不同扰动对系统整体脆弱性影响程度的差异

为具体反映脆弱性程度的大小，相关学者构建了脆弱性指数计算模型，如社会脆弱性指数（*SoVI*）、社区脆弱性指数（*CVI*）、沿海社区社会脆弱性指数（*CCSVI*）、城市社会脆弱性指数（*SV*）等。这些脆弱性指数之间的差异主要体现在以下两方面：一是对社会脆弱性构成要素的理解不同，有的将社会脆弱性理解为暴露度、敏感性和应对能力的函数，有的则认为社会脆弱性通过敏感性和恢复力反映；二是所针对的扰动类型不同，有的是针对特定的外部扰动或压力，如某一灾害类型，有的则适用于多种压力，如气候变化事件①。由于对脆弱性概念的认知、研究对象及评价方法的不同，不同领域的学者用不同的脆弱度指数来指示脆弱程度，包括生态环境脆弱度指数、资源承受力指数、经济脆弱度指数、社会脆弱度指数和城市脆弱度指数等，且每种指数存在一种或多种计算方法（见表 2-6）。

表 2-6　常用脆弱度指数计算方法

指数	计算公式	参数说明	文献来源
生态环境脆弱度指数	$U=\sum_{i=1}^{n}M_i$	U 为生态环境脆弱度指数；i 代表不同的指标；M_1 为脆弱度范围；M_2 为人口—土地关系值；M_3 是脆弱经济损失度；M_4 是环境恢复投入比	刘燕华等，2007
	$G=1-\dfrac{\sum_{i=1}^{n}P_iW_i}{(\max\sum_{i=1}^{n}P_iW_i+\min\sum_{i=1}^{n}P_iW_i)}$	G 为生态环境脆弱度；P_i 为指标体系中各指标的初值化之值；W_i 为各指标的权重	赵跃龙等，1998
	$G=\sum_{k=1}^{l}\{W_k\sum_{k=1}^{m}[W_i\sum_{j=1}^{n}W_j\cdot SK_{ij}]\}$	S 为环境敏感度指数；l 为环境要素个数；m 为环境子要素个数；n 为环境扰动因子个数；SK_{ij} 为区域环境系统对第 k 个环境要素的第 i 个子要素的第 j 个扰动因子的敏感度；W_i、W_j、W_k 分别为环境子要素、环境扰动因子、环境要素的权重	薛纪渝，1995
	$V=W\cdot R$	V 是区域生态系统脆弱度指数；W 是各指标的权重；R 是各指标对各级脆弱性标准的隶属度	顾康康等，2008

① 黄晓军，黄馨，崔彩兰，杨新军. 社会脆弱性概念、分析框架与评价方法. 地理科学进展，2014（11）.

续前表

指数	计算公式	参数说明	文献来源
资源承受力指数	$I=1-\frac{\sum_{i=1}^{n}L_i-\sum_{j=1}^{n}L_j}{G}$	I 是承受能力指标值；L 是指某一种脆弱环境类型导致的经济损失；G 代表一定时段内的多年平均国民生产总值	刘燕华，1995
经济脆弱度指数	$EVI_i=\sum_{j=1}^{n}\omega_j y_{ij}$	EVI_i 为经济系统脆弱度指数；y_{ij} 为第 i 研究单元的第 j 个评价指标的标准化值；w_j 是第 j 个评价指标的权重系数	苏飞等，2009b
	$V_i=S_i/R_i$	V_i 为脆弱度指数；S_i 为敏感性；R_i 为应对能力	李鹤，张平宇，2008a
	$r_m=\frac{a_m}{a_m-c_m}$	r_m 为系统脆弱度指数；a_m 为系统敏感性；c_m 为系统应对能力	苏飞等，2010
社会脆弱度指数	$S_oVI_i=S_i/R_i$	S_oVI_i 表示社会脆弱度指数；S_i 表示系统对扰动的敏感程度；R_i 表示社会系统的应对能力	苏飞等，2008
城市系统脆弱度指数	$V=\sum\omega_j v_j$	V 表示城市的脆弱度指数；w_j 表示第 j 个脆弱性指标的权重；v_j 表示第 j 个脆弱性指标的标准化值	李博等，2010c
	$PVI=\frac{SoVI}{S_{sov}^2}+\frac{HazVI}{S_{haz}^2}+\frac{BEVI}{S_{bev}^2}$	PVI 是基于地点的脆弱度指数；$SoVI$、$HazVI$、$BEVI$ 分别是社会脆弱性指数、自然灾害脆弱性指数和内在环境脆弱性指数；S_{sov}、S_{haz}、S_{bev} 分别是特定区域对应指标的标准偏差值	沃尔特等，2007

脆弱性指标体系的构建是脆弱性评估的基础，指标体系的选择和构建对研究结果产生重要影响。基于对脆弱性概念的不同理解，学者们构建了不同的指标体系。按照脆弱性概念的逻辑，尽管所有处于灾害和风险地区的人都将暴露于脆弱状态中，但灾害的影响并不均衡，弱势群体通常更脆弱。因此，脆弱性评估指标特别强调反映人口和社会经济属性特征的相关要素。常用的要素包括年龄、性别、民族或种族、特殊人群（老年人或残疾人）、社会经济地位（财富或贫困）、资源可获得途径（信息、知识和技术）、政治权力的接近程度、社会资本（社会网络和社会连接度）、信仰和习俗、居住房屋（住房密度、类型、结构、质量等）和建成环境（基础设施密度、城市化水平、经济增长率和经济活力水平）等，这些因素已成为脆弱性评价指标的主要来源。总体来看，脆弱性评估指标主要与社会系统遭受的风险和暴露度，以及社会系统的敏感性、应对能力、适应力、恢复力等要素相关；评估指标数据多来源于社会经济统计数据或家庭问卷调查数据①。

基于对脆弱性概念的不同理解，不同领域的学者构建了不同的指标体系，涉及自然、生态、环境、经济、社会等方面（见表 2-7）。其中对指标的选取方法多样，包括专家推荐法、数学分析法、反推法、信息量法等。权重的确定一般有专家打分法、AHP 层次分析法、经验

① 黄晓军，黄馨，崔彩兰，杨新军. 社会脆弱性概念、分析框架与评价方法. 地理科学进展，2014 (11).

权数法、模糊综合评价法、主成分分析法、模糊逆方程法、灰色关联法、熵值法等。

表 2－7　　脆弱性评估指标体系

<table>
<tr><th rowspan="2">名称</th><th rowspan="2">文献来源</th><th colspan="2">一级指标</th><th colspan="2">二级指标</th></tr>
<tr><th>个数</th><th>名称</th><th>个数</th><th>名称</th></tr>
<tr><td rowspan="6">生态脆弱性指标</td><td rowspan="2">陈久和，2003</td><td rowspan="2">2</td><td>主要成因指标</td><td>6</td><td>降水量≥10℃的活动积温、干燥度、人均耕地面积、植被覆盖率、水体平均含氧量</td></tr>
<tr><td>结果表现指标</td><td>6</td><td>人均 GNP、农民人均纯收入、人均农业产值、农业投入产出比；恩格尔系数、成人非文盲率</td></tr>
<tr><td rowspan="2">樊哲文等，2009</td><td rowspan="2">2</td><td>结构型脆弱性指标</td><td>8</td><td>多年平均干燥度、多年平均降水量、地表径流深、坡度、地貌类型、土壤可蚀性、岩性、≥10℃积温</td></tr>
<tr><td>胁迫型脆弱性指标</td><td>7</td><td>人均耕地面积、人均 GDP、破碎度指数、多样性指数、坡耕地指数、人口密度、土地利用类型</td></tr>
<tr><td rowspan="2">蔡海生等，2009</td><td rowspan="2">2</td><td>自然潜在脆弱</td><td>5</td><td>地形地貌、气候、土壤、水文、地质基础</td></tr>
<tr><td>人为干扰脆弱性</td><td>5</td><td>植被、土壤侵蚀、土地利用空间格局、社会发展、经济发展</td></tr>
<tr><td>环境脆弱性指标</td><td>于维洋，2012</td><td>—</td><td>—</td><td>8</td><td>人均土地面积、人均耕地面积、人均水资源量、人均水域面积、矿产储量、植被破坏率、自然灾害经济损失、环境质量指数</td></tr>
<tr><td>自然脆弱性指标</td><td>冯振环等，2010</td><td>—</td><td>—</td><td>6</td><td>人均占有耕地资源、工业固体废物综合利用率、工业废水排放达标率、工业二氧化硫排放量、生活污水处理率、生活垃圾无害化处理率</td></tr>
<tr><td rowspan="2">经济脆弱性指标</td><td>苏飞等，2008c 2010</td><td>2</td><td>敏感性</td><td>5</td><td>资源型产业增加值占 GDP 比重、国有企业产值比重、资源型产业产值占工业总产值比重、资源型产业从业人员占全部从业人员比重、矿业城市不同发展阶段</td></tr>
<tr><td>冯振环等，2010</td><td>—</td><td>应对能力</td><td>16</td><td>人均 GDP、地均 GDP；财政自给率；第三产业产值占 GDP 的比重、产业综合发展指数；客运总量、货运总量、邮政业务总量、电信业务总量、国际互联网用户数；科教支出占地方财政支出的比重、环保投资占地方财政支出的比重、固定资产投资密度、三废综合利用产值；工业全员劳动生产率；实际利用外资占 GDP 的比重</td></tr>
<tr><td rowspan="2">社会脆弱性指标　敏感—应对能力</td><td rowspan="2">苏飞等 2008a，2009a</td><td rowspan="2">2</td><td>敏感性</td><td>2</td><td>资源型产业从业人员比重、城镇登记失业率</td></tr>
<tr><td>应对能力</td><td>7</td><td>人均 GDP、教育支出占地方财政支出比重、人均社会消费品零售额、人均邮政/电信业务量、参加失业保险人口比重、城镇最低生活保障人口比重、万人拥有医生数</td></tr>
</table>

续前表

名称		文献来源	一级指标		二级指标	
			个数	名称	个数	名称
社会脆弱性指标	基于空间数据视角	Ebert et al.，2009	3	社会一经济系统	7	植被面积比例、道路情况、屋顶类型、基础设施、地质、坡度、灾害区建筑比例
				工商业发展	1	建筑高度
				距生命线距离	1	距离测度
	环境危害视角	Cutter et al.，2003	—	—	11	个人财富、年龄、职业、存量房和租赁、建筑环境密度、单一部门的经济依赖、基础设施依赖、族裔

脆弱性本身所具有的复杂性、耦合性、时变性和不确定性，为其分析评估技术在空间和时间的分布都带来许多困难，可以建立一个持续改进完善的脆弱性评估减控循环模型。第一步是把脆弱性管理列入风险管理总体规划和日常工作计划之中；第二步是按照事先制定的评估指标体系和方法开展评估，对收集的辨识、评估数据汇总统计和归一化处理，然后据此作出脆弱性分析报告；第三步是依据分析评估结果，结合危机灾难风险评价和应急能力评估情况，并参考风险管理总体规划设定的目标，制订脆弱性减控计划和措施，并组织实施落实；第四步是通过专项评估或应急演练等活动具体检验评估脆弱性减控计划与实施的具体效果，进一步提出今后减控脆弱性的管理建议。这些建议的共性部分应成为应急准备制度化建设内容，而另一部分具体问题则应纳入总体规划或计划中，作为下次循环的“起始点”。通过周而复始持续性的循环过程，使脆弱性不断被识别、评估进而有效减控。“脆弱性无疑是在面对灾害时唯一可以真正控制的因素”，通过对脆弱性的减控，提高抵抗力（物理）和抗逆力（社会人文），降低或消除风险。

2.2　抗逆力理论

2.2.1　抗逆力的含义与内容

1. 抗逆力的概念与定义

“resilience”概念来源于物理的机械力学，表现一个物体在受到外力产生形变、没有断裂的情况下，恢复到初始状态的能力，后来被沿用到心理学领域，表现一个人面对苦难、挫折和困境的适应和反弹能力。国内对“resilience”的翻译有“抗逆力”“恢复力”“压弹”“心理弹性”等，没有统一的说法。综合各学科的研究成果，“resilience”基本包括两个方面：一是个体、组织、社区和国家面对困境、灾难或挫折；二是在面对过程中体现了正向的良好的适应能力。“resilience”已经被广泛应用到各种人与自然相互作用的多学科工作中，如生态系统面对骚扰的恢复适应能力；社会学中关注社会系统面对破坏的反弹能力；管理学中用来研究组织面对风险事件的恢复能力。

抗逆力研究涉及的种类繁多，有自然抗逆力、社会抗逆力、工程抗逆力和经济抗逆力等。就抗逆力的承载主体而言，又可分为个体抗逆力、社区抗逆力、国家抗逆力乃至全球范围的抗逆力等。从不同层面上，专家学者给出的抗逆力定义也不同。

从物理层面来讲，戈登（Gordon）认为，抗逆力是受到压迫但没有断裂和畸形的情况下，应变和反弹的能力①。博丁（Bodin）认为，抗逆力是不考虑震荡多少，系统在发生位移后恢复平衡的速度②。

从生态系统层面来讲，沃勒（Waller）认为，抗逆力是响应灾难的积极适应性，不是有没有漏洞，不是固定的，不是静止的③。克莱因（Klein）认为，抗逆力是一个系统面对应激时，返回和恢复到初始状态的能力④。朗斯塔夫（Longstaff）认为，抗逆力是个体、群体和组织面对意外时持续存在的能力，具有抗逆力的系统通常具有适应性，拥有多样性的资源⑤。

从社会层面来讲，阿杰（Adger）认为，抗逆力是社会基础设施抵挡冲击的能力⑥。布鲁诺（Bruneau）认为，抗逆力是在灾难发生时，社会单位减轻灾难破坏程度，采取积极措施使灾难未来造成的社会破坏最小化的能力⑦。戈德沙尔克（Godschalk）认为，从社会领域来看，抗逆力是能在极端事件中幸存并发挥作用的人类社区和物理系统的网络⑧。

从社区层面来讲，加诺（Ganor）认为，抗逆力是个人和社区应对长期持续压力的能力、找到内部优势和资源以便有效应对的能力，是具有适应性和弹性的措施⑨。佩顿（Paton）认为，抗逆力是面对危害有效利用物理和经济资源帮助复原的能力⑩。科尔斯（Coles）认为，抗逆力是社区从灾难中充分恢复的能力、技巧和知识⑪。

从个人层面来讲，马斯滕（Masten）认为，抗逆力是面对挑战或威胁，成功适应的过

---

① Gordon J. Structures. Harmondsworth，London：Penguin Books，1978.

② Bodin，P，Wiman，B. Resilience and Other Stability Concepts in Ecology：Notes on Their Origin，Validity，and Usefulness. ESS Bulletin，2004（2）：33-43.

③ Waller，M. Resilience in Ecosystemic Context：Evolution of the Concept. American Journal of Orthopsychiatry，2001（71）：290-297

④ Klein，R，Nicholls，R，Thomalla，F. Resilience to Natural Hazards：How Useful is This Concept?. Environmental Hazards，2003（5）：35-45.

⑤ Longstaff P. Security，Resilience，and Communication in Unpredictable Environments Such as Terrorism，Natural Disasters，and Complex Technology. Syracuse，New York：Author，2005.

⑥ Adger W. Social and Ecological Resilience：Are They Related?. Progress in Human Geography，2000（24）：347-364.

⑦ Bruneau M，Chang S，Eguchi R，et al. A Framework to Quantitatively Assess and Enhanceseismic Resilience of Communities. Earthquake Spectra，2003（19）：733-752.

⑧ Godschalk D. Urban Hazard Mitigation：Creating Resilient Cities. Natural Hazards Review，2003（4）：136-143.

⑨ Ganor M，Ben-Lavy，Y. Community Resilience：Lessons Derived from Gilo under Fire. Journal of Jewish Communal Service，2003：105-108.

⑩ Paton D，Millar M，Johnston D. Community Resilience to Volcanic Hazard Consequence. Natural Hazards，2001（24）：157-169.

⑪ Coles E，Buckle P. Developing Community Resilience as a Foundation for Effective Disaster Recovery. The Australian Journal of Emergency Management，2004（19）：6-15.

程、能力和结果[①]。伊杰兰（Egeland）认为，抗逆力是面对高风险情境、长期压力和严峻情势表现出来的成功适应、积极运作的能力[②]。巴特勒（Butler）认为，抗逆力是面对挑战时，恢复到基本功能的过程[③]。巴卢（Balu）认为，抗逆力是从紧张不利的情势下，恢复到以往的能力[④]。卡图（Coutu）认为，抗逆力是面对意外事件时，恢复到以往并超越和创造新能力的能力[⑤]。

国内对抗逆力的关注，更多是关注心理学领域的个体抗逆力，未细分面对灾难时的抗逆力，对组织、社区和社会层次面对灾难的抗逆力研究则较为缺乏。有少量的研究成果将可持续发展与土地、经济和生态系统的抗逆力结合起来。蔡运龙等在相关研究中，使用每年农业土地的经济效益的变化来衡量土地系统的抗逆力，提出国家政策的不断变化和自然灾害可能会导致农业土地效益降低，强调抗逆力是人类与自然系统可持续发展的指标之一[⑥]。常克艺等在研究城市的生态指标体系时加入了抗逆力的概念，从自然、社会和经济三个领域对指标进行了选取[⑦]。王朗玲认为，影响地区经济抗逆力的因素主要是地区结构的多元化、专门化和经营单位规模、地区经济增长速度[⑧]。

2. 抗逆力与恢复力[⑨]

20 世纪 70 年代开始，“恢复力”这一概念首先被从力学领域引入生态领域，它已经成为生态、灾害和气候变化等多个学科共同关注的对象。恢复力的主动性和在减灾规划中的重要性也越来越受到重视，且在社区级别的应急管理和安全建设规划研究中得到了较好的发展。蒂尔尼（Tierney）高度强调了灾害恢复力在商业应对行为和社区响应中的重要性[⑩]。米莱蒂（Mileti）强调，促进社区恢复力建设是阻止灾害造成的经济损失持续增加的一个重要目标，并认为恢复力是社区能够承受的灾害强度，其前提是社区没有遭受毁灭性破坏和损失，而且当地生产力或生活质量（没有外界支援）也没有下降[⑪]。克莱因等以海岸带大城市的气象灾害为例，全面论述了自然灾害恢复力的概念、发展过程及其在灾害

---

① Masten A S. Coastworth D. The Development of Competence in Favorable and Unfavorable Environments. American Psychologist，1998（53）：205－220.

② Egeland B，Carlson E，Sroufe L. Resilience as Process. Development and Psychopathology，1993（5）：517－528.

③ Butler L，Morland L，Leskin G. Psychological Resilience in the Face of Terrorism. //Bongar B，Brown L，Beutler L，Breckenridge J，& Zimbardo P（Eds.），Psychology of Terrorism. NY：Oxford University Press，2007：400－417.

④ Balu R. How to Bounce Back from Setbacks. Fast Company，2001（45）：148－156.

⑤ Coutu D L. How Resilience Works. Harvard Business Review，2002（80）：46－55.

⑥ 蔡运龙，李军．土地利用可持续性的度量：一种显示过程的综合．地理学报，2003（58）：305－313.

⑦ 常克艺，王祥荣．全面小康社会下生态型城市指标体系实证研究．复旦学报（自然科学版），2003（42）：1044－1048.

⑧ 王朗玲．论区域经济的恢复力．黑龙江社会科学，1995（5）：19－22.

⑨ 刘婧，等．灾害恢复力研究进展综述．地球科学进展，2006（2）：212－216.

⑩ Tierney K. Impacts of Recent Disasters on Business：The 1993 Midwest Flood and the 1994 Northridge Earthquake. Jones B. Economic Consequences of Earthquakes：Preparing for the Unexpected. National Center for Earthquake Engineering Research，University at Auffalo，1997.

⑪ Mileti D. Disasters by Design：A Reassessment of Natural Hazards in the United Statcs. Washington DC：Joseph Henry Press，1999.

预防和灾害恢复方面的重要性①。联合国国际减灾战略署也采用“恢复力”这个术语，并特别考虑到自然灾害，给恢复力做出如下定义：系统、社区或社会抵抗或改变的容量，使其在功能和结构上能达到一种可接受的水平。这由社会系统能够自组织的能力、增加学习能力和适应能力（包括从灾害中恢复的能力）的容量决定②。

巴克尔（Buckle）等认为，恢复力和脆弱性都是由多个复杂因素的相互作用形成的，它们同是事物的属性但不是全部，在这些因素中，巴克尔对恢复力起主导作用的是：对减灾资源的可获取性和经济安全；解决问题或进行决策所需的知识和技能；获取系统的恢复力是一种积极的减灾行为，减少脆弱性只是由此产生的一种反应性结果；脆弱性和恢复力两者就像一个双螺旋结构，在不同的社会层面和时空尺度中交叉，所以它们是不可分离的，既不能简单将其视为硬币的正反两面，也不能将其归纳为一个连续体的端点，而应该强调两者之间直接且紧密的联系；恢复力和脆弱性可以呈正相关性，恢复力由低变高的同时，脆弱性也由低变高；恢复力和脆弱性亦可呈负相关性，当恢复力由低变高时，脆弱性由高变低。双螺旋结构形象地强调了脆弱性和恢复力不可分离的关系③。

广义的灾害恢复力包括系统抵抗致灾因子打击的能力（静态部分）和灾后恢复的能力（动态部分）两个方面，所以抗逆力包含在广义的恢复力概念中；狭义的灾害恢复力则只包括系统灾后调整、适应、恢复和重建的能力，可以由恢复速度、恢复到新的稳定水平所需时间和恢复后水平等变量来表征。在确定恢复后水平时，应动态地考虑灾前水平在恢复的时间段内若以原来正常发展速度应达到的水平，而不是静态地和灾前水平比较。这样就将脆弱性和恢复力的定义明确区分开来。就其狭义的内涵而言，脆弱性是一种状态量，反映灾害发生时系统将致灾因子打击力转换成直接损失的程度，所以脆弱性研究主要是为灾前的减灾规划服务的；恢复力则是一种过程量，反映了灾情已经存在的情况下，社会系统如何自我调节，从而消融间接损失并尽快恢复到正常的能力（恢复力是以灾情为起始点来发挥其作用的），所以恢复力研究主要用于灾后恢复重建计划的制订，主要目的在于确定从什么方面入手进行恢复可以达到事半功倍的效果，即找出恢复力建设的薄弱环节及灾后高效恢复的措施和途径。需要说明的是，恢复力概念在系统没有被完全损坏前适应，而在完全损坏时则用重建能力来表达。

3. *抗逆力与脆弱性*

学界对抗逆力与脆弱性的关系主要持两种观点：第一种是以福尔克（Folke）为代表，认为抗逆力是脆弱性的另一种体现，二者互为相反。脆弱性主要表明研究对象受到灾害破坏的可能性；抗逆力则表明研究对象对灾害的抗击能力或受灾后的恢复能力。脆弱性越强，则抗逆力越弱；反之，脆弱性越弱，则抗逆力越强④。第二种是以巴克尔为代表，认

① Klein R J T, Smit M J, Goosen H, et al. Resilience and Vulnerability: Coastal Dynamics or Dutch Dikes?. The Geographical Journal, 1998, 164 (3): 259-268.

② UN/ISDR. Living with Risk: A Global Review of Disaster Reduction Initiatives. Preliminary version prepared as an inter-agency effort co-ordinated by the ISDR Secretariat, Geneva, Switzerland, 2002.

③ Buckle P, Graham M, Smale S. Assessing Resilience and Vulnerability: Principles, Strategies and Actions. Emergency Management Australia, Department of Defence Project 15/2000, 2001.

④ Folke, C. Resilience: The Emergence of a Perspective for Social-ecological Systems Analyses. Global Environmental Change, 2006 (16): 253-267.

为脆弱性和抗逆力的影响因素都较复杂，两者之间的关系不能简单地视为相反关系，而是一种双螺旋结构的关系。脆弱性强，代表了在风险面前受损的概率大；概率大，被破坏程度就高，系统可获得的反弹恢复资源会变少，因而抗逆力会降低。而抗逆力大的系统则会在灾难中恢复得又快又好，这会影响到系统在面对下一次灾难时的脆弱性大小。正因为如此，两者之间有时正相关、有时负相关，各自独立却又紧密联系①。

我国学者朱华桂认为，第一种观点过于简单，因为将抗逆力作为脆弱性的另一种体现，就失去了抗逆力研究的意义，而且在事实上，两者之间也并非一直是“你弱我强”和“你强我弱”的关系。相对而言，第二种观点更为合理。脆弱性是与抗逆力高度关联的一个概念。脆弱性是指某一系统易被伤害和破坏的性质，它与受损的可能性相关，脆弱性会对系统的抗灾能力产生消极影响——脆弱性越强的系统遭受灾害袭击时越容易受到破坏②。相对于抗逆力研究而言，脆弱性的研究出现较早也更成熟，在应急管理领域一般是采用脆弱性这一概念。在抗逆力与脆弱性的关系问题上，学界也一直缺乏清晰的区分。在早期的研究中，抗逆力甚至被视为脆弱性的一部分。

抗逆力与脆弱性在本质上属于不同的范畴：脆弱性是一种结果、一种状态，而抗逆力是一种响应、抗击、恢复的行为过程；脆弱性因研究对象和致灾因子的不同而存在较大差异，而抗逆力从研究对象本身出发，外延比脆弱性更广；作为承灾系统面对灾害的两个重要属性，脆弱性是一种表征损失量的静态指标，而抗逆力是一种表征社区防灾抗灾能力的动态过程；对脆弱性的研究可以发现社区的弱点从而降低直接受损的可能性，而对抗逆力的研究则能使社区在面对灾害时快速反应、顽强抵抗、迅速恢复，减少间接损失和持续性损失。明确两者之间的区别可以为应急管理提供指导，有利于提高防灾抗灾工作的针对性。

4. 社区抗逆力③

我国学者朱华桂认为，社区抗逆力是指社区在应对诸如地震、洪水、泥石流、火山爆发等突发自然灾害时的快速反应能力、自救能力、恢复能力、重建能力和预防后期灾害的能力，是一种贯穿灾前、灾中和灾后的防灾抗灾能力，是一种广义的抗逆力。根据中国防灾抗灾的实践，并结合国外的社区抗逆力的研究，影响社区抗逆力的因素大致可以归结为生态环境、脆弱性、物理暴露、建筑结构、社会资本、救灾措施、社区贫困程度、经济状况、人口结构等几个方面。由于生态环境主要和研究对象所处的地理位置、气候环境、生态状况等有关，很难因社区自身的资源而有所改变，这与社区抗逆力强调利用自身资源进行防灾抗灾的主旨不同。因此，在社区抗逆力的指标体系设计中，不考虑生态环境的影响。参考脆弱性的研究，可以把脆弱性、物理暴露、建筑结构等归结为物理因素。社会资本、救灾措施、社区贫困程度等可统一归结为受制度因素影响的结果。因此，他把社区抗逆力的关键指标归结为物理因素、制度因素、人口因素和经济因素四大维度，为下一步进

① Buckle P，Marsh G，Smale S. Assessing Resilience and Vulnerability：Principles，Strategies and Actions. A Report for Emergency Management Australia in fulfilment of project grant 15/2000，2001（5）.

②③ 朱华桂. 论风险社会中的社区抗逆力问题. 南京大学学报（哲学·人文科学·社会科学），2012（5）：47-53；朱华桂. 论社区抗逆力的构成要素和指标体系. 南京大学学报（哲学·人文科学·社会科学），2013（5）：69-73.

行指标的细化奠定了基础。

2.2.2 抗逆力理论评估模型

灾难抗逆力的评估模型研究希望能为灾难管理过程中的各种决策提供帮助，以使决策人能在实际的决策中更好地把握利弊。但认识灾难恢复过程并且建立模型仍是一项很大的挑战。在学术界，还没有一种灾难抗逆力的模型被广泛承认。尽管模型研究进展缓慢，但是仍有许多学者进行了艰难的探索，提出了很多有价值的借鉴。

在定性评估模型方面，学者们主要关注抗逆力的重要性和影响抗逆力的因素，以及增强各层次包括社会、组织、个体的抗逆力的方法，取得了一定的成果，但是成熟的结论还未出现。其中，澳大利亚研究人员巴克尔等通过实证调研和专家讨论，得出了对个体和社区的抗逆力定性评估方法①。雷戈（Rego）认为物流运输的间断会造成间接损失，而这种间接损失会减弱抗逆力②。穆斯塔法（Mustafa）通过实证调研和对调研数据进行分析等方法发现，灾难抗逆工作的关键是集中救助脆弱的对象，并且提出社会经济不平衡和性别会对抗逆力造成影响③。诺里斯（Norris）等认为社区抗逆力是社区的适应能力面对灾难或突然的变化进行适应的过程，在此基础上建立了一种包含经济发展、社会资本、信息和交流以及社会支持的概念模型，认为四个维度决定了一个社区恢复能力的大小。要想增加社区抗逆力，需要减少资源和经济的不平衡，增加组织之间的联系，促进和鼓励社会支持，以及拥有灵活的、有弹性的和可信任的信息资源④。凯瑟琳（Kathleen）支持诺里斯等人的研究，并对其中经济发展和社会资本两点的具体衡量措施进行了细致研究，经对过去文献研究，列出希望清单，确定数据资源并在档案资料中寻找，确定指标，最后用密西西比郡的数据进行实证研究，对两大因素进行了较深的延伸⑤。

在定量评估模型方面，许多学者同样进行了尝试，虽然成熟的综合模型并未形成，但是对抗逆力的研究价值越来越被重视。佩顿等研究了新西兰受到鲁阿佩胡火山 1995 年和 1996 年爆发影响的社区恢复情况，以社会心理学为基础，通过对社区进行问卷调查，并对结果进行统计分析，得出结论：个体的自我效能感、问题解决能力、社区从属感和年龄是社区灾难抗逆力的主要预测变量⑥。布鲁诺建立了一个灾难抗逆力的框架，这个框架是

① Buckle P，Graham M，Smale S. Assessing Resilience and Vulnerability：Principles，Strategies and Actions. Emergency Management Australia，Department of Defense Project 15 /2000'2001.

② Rego A J. Legal and Institutional Arrangements for Disaster Management in Asia：Trends and Issues. The GOI-CI1-UNDP Disaster Preparedness and Mitigation Summit，New Delhi，2002.

③ Mustafa D. Reinforcing Vulnerability? Disaster Relief，Recovery，and Response to the 2001 Flood in Rawalpindi，Pakistan. Global Environmental Change Part B：Environmental Hazards，2003（5）：71-82.

④ Norris，F H，Stevens，S P，Pfefferbaum，B，Wyche，K F，& Pfefferbaum，R L. Community Resilience as a Metaphor，Theory，Set of Capacities，and Strategy for Disaster Readiness. American Journal of Community Psychology，2008（41）：127-150.

⑤ Kathleen Sherrieb，Fran H，Norris-Sandro Galea. Measuring Capacities for Community Resilience. Soc Indie Res，2010（99）：227-247.

⑥ Paton D，Millar M，Johnston D. Community Resilience to Volcanic Hazard Consequence. Natural Hazards，2001（24）：157-169.

以对抗逆力的三种认识为基础的：减少受到破坏概率，减少受到破坏的程度，减少恢复的时间。他提出了灾难抗逆力的四种特性：稳健性、快速性、冗余性和足智多谋性。并提出可以从技术、组织、经济和社会四个维度，采取定量的措施来衡量各种物理和组织系统。虽然其未建立具体的定量模型，但是完成了灾难抗逆力的模型框架建立，使模型建立成为可能，后来学者对其多有借鉴①。

2.2.3 抗逆力理论在应急管理中的应用

在应急管理学科的研究框架中，开展个体、组织、社区和国家在面对自然灾难、事故灾难、公共卫生事件、社会安全事件等各类突发事件时恢复和适应能力的研究，已成为应急管理科学研究的重大问题。抗逆力理论在应急管理领域逐渐受到重视，国内外学者越来越关注突发事件形成之前、之中、之后对受灾体的抗逆力问题。从抗逆力的角度研究灾害逐渐成为灾害学和应急管理领域的一个方向，抗逆力在应急管理研究中的价值越来越受到重视。

托宾（Tobin）主张，可持续性和抗逆力是当前对应急管理规划的两个指导思想，地区的可持续性和抗逆力与灾难因素之间有着复杂的关系，包括社会、经济、政治和自然等各种影响因素，因此他通过借鉴减灾模型、恢复模型和结构认知模型三种前人理论模型，得出了可持续性和抗逆力的理论框架，并且使用美国佛罗里达州的实际数据验证了这个结论，分别讨论了人口、性别、种族、文化、农业、旅游业、保险产业等社会、政治、经济甚至是伦理道德各方面的现状，分析其对广义地区抗逆力及可持续性的影响②。巴克尔等人全面分析了个体和地区面对灾难的脆弱性和抗逆力的概念、机制和结果，并把脆弱性定义为个体或地区面对灾难受到消极影响的敏感程度，将抗逆力定义为个体或社区减少间接损失，在灾后功能恢复的能力③。佩林（Pelling）的研究主要关注个体面对灾难的脆弱性，把个体面对灾难的脆弱性细分为暴露程度、抵抗能力和抗逆能力三个维度。面对灾难个体体现的抗逆力被其认为是个体面对灾难表现出适应的能力。他认为抗逆力受到为预防灾难所进行的准备的程度，包括支援和救助准备的程度的影响。他还提出，一种可以增强抗逆力的有效方法是建立正规和非正规的保险机制④。

随着应急管理研究领域的发展，国内不少学者开始关注突发事件中承灾载体的抗逆力。如，张秀兰认为，社会抗逆力研究应加入社会结构和文化的维度，要从宏观社会结构乃至全球的角度出发来分析全社会面对风险的适应能力、抗压能力，即社会机体抵御风

---

① Bruneall M，Chang S，et al. A Framework to Quantitatively Assess and Enhanceseismic Resilience of Communities. Earthquake Spectra，2003（19）：733-752.

② Tobin G A. Sustainability and Community Resilience：The Holy Grail of Hazards Planning. Global Environmental Change Part B：Environmental Hazards，1999（1）：13-25.

③ Buckle P，Graham M，Smale S. Assessing Resilience and Vulnerability：Principles，Strategiesand Actions. Emergency Management Australia，Department of Defense Project 15 /2000'2001.

④ Pelling M. The Vulnerability of Cities：Natural Disasters and Social Resilience. London，UK：Earth scan，2003.

险、最大限度地降低风险损失以及修复风险损害的能力①。

2.3　风险感知理论

2.3.1　风险感知理论的两大流派

风险感知（risk perception），又称风险认知，是指人们对风险事物和风险特征的感受、认识和理解。风险感知属于心理学范畴，是指个体对存在于外界的各种客观风险的感受和认识，并强调个体由直观判断和主观感受获得的经验对认知的影响。突发事件风险管理是基于人们已有的风险认知水平而采取的评估和管理活动，因此，风险感知是其重要组成部分。

欧美部分心理学家和人类学家对风险感知问题进行了初步研究，并确定了该研究的两种途径：心理学途径和社会学途径，这两种途径的研究均产生了丰硕的成果。由此，风险感知理论形成了两大主要理论流派：一是风险的心理测量流派，其代表人物有保罗·斯洛维奇、里纳特·舍贝里等，他们主要运用心理学方法研究风险问题，侧重对风险根源的主观特征和主观感受的测量；二是风险的文化理论流派，其代表人物有人类学家玛丽·道格拉斯、迈克·汤姆森等，该流派试图从认知主体自身的生活方式角度理解风险感知及与风险有关的行为。两个流派各自运用不同的研究方法围绕风险进行多维度研究，得出一些经典的风险解释模型或分析框架，由此勾画研究的基本理论脉络②。

1. 风险的心理测量流派

风险感知研究的策略是建立一个灾害分类体系，以便了解和预测人们面对风险时的反应。分类框架能够被解释为人们为何对一些灾害所造成的风险极度厌恶，而对一些风险则表现得相对冷漠，还可以反映出专家的观点与真实反应之间的差异。要完成这一目标，最为普遍的方法就是心理测量范式，该方法使用心理缩放和多元分析技术来完成人对待风险的态度和感知的定量化。利用风险的心理测量范式，人们能够定量地判断多种不同灾害的当前风险和期望风险与风险的调节期望水平。这些判断与风险的其他属性相关联，例如：(1) 用于假设风险感知与态度的风险特点情况（如自愿、恐惧、了解、可控性等）；(2) 每种灾害带给社会的收益；(3) 每一年由于灾害造成的死亡人数；(4) 灾害年由灾害造成的死亡人数③。由此，风险的心理测量理论最重要的前提假设之一为：风险是主观的风险，而不是客观的风险，即风险不是独立于人们头脑和文化之外等待被测量的东西。所谓客观的风险，是从事件发生的可能性即概率（probability）来理解风险，主张风险是“事件发生的概率与可能导致的有害后果的乘积”，而人们可以科学地估算出这种概率。所谓主观

① 张秀兰．社会抗逆力：风险管理理论的新思考．光明日报，2009-02-10．

② 王锋．当代风险感知理论研究：流派、趋势与论争．北京航空航天大学学报（社会科学版），2013（3）．

③ 孟博，刘茂，李清水，王丽．风险感知理论模型及影响因子分析．中国安全科学学报，2010（10）．

的风险，主要从人们对事件的反应和风险认知上来理解风险。如此，对风险的认知就不是由概率决定的，而是包含了许多其他的因素。大概而言，影响人们对风险认识的因素有：风险是自愿承担的还是由外在因素强加的？风险是熟悉的还是陌生的？风险是会导致即时伤害的，或是算总账的日子离我们还远？风险是如何表达的？可见，根据主观的风险的观点，风险是一个由各种主观因素决定的社会建构。

随着风险研究的进一步深化，风险的技术取向已经式微，那种风险取决于某一负面事件发生的概率乘以该事件的后果的量级的观点已经逐渐被很多研究者摒弃，因为这种观点完全将人的内部主观性及其所在的外部环境排除在外，认为只有脱离了这些因素，风险的评估才能具有客观性和普遍性。菲施贺夫（Fischoff）、斯洛维奇、利克滕斯坦（Liechtenstein）等 1978 年发展出风险的心理测量学派，试图解释个体对不同风险的反应的差异以及公众和专家的观点的差异。风险是由受心理、社会、制度和文化等多种因素影响的个人主观定义的，所以只要调查工具设计合理，当中的很多因素与它们之间的内在关联就可以被量化和模式化，从而阐明个人和社会面对灾难时的反应。斯洛维奇等学者将心理测量范式运用于风险认知的测量，获得了大量的实验数据，成为探讨个体风险认知状况的重要基础。其中，多维风险特征的测量方法是对心理测量原理最具特色的发展。风险特征评价维度的形成完全是基于风险问题的特异性而设计的，对界定和分析风险事件的性质有独到作用。风险特征维度是二级评价指标，被试在各个风险特征上评价多个风险因素，在此基础上可形成风险认知地图（cognitive map）。依靠风险认知地图能够相当直观地标识出风险因素的位置与性质，为学者提供了一个有效评价风险认知状态的工具。斯洛维奇等学者主要是运用调查问卷法直接询问人们对风险和收益的感知以及人们对不同风险/收益权衡的偏好。他们主要运用多种心理测量标度方式，对感知风险、感知收益和感知的其他方面进行定量分析①。

风险的心理测量流派提出因子分析描述模型。因子分析描述模型试图揭示普通公众对各种危险的感知状况和认知特征。斯洛维奇等通过对 34 名受访者关于危险特征的调查，绘制出源于 15 种风险特征内在联系的因子 1（恐惧风险）和因子 2（未知风险）之上的 81 种危险的分布情况，展示了一个源于 40 000 多个单独评定（34 名受访者×81 种危险×每种危险的 15 种特征）的因子空间中的风险空间排列模式。因子空间中的因子反映了风险被认知的程度及其引起的恐惧程度。研究结果表明，外行人士对风险的感知和态度与该风险在因子空间内的位置紧密相关。因子 1（恐惧风险）中危险的分值越高（空间上看起来更靠右），人们就越想减少目前的风险，也越希望严格规范，使风险降到想要的程度。斯洛维奇等认为："专家们与普通公众不同，他们对风险的感知与各种风险特征或因子不是紧密相关，而似乎将风险视为年度预期死亡率的同义词。"② 研究发现，情绪因子是人在风险感知过程中对整体知识库影响最为重要的因子之一，紧随其后的是认知信任因子，而社会信任因子在整个感知的模式过程中的作用十分有限。其他的影响因子如灾害的新类型

---

① 斯洛维奇．风险感知：对心理测量范式的思考//克里斯基，戈尔丁．风险的社会理论学说．北京：北京出版社，2005：131-132.

② Slovic P，Fischhoff B，Lichtenstein S. Rating the Risks. Environment，1979，21（3）：14-20.

或恐惧等因子，都对模型的影响较小。情感的影响和人的感情被认为是理解风险感知的重要影响因子①。其中，对这一观点的支持有一部分来自对于“恐惧”这一概念的传统表述，还有一部分来源于对“启发式影响”的进一步研究，这一点是基于态度和风险感知之间关系的坚实基础②。具有积极态度的人群面对风险时会趋向于感觉到相对较低的风险，通过这个桥梁连接将“恐惧”的概念不断扩宽，其中包含了态度和制造混乱之间的关联③。

斯洛维奇等人于 1986 年和一群跨学科的社会学家一起预测国家将高放射性核废料仓库建在内华达山脉并投入使用，对内华达州南部居民和社区所造成的社会经济影响。在研究过程中，他们发现“污名化”与风险感知有着较为密切的关联。研究结果表明，有 10%的受访者一提到内华达州即会引发其与核有关的联想，研究者认为这与核武器的实验地点在尤卡山脉附近有关。一旦出现与核有关的联想，人们就会降低把内华达州作为旅游胜地的偏好程度。因此，斯洛维奇认为，“污名化”的研究对有害废料处置有着重要意义。“首先，它表明，不管是哪些健康风险与废料产品有关，若一个地区被想象成受污染的或废料遍地的形象，就很可能产生重要的社会经济影响。其次，它加强了有效处理废料从而避免恶性事件（也包括即使没有严重健康风险的那些事件）发生的重要性。”④

风险的心理测量学派主要研究个体内部水平的风险感知、风险应对和风险的质化方面之间的关系。关注于描述不同风险的“人格画像”，即每一种风险都有其独特的品质，决定了个体的不同的风险感知模式。斯洛维奇等人试图将情感因素纳入风险感知的研究中，认为个体使用“情感启发式”来感知和判断风险，即个体根据头脑中的“情感库”对所有表征做出的消极/积极的标记来进行判断和决策。

斯洛维奇等人的努力的确在一定程度上完善了风险的心理测量学派，但是这种改进只是旁枝末节的微调，风险感知研究的弊病依然存在⑤。第一，风险感知的研究在本质上依然立足于个体内部的信息加工。虽然有研究者意识到了应该考虑社会文化因素对风险感知的影响，但只是将这种观念保持在补充的理论解释的层面上，并未真正地融入研究程序；还有一些研究者在实际研究中引入了情感和价值观的因素，但仍将人看作“信息的加工者”，只是受情感、价值观的引导去加工信息，而不是具有情感和价值观的人在社会文化背景下主动地建构意义。第二，心理测量学派忽视个体差异和社会文化的影响。以风险的“人格画像”为例，它暗示了个体作为一个整体，会对某种特定的风险做出同样的反应，似乎只有风险的品质才是决定人们风险反应的因素，忽视了个体间差异和社会文化差异。第三，心理测量学派考察的是被试对象在回答问题这一刻的独立的、静态的风险感知。然而，实际上，人们对于某种风险的感知是与其所处的社会文化环境中的诸多因素相互作用

---

① Finucane M L，Alhakami S P. The Affect Heuristic in Judgments of Risk Sand Benefits. Journal of Behavioral Decision Making，2000，13（1）：1-17.

② Sjöberg L. Will the Real Meaning of Affect Please Standup?. Journal of Risk Research，2006，9（2）：101-108.

③ Alabarracín D，Johnson B T. The Handbook of Attitudes. Mahwah，NJ：Erlbaum：Psychology Press，2005：65-85.

④ 斯洛维奇. 风险感知：对心理测量范式的思考//克里斯基，戈尔丁. 风险的社会理论学说. 北京：北京出版社，2005：159.

⑤ 王磊，伍麟. 论风险研究领域中的社会表征理论. 南京师大学报（社会科学版），2013（2）.

的，并且会在不同的社会环境中随着生活经验的更新而变化。第四，根深蒂固的公众的理性缺陷的观点。风险感知研究的预设立场为公众关于风险的常识性思考相对于专家的理性分析是有缺陷的、非理性的。一些研究者即使后来承认了情感启发式在理性风险分析中的作用，也仍然认为以情感启发式为代表的经验系统的使用是在人们掌握的相关信息不足、情况过于复杂、现有认知水平无法应对时所作出的“权宜之计”，它的特点是快速、有效，但也是原始、简单、有干扰性的，只能对理性的分析系统起引导作用。所以，对情感的作用的探索实际上拉远了公众与理性的距离，将认知分析置于情感反应之上。第五，心理测量学派对研究方法和统计技术的过分重视，导致了理论建构的薄弱，“大量心理测量范式的文献集中在方法论和实证结果上，从理论框架的角度解释研究理论却比较弱化”①。

2. 风险的文化理论流派

风险的文化理论流派认为，风险是社会建构的产物，是有着各种价值观、世界观的个体在社会、文化、历史、政治等社会情境中互动形成的，不具备本体论意义上的客观存在。风险感知是个体所在的社会情境的一种反映。社会共享的世界观，即文化偏见，决定着个体对风险的感知。人们会根据不同的世界观选择关注不同的风险。个体被看作主动的组织者，他们选择害怕什么是为了支持他们的生活方式，即他们所从属的“文化”②。风险感知有赖于共享的文化，而不是靠个人的心理。该理论强调个人、组织和社会之间的内在关系，同时也注重人与自然的社会关注，因此，从本质上说，风险的文化理论属于社会学理论的范畴。它预设了一个积极的而非被动的感知者，这个感知者并非个人，是一种受组织规律所驱动而去挑选在管理中应得到重视的风险或让风险销声匿迹的制度或组织。根据文化理论，制度结构是风险感知的最终原因，风险管理是其最近的刺激而非结果。人们应对风险主要是依据认知社会的方式以及各种制度和程序规则③。

具体来说，风险的文化理论流派包括两个部分：一是理论信念，即奉行一种特定的社会关系模式会产生一种独特的看待世界的方式，简称“文化偏见”；反之，一种世界观和文化偏见则是其相应类别的社会关系的合法化。二是对四种可行的文化群体的界定。该分类是基于“群体”和“网格”两个维度。群体是指个体被包含进有边界单位的程度，包含的程度越高，个体选择越受群体决策的影响。网格是指个人生活被外在强加的规则法令所控制的程度，规则法令越广，束缚越多，通往个体协商的空间就越小④。群体变量描述的是社会单位中社会交往的范围，而网格描述的是这些交往的性质。群体变量表示个人在一个社会单位中的社会融入程度。群体弱的地方，社会网络处于开放式，与相同人群的互动交往倾向于偶然，而且每次都局限在各种特定活动中。弱群体的自我保护意识强，因而倾向于竞争性。与之相对，群体变量强的地方，群体交往频繁而且交往活动的范围广泛。强群体成员互相依赖，这样提升的是团结，而不是竞争。网格变量是指对任何社会团体成员

① Karen B. Risk Perception Research: Socio-cultural Perspectives on the Public Experience of Air Pollution. Environment International, 2004 (30): 827-840.

② 王磊，伍麟. 论风险研究领域中的社会表征理论. 南京师大学报（社会科学版），2013 (2).

③ 雷纳. 文化理论与风险分析//克里斯基，戈尔丁. 风险的社会理论学说. 北京：北京出版社，2005：95.

④ Thompson M E R, Wildavsky A. Cultural Theory. Boulder, Colorado: Westview Press, 1990: 5.

进行强制分类的方式，这种分类可能有等级、血亲、种族、性别及年龄等标准。低网格表示一种平等状态，其中任何人不会因为性别、年龄问题或家庭关系而被阻止参与任何社会角色。事务的高网格状态表明，参与所有社会活动都受这种或那种区别、歧视的影响。对每种变量力量高低的评估衍生出四种社会生活原型观①。

风险的文化理论流派承认由社会文化因素导致的群体差异和个体差异，相对于心理测量流派而言是一种进步。但是文化理论也存在一些问题：第一，它否认了风险的客观实在性，流于单纯的主观主义，认为风险感知的决定因素是特定的社会历史文化塑造的世界观，不考虑风险自身的性质，似乎有些矫枉过正。第二，过分注重社会情境，却不能适当地将其融入实际研究，仅通过不同类别的世界观反映不同的社会文化是不充分的。第三，风险的文化理论对社会情境的理论强调和方法简化之间的差距进一步导致其理论论证有余、实证支持不足的现状。文化理论缺乏对社会情境因素的有效操作和测量，尽管有研究者试图用实证的方法检验文化理论，但是，他们只是在个体水平上间接地测量了文化相关过程的结果，忽视了文化理论所强调的社会情境、社会关系、行为模式等因素②。

2.3.2　风险感知理论的争议与趋势

1. 专家与公众的风险感知差异③

在风险事件中，决策者、科学家、企业家、媒体、公众等不同的社会群体对风险的感知不同，尤其是专家和公众对于风险的感知存在很大差异。专家和公众的风险感知差异引起了决策者和学者们的广泛关注。传统的研究认为，风险感知差异来源于专家和公众之间的知识差异。斯洛维奇提出知识的“缺失模型”，强调由于专家拥有相关专业知识，善于从风险发生的可能性概率和后果的严重性角度来评估风险，所以对于风险的判断更为精确；而大部分公众缺乏专业知识，更多的是以与公众生活密切相关的个人经验来判断风险④。一些研究表明，知识确实是影响风险感知差异的一个因素，但并不是唯一因素，影响专家与公众风险感知差异的还有更多其他因素。班尼特等人对知识“缺失模型”对于公众与专家风险感知差异的解释提出了异议，他们认为，除了知识的影响外，价值观、生活经验、社会角色、风险感知中的偏见等都可能会影响风险感知⑤。

第一，知识影响风险感知差异。研究发现，专家主要从风险发生的概率和严重后果角度来衡量风险，而公众是从公共健康和危险程度角度来考虑风险。研究者发现，对于核能、农药等技术，公众估计的死亡率远高于真实风险的死亡率，而专家做出了与真实风险死亡率相接近的较精确的估计。公众由于缺乏对风险知识的了解而感到恐慌，对于未知风

---

① 雷纳．文化理论与风险分析//克里斯基，戈尔丁．风险的社会理论学说．北京：北京出版社，2005：98.

② 王磊，伍麟．论风险研究领域中的社会表征理论．南京师大学报（社会科学版），2013（2）.

③ 王娟，胡志强．专家与公众的风险感知差异．自然辩证法研究，2014（1）.

④ Slovic P，Fischhoff B，Lichtenstein S. Rating the Risks. Environment，1979，21（3）：14-39.

⑤ Bennett P，Calman K. Risk Communication and Public Health. Oxford：Oxford University Press，1999：3-7，20-65.

险和恐惧风险等不熟悉的风险的估计就会超出真实风险①。相反，人们认为风险较小的是熟悉的风险和可控的风险。因为缺乏知识，公众在日常生活中做出的判断可能是情感化的、自动的和快速的，而科学家做出的科学和技术评估则是慎重的、有意义的和理性的②。专家和公众对于风险的基础概念、假定和解释的内容有很大不同。公众拥有的知识可能是错误的，这源于对风险过程中所传播信息的遗漏或公众对信息的误解。

第二，价值观影响风险感知差异。公众与专家的风险感知差异还体现在价值观上，价值观受到个体情感因素和价值模型的直接影响。公众的价值模型形成于整个社会，包括周围环境的人和事营造的文化氛围，而专家的价值模型更多的是基于实验数据的理论模型。不同的价值观有不同的认知和分析模式，价值模型的不同决定了公众和专家对于风险的理解和衡量标准不同，专家从概率角度来估计风险，公众更多的是从社会文化价值角度来衡量风险大小，这直接体现出二者的风险感知不同。公众可能靠直觉或基于某种情感因素进行选择，选择的过程是自动的、快速的，决策态度的快速反应依赖于个体在过去生活中已经形成的价值观，公众与生俱来的价值观决定了公众对于风险的认识和理解。

第三，生活经验影响风险感知差异。公众的生活经验是影响公众风险感知的一个重要因素。一般情况下，专家只关心试验数据结果，公众则是从生活经验角度考虑居多。研究结果显示，普通公众的风险感知与经验因素密切相关。对于经历过或看到过技术危害造成疾病或死亡的公众来说，对死亡率的估计要过高；而专家的风险感知却与经验因素没有明显的相关性，因为专家只关心模拟实验的数据结果，对科学知识和实验结果过于自信和依赖，不关心技术系统实现功能的过程，然而正是技术应用过程的生活经验影响了广大公众的风险感知。专家对于实验的过分信任会造成与实际结果有所偏离，因为在多因素影响的氛围下，即使科学实验也不能保证只在特定控制变量下运行，而是受多方面环境因素交互影响。所以专家的试验数据结果与公众的实际生活经验差异造成了感知差异③。另有研究结果发现，经历过类似的风险事件较多的人会高估风险，相反则会低估风险。居住在低风险区的公众比住在高风险区的公众风险感知要低一些④。

专家与公众的风险感知存在差异，但差异中也存在相同点。专家本身在某种程度上是作为公众来面对和评价风险的，此时专家和公众的知识水平相类似，专家在某些方面的态度和判断可能与公众相一致。专家与公众可能有相似的知识水平和情感要素。公众与专家都会关注风险的不确定性，尤其是在专家和公众都没有应用经验的未知技术或装置等方面。

2. 公众风险感知的价值⑤

学术界对公众风险感知的效用和价值产生了明显的分歧，换言之，人们对公众风险感知是否应该纳入风险管理决策存在争议。赞同者认为，风险感知的研究有助于风险管理决

① Slovic P，Fischhoff B，Lichtenstein S. Rating the Risks. Environment，1979，21 (3)：14-39.

② Weber E. What Shapes Perceptions of Climate Change Wiley Interdisciplinary Reviews (WIREs). Climate Change，2010，(1)：332-342.

③ Fischhoff B，Slovic P，Lichtenstein S. Weighing the Risks. Environment，1979，21 (5)：17-20，32-38.

④ Siegrist M，Gutscher H. Flooding Risks：A Comparison of Lay People's Perceptions and Expert's Assessments in Switzerland. Risk Analysis，2006，26 (4)：971-979.

⑤ 王锋. 当代风险感知理论研究：流派、趋势与论争. 北京航空航天大学学报（社会科学版），2013 (3).

策，公众风险感知是风险管理决策的前提或前奏；反对者则认为，风险感知对风险管理和风险决策毫无用处，不应将风险感知纳入风险管理决策之中。尼克·皮金（Nick Pickin）在其《风险评估、价值与社会科学计划：我们为何需要风险感知研究》一文中具体概括了正反两方的主要观点①。

反对方的代表性观点如下：

第一，公众风险感知反映的是噪声和偏见。这是普遍流行的一种观点。该观点认为，公众并不具有正确评估什么才是伤害的知识，公众的看法往往是有误的、短暂的和失之偏颇的，不能反映一个直接的和完整的信息。因此，他们对风险的判断结果和风险的可接受性会受到噪声和偏见的干扰。鉴于现代问题的庞大复杂性、问题假设的跨学科性、问题界定和解决方法的快速变动性，外行公众缺乏必要的时间、信息和意愿去参与解决那些复杂的科技问题；相反，专家精英人士则可以做出更为理性的决策。

第二，公众态度也是带有偏见和歧视色彩的。那些反对风险感知的人所持的另一个重要理由是公众态度可能反映的是针对特定社会群体的某种社会偏见，这可能会导致公共政策执行（分配程序）上的不可取，甚至违反法律。

第三，管理风险仅仅需要管理公众感知。如果仅仅是公众感知而非风险规制或减缓是风险决策所要考虑的最主要因素，那么风险管理者就会偏爱那些将威胁看作可忽略不计的但又能言善辩的人的观点。这种情况下，公众就可能易于肆无忌惮或用心良苦地滥用建议，因为现在他们才是最佳的风险沟通的建议者②。

第四，公众在其风险感知中并不是同质的。按照有关风险的社会和文化理论的解释，在风险表征方面，社会不应该被看作一个同质的整体。换言之，不同的社会部门或社群在选择和表征风险方式上有本质的差别。因此，人们面临的一个困境就是，如何将风险表征中的文化多样性纳入一个单一的平台，同时在该平台上做出能被大家认可的决策。

第五，如果风险是一种社会建构的话，那么整个社会科学也不可避免地被建构。一种常见的批评风险感知的观点认为，正式的风险分析对风险有争议的背景属性不够敏感。换言之，风险仅仅是社会建构的产物。当然，采用“社会建构”这种极端的说法也给社会科学研究发现带来了困难，因为它本身没有提供解决相对性问题（任何关于风险的观点都是一样好的）的简易方法③。

与上述观点针锋相对的赞同方的代表性观点可归纳如下：

第一，公众应当参与那些对他们有影响的风险决策。尼克·皮金认为，技术管理应该始终服从于民主的要求。风险评估是一个复杂的决策过程，不仅包含接受知识，还包含有争议的事实和价值。在公众的风险感知方面，除了设定风险的可容忍性（耐受性）的限度之外，还存在其他可考虑的一些方式及其可取原因。其中就隐含有重要的道德哲学动机：

---

① Pidgen N. Risk Assessment，Risk Values and the Social Science Programme：Why We Do Need Risk Perception Research. Reliability Engineering and System Safety，1998，59 (1).

② Rimmington J. Risks and the Regulator：Puzzles and Predicaments. Transactions of the Institution of Chemical Engineers，1995，73 (B)：173-181.

③ Pidgen N，Hood C，Jones D，et al. Risk Perception//The Royal Society. Risk：Analysis，Perception and Management. London：The Royal Society，1992：89-134.

没有经过协商就将个人置于风险之下，可能被视为违反民主进程或侵犯个人权利。因此，公众有正当理由参与那些对他们有影响的风险决策。首先，如果整个决策过程被认为是公平的，那么参与决策的公众必将会履行由他们自己所选方案中规定的义务；其次，公众参与可以增加其对那些风险管理组织的信任，并由此引发其对更高程度风险的可接受性①。

第二，公众风险感知反映了人们的基本价值。从某种程度上讲，在风险感知研究中所界定的各种因素反映了人们的"真实"偏好和关于风险与安全的潜在价值。但问题是哪些价值可以纳入风险管理方程式中去计算呢？清洁的空气、技术的进步、便捷的交通等类型的价值和伦理道德价值在不能伤害他人的原则上是有本质差别的。微观经济和决策理论巧妙地回避了这个区别，它们根据对偏好的稳定测量提供了第三种解释，如偏好测量被广泛地应用于或然评估研究中。按照后者的解释，价值变成了一种表征技术的代名词，这种表征技术包含客观状态与想象状态之间的比较。

第三，公众风险感知能产生较大实际影响或显著后果。该观点认为，无视感知的政策是非常危险的，因为感知会导致一些有实际后果的行为：要么产生直接的费用，要么产生影响公众或制度的可行性的各种新风险。例如：消费者出于对瓦尔迪兹污染事件的愤怒而联合抵制埃克森公司的产品，致使该公司蒙受巨大的经济损失；欧洲壳牌因决定（其后收回）将废弃的石油钻井平台倾倒到大西洋，同样遭受公众强烈抵制，并因此付出巨大的代价；等等。该观点表明，公共政策决策者至少必须显示出这样的意识，即公众对给定危险的可能会有感知，并愿意针对公众感知采取行动，特别是在感知产生后果很可能超过不采取任何行动之后果的情况下。

第四，专家也有偏见。在 20 世纪 70 年代和 80 年代早期，大多数有关风险的文献将由知识渊博、公正中立的专家做出的客观（正确）的风险概率评估与外行人士做出的主观（可能有偏见）的评估截然区分。然而，这种区分如果过于极端的话，就可能阻碍风险问题的理性分析。这部分是因为风险评估本身需要一些价值判断，这些价值判断内含于专家所进行的分析之中，但问题是专家也有偏见。专家在其判断中的过度自信已被证实，人们往往相信专家小组可以消除偏见，但事实并非总是如此。

第五，公众风险感知能丰富专家的分析。该观点主张，专家们的确经常在信息化方面具有优势地位，但公众可能会提供一些有助于专家进行风险分析的有用信息，从而使风险管理者得出一个整体性的更优分析。此外，公众可能还拥有专家、公司和政府所不容易获得的信息知识，并依此信息使自身站在一个更高平台上批评风险评估背后隐藏的（可能不充分的）假设，如关于现实生活中的有害产品的实际情况的知识，公众可以通过各种渠道更方便地获取，包括公司或行业的告密者等②。

*3. 风险感知理论的发展趋势*③

随着风险感知研究的深入，一些新的理论和研究方法被运用到风险感知领域中，形成

① Pidgen N. Technocracy, Democracy, Secrecy and Error//Hood C, Jones D K C. Accident and Design. London: University College London Press, 1996: 161-171.

② Pidgen N. Risk Assessment, Risk Values and the Social Science Programme: Why We Do Need Risk Perception Research. Reliability Engineering and System Safety, 1998, 59 (1).

③ 王锋. 当代风险感知理论研究：流派、趋势与论争. 北京航空航天大学学报（社会科学版），2013 (3).

了更加多样化的研究发展趋势。概括起来，当代风险感知理论研究有两大发展趋势——后现代转向和学科融合趋势。

后现代转向主要体现在诠释性风险感知研究流派的兴起上。诠释性风险感知研究流派主要运用解释学和现象学的理论和方法研究风险问题。他们认为，意义和解释在构造社会互动与存在方面发挥核心作用；通过采用定性的（如扎根理论）或混合法等研究方法，获取对给定风险问题在其中被识别并理解的情景的“深度描述”。该派研究得出两个结论：一是人们所处的环境和情景的特定性是人们解读风险及其过程的重要特征或主要影响因素之一，这是因为人们的思维方式本身，或者说人们解读实践的逻辑，深受他们自身体验的过程模式以及他们自身知识来源的影响；二是风险问题已经被嵌入认识、联系，以及有些显然不相干的事项的“纠结”之中，为了理解这些风险问题，人们需要求助于共享的解读性资源。

学科融合趋势主要体现在心理学和社会学两种研究视角的交叉与融合上。斯洛维奇认为，尽管心理测量学的研究视角与方法正转向认知心理学和行为决定理论，但他坚信对灾难的社会性反应是由多种因素决定的，因而需要从多维度、多领域进行研究。一个趋势是心理学家的研究兴趣更集中于风险对象的社会和文化因素，而弱化其现实的假设因素。社会学研究则更加强调风险的现实，并针对风险认知和反应做出更多个人主义的解释。心理学和社会学之间的联系更密切，这可能促使心理学思想得以更广泛地发展及社会学更全面地概念化。心理学家发展起来的方法和概念的区分，可使社会学家的理论得到更严格的测试。

2.4 风险放大理论

风险放大理论主要包括风险的社会放大理论和风险的社会表征理论。

2.4.1 风险的社会放大理论

1. 主要内容①

卡斯珀森夫妇、奥温·雷恩（Ortwin Renn）以及斯洛维奇等人于1988年提出了风险的社会放大理论，用来描述心理、社会、文化和政治因子如何互动“扩大风险”及产生波及效应。风险的社会放大，是指灾难事件与心理、社会、制度和文化状态相互作用，其方式会加强或衰减对风险的感知并塑造风险行为。其表现为风险认知上的社会连锁效应，即人们对恐惧的描述在交谈中被引用得越频繁，公众对主张描述的认同感就越强，与此相关的信息就越来越被关注，最后引起持久的社会性的可利用性错觉，使得人们想象的风险比实际的要大很多或者小很多，而由此引发的大规模的错觉会持续很久②。

该理论用涟漪状这一形象的比喻来表明风险在传播过程中的两种情形，即风险在时

① 王京京．国外社会风险理论研究的进展及启示．国外理论动态，2014（9）．

② 陈海嵩．风险社会中的公共决策困境：以风险认知为视角．社会科学管理与评论，2010（1）．

间、部门和地理三方面大小可能延展（风险的放大）或者限制（风险的弱化），每一序位的影响或者涟漪都有可能不仅导致社会和政治事件，而且引发（在风险放大中）或阻碍（在风险弱化中）风险在管理上的干预①。这一理论试图描述和解释风险、风险事件与社会制度及文化之间的互动如何影响个人或组织的风险认知，造成风险的放大或弱化，进而影响社会制度的制定和实施，最终引发诉讼、抗议等社会后果。它涵盖了媒介、风险认知、组织对风险反应等领域的研究成果，主要由框架内容和放大机制两部分构成。在对框架内容的阐述中，该理论将风险的社会放大定义为“信息过程、制度结构、社会团体行为和个体反应共同塑造风险的社会体验，从而促成风险结果的现象”②。需要注意的是，这种互动的结果带来两个向度，即风险的放大和风险的弱化。卡斯珀森等人借用经典通信理论构造了发出、接受、解读和传递风险信号的风险放大路径，其框架如图 2-1 所示。

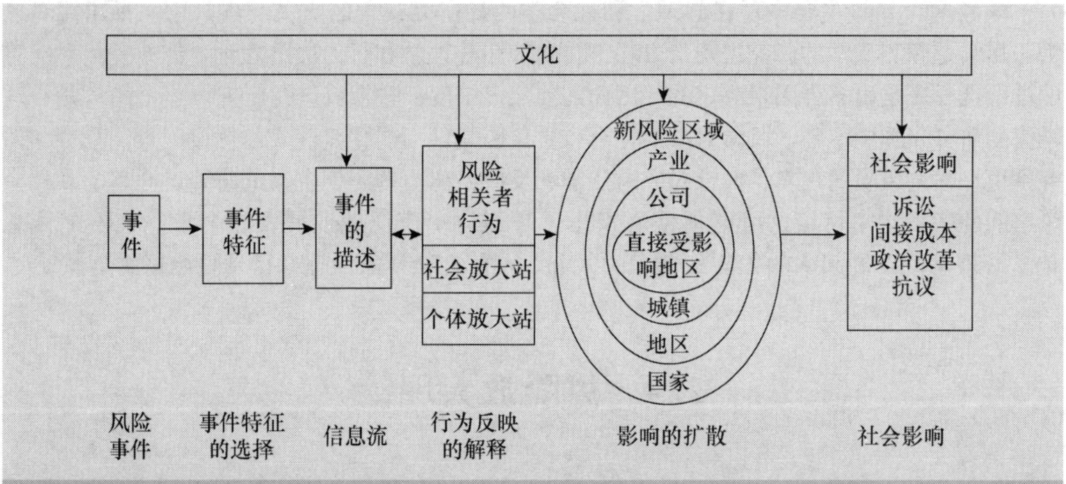

图 2-1　风险的社会放大框架图

资料来源：Ortwin Renn and William J. Burns. The Social Amplification of Risk：Theoretical Foundations and Empirical Application. Journal of Social Issues，Volume 48，Issue 4，1992，141.

由图 2-1 可以看出，在风险放大的第一阶段，风险信号会通过社会放大站和个体放大站被重新解读和阐释，从而引起个人和组织对风险的不同反应。这些“放大站”包括“个人、社会团体和公共机构，如科学机构、记者和大众传媒、政客和政府部门、社会群体及其成员”。在第二阶段，该理论关注了风险引发的次级效应。有些风险事件经过放大后，其影响范围如石子投掷水中产生的涟漪，范围之广甚至超出了最初风险的影响区域。这些次级影响包括“市场影响、要求实施管制性限制、诉讼、社区抵制、公信力和信任的丧失、某种产品、场所或社区名誉扫地等”③。

该理论通过研究风险的动态化发现，风险存在两种放大机制：社会放大的信息机制和社会放大的反应机制。风险的社会体验，无论是直接的个人体验还是通过风险信息获得的

① 王锋. 当代风险感知理论研究：流派、趋势与论争. 北京航空航天大学学报（社会科学版），2013（3）.

② Kasperson R E，Renn O，Slovic P，et al. The Social Amplification of Risk：A Conceptual Frame. Risk Analysis，1988（2）：181.

③ 皮金，等. 风险的社会放大. 北京：中国劳动社会保障出版社，2010：4-5.

间接体验，都可以是风险放大的根源，很多风险并非人们直接经历的，那么通过他人或媒体获知的风险信息就充当了放大的原动力，而“信息的量、信息的受争议程度、戏剧化程度以及信息的象征意蕴”等信息属性是放大或弱化风险的关键变量。社会放大的反应机制主要发生在社会、制度、文化等背景下，该理论假定了引发反应机制的四种途径。第一种途径是个人和团体的价值偏好，即面对复杂的风险时，个人和团体的价值偏好会影响对风险的评估。第二种途径是社会团体关系，即利益相关团体的性质会影响其成员对风险的认知和防范。第三种途径是信号值，即风险事件是否传递出危险的预兆和信号以及这种预兆和信号的数值，它与风险的属性和危险程度有关，一般而言，新风险伴随着高信号值。第四种途径是污名化，即“与不受欢迎的团体或个体联系在一起的负面形象”，而这种污名化为突发事件风险管理带来了巨大的麻烦①。

风险的社会放大理论具有描述性和工具性的特征，因而被广泛应用到公共政策分析中，提高了预测哪种新出现或即将出现的风险可能被高度强化或弱化的能力。尽管如此，该框架仍存在争议。第一，对该理论基本概念的质疑。风险的社会放大理论没有避免有关风险到底是现实主义的还是建构主义的争议，其将风险具体化的做法遭到了质疑：风险带有价值判断，而非真实的存在。此外，“风险的社会放大”会引导人们关注被放大的风险，忽略弱化的风险，并且如此命名会带有夸大风险的语义偏好，同时意味着承认风险存在实质基准线②。第二，对风险的放大路径的质疑。该理论描绘的放大路径是单向的，但影响风险放大或弱化的因素是复杂无序的，因而有学者担心该模型过分强调了单一的风险沟通渠道。第三，对专家评估风险与公众认识风险之间的矛盾的质疑。该理论要在狭义的层面上解释为什么一些被专家评估为风险相对较低的灾害和事件却引起了社会的广泛关注，而被专家判断会产生严重风险的事件却未能引发社会的关注。对此，多米尼克·达克特（Dominic Duckett）等人认为，专家评估与公众对风险的认知不存在必然的矛盾，不同的利益团体会拿出不同的专家评估结果来进行阐述③。

2. *理论扩展*④

风险的社会放大理论相关研究趋向“微观”，解释趋向“宏观”，从而丰富了风险“放大”隐喻的内涵，形成了多样化的研究方法。

第一，研究趋向“微观”，解释趋向“宏观”。风险的社会放大理论具有系统化、整合的优势，但是该理论涵盖了风险的社会放大过程中的心理、经济、政治、传播等诸多因素，使研究往往陷入在整体描述和深入溯因之间顾此失彼的困境。在这种情况下，很多研究者采取了以“微观”研究探索问题，以“宏观”解释分析问题的策略。研究趋向“微观”，主要体现在研究者开始探索影响“放大”的因素、对次级影响和放大站的专门研究、对“放大”和“缩小”机制的探索。共鸣理论可以作为风险放大的解释机制，风险缩小的解释机制则可以

① Kasperson R E，Renn O，Slovic P，et al. The Social Amplification of Risk：A Conceptual Frame. Risk Analysis，Volume 8，Number 2，1988：184-185.

② Petts J，Horlick-Jones T，Murdock G，et al. HSE Research Project：Social Amplification of Risk：Media and the Public. University of Birmingham，May 12th ，2000.

③ Duckett D，Busby J. Risk Amplification as Social Attribution. Risk Management，Volume 15，2013：132-153.

④ 伍麟，王磊. 风险缘何被放大?：国外“风险的社会放大”理论与实证研究新进展. 学术交流，2013 (1).

借鉴公共资源理论。解释趋向“宏观”，是指对风险放大现象的解释更多地考虑到了社会文化制度因素，而不是从内部认知的角度一味地关注个体对风险信息的“歪曲”。这种趋势表明 SARF 的研究正在走向成熟。一方面，以有针对性的细致的研究深入探索了影响风险放大的因素和风险放大的效应，丰富并明确了 SARF 相关因素间的关系；另一方面，将研究结果置于广阔的社会文化背景中进行解释，使其更有说服力，更具现实意义。

第二，丰富风险“放大”隐喻的内涵。“放大”作为 SARF 的核心隐喻，因其含义的模糊性而饱受争议。SARF 要向前发展，需要解决的重要问题就是对风险“放大”隐喻内涵的丰富和完善。在风险的放大效应作为“放大”的基本含义得到大量研究之后，研究者开始关注风险的“缩小”。既然风险的社会放大同时包含了“放大”和“缩小”两方面的含义，那么风险在什么条件下会被看成放大或缩小就成为风险研究的一个重要命题，需要探讨风险被“放大”或“缩小”的发生条件。风险放大的过程就是一个信息的加工、建构、交流的过程和效应的传播过程。随着 SARF 研究的深入，研究者们开始思考风险放大过程更广阔的含义，风险的“涟漪效应”表明了风险的迁移过程。风险“放大”隐喻内涵的扩展丰富了 SARF 的理论内核，使 SARF 更加能够适应现实风险的复杂性和多变性，对风险相关现象的解释更深入、贴切。

第三，研究方法的多样化。SARF 研究至今已经形成一套比较完善的方法，主要包括资料分析法、访谈法和调查问卷法。资料分析法有助于收集某一时间段内的多层次变量(不同的风险、国家、领域)，但是这种方法多基于一个潜在的前提——某风险事件的报道频率等同于公众关注度、等同于风险感知和反应，这个前提中默认的关系的合理性还有待商榷。访谈法适合收集某群体的风险感知和行为的文化、价值观和制度上的影响因素，其风险行为意向以及深层动机有助于风险放大机制的探索。调查问卷法相对客观，多用来采集公众的风险感知、态度、信任度、行为倾向等，还可以纳入人口统计学方面的考虑，是实证研究的基础。

总体来看，虽然 SARF 已经在理论和实践上有所发展，但是以 SARF 为基础的众多研究仍显得有些杂乱无章、相互离散，尚未形成以某问题为核心的、有顺序的逻辑线索。尽管如此，SARF 的理论优势是不容忽视的。第一，它对于风险的理解是独到的：既承认风险的客观实在性，又承认社会文化的影响，即风险是客观伤害和社会文化经验的共同结果。这种风险的本体论使该框架在理论上具备整合风险的技术取向和文化取向的天然的基础，同时在研究上有助于达成微观和宏观水平的结合。第二，作为一种理论，它试图促进实证数据的系统化解释并整合现有的多种风险观点，提出新的假设。第三，SARF 的价值导向是对社会公平和弱势群体的关注。该理论在对风险社会放大的原因的探讨中注重社会文化背景因素，这种价值导向体现了社会科学存在的价值——人文关怀。

2.4.2 风险的社会表征理论[①]

风险的社会表征理论是由法国心理学家瑟奇·莫斯科维奇（Serge Moscovici）提出

---

① 王磊，伍麟. 论风险研究领域中的社会表征理论. 南京师大学报（社会科学版），2013（2）.

的。社会表征理论以常识理解新事物为出发点，立足于个体和社会层面的交汇点，在关注群体成员互动达成共识的同时允许个体差异的存在，认为表征会在人际互动和时间推移过程中发生变化。这些特点可以弥补风险感知的不足。社会表征形成并运行于对新事物的熟悉化，目的是恢复常识在人们日常生活中的有效性和合理性。社会表征的起源为人们面对新异事物时的不安，这种新异事物对于人们而言往往带有威胁性和不确定性，而风险本身恰好具备这两个属性。风险的出现，威胁着人们的身份和已经建立的秩序，违反了人们对事物的预期，人们无法用已有的知识系统来解释和应对，从而产生不安。为了缓解这种不安，重新构造一个稳定的、可预测的世界，社会表征的作用开始凸显。社会表征的这种观点对风险研究是重要的①。

风险的社会表征理论基础为：社会表征的结构理论、身份理论和三角巧克力模型。

社会表征的结构理论认为，社会表征由中央核心和外围元素组成。一个表征的中央核心有两项基本功能：生成功能，赋予表征的其他基本元素意义和价值；组织功能，决定表征的元素彼此间联合的联结的性质。中央核心具有以下特征：(1) 稳定性和连续性。中央核心是表征的统一的和最稳定的元素，中央核心的所有改变包括一种表征的完全转变，两个表征不同，需要意识到它们围绕着两个不同的中央核心；它允许表征的比较研究，将其作为不同群体的风险表征存在差异的解释基础。(2) 历史性。社会表征的中央核心取决于历史的、社会的和意识形态的情况，与集体记忆和群体规范系统相联系，从而很自然地将社会文化因素融入了风险表征之中，浑然一体。(3) 同质性。中央核心构成了集体共享的社会表征的基础，它的功能是共识性，一个社会群体通过它获得了同质性②。外围元素围绕着中央核心被组织。外围元素有四项基本功能：(1) 具体化。将表征锚定进现实，构成中央核心和具体情境之间的相互作用，使表征可理解、可传达。(2) 适应。外围元素比中心元素更加灵活，可以通过重新解释质疑性元素或赋予其新的特征而将其融入表征的外围，使表征适应情境的变化。(3) 防御。表征的外围元素通过改变自身来保护核心的一定时期内的稳定性，充当了“缓冲器”的角色。(4) 异质性。外围元素的灵活性允许个体根据其历史的、个人的和实际的经验来调整表征，使其成为围绕着一个共同的中央核心组织的个体化的社会表征。因此，外围元素允许风险表征的个体差异的存在，并赋予其动态特征③。

社会表征的身份理论，是一种对社会表征理论的心理动力学扩展。该理论认为，表征者的身份定位决定了他对某个特定的社会客体的想象力，不同的群体身份导致了对同一社会客体的不同的表征。新事物会构成一种威胁，社会表征的出现恰恰是对集体身份的危险的反应，因此，表征的中心目的是抵御威胁。该理论强调威胁反应的情感根源，当人们面对潜在的危险时，一种焦虑的姿态会开始运转，它会使人们以特定的方式表征危险。这种

① Moscovici S. Introduction//C. Herzlich (ed.). Health and Illness: A Social Psychological Analysis, London and New York: Academic Press, 1973: 9-16.

② Abric J C. Central System, Peripheral System: Their Functions and Roles in the Dynamics of Social Representations. Papers on Social Representations, 1993 (2): 75-78.

③ Abric J C. A Structural Approach to Social Representations//Deaux K & Philogène G (eds.). Representations of the Social: Bridging Theoretical Traditions, Oxford: Blackwell Publishers, 2001: 42-47.

表征的选择源于自我身份和自尊的保护的动机。在这种动机的驱使下，人们会采用一种分裂的机制，使用极化的词语表征他人，将外群体和威胁联系起来，将坏的经验和感觉向外投射，好的经验和感觉向内投射，从而保护一种积极的内心世界。

社会表征的三角巧克力模型，由鲍尔（Bauer）和加斯克尔（Gaskell）于1999年提出。该理论认为，社会表征是一个合乎逻辑的主体、客体和投射的三元组，可表示为：表征$=f$(S，O，P)。其中，S为主体或表征的持有者；O为被表征的客体——一个具体的存在或抽象的观念；P为一个社会群体的投射或实际情境，在其中表征有意义。为了体现群体之间的互动，鲍尔和加斯克尔于2008年将三角巧克力模型扩展为风险玫瑰模型，社会表征被表示为：表征$=f$(主体，客体，投射，时间，中介，组间情境）。主体通常是有意识的自我和他人的一个集合体，他们因为一个共同的意向性的投射而集合在一起。这些在一个特定的交流中介（通过它形成对某个客体的表征）中体现出来。中介的三角形需要被扩展到组间情境。表征在与其他社群的关系中为了抵抗或支配而形成。因此，三角巧克力模型被发展为“风向玫瑰图”。风向玫瑰的花瓣是社会环境，被系统化为中介的三角形，它的大小是不规则的。不同的表征构成了一种可能或多或少有冲突的组间情境。三角巧克力模型以直观形象的方式将社会表征的结构和变化体现出来，它的优点在于关注社会表征时间维度上的发展变化，体现了其历史性；三角和玫瑰结构表明了主体、客体、群体之间的互动，体现了其动态性①。

总体来看，风险的社会表征理论的优点在于，它从理论到实践都尽力克服孤立的、静止的、普适的研究定位。社会表征是个体或群体在某一社会情境下互动的成果，同时也在指导着这种互动。它位于个体层面和社会层面的交汇点，将个人的心理行为和广阔的社会情境融为一体；在人与人之间的互动中形成、变化，且具有历史性，是一个动态系统；具有良好的组织结构，可以在保持共享核心的前提下允许外围成分的变化和优化，允许差异性存在。这些都使社会表征更加立体化，符合现实中人的存在状态，从而使理论充满活力。风险的社会表征理论有理由成为风险研究的新的指导理论。关于风险的社会表征理论，未来研究可着重关注以下三个方面：第一，将风险的社会表征理论作为一种解释机制的理论基础，融入风险的社会放大理论中，提升该理论的解释力。风险的社会放大理论包含风险放大的信息传递和社会反应过程中的诸多心理社会因素，是描述风险现象的一个很好的框架。但是，它对于个体和社会放大站的作用机制的探索能力、对反应机制的解释能力却不强。社会表征理论偏重于因果关系的探索，解释力较好，可以对其进行补充。第二，解释公众的风险感知和应对行为之间的不一致。为什么对于某些风险，公众在认知和情感上已经接受、理解，却不肯采取积极的应对行动？第三，一些风险表征的基本理论问题需要明确，如风险感知是否和态度一样，是风险表征的一个维度，是风险表征的表现形式之一，它的性质和变化依赖于风险表征？明确这些问题有助于更好地开展风险研究②。

① Bauer M，Gaskell G．Social Representations Theory：A Progressive Research Programme for Social Psychology．Journal for the Theory of Social Behaviour，2008（38）：335-353．

② 王磊，伍麟．论风险研究领域中的社会表征理论．南京师大学报（社会科学版），2013（2）．

本章小结

1. 突发事件风险管理理论，主要包括四个方面代表性的基础理论：脆弱性理论、抗逆力理论、风险感知理论、风险放大理论。

2. 在风险管理领域，脆弱性已成为一个专用名词，虽然对其解释很多，但较一致被认可的概念是：脆弱性是指对危险暴露程度及其易感性和抗逆力尺度的考量。也就是说，面对灾害时，自身存在较易遭受伤害和损失的因素。联合国曾提出一个风险评估模型：R(risk)＝H(hazard)×V(vulnerability)/C(capacity)，明确提出，应把脆弱性作为风险评估的一个函数，以取代经典的 R(risk)＝L(likelihood)×C(consequences) 模型。灾难的破坏程度取决于源发事件与承灾体脆弱性之间的相互作用，即 T＋V＝D。

3. 脆弱性理论的典型模型主要包括九个：R-H 模型、“三角模型”分析框架、HOP 模型、PAR 模型、“钻石模型”分析框架、AHV 模型、可持续生计模型、BBC 模型、MOVE 模型。脆弱性理论的典型模型，为脆弱性理论的建构奠定了重要基础，同时也为脆弱性评估与实证分析提供了指导。

4. 国外运用较多的主要有两种脆弱性评估框架：VSD 评估框架、ADV 评估框架。VSD 评估框架立足于传统的“暴露—敏感—适应”的脆弱内涵理解，ADV 评估框架则侧重于对人类自身脆弱性的阐述。

5. “resilience”概念来源于物理的机械力学，表现一个物体在受到外力产生形变、没有断裂的情况下，恢复到初始状态的能力，后来被沿用到心理学领域，表现一个人面对苦难、挫折和困境的适应和反弹能力。国内对“resilience”的翻译有“抗逆力”“恢复力”“压弹”“心理弹性”等。综合各学科的研究成果，“resilience”基本包括两个方面：一是个体、组织、社区和国家面对困境、灾难或挫折；二是在面对过程中体现了正向的良好的适应能力。

6. 社区抗逆力，是指社区在应对诸如地震、洪水、泥石流、火山爆发等突发自然灾害时的快速反应能力、自救能力、恢复能力、重建能力和预防后期灾害的能力，是一种贯穿灾前、灾中和灾后的防灾抗灾能力，是一种广义的抗逆力。

7. 在应急管理学科的研究框架中，开展个体、组织、社区和国家在面对自然灾难、事故灾难、公共卫生事件、社会安全事件等各类突发事件时恢复和适应能力的研究，已成为应急管理科学研究的重大问题。抗逆力理论在应急管理领域逐渐受到重视，国内外学者越来越关注突发事件形成之前、之中、之后对受灾体的抗逆力问题。从抗逆力的角度研究灾害逐渐成为灾害学和应急管理领域的一个方向，抗逆力在应急管理研究中的价值越来越受到重视。

8. 风险感知理论形成了两大主要理论流派：一是风险的心理测量流派，其代表人物有保罗·斯洛维奇、里纳特·舍贝里等，他们主要运用心理学方法研究风险问题，侧重对风险根源的主观特征和主观感受的测量；二是风险的文化理论流派，其代表人物有人类学家玛丽·道格拉斯、迈克·汤姆森等，该流派试图从认知主体自身的生活方式角度理解风险感知及与风险有关的行为。

9. 在风险事件中，决策者、科学家、企业家、媒体、公众等不同的社会群体对风险的感知不同，尤其是专家和公众对于风险的感知存在很大差异。一些研究表明，知识确实是影响风险感知差异的一个因素，但并不是唯一因素，影响专家与公众风险感知差异的还有更多其他因素。除了知识的影响外，价值观、生活经验、社会角色、风险感知中的偏见等都可能会影响风险感知。

10. 学术界对公众风险感知的效用和价值产生了明显的分歧，换言之，人们对公众风险感知是否应该纳入风险管理决策存在争议。赞同者认为，风险感知的研究有助于风险管理决策，公众风险感知是风险管理决策的前提或前奏；反对者则认为，风险感知对风险管理和风险决策毫无用处，不应将风险感知纳入风险管理决策之中。

11. 随着风险感知研究的深入，一些新的理论和研究方法被运用到风险感知领域中，形成了更加多样化的研究发展趋势。概括起来，当代风险感知理论研究有两大发展趋势——后现代转向和学科融合趋势。后现代转向主要体现在诠释性风险感知研究流派的兴起上。诠释性风险感知研究流派主要运用解释学和现象学的理论和方法研究风险问题。学科融合趋势主要体现在心理学和社会学两种研究视角的交叉与融合上。

12. 风险放大理论主要包括两个方面的代表性理论：风险的社会放大理论、风险的社会表征理论。风险的社会放大理论，用来描述心理、社会、文化和政治因子如何互动“扩大风险”及产生波及效应。风险存在两种放大机制：社会放大的信息机制和社会放大的反应机制。社会放大的反应机制主要发生在社会、制度、文化等背景下。风险的社会表征理论基础为：社会表征的结构理论、身份理论和三角巧克力模型。风险的社会表征理论有理由成为风险研究的新的指导理论。

关键术语 »

脆弱性理论　脆弱性理论的典型模型　脆弱性评估框架　脆弱性评估方法　脆弱性评估指标体系　抗逆力理论　抗逆力理论评估模型　风险感知理论　风险的心理测量流派　风险的文化理论流派　风险的社会放大理论　风险的社会表征理论

复习思考题 »

1. 何谓脆弱性理论的概念框架？中外学者是如何给脆弱性下定义的？
2. 何谓社会脆弱性？试举例说明之。
3. 简述脆弱性理论九个典型模型的主要内容。
4. 阐述基于巨灾的脆弱性评估和基于社区的脆弱性评估两者的异同。
5. 两种脆弱性评估框架——VSD 评估框架和 ADV 评估框架的基本要求有哪些？
6. 何谓抗逆力？如何理解抗逆力与脆弱性的关系？
7. 简述社区抗逆力的影响因素。
8. 如何将抗逆力理论应用于突发事件风险管理和应急管理中？
9. 简述风险的心理测量流派的主要观点。

10. 说明风险的文化理论流派的解释优势与缺陷。
11. 如何理解专家与公众的风险感知差异？
12. 如何看待公众风险感知的效用和价值？
13. 简述风险的社会放大理论的主要内容。
14. 阐明风险的社会表征理论的基础。

阅读案例

吉林宝源丰禽业公司“6 · 3”特大火灾爆炸事故中的风险与脆弱性

一、吉林宝源丰禽业公司“6 · 3”特大火灾爆炸事故的基本情况

2013 年 6 月 3 日 6 时 10 分许，位于吉林省长春市德惠市的吉林宝源丰禽业有限公司主厂房发生特别重大火灾爆炸事故，共造成 121 人死亡、76 人受伤，17 234 平方米主厂房及主厂房内生产设备被损毁，直接经济损失 1.82 亿元。

事故发生后，党中央、国务院高度重视，习近平总书记、李克强总理等党和国家领导立即做出重要批示指示，要求全力以赴组织救援，千方百计救治受伤人员，做好遇难者的善后和家属安抚工作；查明事故原因，依法追究责任，并要深刻总结教训，采取切实有力有效措施，坚决防止重特大事故发生。6 月 3 日下午，受党中央、国务院委派，国务委员郭声琨同志率领国务院有关部门负责同志赶赴现场，指导人员搜救、善后处理和事故调查工作并慰问受伤人员。4 日，李克强总理通过视频系统对做好抢险救援、事故查处和善后处理工作提出了明确要求。其间，张高丽、马凯、孟建柱、杨晶、王勇等领导同志也通过各种方式，了解现场情况，指导应急救援、伤员救治、善后处理和事故调查工作。

根据中央领导同志的重要批示指示要求，依据《生产安全事故报告和调查处理条例》（国务院令第 493 号）等国家有关法律法规，经国务院批准，6 月 5 日，成立了由国家安全监管总局局长任组长，国家安全监管总局、监察部、公安部、国家质检总局、全国总工会和吉林省人民政府有关负责同志等参加的国务院吉林省长春市宝源丰禽业有限公司“6 • 3”特别重大火灾爆炸事故调查组，开展事故调查工作。事故调查组邀请最高人民检察院派员参加，并聘请了国内消防、制冷、爆炸、特种设备、化工、材料、建筑、电气等方面的专家组成专家组，全程参加事故调查工作。

国务院事故调查组按照“四不放过”和“科学严谨、依法依规、实事求是、注重实效”的原则，通过现场勘验、调查取证、检测鉴定、模拟实验和专家论证，查明了事故发生的经过、直接原因和间接原因、人员伤亡和财产损失情况，认定了事故性质和责任，提出了对有关责任人员和责任单位的处理建议。同时，针对事故原因及暴露出的突出问题，提出了事故防范措施建议。

2013 年 7 月 11 日，《吉林省长春市宝源丰禽业有限公司“6 • 3”特别重大火灾爆炸事故调查报告》经国务院批复结案并予公开发布。国务院同意事故调查组的调查处理结果，认定吉林省长春市宝源丰禽业有限公司“6 • 3”特别重大火灾爆炸事故是特别重大责任事故，同意对事故有关责任单位和责任人的处理建议。依照有关法律法规，国务院

对41名责任人做出处分：其中，对涉嫌犯罪的19名责任人移送司法机关依法追究法律责任，对吉林省副省长兼公安厅厅长黄关春，长春市市委副书记、市长姜治莹（副省级）等其他23名责任人分别给予纪律处分。同时，国务院决定对吉林省人民政府予以通报批评，责成吉林省人民政府依法对宝源丰公司予以取缔，并责成吉林省人民政府向国务院做出深刻检查。

2013年10月17日，对吉林省德惠特大火灾负有监管职责的德惠米沙子镇镇长刘真祥、派出所原所长赵震、德惠市公安消防大队原大队长吕彦东等11名国家公职人员被检察机关以玩忽职守、滥用职权等罪名向长春市二道区人民法院和朝阳区人民法院提起诉讼。

2014年12月26日，吉林省长春市朝阳区人民法院、二道区人民法院分别对德惠宝源丰公司特大火灾系列案件一审公开宣判。朝阳区人民法院以工程重大安全事故罪判处吉林宝源丰禽业有限公司董事长、被告人贾玉山有期徒刑九年，并处罚金人民币100万元；以重大劳动安全事故罪分别判处原吉林宝源丰禽业有限公司总经理张玉申、综合办公室主任姚改政有期徒刑四年和三年；以玩忽职守罪对负有工程质量监督、建设工程项目审查以及安全生产监管职责的原吉林省德惠市建设工程质量监督站副站长刘树伟、原吉林省德惠市米沙子镇城乡建设管理分局局长宋立民、原吉林省德惠市米沙子镇安全生产监督管理工作站负责人李云龙分别判处有期徒刑五年、四年和三年。长春市二道区人民法院以滥用职权罪判处原德惠市公安消防大队大队长吕彦东有期徒刑五年六个月。

二、吉林宝源丰禽业公司“6·3”特大火灾爆炸事故中的风险与脆弱性

宝源丰公司，当地公安消防部门、建设部门、安全监管部门，地方政府等相关责任方，未按照法律法规的有关规定建立健全安全管理制度，定期检查本单位各项安全防范措施的落实情况，及时消除事故隐患；未对本行政区域内容易引发事故灾难的危险源、危险区域进行调查、登记、风险评估，定期进行检查、监控，并责令有关单位采取安全防范措施。

宝源丰公司安全生产主体责任根本不落实。企业出资人即法定代表人严重违反党的安全生产方针和安全生产法律法规，重生产、重产值、重利益，要钱不要安全，为了企业和自己的利益而无视员工生命。企业厂房建设过程中，为了达到少花钱的目的，未按照原设计施工，违规将保温材料由不燃的岩棉换成易燃的聚氨酯泡沫，导致起火后火势迅速蔓延，产生大量有毒气体，造成大量人员伤亡。企业从未组织开展过安全宣传教育，从未对员工进行安全知识培训，企业管理人员、从业人员缺乏消防安全常识和扑救初期火灾的能力；虽然制定了事故应急预案，但从未组织开展过应急演练；违规将南部主通道西侧的安全出口和二车间西侧外墙设置的直通室外的安全出口锁闭，使火灾发生后大量人员无法逃生。企业没有建立健全、更没有落实安全生产责任制，虽然制定了一些内部管理制度、安全操作规程，但主要是为了应付检查和档案建设需要，没有公布、执行和落实；总经理、厂长、车间班组长不知道有规章制度，更谈不上执行；管理人员招聘后仅在会议上宣布，没有文件任命，日常管理属于随机安排；投产以来，没有组织开展过全厂性的安全检查。未逐级明确安全管理责任，没有逐级签订包括消防在内的安

全责任书，企业法定代表人、总经理、综合办公室主任及车间、班组负责人都不知道自己的安全职责和责任。企业违规安装布设电气设备及线路，主厂房内电缆明敷，二车间的电线未使用桥架、槽盒，也未穿安全防护管，埋下重大事故隐患。未按照有关规定对重大危险源进行监控，未对存在的重大隐患进行排查整改消除。

当地公安消防部门履行消防监督管理职责不力。企业所在的米沙子镇派出所未能认真履行负责全镇消防安全监管工作的职责，发现宝源丰公司符合《吉林省消防安全重点单位界定标准》后，未将宝源丰公司作为二级消防安全重点单位向德惠市公安消防大队上报，未进行盯防和监控；对劳动密集型生产加工企业等人员密集场所监督检查不力，疏于日常消防安全监管，未对该公司进行实地检查，未及时发现其存在的重大事故隐患并下达《整改通知书》督促整改。事故发生后，与企业有关人员共同对消防检查记录进行作假。德惠市公安消防大队违规将宝源丰公司申请消防设计审核作为备案抽查项目，在没有进行消防设计审核、消防验收的前提下，违法出具《建设工程消防验收合格意见书》；未发现和督促纠正建设单位擅自更换不符合防火标准的建筑材料的问题；未按照《吉林省消防安全重点单位界定标准》将宝源丰公司列为二级消防安全重点单位，实施重点监控；未指导米沙子镇派出所对宝源丰公司定期进行消防安全教育培训。德惠市公安局督促指导开展辖区内劳动密集型生产加工企业火灾隐患排查治理工作不力；对消防安全重点单位界定工作不力；对米沙子镇派出所消防安全监督管理工作疏于监管。长春市公安消防支队未能发现和纠正德惠市公安消防大队违规将宝源丰公司建设项目作为备案抽查项目、违法办理消防验收手续等问题；监督指导德惠市公安消防大队开展人员密集场所全覆盖安全监督检查不力；对德惠市公安消防大队失职问题失察。长春市公安局督促指导德惠市开展劳动密集型生产加工企业火灾隐患排查治理工作不得力；对消防安全重点单位界定工作不到位；对德惠市公安局及其消防大队消防安全监督管理工作疏于监督检查。吉林省公安消防总队对长春市公安消防支队及其德惠市公安消防大队存在的问题失察；在业务培训、队伍建设、督促干部依法行政方面存在薄弱环节。吉林省公安厅对全省消防安全监督管理工作检查督促不到位，对长春市公安及其消防机构消防监督管理工作失察。

当地建设部门在工程项目建设中监管严重缺失。米沙子镇建设分局监管人员没有执法资格证件，责任心不强、监管水平低。工作严重失职，放松安全质量监管甚至根本不监管；对宝源丰公司项目工程建设各方责任主体资格审查不严，未能发现和解决该公司项目建设设计、施工、监理挂靠或借用资质等问题；在工程建设中，未能发现并查处宝源丰公司擅自更改建筑设计、更换阻燃材料等问题。德惠市建设工程质量监督站对宝源丰公司工程建设监管工作严重失职。该站没有按照国家规定对宝源丰公司项目工程建设各方责任主体资格进行审查，未能发现和纠正宝源丰公司项目建设设计、施工、监理单位挂靠或借用资质等问题；对宝源丰公司项目检查时，未发现和查处工程监理人员没有资质、监理日志和月报等工程资料不全、建设施工方擅改建筑设计更换建筑材料等问题；对竣工验收环节把关不严，在宝源丰公司项目工程建设资料不全、工程各方质量行为不清的情况下，违规办理竣工验收手续，致使存在重大安全隐患的建筑投入使用；对辖区内工程建设的日常监管不扎实、不落实，现场质量检查不认真、不深入、不全面，站负责人工作极不尽责，参与现场检查的次数少，对所负责项目的监管内容和进度不清楚且工作缺乏计划、随意性大。德惠市住建局对宝源丰公司项目工程建设招投标及工程验收等重点环节监督把关不严，导致该项目出现设计、施工、监理单位和人员挂靠或借用资质的问题；对下属的德惠市建设工程质量监督站工作指导、监督、督促、检查不力；对宝源丰公司项目建设的安全质量问题严重失察。

当地安全监管部门履行安全生产综合监管职责不到位。米沙子镇安监站工作人员对安全生产工作职责不清，日常监管随意，检查记录残缺不全；对宝源丰公司安全生产监督检查流于形式，未对宝源丰公司特殊岗位操作人员资质和工作情况进行检查，未认真督促企业和镇消防部门对消防安全隐患进行深入排查治理；督促镇有关部门落实吉林省、长春市开展防火专项行动工作不力，且发现宝源丰公司没有开展安全生产培训的问题后未认真督促整改。德惠市安全生产监督管理局对特种作业人员持证上岗工作监管缺失；发现宝源丰公司使用存储液氨后，未对该公司特种作业人员持证上岗情况进行检查和查处；对重大危险源监控工作监管不力；督促指导辖区企业和消防部门落实吉林省、长春市开展防火专项行动和隐患排查治理工作不认真、不扎实；监督指导市属有关部门履行行业安全监管职责工作不到位。

地方政府安全生产监管职责落实不力。米沙子镇人民政府对宝源丰公司建设片面强调“特事特办、多开绿灯”，要“政绩”而忽视安全生产。由镇经贸办同时代管镇食安办和安监站职责，委任的镇安监站站长和工作人员不具备基本的安全生产监管知识，不了解自己的工作职责；对镇政府有关部门履行安全生产和属地监督管理职责的指导和监督检查不力；未按要求认真深入扎实地开展“打非治违”工作，甚至自身违法违规行政，致使宝源丰公司存在大量的违法违规建设行为；不认真落实吉林省、长春市关于开展人员密集场所消防专项整治的部署和要求，部署工作针对性不强，监督检查措施不得力，没有发现和监控该镇存在的多处重大危险源；隐患排查治理工作不认真、不严肃、不彻底，检查安排随意，没有计划、没有记录，发现隐患后没有跟踪整改和回访，使存在的重大事故隐患和严重问题没有得到及时有效的消除和解决。德惠市人民政府片面地强调为招商引资项目“特事特办、多开绿灯”，忽视安全生产。贯彻执行安全生产法律法规和政策规定以及上级的安全生产工作部署要求以及督促企业、基层政府及其有关部门落实安全生产和质量管理责任制、加强安全和质量监管不得力。安全生产大排查大整改不深入、不全面、不彻底，致使存在盲区死角，未能发现和解决宝源丰公司存在的重大安全隐患问题；开展“打非治违”工作不力，导致宝源丰公司出现严重违法违规建设行为和基层政府及有关部门违法违规行政；将工程建设审批权下放给米沙子镇人民政府和米沙子工业集中区后，未能督促指导其开展相应的安全和建筑施工质量监督检查工作，导致基层安全生产和质量监督管理工作不落实，企业的重大事故隐患得不到及时发现和整改消除。长春市人民政府贯彻落实国家和吉林省安全生产法律法规、政策规定、工作部署要求不认真、不扎实、不得力；对有关部门和地方政府的安全及质量监管工作监督检查不到位，对“打非治违”和隐患排查治理工作要求不严、抓得不实；监督指导长春市属有关部门和德惠市人民政府依法履行安全生产监管职责不到位。吉林省人民政府贯彻落实国家安全生产法律法规、政策规定、工作部署要求和督促指导有关地区、部门认真履行职责、做好安全生产工作不到位；对全省消防安全工作的领导指导和监督不力。

（资料来源：国务院事故调查组．吉林省长春市宝源丰禽业有限公司“6·3”特别重大火灾爆炸事故调查报告；以及相关资料）

案例思考题

从上述案例提供的材料来看，针对吉林宝源丰禽业公司“6·3”特大火灾爆炸事故中的风险与脆弱性，能否进行有效的管理？请运用脆弱性理论、抗逆力理论、风险感知理论、风险放大理论等相关知识和模型，列出可能的管理措施。

第3章

发达国家突发事件风险管理

20 世纪 90 年代以来，美国、英国、德国、加拿大等发达国家先后出台了政府突发事件风险管理方面的法律法规、风险评估指南和指导性文件，在加强组织机构建设、构建政府突发事件风险管理标准化体系、开展国家突发事件风险评估等方面不断创新，持续强化突发事件风险评估的基础性地位，充分运用风险评估模型和信息技术，统一规范突发事件风险管理工作，实现不同地区、部门和层级协调联动、公开透明，提高政府突发事件风险管理的科学化、规范化、系统化水平，成效显著。

美国在环境保护、劳工安全、财政管理、信息管理、国土安全等领域，相继建立适合其自身目标、职能与业务的风险分析或风险评估制度，逐步将政府突发事件风险管理工作不断拓展和深入。美国注重推进国土安全风险管理标准化，重视关键基础设施和关键资源的风险管理，加强突发事件风险管理专门组织机构和职能建设，促进突发事件风险管理与绩效管理、财政预算支持有机有效结合。美国纽约探索建立了由市应急办牵头、30 多家机构参与的，规范有序、综合协调、依靠科技、公开透明的城市自然灾害风险管理体系。美国突发事件风险评估模型主要有两种：HAZUS-MH 模型、CVAT 模型。

自 2004 年以来，英国政府先后出台了《民事紧急状态法》《应急管理准备和响应指南》《应急管理恢复指南》等法规和文件，使中央政府风险管理能力得到显著提高。英国加强突发事件风险管理的组织机构体系建设，已初步形成了以内阁办公室、财政部和政府贸易办公室为核心的组织体系，形成以复原力为核心的全面风险管理框架，按照“中央—地区—地方”三级风险管理架构进行分级管理，重视国家突发事件风险评估制度建设和公共风险沟通工作。伦敦以复原力论坛为平台，建立跨地区、跨部门的合作机制，逐步建立了一套以全面风险登记为基本特点的城市突发事件风险管理体系。

德国 2009 年修订完成的《公民保护和灾难救助法》明确赋予联邦政府开展风险分析的法定责任，为突发事件风险分析工作奠定了坚实的法律基础。德国加强对突发事件风险管理工作的统一领导，注重整合各类社会资源开展突发事件风险管理工作，充分借鉴和吸收国内外风险管理的经验和先进技术，构建支持政府决策的突发事件风险分析工具。德国突发事件风险分析方法是在集成众多实践经验与研究成果的基础上形成的，具备重实效、易使用等特点，适用于在所有政府层级上对所有风险进行分析。

加拿大形成了综合突发事件风险管理模式，将风险管理实践扩展到整个组织的结构、过程和文化中，与组织的目标开发、业务计划、决策制定和其他管理活动融为一体，并在实践中得到了较好的应用。加拿大政府强化了现实风险识别的综合探视与资源整合，探索确立与风险匹配的评估及应对管理模式。

日本建立了一套从中央到地方的突发事件风险管理体系，有效地提高了国家安全、社会治安、自然灾害等不同方面的风险管理能力。从日本突发事件应急管理体制的发展历程看，大体经历了以单项灾种风险管理为主进行防灾减灾管理阶段、对多项灾种的综合防灾风险管理体制阶段以及以加强内阁功能为主的新型综合性风险管理体制阶段三个阶段。日本突发事件风险管理成为应急管理的基础性和日常性工作，并且实现制度化管理、常态化运作。

本章主要说明美国联邦政府突发事件风险管理的发展历程、主要做法以及启示与借鉴、风险评估模型；以纽约市自然灾害风险管理为例，介绍美国地方政府突发事件风险管理的主要做法以及启示与借鉴；说明英国联邦政府突发事件风险管理的发展历程、主要做法以及启示与借鉴；以伦敦市为例，介绍英国地方政府突发事件风险管理的主要做法以及启示与借鉴；分析德国突发事件风险管理的发展历程、主要做法以及启示与借鉴；阐明加拿大突发事件风险管理的主要做法与风险评估模型；说明日本突发事件风险管理的发展历程、主要做法；以东京市基于社区的地震灾害危险度评估体系为例，介绍日本地方政府突发事件风险管理的主要做法及特点。

重点问题

- 美国突发事件风险管理
- 纽约市自然灾害风险管理
- HAZUS-MH 风险评估模型
- CVAT 风险评估模型
- 英国突发事件风险管理
- 伦敦城市风险管理
- 德国突发事件风险管理
- 加拿大突发事件风险管理
- 加拿大风险评估模型
- 日本突发事件风险管理
- 东京市基于社区的地震灾害危险度评估体系

3.1 美国突发事件风险管理

3.1.1 美国联邦政府突发事件风险管理

1. *发展历程*①

20 世纪 90 年代，美国联邦政府就已经将风险管理应用到政府工作中。1998 年，美国海岸警卫队（USCG）提出“整合性风险评估过程”的报告，将该过程作为开展部门风险管理的重要工具，并把根据风险分析得出的信息作为该部门决策和长期发展战略的参考依据。1998 年 8 月，美国农业部出台了《构建风险管理计划》，提出了绘制农业灾害风险地图、完善巨灾农业保险、制订农户个人风险管理计划等措施，以加强农业风险管理。1999 年 11 月，美国联邦审计署出版的《联邦政府内部控制标准》绿皮书中指出，“风险评估”是联邦政府内部控制的五项标准之一，内部控制应提供组织所面临内部、外部环境的风险评估②。此后，各联邦机构根据自身的工作，在环境保护、劳工安全、财政管理、信息管理、国土安全等领域，相继建立适合其自身目标、职能与业务的风险分析或风险评估制度，逐步将风险管理作为制定公共政策过程中的重要环节，政府突发事件风险管理工作不断拓展和深入。

“9·11”事件之后，美国联邦政府高度重视国土安全风险③。2002 年，美国政府在合并 22 个联邦机构的基础上，组建了美国国土安全部（DHS），并将开展国土安全风险分析和评估作为国家安全战略的重要基础，以提高国家安全整体风险管理能力，增强联邦层级各机构间横向政策的协调性和一致性，促进联邦政府的预算能更有效地配给国土安全的重大风险治理项目和行动。2003 年 12 月发布的总统关于国土安全的指令 HSPD-7，要求国土安全部把风险管理应用在国土安全基础设施防护中。2005 年 6 月，美国联邦审计署在《国土安全审查报告》中强调，美国国家安全委员会和国土安全部都需要基于安全风险分析和评估来配置各类安全资源，才能获得相应的联邦财政支持。基于此，国土安全部运输安全管理局开展了美国史上最大规模的航空运输线路和机场的脆弱性评估，并得到了联邦政府的财政支持。2005 年 8 月，经历卡特里娜飓风后，美国国土安全部开始重点推广基于风险的方法来管理国土安全的相关项目，进而推动全方位风险管理工作的深入。在国土安

① Risk Steering Committee，DHS Risk Lexicon（2010 edition），September 2010. http://www.dhs.gov/xlibrary/assets/dhs-risk-lexicon-2010.pdf；GAO，Risk Management：Strengthening the Use of Risk Management Principles in Homeland Security（GAO-08-904T）（2008）；Crosswalk of Target Capabilities to Core Capabilities.（2013-07-26）. http://www.fema.gov/media-library-data/20130726-1854-25045-1651/crosswalk_1_pdf；游志斌. 美国国土安全风险管理的主要经验及启示. 中国应急管理，2011（4）；游志斌. 美国联邦政府的国土安全风险管理. 学习时报，2011-03-02；游志斌，薛澜. 美国应急管理体系重构新趋向：全国准备与核心能力. 国家行政学院学报，2015（3）.

② GAO. Standards for Internal Control in the Federal Government（GAO/AIMD-00-21.3.1），1999.

③ GAO. Homeland Security：A Risk Management Approach Can Guide Preparedness Efforts（GAO-02-208T），2001.

全项目的实际管理和建设中，风险管理方法被广泛应用，并取得了显著成效。2006年10月4日，时任美国总统布什签署《后“卡特里娜”应急管理改革法》。

2006年，美国国土安全部牵头，与国务院、国防部、能源部、司法部、商务部、财政部、环保部等联邦部门共同起草并发布了《国家基础设施保护计划》（NIPP），该计划提出了一个全面的风险管理框架，界定了联邦政府部门及地方政府的职责。在不断总结国土风险管理经验和教训的基础上，2007年2月，美国联邦审计署出台法规《应用风险管理原则指引联邦投资》中明确指出，逐步把国土安全风险管理和绩效管理、联邦财政支持挂钩①。2008年6月，美国联邦审计署在《风险管理：加强风险管理原则在国土安全中的应用》的报告中指出，“国土安全部在风险管理实际工作中面临提高风险沟通能力、克服以风险为基础的资源分配中的政治障碍、缺乏国土安全风险的战略思考等三个方面的挑战”，并强调“国土安全部应针对安全风险，进一步加强风险管理中的配套制度建设，促进风险管理的标准化、常态化”，该报告为国土安全部的风险管理建设指明了方向②。

2008年，美国国土安全部成立风险管理与分析办公室（RMA），以强化联邦政府国土安全风险管理，支持国土安全的相关任务。该部门下设两个处：一是风险治理和支持处，其职能包括提升相关联邦机构的整体安全风险管理能力、汇总和确认安全风险信息、提供国土安全领域的风险管理技术支持和保障、督促和检查国土安全风险治理的进展和结果等；二是风险分析处，其职能包括提供统一的安全风险分析方法、分析和研判国土安全风险信息、促进安全风险信息的共享、提供国土安全风险决策服务等。2008年，美国联邦政府专门成立了国土安全部风险指导委员会（RSC）来组织和推进风险管理标准化。国土安全部风险指导委员会由分管全国防护与计划司的副部长担任主席，风险管理与分析办公室负责日常管理。国土安全部风险指导委员会的成员来自联邦政府各部门，致力于提高联邦各机构的风险管理协同能力。国土安全部风险指导委员会专门成立风险术语工作组（RLWG），并吸纳国土安全部风险利益团体（COI）的代表参与标准制定工作。该委员会倡导国土安全部风险管理术语手册计划以促进风险管理标准化，于2008年9月出版了《国土安全部风险管理术语手册》。2010年9月，美国联邦政府对该手册进行了大规模的修订，国土安全部副部长兰德·贝尔斯在其修订出版时明确指出，规范风险管理术语系统，促进安全风险的沟通和交流，是提高全联邦安全风险管理能力的重要基础③。

在修订的《国家基础设施保护计划》（2009版）中，进一步明确了国土安全防护中统一的风险管理框架，并强调依据该框架对损失、弱点和威胁信息的相关处理程序来确立对国家或部门风险的全面、系统、适当的评估，其中开展的针对重要基础设施和关键资源的

① GAO. Homeland Security：Applying Risk Management Principles to Guide Federal Investments（GAO-07-386T），2007.

② GAO. Risk Management：Strengthening the Use of Risk Management Principles in Homeland Security（GAO-08-904T），2008.

③ Risk Steering Committee，DHS Risk Lexicon（2010 edition），September 2010. http://www.dhs.gov/xlibrary/assets/dhs-risk-lexicon-2010.pdf.

风险管理分析和评估，直接影响投资的优先次序。此后，美国国土安全风险管理不断得到加强。2010 年 10 月，国土安全部向参议院递交了《国土安全评估报告》，该报告充分肯定并建议进一步加强全联邦范围内的国家安全风险管理。

2011 年 3 月 11 日发生的东日本大地震对美国社会产生了强烈震动，美国参议院迅速召开了专门听证会，考虑如何应对类似的重特大突发事件风险。2011 年 3 月 30 日，美国总统奥巴马签发的《总统政策第 8 号指令》（PPD-8）取代了《总统国土安全政策指令》（HSPD-8）。该指令旨在应对美国面临的国内综合性国家安全问题，其应对的内容包括恐怖主义行动、网络攻击、流行病和严重自然灾害的威胁，强调需要建立和维持必要的应急管理能力，以应对造成最大危险的国家安全威胁。PPD-8 的出台，是美国应急管理体系重构的分水岭。PPD-8 出台后，美国政府发布了一系列应急管理的重要文件，比如指导如何开展突发事件风险分析与评估的《综合准备指南 201》；重新审视了《全国响应框架》，将其分解、充实并调整为《全国预防框架》《全国保护框架》《全国减缓框架》《全国响应框架》《全国恢复框架》5 个框架。

其中较为引人注目的是《全国减缓框架》，该框架成为突发事件风险管理的重要创新举措之一。该框架旨在提高包括公共部门在内的社会领域全方位风险意识，开发、利用、协同核心减灾能力，降低风险危害的负面影响，将保护意识与降险理念集成于突发事件风险管理系统，倡导“灵活性与可持续性、地方核心领导力、伙伴关系、风险意识文化、可靠信用”五项原则。《全国减缓框架》认为，突发事件风险管理必须建立全社会集成、共同参与的动员运行机制，确立“个人家庭—私营部门—社区—郡县/部落政府—州政府—联邦政府”各自不同的角色定位及核心能力组合、协同职能①。从而，美国政府把突发事件风险分析与评估作为应急管理准备工作的逻辑前提和基础，并根据风险分析与评估的结果确定制定应急管理战略、规划和预案。

2. *主要做法*

第一，推进国土安全风险管理标准化。控制风险是制定美国国土安全战略和政策的重要原则，国土安全风险管理的标准化是有效控制风险的前提和基础。美国国土安全部通过风险管理的标准化，确定风险术语供与国土安全有关的利益团体（COI）使用，努力提高全联邦范围内的整合风险管理（IRM）能力②。

一方面，规范国土安全风险术语标准。国土安全部风险指导委员会专门成立风险术语工作组，并吸纳国土安全部风险利益团体的代表参与标准制定工作。风险术语工作组的风险管理术语手册的制定和管理过程严格遵照美国国土安全部术语标准制订计划，注意加强与其他联邦机构的合作。美国国土安全部在风险管理标准化过程中，注意防止出现部门垄断和强化部门利益，因而强调“不是为了形成任何美国、各部门、机构或其他实体、其管理人员或雇员、或任何其他人的权利或利益，在法律上或公理上强制执行”。

① 朱正威，刘泽照，张小明．国际风险治理：理论、模态与趋势．中国行政管理，2014（4）．

② 游志斌．美国国土安全风险管理的主要经验及启示．中国应急管理，2011（4）；游志斌．美国联邦政府的国土安全风险管理．学习时报，2011-03-02．

另一方面，促进安全风险的沟通和交流。国土安全风险关键信息的沟通和交流对于整个部门各级决策都是至关重要的，是国土安全范围内相关决策的基础。特别是在实际的风险管理过程中，搜集、汇总、分析和沟通风险信息，必须通过精确无误的语言进行支持。美国国土安全部推出《国土安全部风险管理术语手册》来界定一套共同的、清晰的官方术语和定义，有助于促进美国国土安全部机构之间及其合作伙伴在风险相关问题上的沟通和信息交流，有助于促进国土安全领域软硬件方面的结构化和非结构化数据的相互兼容与交换，有利于促进国土安全部的内部风险管理，以及在整个联邦范围的风险管理研讨、交流和相关协调。

第二，加强关键基础设施的风险管理。美国联邦政府高度重视关键基础设施和关键资源的风险管理。突发事件如果造成对国家重要基础设施和关键资源的破坏，将会严重影响政府、企业、居民生活的正常运作，容易导致生命财产的巨大损失。《国家基础设施保护计划》中，特别规定了针对美国国家基础设施（critical infrastructure，CI）和关键资源（key resources，KR）的保护①。

首先，促进国土风险管理领域的相互协作。《国家基础设施保护计划》提出了一个全面的风险管理框架，为国土安全部、联邦具体部门以及其他联邦政府部门、州政府部门、地方政府部门、部落政府部门和私营部门的安全合作明确界定了角色和职责。该计划建立在各级政府与私营部门安全合作伙伴广泛协调合作的基础上，为参与执行这一计划的各级政府和私营部门提供了一个利用共同的专业知识与经验来解决实际的重要基础设施与关键资源保护问题的风险管理框架，并确保现有的重要基础设施和关键资源保护的各级各类计划，在 NIPP 的框架下，具有一致性、连续性和协调性。

其次，推动开展全面风险评估。通过该框架对损失、弱点和威胁信息的相关处理程序来确立对国家或部门风险的全面、系统、适当的评估。风险管理框架有助于提升重要基础设施和关键资源的风险评估，包括设置风险控制目标；评估资产、系统、网络和功能的风险；评定风险级别；确定优先保护的风险目标；实施相应保护计划；评估工作成效等步骤；及时发现并妥善降低重要基础设施和关键资源的风险等。国土安全部、部门专项机构和其他安全合作伙伴等根据此框架来设定各种计划，以开展针对重要基础设施和关键资源的战略威胁、环境安全、特定危害等方面的全面评估，并为开展全面风险管理评估承担相应的责任。

最后，促进公共资源的有效分配和投入。美国国土安全部要求使用基于风险的办法，优先考虑其资源的重要基础设施方面的投资。在美国民间部门、州政府、地方政府和部落政府、非政府组织以及联邦政府之间开展的针对重要基础设施和关键资源的风险管理分析和评估，直接影响 CI/KR 保护措施和跨部门投资的优先次序，这有利于确保把资源应用在最有利于减小风险的方面，如减少脆弱部位，阻止威胁发生，保护相关的关键设施和资源，以便尽可能地降低恐怖袭击事件和其他事故的损失。

3. 启示与借鉴

第一，重视突发事件风险管理专门组织机构和职能建设。成立或确定风险管理的专门

① 游志斌. 美国联邦政府的国土安全风险管理. 学习时报，2011-03-02.

机构是开展突发事件风险管理的重要基础。美国国土安全部专门成立风险管理与分析办公室，下设风险治理和支持处、风险分析处两个处，并明确风险管理与分析办公室的工作职能和职责，以强化联邦政府国土安全风险管理。美国国土安全部风险管理与分析办公室的主要工作职能，包括以下三个方面①：

首先，提供风险分析。风险管理与分析办公室基于对美国国土安全的实际威胁和系统性风险的辨识，结合美国最先进的风险分析技术，为联邦政府确定国土安全的优先性工作、制定安全战略及相关决策提供有力支撑。具体来说：一是运用可供知情决策的风险评估过程（RAPID），即针对所有威胁的风险评估，旨在向相关决策者提供国土安全风险信息，通过国土安全项目减少风险以支持安全政策的制定和联邦公共资源的合理分配；二是开展国家层级的风险评估，即针对威胁国家利益的高级别风险开展国际范围内的系统性评估，为制定相关的安全战略和政策服务；三是确定特殊事件风险分析方法，即研究和设计特殊事件风险的分析框架，推进风险分析技术在全联邦范围内的应用。

其次，提升合作伙伴的风险管理能力。作为国土安全风险管理理念的引导者，风险管理与分析办公室在推进国土安全部风险管理的实践中，还要向其他联邦机构团体等合作伙伴提供技术支持、风险分析工具和风险管理培训等内容。具体来说：一是技术支持，包括常规风险分析、特殊风险分析、风险管理方法总结、风险管理技术指导及其他技术支持，帮助国土安全伙伴不断提升风险管理能力。二是风险管理培训，包括制订培训发展计划，开展针对国务院、司法部等其他联邦机构的相关部门的培训，增强与其他机构在培训中的经验交流和风险沟通等。三是建立和增进伙伴关系，加强与其他联邦机构、美国民间组织、国际组织的风险管理交流和合作。四是创建风险知识管理系统，即在联邦政府范围内，通过国土安全部的风险信息平台，提供国土安全的信息和知识共享服务；通过分享相关风险信息、技术和研究成果，支持其他政府部门的风险分析和决策。

最后，促进国土安全风险管理的一致性和协调性。风险管理与分析办公室确定国土安全风险管理的统一框架，其内容包括制定风险管理的相关政策、原则、指南等。具体来说：一方面，注重制定和推广风险管理框架，包括设定部门风险管理治理、指南、政策和过程，制定风险管理政策和指令、国土安全风险管理术语手册、风险管理指南等；另一方面，注意加强风险指导委员会的领导和支持作用，通过各部门负责风险治理的相关机构，加强风险管理方法的研讨和交流，持续推进风险管理的深化，促进优先级的国土安全风险得到及时关注和妥善治理。

对于我国而言，应研究和探索推动突发事件风险管理建设工作的有效途径和方式，重视突发事件风险管理专门组织机构和职能建设。条件成熟时，在中央政府专门设立或确定相关职能部门，负责整体风险管理建设工作，探索和确定有针对性、科学实用的风险管理流程及方式方法，提高风险管理的实际能力。

第二，促进突发事件风险管理与绩效管理、财政预算支持有机有效结合。有效利用绩效管理、预算管理等工具可以提高相关管理人员的积极性，增强风险管理的实效，促进风

① 游志斌．美国国土安全风险管理的主要经验及启示．中国应急管理，2011（4）；游志斌．美国联邦政府的国土安全风险管理．学习时报，2011-03-02.

险管理工作卓有成效、深入持久地开展。2003年以来，美国联邦政府逐步把开展国土安全风险管理，与针对国土安全部的预算管理、绩效管理有机结合起来，这是政府风险管理建设中的重要创新。此举有助于增强国土安全部开展风险管理的制度依据和实施动力，保证联邦预算能够支持国土安全中面临的最优先性问题的解决，提高绩效管理的针对性和科学化。美国联邦审计署等机构主动为国土安全部的风险管理建设助力，逐步把国土安全风险管理和绩效管理、联邦财政支持挂钩，督促其深入持久、扎实细致地开展风险管理各项工作①。

具体来看：一方面，以开展风险管理为基础，把风险评估作为开展国土安全项目建设和获得相应预算支持的前提条件。美国国土安全部已要求使用基于风险的办法，优先考虑其重要基础设施方面的投资。另一方面，以促进风险管理为着力点，加强绩效管理。防范国土安全风险、保障国土安全是国土安全部工作的核心职责。在国土安全领域，美国面临包括恐怖袭击、边境安全、非法移民、网络安全、自然灾害等在内的诸多风险，风险分析与评估成为国土安全政策制定过程的重要环节，是进行安全项目成本收益分析的重要基础，通过加强对国土安全风险管理工作的绩效考核，在有限公共资源的情况下，有利于根据国土安全部的计划执行情况，更准确、便捷、科学地考核国土安全部及其相关管理人员的工作的实际情况；另外，美国联邦政府把绩效管理与预算支持有机结合，在促进联邦预算支持最优先的国土安全项目和行动的同时，让国土安全领域的相关开支和绩效考核的信息在统一的监督程序中完成，有利于促进预算计划及各项审查活动，与风险评估工作的实际需要有效结合，与风险评估的结果有机对应，并可以使国土安全项目的管理人员的相关支出和活动得到更有效的监督和适当的奖惩。

对于我国而言，在应急管理、食品安全、互联网管理、城市规划、重大项目建设、社会稳定等领域应加强风险管理，建立和强化风险管理、绩效管理和预算支持相配合的制度设计，探索加强对风险管理活动的绩效考核制度，通过定期监督来测量风险管理绩效；建立和完善适合政府各部门特点的定性与定量的测量方法；监督政府风险管理目标的实现程度；充分考虑主动性的绩效测量以监督风险管理计划、工作指南及适用的法律法规要求的符合情况，以及被动性的绩效测量，以监督由于突发事件等原因导致风险管理绩效差距的情况；建立和完善后续矫正与预防分析制度；探索和建立风险管理问责制度等措施，促进风险管理工作深入细致、扎实有效开展②。

3.1.2　美国地方政府突发事件风险管理：以纽约市自然灾害风险管理为例③

1. 纽约市自然灾害风险管理的主要做法

纽约市是美国的金融经济中心、最大城市和港口，同时也是世界最大城市，面临着暴

①② 游志斌. 美国国土安全风险管理的主要经验及启示. 中国应急管理，2011（4）.

③ The City of New York. Natural Hazard Mitigation Plan（March 2009）. http://nyc.gov/html/oem/downloads/pdf /hazard_mitigation/，2009-03-16/2010-10-04；New York City Office of Emergency Management. http://www.nyc.gov/html/oem/downloads/pdf /press_kit/presskit_combined.pdf；钟开斌. 纽约市自然灾害风险评估的主要做法与经验. 中国行政管理，2012（10）.

雪、飓风、洪灾、地震等各种各样自然灾害的威胁。针对所面临自然灾害风险的新类型、新趋势和新特点，根据美国联邦政府的统一要求和指导意见，纽约探索建立了由市应急办牵头、30多家机构参与的，规范有序、综合协调、依靠科技、公开透明的城市自然灾害风险管理体系。

纽约市自然灾害风险管理的组织架构与减灾规划编制机构相融合。纽约市形成了一个由减灾规划委员会统筹协调、规划小组具体实施、指导委员会监督审查、全体成员大会集体商议的组织体系。(1) 减灾规划委员会（Mitigation Planning Council，MPC)，由来自政府体系内和政府体系外的熟悉纽约市的减灾政策和城市规划的39名代表组成。委员会的主要职责是收集和评估与纽约市灾害风险和脆弱性相关的信息，制定各种能减缓或消除灾害影响的现有或潜在的综合性减灾措施清单。减灾规划委员会下设规划小组、指导委员会、全体成员大会三个机构。纽约市应急办为委员会的牵头单位和综合协调机构。(2) 规划小组（Planning Team)，由纽约市应急办牵头，由纽约市应急办计划准备处的4名规划专家和地理信息系统中心的1名灾害影响建模专家共同组成。规划专家负责制订规划，确保减灾规划工作符合减灾规划的要求；灾害影响建模专家则与地理信息系统专家合作，构造各种灾害模型，为规划编制提供各种图形和数据。(3) 指导委员会（Steering Committee)，由纽约市房屋局、城市规划局、环保局、公园与娱乐管理局、交通局、大都会运输署、长期规划与可持续市长办公室、区域规划协会8家机构的18名代表组成。指导委员会在应急处置、土地使用规划、建筑物编码、交通、基础设施保护、气候变化、区域规划、自然资源保护等领域提供专门的建议，为纽约市的减灾规划汇集各种知识、技能和经验。指导委员会负责协助制定、管理和实施纽约市的减灾规划。(4) 全体成员大会（General Body)，由纽约市房屋局等24家政府机构以及爱迪生电力公司等15家相关机构的65名代表组成，发挥整合性职能。

纽约市自然灾害风险管理的工作流程，按照联邦应急管理署（FEMA）的统一要求，主要包括确认风险、描述风险、评估潜在损失三个步骤。(1) 确认风险。确认风险主要包括风险识别、风险筛选、风险剔除、形成风险清单四项工作。一是风险识别。规划小组确定纽约市可能面临的各种自然灾害风险，向指导委员会提交一份致灾因子清单，由指导委员会判断哪些风险将影响各自的运作，最后确定一份取得各方认可的风险清单。二是风险筛选。指导委员会以规划小组确定的风险清单为基础，拟定一份风险筛查清单，由指导委员会的8家成员单位结合自身实际，判断风险对自身运作、政策以及物理方面所可能产生的影响。三是风险剔除。规划小组只考虑纽约市最常见的各种风险，将比较罕见的、后果和影响很小的风险删除。四是形成风险清单。(2) 描述风险。描述风险的主要内容，包括两个方面：一是风险的基本特性，包括风险的来源、形成和发展变化过程，风险发生的可能性、后果的严重性、可能发生的地点及当地历史上该风险曾经的发生情况；二是风险的脆弱性，包括风险对纽约市的影响、结构脆弱性、潜在损失估计。(3) 评估潜在损失。纽约市应急办的灾害影响建模专家运用灾害评估和损失预测软件包及地理信息系统技术，确定各种灾害对纽约可能造成的损失。

纽约市自然灾害风险评估的结果表明，纽约市主要面临八类自然灾害风险。针对所确定的八类自然灾害风险，纽约市制定了统一的风险评估格式，以地域和风险等级为基准，利用计算技术和空间分辨率，为每类风险绘制本地区大比例尺的风险分布图、风险损失表及风险淹没疏散撤离图，为防灾减灾部门提供辅助决策支持。以风险评估结果为基础，纽约市规划小组、全体成员、各个成员单位、指导委员会分工协作，最终确定纽约市减灾战略。

2. 纽约市自然灾害风险管理的启示与借鉴①

总体来看，纽约市自然灾害风险管理的特点、启示与借鉴主要体现在以下四个方面：

第一，规范有序，将风险评估与减灾规划、应急预案编制有机结合。纽约市的防灾减灾规划和应急预案编制遵循全国统一规范的标准，以危险源辨识和风险评估为基础，评估结果成为政府制定减灾决策的依据。根据《减灾法案 2000》(DMA2000)，美国联邦应急管理署制定了州和地方的灾后减灾规划项目指南、风险识别与损失评估指南，作为各州和地方进行风险评估和减灾规划的重要指导。根据《纽约市减灾规划》，纽约市通过开展风险隐患普查工作，全面掌握本行政区域、本行业和领域各类风险隐患情况，为防灾减灾规划和应急预案编制提供科学基础。

第二，综合协调，由纽约市应急办牵头、相关政府部门和社会机构积极协同配合。为了加强地区、部门之间的协调配合，实现对各级各类风险的综合评估和协调应对，纽约建立了减灾规划委员会，下设规划小组、指导委员会、全体成员大会三个机构，纽约市应急办为牵头单位和协调机构，30 多家联邦、州和县机构以及地方社区、私人社团、美国红十字会及宗教慈善组织等参与。为提高私人部门的应急准备水平，纽约应急办组织开展"公私合作应急规划项目"(Public-Private Emergency Planning Initiative，PEPI)，以加强应急准备中公共部门与私营部门之间的通力合作，提高城市应对突发事件的能力。

第三，依靠科技，依托各种灾害损失评估模型进行全过程风险评估。联邦应急管理署、国家气象局（NWS)、环保署（EPA)、国家海洋和大气管理局（NOAA)、国家建筑科学研究院（NIBS)、橡树岭国家实验室（ORNL）等开发了 SLOSH 风暴潮预报、ALOHA 危化品扩散、HAZUS-MH 灾害损失预测等灾害评估和损失预测模拟，实现对各级各类风险的动态跟踪、监测和研判。同时，美国非常重视吸引多学科交叉的科技力量进行相关研究。例如，美国国家海洋和大气管理局飓风中心开发飓风损失模型时，召集了气象学、风与结构工程学、计算机科学、地理信息系统学、统计学、财会学和保险学等方面的专家，模型涉及风灾模型（气象学)、易损模型（工程学)、保险损失模型（保险统计学）等。

第四，公开透明，及时告知风险评估结果，建立社会各界有序参与风险管理和减灾规划编制的沟通平台。在开展风险评估和减灾规划编制的过程中，纽约市制定了综合性社区参与战略，推动私人部门、研究机构、社会组织以及市民积极参与。减灾规划草案在纽约市应急办网站公示 30 天，并在纽约市 9 个公共图书馆提供印制版本，学术机构、专业组织、社区组织、私人部门及相邻地区应邀对纽约市风险评估和减灾规划编制工作提供各种意见和建议。纽约市应急办还给纽约市的社区应急小组（CERT）成员、市民梯队委员会（Citizen Corps Council)、政治家、私人部门、学术界、非政府组织等相关部门和

① 钟开斌. 纽约市自然灾害风险评估的主要做法与经验. 中国行政管理，2012 (10).

人员发送电子邮件，请他们反馈意见和建议。纽约市风险评估结果也及时告知公众，让公众提前做好防范和应急准备。纽约市应急办专门在其网站上公布了该市平时可能遭遇到的包括飓风、雷暴和恐怖袭击在内的灾害，说明应采取的应对措施，告知从住宅、地铁、高楼等地撤离时应注意的事项。

3.1.3 美国突发事件风险评估模型①

美国突发事件风险评估模型发展较成熟、应用较为广泛、综合性较强的主要有两种：HAZUS-MH 模型、CVAT 模型。

1. HAZUS-MH 模型

HAZUS-MH (hazards U. S. multi-hazard) 是由美国联邦应急管理署和国家建筑科学研究院联合开发的标准化多灾害损失估计方法。该模型根据现有的关于地震、洪水和飓风等灾害影响的科学和工程技术知识进行损失估计，是建立在地理信息系统平台上的一种全面的风险分析工具软件包。HAZUS-MH 的目的在于减少自然灾害和人为灾害人员伤亡与财产损失；支持减灾、应急管理、抗灾、灾后恢复的国家计划；评估可能的损失，以应用在改良计划、建筑实践和设备中；增强国家的稳定性和经济安全。HAZUS-MH 针对的灾害有：地震、飓风、龙卷风、海啸、海岸洪水、河流洪水、滑坡、森林大火。基于大量的联邦国家标准和有关数据库，HAZUS-MH 能够预报社区由自然和人为灾害发生前、发生时、发生后造成的物理损失、经济损失和社会影响。

HAZUS-MH 风险评估模型包括五个步骤：识别风险（identify hazards）；风险分析（profile hazards）；关键资产分析（inventory assets）；估计损失（estimate losses）；风险减缓（consider mitigation options）。HAZUS-MH 评估的基本流程如图 3－1 所示。第一，识别风险。识别风险是指识别所在区域或社区最关心的风险。识别风险包括三个子步骤：确定研究区域（可以是行政区域，也可以是根据需要划定的区域）；创建所研究区域的基本地图（包括区域边界、区域内重点设施等内容）；识别所关注的风险（根据历史数据、专家意见和主观判断识别所研究区域主要的风险）。第二，风险分析。风险分析是根据发生可能性、潜在强度和历史影响概括分析所研究区域的风险，并确定风险的优先级。风险分析有助于对风险进行排序，并生成相应的场景，便于后续分析。风险分析包括四个子步骤：查看 HAZUS-MH 系统已有的风险数据；进行数据差异分析；收集额外的数据；灾害建档（以收集的数据为基础，根据风险发生频率、严重程度、持续时间、强度对风险进行排序）。第三，关键资产分析。关键资产分析是对可能受灾害影响的资产进行分析，这些资产包括人员、建筑物、生命线。关键资产分析包括四个子步骤：查看 HAZUS-MH 系统已有资产数据（包括人员、建筑物、生命线、基础设施等）；进行数据差异分析；收集额外的数据；数据集成。第四，估计损失。估计损失是利用 HAZUS-MH 系统提供的风险评估工具，根据风险场景、关键设施数据评估风险事件造成的损失。估计损失包括五个子步

① 孙玉卫，韩喜双，谭耀同，刘向荣，时景新，余臻，陈剑峰．风险评估模型在深圳市宝安区中德灾害风险管理试点项目中的应用研究．中国应急管理，2012（2）．

骤：将数据集成到 HAZUS-MH 系统，获得分析的场景；分析场景（同时分析后果和可能性）；运行风险评估工具，计算损失（包括人、财、物、时间等）；计算 HAZUS-MH 系统未涵盖的风险暴露；评价风险评估结果。第五，风险减缓。风险减缓是根据风险评估结果进行风险处置安排，包括识别初步的缓解计划、检查已有的缓解计划、确定最后的缓解计划、论证缓解计划等步骤①。

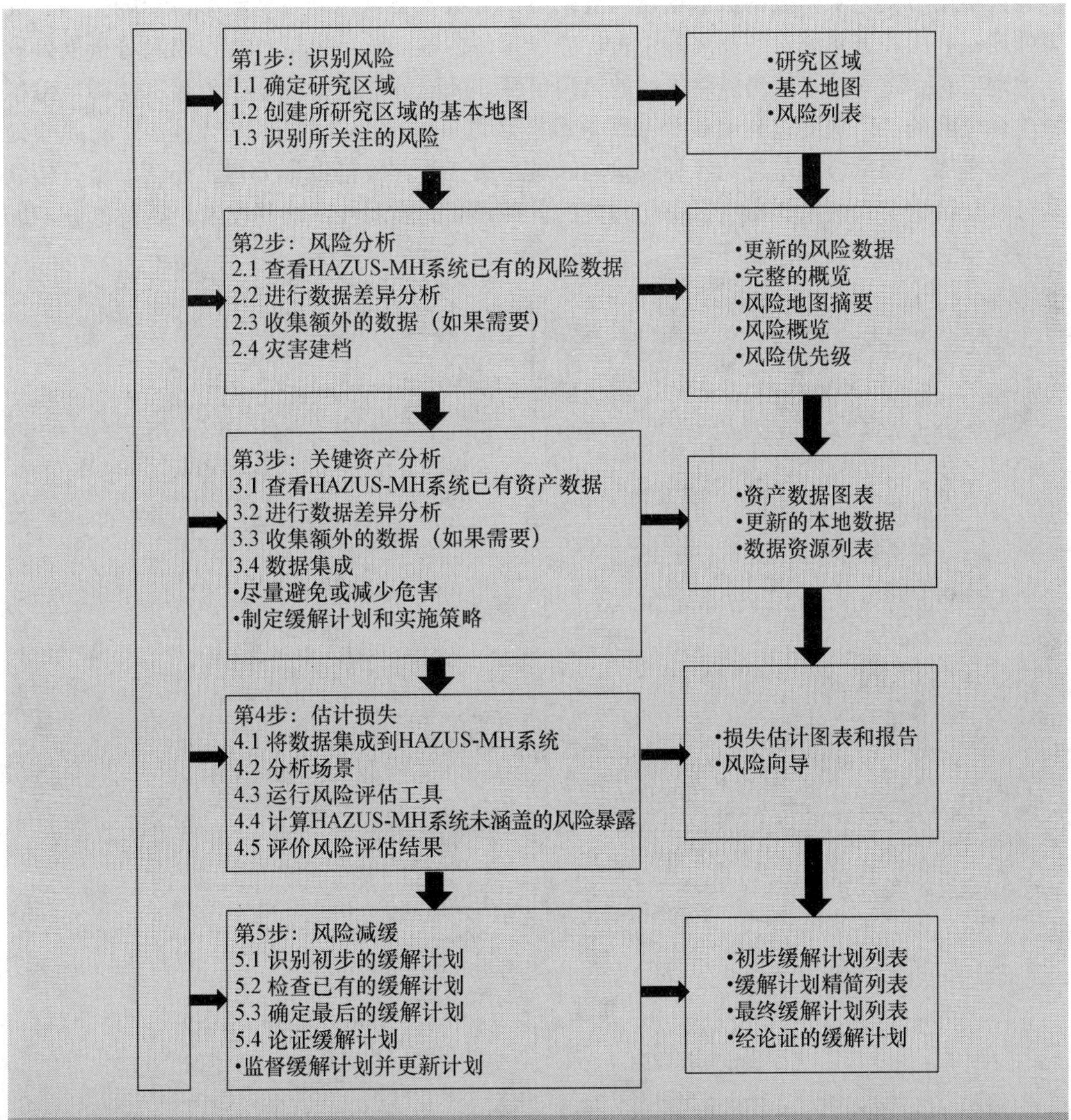

图 3-1　HAZUS-MH 风险评估流程图

2. CVAT 模型

CVAT（community vulnerability assessment tool）模型是由美国国家海洋和大气管

① FEMA. Using HAZUS-MH for Risk Assessment, How to Guide. HAZUS-MH Risk Assessment and User Group Series, FEMA433/August 2004.

理局提出的旨在为风险减缓措施提供技术支持的风险评估方法，已在美国多个州及地区使用。CVAT 模型为风险管理者制定有效的规划和减灾措施提供参考，而且方法的灵活性很高，可以充分利用地理信息系统等技术手段，不断检验已有政策措施的有效性。

CVAT 模型包含七个基本步骤（见图 3-2）。第一步：风险识别。风险识别就是确定发生过的或可能会发生的风险列表，并对这些风险进行优先级排序。风险识别包括三个子步骤：根据历史记录和概率数据创建风险列表；分析各类风险的发生频率、影响范围、灾害强度；利用评分系统对各类风险进行优先级排序。第二步：风险分析。风险分析就是利用地理信息系统等技术绘出风险区域的风险地图。风险分析包括三个子步骤：绘制风险区域单个风险的风险地图；利用评分系统对风险区域进行评分（根据单个风险）；将风险地图汇总叠加，确定最容易遭受各种风险的区域。第三步：关键设施分析。关键设施分析就是分析社区内与人们生产和生活密切相关的各种设施的脆弱性，这些设施包括应急庇护场

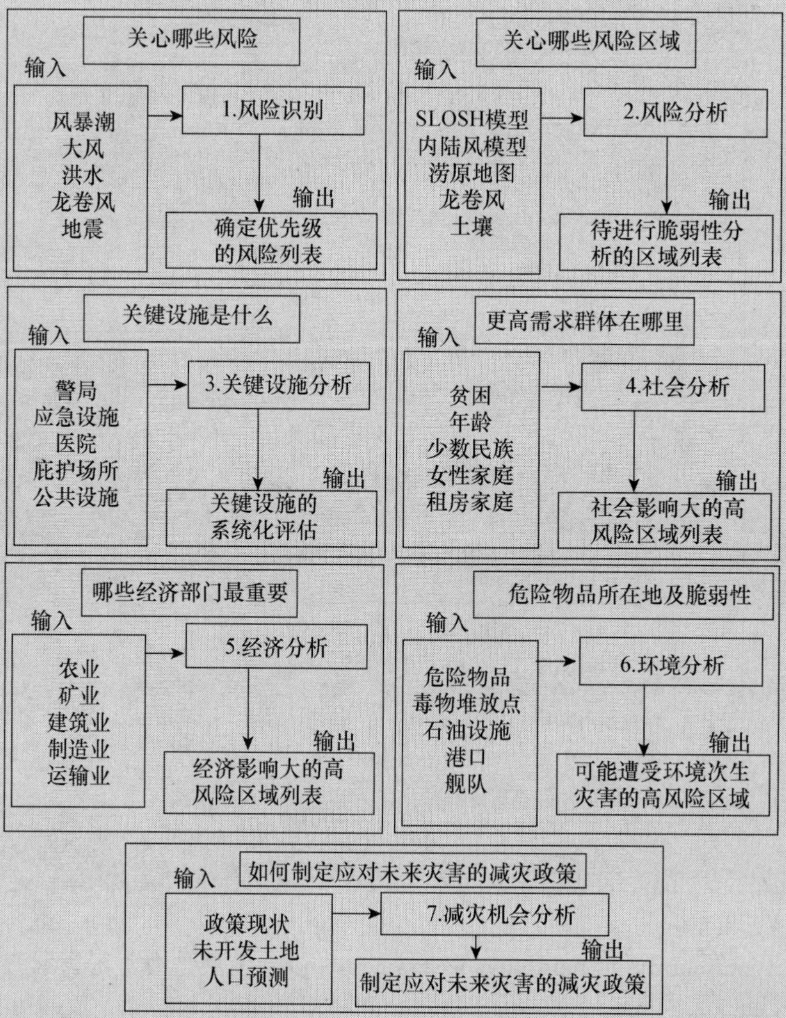

图 3-2 CVAT 模型基本流程图

所、学校、医院、公共建筑、警局，以及公共事业、交通、通信等设施。关键设施分析包括四个子步骤：识别各类关键设施；对关键设施按照类别和地点进行清点；将接近风险区域的关键设施数据集成到风险地图；建立现有的和未来的关键设施清单。第四步：社会分析。社会分析是指考虑特殊区域的社会脆弱性，这些区域的应急能力较差。社会分析包括三个子步骤：按照类型和地点对特殊区域进行清点；将特殊区域的数据集成到风险地图；对高风险区域内的特区区域进行建档。第五步：经济分析。经济分析是分析主要经济部门的脆弱性，这些部门和人们的生产、生活，以及灾后恢复重建密切相关。经济分析包括五个子步骤：识别社区内关键的经济部门；将高风险区域的经济部门数据集成到风险地图；建立高风险区域重要经济部门的详细清单；确定高风险区域内雇员数多的经济部门，为后续分析做准备；进行结构化的运营脆弱性分析。第六步：环境分析。环境分析是指分析可能遭受次生灾害的区域，这些区域往往关系到人们的健康和生命，对环境的影响也十分巨大。环境分析包括两个子步骤：识别二级灾害区域，包括有毒物质堆放场、废弃物处理场、核电站、地下仓库、油库、港口等；将二级灾害区域数据集成到风险地图，进行环境敏感性分析。第七步：减灾机会分析。减灾机会分析就是根据已有的风险评估结果确定未来的减灾计划和措施。减灾机会分析包括识别高风险区域内未开发土地、评估已有灾害保险项目、制订并实施关键设施安全提升计划、识别特殊群体的应急需求并协助改善等步骤①。

3.2　英国突发事件风险管理

3.2.1　英国联邦政府突发事件风险管理

1. *发展历程*②

自 20 世纪 90 年代以来，面临国内外社会变革冲击和综合性风险压力，英国政府相继出台了多个指导文件和标准推进突发事件风险管理在公共部门的实践，以此建立风险共识，促进公共服务水平提升。2001 年 7 月，英国内阁办公室新设立内阁国民紧急事务秘书处（Civil Contingencies Secretariat，CCS），具体负责全国风险管理宏观政策制定以及跨部门、跨机构的综合协调工作，对全国各地区、各部门的风险评估进行统一指导和协调。内阁国民紧急事务秘书处共有 85 名编制，下设评估部、行动部、政策部以及应急规划学院“三部一院”。其中，评估部负责全面评估可能和已发生突发事件的严重程度、规模和

① Flax L K，Jackson R W，Stein D N. Community Vulnerability Assessment Tool Methodology. Natural Hazards Review，2002 (3)：163-176.

② National Audit Office. Managing Risks to Improve Public Services. http://www.nao.org.uk/publications/nao_reports/03-04/03041078.pdf；游志斌．英国政府应急管理体制改革的重点及启示．行政管理改革，2010 (11)；钟开斌．伦敦城市风险管理的主要做法与经验．国家行政学院学报，2011 (5)；钟开斌．国际化大都市风险管理：挑战与经验．中国应急管理，2011 (4)；李雪峰．英国应急管理的特征与启示．行政管理改革，2010 (3)；唐钧，谢一帆．“风险政务”：国际状况与我国的建设方略．中国行政管理，2008 (2)；朱正威，刘泽照，张小明．国际风险治理：理论、模态与趋势．中国行政管理，2014 (4)．

影响范围，发布信息[①]。

2002年，英国内阁国民紧急事务秘书处会同英国业务持续协会制定了《业务持续管理行为规范》。2002年9月30日，英国风险管理协会、保险和风险经理协会、公共部门风险管理论坛联合推出了一份风险管理准则。该准则指出，风险管理是任何组织战略管理的中心，是组织以一定方式处理其活动相关的风险，以便从每项活动及所有活动的组合当中获取持续性利益的过程。良好风险管理的核心是识别并处理风险，其目标是使组织所有活动的可持续价值最大化。AIRMI/ALARM/IRM风险管理准则将风险管理过程划分为五个步骤：确定组织战略目标、风险评估、风险报告与交流、风险处理、监督和复核。

2002年11月，英国内阁战略部门发布《提升政府风险管理能力的报告》，该报告倡导政府部门“两年风险计划”，该计划涵盖了英国政府20多个主要部门，成为英国政府风险管理标志性纲领文件。在该计划推动下，英国各政府部门均切实展开有效的风险管理举措。2004年，英国审计署呈交《管理风险以改善公共服务》的评估报告，其中明确将风险定义为包含机遇和威胁的综合体，风险管理包括风险识别、风险评估、风险处置、检测与报告四个关键步骤，最关键的问题在于改善与提高政府部门处置风险的能力，保障公众安全是政府的核心工作之一。

自2004年以来，英国政府先后出台了《民事紧急状态法》《应急管理准备和响应指南》《应急管理恢复指南》等法规和文件，使中央政府风险管理能力得到显著提高。《民事紧急状态法》强调以风险管理为应急管理的核心，强调用科学的方法发现风险、测量风险、登记风险、预控风险，把应急管理建立在科学的方法基础上。在《民事紧急状态法》之下，英国政府出台了《2005年国内紧急状态法案执行规章草案》《2006年反恐法案》等，作为基本应急法案的补充。此外，还出台了《中央政府应对紧急状态安排：操作框架》(CONOPS)，这一份类似我国《国家总体应急预案》的文件规定了英国中央政府及其部门的应急行为规范，明确了中央与地方政府战略层的具体权责界面。

2008年2月，英国内阁办公室战略中心发布《实现英国的潜力：未来对英国的战略挑战》报告，认为英国政府面临着全球化、经济繁荣、公民生活条件差异、老龄化、家庭和社区、社会安全、个性化的公共服务、气候变化、民主创新等10个方面战略风险的挑战，强调英国政府只有迅速增强战略风险管理能力，才能迎接上述风险的挑战，保障英国社会的安全和繁荣。2010年初，英国内阁国民紧急事务秘书处总结了应急体制中存在的突出问题，包括决策和协调机制难以适应重大突发事件处置的需要、容易忽视政府所面临的突发事件风险、对所面临的风险和政府自身的管理能力过度自信、针对一些重大突发事件的应急响应不够及时等，并强调必须建立跨部门的权威、固定和快速的协调机制才能解决当前存在的一系列问题。2010年，内阁国民紧急事务秘书处与相关部门共同发布了《2010年国家风险登记册》《业务可持续性调查报告：中断与抗逆力》等重要文件，推动全社会广泛参与的政府整体风险管理建设工作进一步深入。

2010年5月，英国卡梅伦内阁建立了国家安全委员会，这是二战后英国国家安全管理

① 国务院办公厅“公共安全管理能力培训团”. 英国应急管理考察报告. 中国应急管理，2007 (1).

体制的重大调整，标志着英国建立了国家安全管理最高领导机构，统筹考量国际国内安全问题，整合政府各部门资源，促进跨政府部门的协调和协作，确认国家安全战略重点和优先性问题，增强战略决策能力和效率的"大国家安全"管理框架基本形成。国家安全委员会由首相担任主席，常任成员包括副首相、财政大臣、外交和联邦事务大臣、内政大臣、国防大臣、国际发展大臣等。国家安全委员会承担国家总体安全责任，指导处理英国所有方面的安全问题，在最高层面上整合应急管理、国防、外交、情报、警务、网络安全、能源、国际发展等方面相关政府部门和机构的资源，增强对国家安全的战略研判能力，确认英国安全管理的战略重点和优先性问题，协调在面对安全威胁时的跨政府部门行动，提高全方位的安全风险防范和应急处置能力。国家安全委员会设有专门的办事机构——国家安全秘书处。国家安全秘书处由国家安全顾问担任负责人，下设外交和国防政策工作组、国家安全项目和战略工作组、安全和情报办公室、网络安全办公室、内阁国民紧急事务秘书处五个部门。内阁国民紧急事务秘书处为国家安全秘书处的下辖五大机构之一。国家安全秘书处的工作包括制定国家安全委员会的议事日程，汇总各相关部门报送的安全信息，评估英国政府面临的国际国内安全风险，具体协调跨部门的安全工作，评估各相关政府部门的工作情况等内容。

2. 主要做法

第一，加强突发事件风险管理的组织机构体系建设。英国突发事件风险管理已初步形成了以内阁办公室、财政部和政府贸易办公室为核心的组织体系，统一应对和管理英国政府可能面对的风险（见图 3-3）。其中，内阁办公室的首相传递小组负责为各部门风险管理提供协助和意见；内阁国民紧急事务秘书处负责为应对重大突发风险提供跨部门协调和审察；管理和政策研究中心则为风险管理人员提供培训。财政部的风险支持小组为各部门风险管理提供指导和意见；财政部经费小组每半年对各部门计划中的风险进行一次评估；保险控制和风险局负责就内部控制报告、审计委员会和制定风险管理标准向各部门提供意见和指导。政府贸易办公室的中央计算机和电信局负责为风险管理提供技术帮助。在以内阁办公室、财政部和政府贸易办公室为核心的英国突发事件风险管理组织体系领导下，英国各政府部门内部均切实展开了有效的风险管理举措，包括五部分规划工作：（1）鼓励政府部门内部形成良好的风险管理文化和氛围。通过扩大部门间的联系、尽可能统一风险管理方法、传播和交流经验、向私营部门学习、提供培训和指导等做法，使风险文化得以确立。（2）提高政府部门高层对风险管理意义的认识。开展高层管理论坛、评选优胜者等活动，使部门高层更深刻地理解和认识风险管理对本部门乃至整个社会的重要性。（3）提升政府部门处理所辖公共风险的能力。具体是从制定原则、改善方法、制订执行计划等层面依次进行。（4）确保政策制定充分考虑到风险，要求内阁层面的政策制定必须经过明确的风险评估。（5）将风险管理融入政府部门的管理过程。在决策、计划、建议、执行等日常的管理环节中充分包纳风险意涵，形成一个完整的风险管理职能①。

① National Audit Office. Managing Risks to Improve Public Services. http://www.nao.org.uk/publications/nao_reports/03-04/03041078.pdf；唐钧，谢一帆．"风险政务"：国际状况与我国的建设方略．中国行政管理，2008（2）．

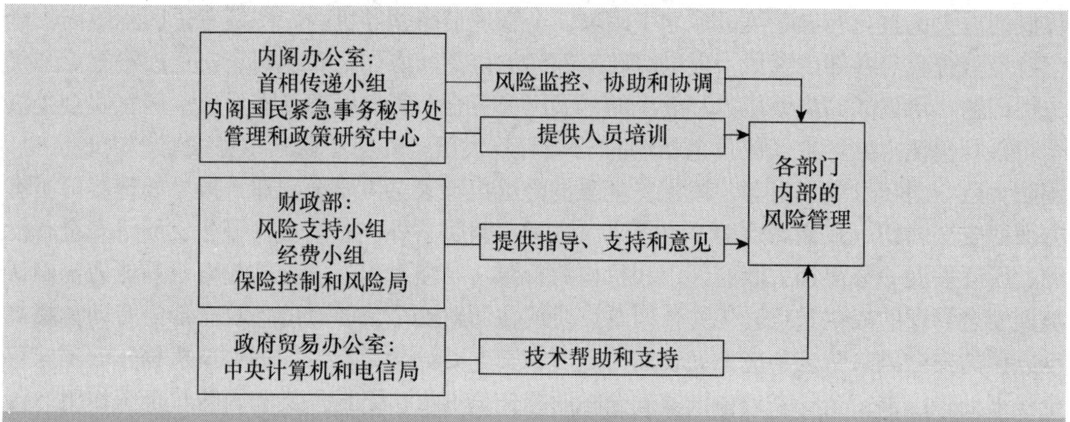

图 3-3 英国风险管理的组织体系

资料来源：National Audit Office. Managing Risks to Improve Public Services. http://www.nao.org.uk/publications/nao_ reports/03-04 /03041078.pdf。

第二，形成以复原力为核心的全面风险管理框架。自 20 世纪 90 年代末以来，英国对突发事件应对工作进行了系统总结和反思，促使全国应急管理体系从冷战时期以民事保护为中心的模式逐步过渡到新时期以复原力（resilience）为中心的模式：在突发事件方面，从以往以国家安全为主的单一性外来威胁，向新时期自然危险与人为威胁交织的复杂风险转变；在中央与地方关系方面，从以往中央主导的自上而下管理模式，向以地方响应为基础的自下而上模式转变；在应对主体方面，从以往局限于以公共部门为主的封闭圈，向跨部门、跨地区的开放性、整合性模式转变；在危机沟通和信息发布方面，从以往主要局限于政府内部的秘密运作模式，向强调信息公开透明的开放模式转变。通过以复原力为中心，英国形成了一个开展全面风险管理的框架，其核心是强调以风险管理作为应急管理的核心，用科学的方法发现风险、测量风险、登记风险、处置风险，实现应急管理的关口前移，防患于未然。从管理环节来看，英国以复原力为中心的风险管理包括风险识别、风险评估、能力建设、应急准备评估四大环节，具体又可进一步划分为风险监测、风险识别、风险评估、风险登记、应急规划与业务持续准备能力分析、应急准备评估六个阶段①。

第三，按照“中央—地区—地方”三级风险管理架构进行分级管理。中央、地区和地方三个层级按照职责分工，建立不同的风险管理组织，分级开展突发事件风险管理工作②。

首先，中央层级：负责对全国风险管理工作进行宏观指导。在中央层面，首相是英国全国应急管理的最高行政首长。相关机构包括内阁紧急应变小组（Cabinet Office Briefing Rooms，COBR）、国民紧急事务委员会（Civil Contingencies Committee，CCC）、内阁国民紧急事务秘书处及各政府部门。中央政府的突发事件应对工作分为三级：超出地方处置

① 钟开斌．伦敦城市风险管理的主要做法与经验．国家行政学院学报，2011（5）；钟开斌．国际化大都市风险管理：挑战与经验．中国应急管理，2011（4）；李雪峰．英国应急管理的特征与启示．行政管理改革，2010（3）．

② 钟开斌．伦敦城市风险管理的主要做法与经验．国家行政学院学报，2011（5）；钟开斌．国际化大都市风险管理：挑战与经验．中国应急管理，2011（4）．

范围和能力但不需要跨部门协调的突发事件，由内阁国民紧急事务秘书处建议和确认某个中央部门为牵头部门负责处理；产生大范围影响并需要中央协调处置的突发事件，由牵头的中央部门启动内阁紧急应变小组，协调军队、情报机构等相关部门进行处置；产生大范围扩散性、灾难性影响的突发事件，由内阁国民紧急事务秘书处启动内阁紧急应变小组，决定和采取全国范围内的应对措施。中央政府负责全国风险管理宏观政策制定以及跨部门、跨机构的综合协调，具体由内阁国民紧急事务秘书处承担。内阁国民紧急事务秘书处不仅全天候开展风险评估工作，每年公布《全国风险登记册》，还负责牵头制定《地方风险评估指南》等工作规程，对全国各地区、各部门的风险评估进行统一指导和协调。《地方风险评估指南》明确了从中央到地方的风险评估工作要求、全国统一规范的各级各类风险名录、风险评估的基本程序与方法、风险评估结果的运用等。该指南定期发布，第一类应急响应者可以通过副首相办公室向内阁国民紧急事务秘书处进行反馈。

其次，地区层级：负责本地区范围内风险管理工作的区域协调。英国的国土由爱尔兰东北部和整个大不列颠岛及周围的小岛组成，分为苏格兰、威尔士、北爱尔兰、英格兰四部分。其中，包括地位较特殊的大伦敦在内，英格兰共被分为大伦敦区、英格兰东北区、英格兰西北区、约克郡-亨伯区、西米德兰兹区、东米德兰兹区、英格兰东区、英格兰西南区、英格兰东南区共9个政府级地区（government office region）。地区一级主要负责本政府级区域内不同地方的风险管理协调工作，具体通过地区复原力论坛（Regional Resilience Forum，RRF）开展工作。每个地区都有明确的地区召集人，下设小规模的应急规划小组。地区复原力论坛通常由3～7个地方复原力论坛组成，其职责是负责本政府级区域内跨地域、跨部门的风险评估和应急规划工作，并在发生突发事件时为地方的应急抢险救援工作提供必要的支持。地区一般不具有对地方的直接指挥管理权，只有在中央政府宣布全国进入紧急状态时才能对地方进行指挥。

再次，地方层级：负责当地风险管理工作的具体实施。地方通过建立地方复原力论坛（Local Resilience Forum，LRF），具体负责本区域范围内的风险管理工作。英国共有52家地方复原力论坛，其中英格兰和威尔士43家、苏格兰8家、北爱尔兰1家。英国各地的风险管理范围通常依据警力范围来划定，地方复原力论坛通常由当地警察局局长负责召集。地方复原力论坛的职责，是负责当地的风险评估、应急规划和信息共享。根据英国《民事紧急状态法》的规定，第一类应急响应者必须参加地方复原力论坛，第二类应急响应者根据论坛讨论的主题和内容可以有选择地参加。

3. *启示与借鉴*

第一，强化中央政府的风险管理职能。将应急管理中枢机构纳入国家总体安全管理框架，强化内阁国民紧急事务秘书处的风险管理职能，把内阁国民紧急事务秘书处打造成推动政府整体风险管理建设的领导核心，从而实现以下三个主要目标：服务国家总体安全，及时确认国家安全风险，创造良好的国际国内安全环境；提高对各种威胁和风险的综合研判和防范能力；增强政府“大安全管理”的合力，促进应急管理、军队、警务、情报、外交和国际发展等各相关机构和部门的相互协调和合作。

内阁国民紧急事务秘书处虽然是一个相对较新和较小的机构，但通过强化风险管理职能，已成为中央政府进行风险识别、评估、管理和协调的核心部门，以及政府与外界开展风险沟通的重要窗口。作为具体组织实施的最重要单位，内阁国民紧急事务秘书处会同财政部经费小组、财政部风险支持小组等部门，制定政府内部风险管理的相关政策，总体设计和把握评估政府风险管理建设的进程，解决整体风险管理建设中存在的实际问题。英国开展政府整体风险管理的主要目标是对所有的危险事件进行年度评估，从而识别、描述和量化可能对社会产生影响的风险，提高包括政府所有部门在内的全社会的风险管理能力。另外，通过英国各部门都参与的风险分析调查、统计、评估等工作，就可以列出一个综合全面的政府风险清单，从而有利于增强对所面临的全球战略风险的认识，有利于做好政府应对国内外各种复杂局面的相关准备。

英国政府通过强化应急管理中枢机构的风险管理职能，进一步提高政府的战略风险管理能力、内部风险管理岗位技能。通过完善风险管理职能，内阁国民紧急事务秘书处可以在识别潜在风险和评估方面发挥前瞻性的作用，增强政府战略风险管理能力。内阁国民紧急事务秘书处通过制定政府化解、响应破坏性挑战，以及危机后的重建行动的统一框架，可以勾画英国政府所面临的风险情势，研究和制定风险对策，加强不同部门和机构在政府整体风险管理建设中的协调，促进风险管理措施的一致性、职责的明确性、绩效考核的科学性，促进相关岗位风险管理知识和技能的提升，进而提高国家抵御风险的整体能力①。

第二，注重提高政府的业务可持续管理能力。政府业务持续管理（business continuity management，BCM），作为一种重要理念，来自欧美国家企业经营管理的实践，主要关注在信息技术条件下，如何使现代企业在灾难事故发生时能够保障业务的持续运行。政府业务持续管理已逐渐被应用在企业、政府甚至全社会的稳定和可持续发展中。英国内阁国民紧急事务秘书处都会与可持续协会发布报告，有针对性地开展各相关领域的业务可持续性调查，增强包括政府、企业在内的应对突发事件的能力，而且这已成为其政府整体风险建设的重要内容。政府面临的风险可能来自外部环境（如电力中断、极端天气），或产生自机构内部（如系统发生故障、主要人员缺失），甚至是巨灾。开展和加强政府的业务持续性管理，可以帮助包括政府、企业、社会团体在内的各种组织有明晰的战略框架，有利于在突发事件发生时，特别是在巨灾情况下，提高从混乱中复原的能力，促进政府关键业务系统和进程在商定时限内的复苏，同时维持相关部门的关键功能并提供重要的基础服务，提高政府持续进行公共服务和社会管理的能力。

第三，重视国家突发事件风险评估制度建设和公共风险沟通工作。英国建立国家风险评估制度。内阁国民紧急事务秘书处制定了“国家风险评估”（NRA）工作规程，通过确定五年期内的风险和绘制风险矩阵（含约 80 个危害和威胁），以提高政府部门决策、应急准备和规划能力。NRA 进程包括风险确定、评估可能发生的风险及其影响、风险比对三个阶段。评估进程需要来自政府部门、机构、委任机构、公众、私人和志愿者组织等方面代表的广泛参与，并规定要建立定期监测机制，及时完善评估机制，充分考虑风险环境的变化。在英国国家风险评估中，风险评级分为非常高（VE）的风险、高（H）风险、中等（M）风险、低（L）风险四级。高风险以上级别的风险，必须在英国国家、区域和地

① 游志斌．英国政府应急管理体制改革的重点及启示．行政管理改革，2010（11）．

方层级规划中得到足够重视；非常高（VE）的风险必须被视为政府工作的高度优先事项，必须制定相应的对策，以减少或消弭风险，而且针对这些风险（跨机构）的对策及实施和培训等工作应及时到位，并要进行追踪、反馈、备案和监督检查。

英国重视公共风险沟通工作。英国政府把保障公众安全作为政府的核心工作之一。英国政府认为当前最大的困难之一就是无法取得公众的信任，为了有效地管理、沟通涉及公众的风险，取得公众的信任，政府必须更开放，尤其在不确定性高的政策制定过程中，决策更应该透明，并且在决策过程前期让利益相关者及社会大众更多参与，以增强公众信任，降低政策风险。同时，英国政府公开国家风险评估结果，让公民充分了解国家面临的灾害和威胁，并提供相应的防灾避险指导，促进与公众风险沟通的顺利开展。内阁国民紧急事务秘书处是政府风险管理经验交流的重要平台，在监督和协调各部门开展风险管理工作的同时，注意总结和参考国内外风险管理的典型案例，促进公共风险沟通，推广风险管理经验，推动风险管理工作更好开展①。

对于我国而言，今后应借鉴英国的做法和经验，推动强化各级政府应急管理机构的风险管理职能，探索在应急管理机构内部设置相关职能部门，研究统筹考虑和推动风险管理工作，建立和完善相关的政府风险管理制度，制定政府风险管理准则或指南，努力推动政府的整体风险管理建设工作。研究和建立国家风险评估制度，组织外交、军队、人防、公共安全、环境保护、工程建设、应急管理、风险管理等领域和行业的优秀专家，建立国家战略风险评估团队和工作机制，开展国家风险管理咨询服务。加快制定政府、公司等社会组织的业务可持续性指南，提高全社会在突发事件情况下，特别是巨灾条件下的业务可持续性管理的能力。加强对国外政府风险管理经验的研究，及时总结我国政府风险管理的相关经验，建设政府风险管理经验快速推广的有效平台②。

3.2.2　英国地方政府突发事件风险管理：以伦敦市为例

1. *主要做法*③

伦敦是英国的首都、第一大城市，是欧洲最大的都会区之一，面临洪灾、事故灾难、突发公共卫生事件、恐怖威胁等各级各类风险的挑战和威胁。根据英国《民事紧急状态法》等法律的明确要求和中央政府的统一部署，伦敦在应对各级各类风险和突发事件的过程中，逐步建立了一套以全面风险登记为基本特点的城市突发事件风险管理体系。伦敦各级政府以复原力论坛为平台，建立跨地区、跨部门的合作机制，采取“风险＝可能性×影响”的风险评估方法，每年都编制和公开发布《风险登记册》，成为各地编制应急预案、应急规划和业务持续计划的前提和基础，不断提高城市的风险防范和应急管理能力。

第一，健全伦敦城市突发事件风险管理的组织架构。伦敦共有7类不同性质的机构参

①② 游志斌．英国政府应急管理体制改革的重点及启示．行政管理改革，2010（11）．

③ 钟开斌．伦敦城市风险管理的主要做法与经验．国家行政学院学报，2011（5）；钟开斌．国际化大都市风险管理：挑战与经验．中国应急管理，2011（4）．

与全市的风险管理工作，它们共同构成了一个“以伦敦地区复原力论坛为平台，以伦敦地区复原力项目委员会、伦敦风险顾问小组为辅助，以伦敦复原力小组、伦敦消防和应急规划局为枢纽，以地方复原力论坛、市区复原力论坛为基础”的“上下联通、左右衔接”的城市突发事件风险管理组织体系。

这7类机构分别为：(1) 伦敦地区复原力论坛。由伦敦复原力伙伴网络的高级代表组成，属于部级协调层面的协调机构，伦敦市长为论坛的副主席，下设商业部门、志愿者部门、公用设施部门、宗教信仰部门、交通部门、卫生部门、地方当局、通信部门等9个工作小组。其具体职责包括：根据《地区风险登记册》所确定的风险，在每财年的年初，确定地区资源分配方案；接受伦敦地区复原力论坛项目委员会的任务委托和安排——该委员会负责监督伦敦地区复原力论坛的工作计划；代表伦敦复原力伙伴网络正式实施各种具体的工作计划和协议。(2) 伦敦地区复原力项目委员会。负责承担伦敦地区复原力论坛的具体工作，制定地区资源分配方案，明确本地区的资源配置重点，提出相关的风险控制措施，并根据实践发展情况对配置方案不断进行调整和完善，以实现资源与任务之间的有效对接和正确匹配。(3) 伦敦风险顾问小组。服务于伦敦地区复原力论坛，主要由第一类应急响应者组成，必要时第二类应急响应者也应邀参加，牵头单位和秘书处为伦敦消防队的应急规划小组。其主要职责为：通常每年举行一次会议，起草《地区风险评估指南》，会议由伦敦复原力小组的组长主持；每年要经常开会，研讨审议6个伦敦地方复原力论坛提交的《社区风险登记册》。(4) 伦敦复原力小组。代表伦敦复原力伙伴网络关系开展工作，负责向伦敦地区复原力论坛秘书处、区域协调工作小组或地区民事紧急状态委员会提供建议，确定紧急情况下是否需要启动地区一级的应急响应。伦敦复原力小组还是英国政府了解伦敦发生突发事件后有关风险后果管理和灾后恢复工作信息的首要信息渠道。(5) 地方复原力论坛。地方复原力论坛是英国《民事紧急状态法》所规定的最主要的跨部门合作机制。职责包括三个方面：通过《社区风险登记册》，整合形成各方认可的当地风险图景；为第一类响应者提供系统的、事前规划好的、综合协调的途径，以便让他们根据《民事紧急状态法》的要求完成工作任务；起草跨部门的应急预案和其他文件（包括各种文本和协议），组织实施跨部门演练。(6) 伦敦消防和应急规划局与伦敦消防队应急规划小组。其法定职责包括：确保6个地方复原力论坛都制定有《社区风险目录》；协助伦敦地方当局开展应急演练和人员培训，提高应急预案的有效性和针对性；代表伦敦地方当局制定伦敦地区各种重大突发事件的应急预案；根据《应急准备》第9款，承担伦敦地方政府的很多重大突发事件应对工作，如伦敦地方政府金色协调工作小组、地方当局控制中心、伦敦地区重大突发事件预案演练和人员培训。(7) 市区复原力论坛。主要负责市区一级的应急响应综合协调工作，召集第一类响应者开展跨部门的应急规划，也负责反映当地社区的需求。

此外，伦敦还有6个地方复原力论坛。根据地方互助协议，每个地方复原力论坛由辖区内的5～6个自治市区组成，最后将辖区内的32个自治市区和伦敦市有机整合起来。地方复原力论坛的主席由当地行政首长担任，成员包括：应急抢险救援部门、辖区内的地方当局、相关政府机构、卫生部门、公用设施部门、志愿者组织、商业部门以及军队。地方复原力论坛的核心工作之一，是识别和评估当地可能引发突发事件的洪灾、大流感、公用设施破坏等各种风险，为《社区风险登记册》提供基础信息。此外，伦敦的 6 个地方复原力论坛的成员以及其他相关部门和人员，联合组成了伦敦风险顾问小组。

第二，规范伦敦城市突发事件风险管理的流程和方法。一旦识别了某种风险，伦敦风险顾问小组将根据“风险＝可能性×影响”的标准，评估该风险在近 5 年内发生的可能性以及可能造成的后果，进而给该风险打分赋值。风险发生的可能性以 5 年为基准，从低到高划分为 5 个等级。其中，最高为 50％的概率，最低为 1/20 000 概率。根据健康、社会、经济和环境四个方面的影响，即综合考虑人员伤亡情况（伤亡人数、需要住院治疗的人数）、财产损失、需要转移安置的人员情况、对当地基础设施和社区服务的影响、对经济和环境的影响等指标，风险造成的影响从低到高也划分为 5 个等级。根据风险发生的可能性及其造成的后果，伦敦将风险从低到高划分为低风险、中风险、高风险、极高风险共四级。在此基础上，可以进行不同类别风险之间的排序。通过风险识别和评估，将产生《社区风险登记册》。《社区风险登记册》成为有效监控和处置风险、为当地应急预案编制小组明确工作重点的工具。根据“风险＝可能性×影响”的标准和方法，伦敦风险顾问小组评估确定每年的风险矩阵图。2010 年版的《社区风险登记册》，评估确定了当年伦敦的风险矩阵图（见图 3－4），并列出了伦敦所面临的三类最高等级的风险。考虑到恐怖袭击等人为风险信息比较敏感，属于不在公开范围之内，伦敦三类最高等级的风险具体为：一是极端天气，包括洪灾、暴风雪和狂风、低温和大雪、热浪等；二是影响健康的卫生事件，主要是流感大流行；三是公用设施损坏，即水、电、气、热、通信等关键基础设施中断。

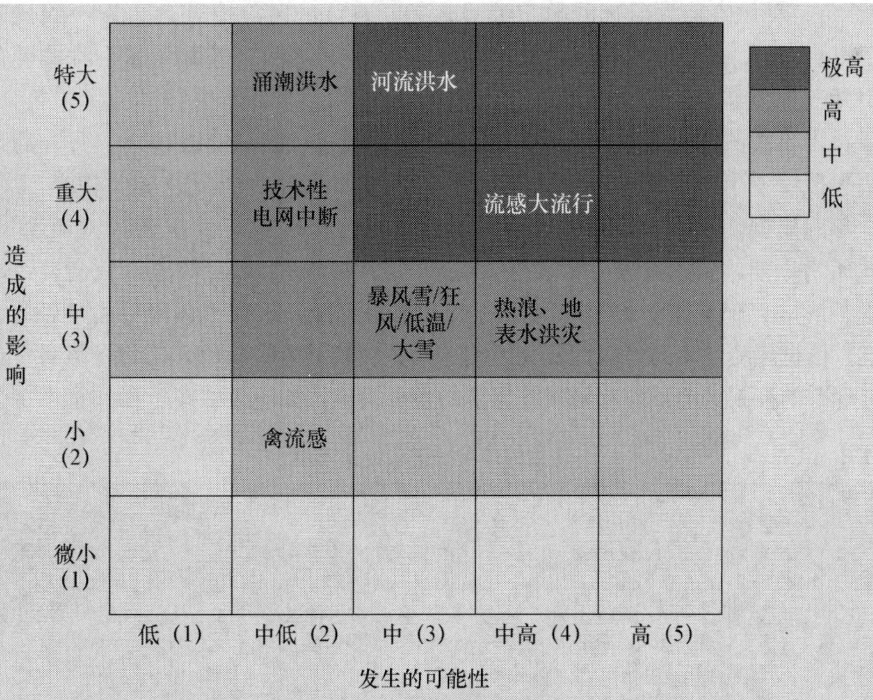

图 3－4　伦敦风险矩阵图

第三，加强伦敦城市突发事件风险登记册的管理。伦敦社区风险登记表提供了已经由地方复原力论坛确认、对伦敦可能产生潜在影响的各种自然灾害和人为威胁风险信息。其中，伦敦政府网站所公开发布的《社区风险登记册》，只包括了各类非恶意事件（各种自然灾害风险），而不包括各种人为威胁（主要是指恐怖袭击事件）。各种威胁属于风险评估的对象，但考虑到有关恐怖袭击事件的信息比较敏感且可能被人利用，因此相关信息不对社会公开。这类人为威胁包括利用爆炸、生物、化学、辐射、电子攻击等手段的各种传统袭击。2010 年版的《社区风险登记册》主要包括 7 个方面的内容：一是引言，介绍该风险登记册的背景；二是伦敦概况，介绍伦敦的自然环境、人口结构、经济社会发展等；三是伦敦当前所面临的主要风险；四是应对这些风险的基本策略与方法；五是开展风险评估的重要性；六是全国风险登记册概况；七是专业合作伙伴的社区风险登记册。伦敦市建立了风险登记的更新和发布制度。各个市县、地方和地区的风险登记册编制完成后，需要根据风险态势的变化、复原力论坛讨论结果等对风险进行更新。同时，每次风险评估和登记的结果都在伦敦消防队等网站及时进行公布，接受社会各界的监督和反馈。每次更新的结果都及时通过伦敦消防队网站进行公布，接受社会各界的监督和反馈。

各地按照英国内阁办公室统一的格式进行风险登记（见表 3-1），归纳列出本地区所面临的各级各类风险，最终形成本地区的风险登记库。风险登记表的主要内容包括 12 个方面：(1) 风险编码：由英国内阁国民紧急事务秘书处统一编制。共包括三类标志：H 表示该风险由中央和地方同时应对（由中央界定）；HL 通常由地方而不必由中央应对（由中央界定）；L 由地方出于某种考虑而新增加到风险登记表并描述其对国家的影响（由地方界定）。每一种风险标志后都有数字编号，表示具体的风险编号。(2) 一级风险：描述风险的一级目录。主要包括工业事故与环境污染、交通事故、极端气候、结构性危害（如滑坡等引发土地位移、建筑物倒塌）、人类卫生、动物卫生、劳工行动（罢工等）、国际活动、工业技术事故共 9 大类风险。(3) 二级风险：描述风险的二级目录。(4) 后果描述及进展：描述风险发生所可能导致的后果、事态升级扩大后的情况及相关信息。(5) 可能性：以 5 年为周期，利用五分制量表法，假设可能发生的最坏情况的风险概率。(6) 影响：以 5 年为周期，利用五分制量表法，综合考虑风险发生后对健康、社会、经济和环境四个方面的影响，确定风险的影响大小。(7) 风险等级：根据"风险＝可能性×影响"的评估标准，依据风险发生的可能性及其影响，给各级各类风险赋值，确定各级各类风险的等级。(8) 现有的控制措施：现有的减缓风险的各种措施，如应急预案、操作指南等。(9) 危

表 3-1　伦敦的风险登记表格式示例

风险编码	一级风险	二级风险	后果描述及进展	可能性	影响	风险等级	现有的控制措施	危及相邻地方的风险	现有预警信息措施	牵头责任部门	评估日期
HL28	工业事故与环境污染	液化石油气/天然气等可燃气体储存点发生火灾或爆炸	描述：波及 1 公里，导致 150 伤 50 死。进展：100 死 100 伤。	低 (1)	中 (3)	中	设有油料管理员	×	√	伦敦消防队	—

注：上述伦敦风险登记表中的现有的控制措施、危及相邻地方的风险、现有预警信息措施、评估日期 4 项是伦敦市自己规定的内容，其他 8 项为英国中央政府统一要求的共有内容。

及相邻地方的风险：该风险是否会对相邻的其他地方产生影响。(10) 现有预警信息措施：针对该风险，地方是否制定了预警措施和信息发布措施。(11) 牵头责任部门。(12) 评估日期。通过对各级各类风险进行系统、完整的评估、登记，伦敦下属的6个地方复原力论坛以及伦敦地区复原力论坛将产生风险等级汇总图。各个地方复原力论坛将列出本地区各级各类共几十种风险的等级汇总图，在此基础上确定风险优先等级。

2. 启示与借鉴①

第一，关口前移，突出风险评估在应急管理工作中的核心地位。风险管理是应急管理的"关口再前移"，是一项日常性、基础性、前瞻性的工作，是实现应急管理工作预防为主、标本兼治的重要途径②。2004年《民事紧急状态法》的颁布，促使英国应急管理实现了从注重事后应对向注重事前预防的重大转变，提高复原力成为英国应急管理的核心，重视风险监测、评估、登记，以及以此为基础制订业务持续计划、编制应急预案并开展相应的应急管理宣传、教育、培训、演练工作。以风险登记为核心的伦敦城市风险管理工作，用科学的方法发现风险、测量风险、登记风险、处置风险，具有规范化、制度化、标准化、程序化、精细化等突出特征。

第二，强化法制，为风险管理工作提供明确的法律要求和有力的法律保障。英国《民事紧急状态法》对各地的风险管理工作提出了统一、明确的法律要求，要求第一类应急响应者必须编制完成当地的风险登记册。该法第二章第一款提出，第一类应急响应者要"经常评估各种突发事件发生的风险"，通过风险评估"确保民众和各类组织能够正常运行"。同时，风险评估结果还成为第一类应急响应者编制各部门应急预案的基础。英国《国内紧急状态法案执行规章草案》第三部分，对各地开展风险评估工作提出了明确的法律要求：第一类应急响应者必须相互合作，编制完成当地的社区风险登记册。

第三，统一规范，实现从中央到地方的有效整合和相互兼容。英国《国内紧急状态法案执行规章草案》第四章的应急准备指南及其附录，提供了各地开展风险评估的基本流程与方法，主要内容包括：地方进行风险评估的六大步骤、地方风险评估指南示例、各级各类风险评估示例、风险的可能性与后果的测度标准、风险登记册示例、风险等级矩阵图。内阁国民紧急事务秘书处负责牵头制定《地方风险评估指南》等规程，作为各地区开展风险评估工作的基本指导。该指南明确了从中央到地方的风险评估工作要求、全国统一规范的各级各类风险名录、风险评估的基本程序与方法、风险评估结果的运用等。

第四，跨域合作，实现不同地区、不同部门和不同层级之间的协调联动。复原力论坛是当前英国开展跨地区、跨部门、跨层级风险管理和应急处置工作的关键性机制。该论坛不完全以行政地域为界，而是从资源整合的角度搭建各地区应急管理部门和人员相互协作的平台。例如，英国伦敦的地区复原力论坛是一个居于中央政府与大伦敦市政府间的部级议事协调机构，伦敦市长为论坛的副主席；成员除了伦敦消防队等伦敦的相关部门外，还包括英国警察、英国环境署、英国海上暨海岸巡防局等国家有关机构。英国法律虽然没有

① 钟开斌. 伦敦城市风险管理的主要做法与经验. 国家行政学院学报，2011 (5)；钟开斌. 国际化大都市风险管理：挑战与经验. 中国应急管理，2011 (4).

② 薛澜，周玲. 风险管理："关口再前移"的有力保障. 中国应急管理，2007 (11).

对地区复原力论坛和区县复原力论坛提出硬性规定，但明确要求地方复原力论坛每半年至少召开一次，第一类应急响应者必须参加，第二类应急响应者视情况选择性参加。

第五，公开透明，实时更新和及时发布风险评估结果和登记情况。伦敦地区、地方和区县的风险评估结果和登记情况实行动态更新制度，即根据风险态势变化、新一次复原力论坛会商结果以及新版《地方风险评估指南》的要求，对本地的风险进行更新、调整和完善。在风险评估结果的公开方面，伦敦遵循“公开是原则，不公开是例外”的原则，除了恐怖袭击类人为风险等不宜公开敏感信息外，风险源、风险发生的概率与后果、风险的地域分布、风险等级矩阵图、预警信息、风险态势及发展情况等其他信息都及时对社会公开，政府还提供有关个人和组织如何应对风险的各种对策建议，不断提高社会各界的风险防范和应急能力。

3.3 德国突发事件风险管理

3.3.1 发展历程①

在 2002 年德国“易北河洪灾”发生以后，德国联邦与各州政府通过深入调查，发现全国的民防（civil defence）和灾难防护（disaster protection）系统在联邦与各州协调等方面存在不少问题。为了加强灾难救助工作，2002 年 12 月德国政府公布了《公民保护新战略》，明确提出“一种先进的、保护社会免受危险的理念的出发点必须是风险分析”的主张，希望通过开展风险分析工作，提高全社会预防与处置灾害风险的能力，以应对自然灾害、人为事故灾难、传染病、食品安全、气候变化、恐怖主义、大规模杀伤性武器扩散、信息安全等重大风险的挑战。根据《公民保护新战略》提出的要求，德国在联邦层面和州县层面相继开展了风险分析工作。2003 年德国联邦危机管理、应急规划及公民保护学院（AKNZ）开始调查研究“德国存在的危险”。

2002 年，联邦内政部编写了《德国危害预测手册》，该手册简单列出了所有可能由技术性因素、人为因素、自然因素等方面引起的重特大突发事件；同时，在一些无地域界限的灾害风险方面（比如传染病、关键性基础设施受损等），联邦政府开始统一为各州提供专业的风险分析和预测指导。2004 年，各州按照统一的结构各自编写了《德国危害预测手册》，列举了所有可能遇到的由技术性因素、人为因素和自然因素引发的灾害情景。在此基础之上，2005 年隶属于联邦内政部的德国联邦公民保护与灾难救助局（BBK）从公民保护的角度编制了《德国危害预测手册》，具体负责评估各州在关键领域的重大危害预测成果，并制作完成了《全德风险统计册》，收集了所有可能给国家安全、社会、环境和

① 德国联邦公民保护与灾难救助局．公民保护中的风险分析方法（中文版），德国法规文件翻译稿，未刊稿，2010；文亚．德国公共风险管理的经验与启示．中国行政管理，2015（4）；董泽宇．德国突发事件风险分析方法及其经验借鉴．行政管理改革，2013（2）．

经济带来重大危害的风险，这在德国历史上是第一次在全联邦范围、使用统一的方法来收集境内所有灾害风险并进行登记注册。2006 年 9 月，德国联邦公民保护与灾难救助局开始研发针对所有危害、以风险发生概率和损害规模为主要考虑指标的风险分析方法。此后，在风险分析中逐步导入了计算机地理信息系统，借助该系统，能在对风险进行详细空间分析时，用地图直接显示分析结果，进而为决策提供更直观、客观的支持。从德国风险分析试点的情况来看，德国联邦公民保护与灾难救助局开发的风险分析方法，能够适用于所有管理层面针对所有危害的分析，该方法具有易操作、投入少、实用性强的特点。

为了保障风险分析工作顺利进行，德国联邦政府在法律规定、组织领导等方面采取了一系列措施。2009 年 9 月修订完成的《公民保护和灾难救助法》第十八条第一款明确规定，在与各州的共同努力下，联邦政府要开展全国范围内的风险分析。德国联邦政府认为，风险分析的目的不是为了分析而分析，它是政府全面风险管理的一部分，是针对各类灾害管理工作的核心要素，是制定政府公共政策的重要基础。通过风险分析，可以为某个区域（联邦德国、联邦州、行政区/直辖市或区县）系统地分析各种危害可能引起的损害规模，进而可以更直观地对各种危害造成的风险进行比较。在分析结果的基础上，还可以为保护公民及其基本生活采取更具针对性的防护措施，并能为抵御灾害、减轻人员伤害和财产损失、降低社会和环境的脆弱性奠定重要基础。

为了整合风险分析方法、降低风险管理成本，德国联邦公民保护与灾难救助局受托负责开发统一的风险分析方法。在德国联邦建筑事务及区域规划局、联邦信息安全局、联邦统计局等十几家联邦机构的支持下，德国联邦公民保护与灾难救助局借鉴加拿大公共安全和紧急情况准备部、法国内政部、英国内阁国民紧急事务秘书处、美国国土安全部等国际合作伙伴的实际经验，吸收苏黎世联邦理工学院与欧盟委员会联合研究中心等学术机构的理论成果，参考 ISO31000（2009）等国际风险管理标准，率先于 2006 年出台了《公民保护中的风险分析方法草案》。2010 年 9 月，经过多次讨论与征求意见，德国联邦公民保护与灾难救助局通过审核并正式对外发布了《公民保护中的风险分析方法》（2010），作为联邦和各州县开展风险分析工作的指导性文件，指导联邦、州及地方政府开展风险分析，这成为德国政府加强突发事件风险管理工作的里程碑。同时，联邦内政部将每年向德国联邦议院报告风险分析的结果。在该方法的指导下，自 2011 年初以来，德国联邦政府开始在下萨克森州的汉诺威地区、北威州的科隆市和巴伐利亚州的罗森海姆地区全面实施风险分析试点，稳步推进全德范围内的突发事件风险管理工作，取得了较好的效果。

3.3.2 主要做法[①]

根据《公民保护中的风险分析方法》（2010）公布的做法，德国试图按照统一的方法

① 德国联邦公民保护与灾难救助局. 公民保护中的风险分析方法（中文版），德国法规文件翻译稿，未刊稿，2010；董泽宇. 德国突发事件风险分析方法及其经验借鉴. 行政管理改革，2013（2）.

与标准来评估各种类型突发事件的风险等级。该方法主要是以突发事件的发生可能性和损害规模为基础，将风险划分为 4 个等级。通过比较各种突发事件的风险等级，在同一张风险矩阵图内形象化地显示风险分析结果，可以为应急决策者快速做出决定提供相关参考。

具体来说，德国突发事件风险管理的主要做法包括 3 个步骤：(1) 评估突发事件发生的可能性。发生可能性是指突发事件发生的概率。发生可能性采用 5 级制，从高到低依次为很可能、可能、偶尔可能、不太可能和几乎不可能 5 个级别，其中 5 级的发生可能性最高（见表 3-2）。(2) 确定突发事件的损害规模。损害规模是指突发事件可能发生以后对生命、财产、环境等方面造成的破坏性影响与后果。损害规模要通过明确损害参数和界限值标准以后，用数量化的损失值来表示。损失值等于所有损害参数的等级值总和除以参数数量，最高不超过 5，最低不少于 1。其中，损害参数是描述突发事件造成的损害所用的指标。德国将损害分为人、环境、经济、供应和非物质 5 个领域，每个领域各有 4 项损害参数（见表 3-3），并规定这 20 项损害参数权重均为 5%。界限值采取 5 级制来区分各项损害参数的上下限，将损害参数从高到低依次为很大、大、一般、小和较小 5 个等级，其中 5 级损害程度最为严重。(3) 划分风险等级并绘制风险矩阵图。德国将突发事件风险分为 4 个等级，从高到低依次为很高、高、一般和低，分别用红色、橙色、黄色和绿色表示，其中 4 级风险程度最高。为了形象地比较与显示风险分析结果，通常采用风险矩阵图的形式，在一张图上显示全部风险。风险矩阵图以发生可能性为横轴，以损害规模为纵轴，分为 25 个方格，其中红橙黄绿四种颜色区域分别代表很高、高、一般和低级别的风险。风险等级取决于在风险矩阵图中发生可能性和损害规模的不同组合。

表 3-2　　典型的德国突发事件发生可能性分类

级别	可能性	每年×次	每×年 1 次
5	很可能	≤0.1	10
4	可能	≤0.01	100
3	偶尔可能	≤0.001	1 000
2	不太可能	≤0.000 1	10 000
1	几乎不可能	≤0.000 01	100 000

表 3-3　　典型的德国风险分析损害参数

领域	缩写	损害参数	单位
人	M1	死亡人口	数量
	M2	受伤人口	数量
	M3	需要救助时间超过 14 天的人口	数量
	M4	需要救助时间在 14 天以下的人口	数量
环境	U1	保护区的破坏	公顷
	U2	水域中生存空间的破坏	公里及公顷
	U3	地下水的破坏	公顷
	U4	农业用地的破坏	公顷

续前表

领域	缩写	损害参数	单位
经济	W1	物质损失	欧元
	W2	后续损失	欧元
	W3	经济成果的损失	欧元
	W4	商业收入的损失	欧元
供应	V1	饮用水供应中断	小时/天，数量
	V2	电力供应中断	小时/天，数量
	V3	燃气供应中断	小时/天，数量
	V4	电信中断	小时/天，数量
非物质	I1	对公共安全和秩序的影响	程度
	I2	政治影响	程度
	I3	心理影响	程度
	I4	文化产物的损害	数量及损害程度

在颁布《公民保护中的风险分析方法》（2010）以后，根据各方反馈意见，德国进一步完善了突发事件风险分析方法，重点加强调整各项风险损害参数，基于地理信息系统绘制风险地图，增设风险扫描线功能等。首先，根据实际工作需要重新调整了损害参数设置。例如，将“人”领域中的损害参数由4项减为需要医疗救助的受害者和需要国家提供帮助的受害者2项，“环境”领域中的损害参数修改为动植物、土地、水和空气，“经济”领域中的损害参数调整为住宅、商业、混合用途、公共土木工程和交通等11项，“供应”领域中的损害参数调整为能源、信息技术和通信、运输和交通等9项。其次，尝试利用地理信息系统绘制风险地图以辅助风险分析，使其更加精准与可视化。地理信息系统具有在空间上更有条理地掌握物资、危险和风险布局，在短期内编制符合风险比较、风险评估、应急预案等工作需求的地图，以及科学计算与预测有关数据等优势。最后，运用风险扫描线以直观的方式将各项损害参数等级显示出来。从左侧起，随着损害参数等级的递增，背景颜色逐渐加深，分别用灰、绿、黄、橙、红等颜色加以标识，并用黑点表示每一项损害参数大小，使其更加形象化以及便于同抗灾能力做细化对比。

3.3.3 启示与借鉴[①]

第一，加强对突发事件风险管理工作的统一领导。2009年修订完成的《公民保护和灾难救助法》明确赋予联邦政府开展风险分析的法定责任，为突发事件风险分析工作奠定了坚实的法律基础。联邦内政部是德国联邦层面最重要、历史最长的部委之一，该

① 德国联邦公民保护与灾难救助局. 公民保护中的风险分析方法（中文版），德国法规文件翻译稿，未刊稿，2010；董泽宇. 德国突发事件风险分析方法及其经验借鉴. 行政管理改革，2013（2）.

部是突发事件风险管理的主责机构。成立于 2004 年 5 月的德国联邦公民保护与灾难救助局隶属于内政部，前身是联邦民防局，总部设立在波恩，主要职能包括：承担监测和处置全德范围内潜在危害的任务；承担联邦政府有关民事保护的任务；支援联邦政府及各联邦州的危机管理；为联邦政府、各州和公民提供各类灾害信息服务；为政府部门、公共机构及公众提供专业的咨询服务；保护联邦范围内的关键基础设施等。从成立至今，德国联邦公民保护与灾难救助局的风险管理职能不断加强，逐步承担了全联邦范围突发事件风险管理的总体设计任务，组织和检查全联邦范围内的灾害风险分析和评估工作；提供风险分析和评估的技术、方法等工作。为了加强对风险管理工作的统一领导，德国联邦政府专门成立了“联邦风险分析与公民保护”指导委员会，包括内政部、环境部、卫生部、交通部、经济与技术部、劳动和社会事务部等与公共安全相关的所有联邦部门都是该委员会的成员单位，该委员会由德国内政部部长牵头负责，委员会的主要任务包括：制定风险分析的方法框架（损害参数、等级/临界值等）；选择需进行分析的危险；要求各业务机构参加工作组，共同开展风险分析；向工作组发放委托工作任务；评估工作组的成果等内容。同时，委员会下设“联邦风险分析与公民保护”工作组，设在德国联邦公民保护与灾难救助局，工作组的主要任务包括：为所选择的危险设计场景；实施风险分析（为各种危险建立相应的风险分析工作小组）；让其他领域的权威专家共同参与（如科学界、经济界等）；总结分析成果上交指导委员会；准备每年上交给联邦议院的年度报告。

第二，注重整合各类社会资源，开展突发事件风险管理工作。德国政府在风险管理工作中注重整合国内外的各类资源，充分借鉴和吸收国内外风险管理的经验和先进技术。一方面，整合政府相关的资源，促进各专业机构的广泛参与。在德国内政部的直接领导下，包括联邦建筑事务及区域规划局、联邦制图及大地测量局、联邦信息安全局、联邦辐射保护局、联邦消费者保护及食品安全部、联邦地质学及自然资源研究院、联邦水利研究院、联邦房地产管理局、联邦林业局、联邦农业及粮食局、联邦材料研究及检测局、联邦交通部、联邦卫生部、联邦科技辅助工具局、联邦风险评估研究所、联邦刑事调查局、德国气象局、联邦统计局及联邦环境部等机构都结合本部门的实际情况，参与风险管理工作。另一方面，加强与其他国家和国际组织的经验交流，在风险管理中，充分参考国际标准化组织、欧洲标准化组织、英国标准化组织等机构制定风险管理标准的经验，同时，加强与加拿大公共安全部、瑞士公民保护局、芬兰地质测量局、法国内政部、瑞典紧急情况管理局、英国内阁国民紧急事务秘书处、美国国土安全部等机构的业务交流，另外，还充分吸收苏黎世联邦理工学院、公民保护和安全研究所、欧盟委员会联合研究中心、波鸿鲁尔大学等机构的研究成果，加强风险管理工作的技术支撑。

第三，构建支持政府决策的突发事件风险分析工具。风险分析是风险管理流程中最为关键的环节。德国政府认为风险分析是全面的风险管理的组成部分，其目的是为了比较不同的风险，为公民保护规划和风险及危机管理提供决策基础，而不只是为了分析而分析。德国把统一规划与实施风险分析作为开展风险管理的突破口，在全国范围内加强风险治理，具有里程碑式的重大意义。德国突发事件风险分析方法是在集成众多实践经验与研究成果的基础上形成的，具备重实效、易使用等特点，适用于在所有政府层级上对所有风险进行分析。向政府决策者提供可靠的风险管理信息，有利于提高其风险决策的能力。德国政府认为，风险管理信息是政府决策者进行中立、透明的决策的基础，能够使德国的政府决策者及相关人员在遇到复杂的社会风险时，特别是在面临风险管理决策、制订应急计划以及重大公共政策等方面，有能力代表公众做出尽可能科学、准确、有效的决策。为此，德国政府建立了风险分析表，分析表包括人、经济、环境、基础设施、非物质 5 个损害领域，各占 20%权重，建立了 23 项参数，其中，非物质损害领域有 3 项参数，专门针对社会安全风险：一是对公共安全和秩序的影响参数，如对公共安全和秩序的影响的规模（例如公众游行、对人身或物体施暴）；二是政治影响参数，如对政治管理方面的影响（例如要求国家采取措施、公开要求某人退位）；三是心理影响参数，如对国家机构信任损失的规模（例如对政府/公共管理）等方面的影响。并且根据设定社会风险场景，比如大规模示威游行发生的时间、地点等，根据其发生的概率，结合风险分析评估表，就可以建立相应的风险分析矩阵，为政府加强社会风险管理提供决策支持。

3.4 加拿大突发事件风险管理

3.4.1 加拿大突发事件风险管理的主要做法①

2001 年 4 月，加拿大财务管理委员会秘书处签发了《综合风险管理框架》（Integrated Risk Management Framework，IRMF），以此为标志形成了综合风险管理模式，并在实践中得到了较好的应用。加拿大政府将组织对突发事件风险的认知和管理模式划分为三个层次：第一，危机管理（组织应对已发生的事件）层次；第二，具体业务风险管理（独立地管理具体风险）层次；第三，综合风险管理（组织将风险管理融入战略决策中）层次。其中，综合风险管理层次为组织提供了一种系统、综合的风险管理思路，将风险管理实践扩展到整个组织的结构、过程和文化中，与组织的目标开发、业务计划、决策制定和其他管理活动融为一体，全面应对其所面临的环境、战略、运作和财务等风险。

为指导整个政府范围内的风险管理活动，《综合风险管理框架》提出了具体实施的四大要素：第一，制订组织的风险规划。通过扫描和识别组织风险，评估当前的风险状态，以此制订风险规划。第二，建立一种综合风险管理功能。重在加强沟通和理解，将风险管理整合到现有的决策和报告过程中去。第三，实践综合风险管理。运用动态、灵活的方法

① The Treasury Board. Integrated Risks Management. http://www.tbs-sct.gc.ca/pubs_pol/dcgpubs/RiskManagement/dwnld/guide_e.pdf；唐钧，谢一帆．“风险政务”：国际状况与我国的建设方略．中国行政管理，2008（2）；朱正威，刘泽照，张小明．国际风险治理：理论、模态与趋势．中国行政管理，2014（4）．

把风险管理融入政策、计划、行动以及日常的决策中。第四，确保持续的风险管理学习。着重塑造适应风险管理的组织文化和学习氛围。在政府的风险管理实践中，政府高层的支持至为关键。高层对于风险管理的理解与共识，以及提供资源保障和支持的程度，对整个组织的风险管理具有决定性的影响。

与此同时，基于政府突发事件风险管理形势的系统复杂性，加拿大政府强化了现实风险识别的综合探视与资源整合，探索确立与风险匹配的评估及应对管理模式。值得一提的是，2006 年，加拿大情报机构与联邦政府部门联合，建立了“全部危险源风险评估”项目（All Hazards Risk Assessment，AHRA），对国家面临的危险进行系统分类并推动综合性风险评估，为整合各类组织资源、拓展政府综合性风险管理奠定了基础。

3.4.2 加拿大突发事件风险评估模型①

风险评估是加拿大突发事件风险管理的核心环节之一。风险评估并不是一个线性的过程，而是要根据情形不断改变的。风险评估的输入包括：已有的风险管理计划（例如运营规划、区域应急规划）、已有评估（例如环境扫描、关键性评估、商业影响分析、威胁分析、脆弱性评估、全灾害风险评估）、已有经验和教训、应急能力提升结果。

加拿大突发事件风险评估流程包括完成或更新环境扫描、完成或更新关键资产列表、完成或更新威胁和灾害、识别脆弱性、全灾害风险评估五大步骤（见图 3－5）②。第一，完成或更新环境扫描：收集和分析信息，确定风险发生时利益相关者将受到的影响，扫描的环境既包括内部因素，也包括外部因素，扫描可以是常规的（例如每年一次），也可以根据需要选择主要的因素。环境扫描包括四个子步骤：评估内部环境（包括已有应急能力、信息系统、政策、内部利益相关者、决策过程等）；评估外部环境（包括文化、政治、法律、规章、金融、经济环境、外部利益相关者等）；识别已有的风险管理计划并评估不足；识别利益相关者的诉求。第二，完成或更新关键资产列表：对关键资产和服务进行清点、建档，便于后续灾害影响分析。关键资产既包括有形的，也包括无形的，可以按照重要性、价值和敏感性进行评估，评估结果力求全面、完整。第三，完成或更新威胁和灾害：对所有可能潜在的威胁进行评估，既包括敌对势力，也包括自然灾害、卫生事件、公共事件等。第四，识别脆弱性：评估关键资产在设计、实现和运营等方面的不足。首先整理已有针对关键资产的防护措施，然后评估在各种意外（人为或非人为）条件下资产的脆弱性。第五，全灾害风险评估：按照发生可能性和后果两个维度对风险进行评估。风险评估的输出包括风险概况、发生可能性、潜在影响。风险评估包括识别风险、分析风险、评估风险、识别风险缓解措施等步骤。

---

① 孙玉卫，等．风险评估模型在深圳市宝安区中德灾害风险管理试点项目中的应用研究．中国应急管理，2012（2）．

② Public Safety Canada. Emergency Management Planning Guide 2010—2011. Her Majesty the Queen in Rights of Canada，2010.

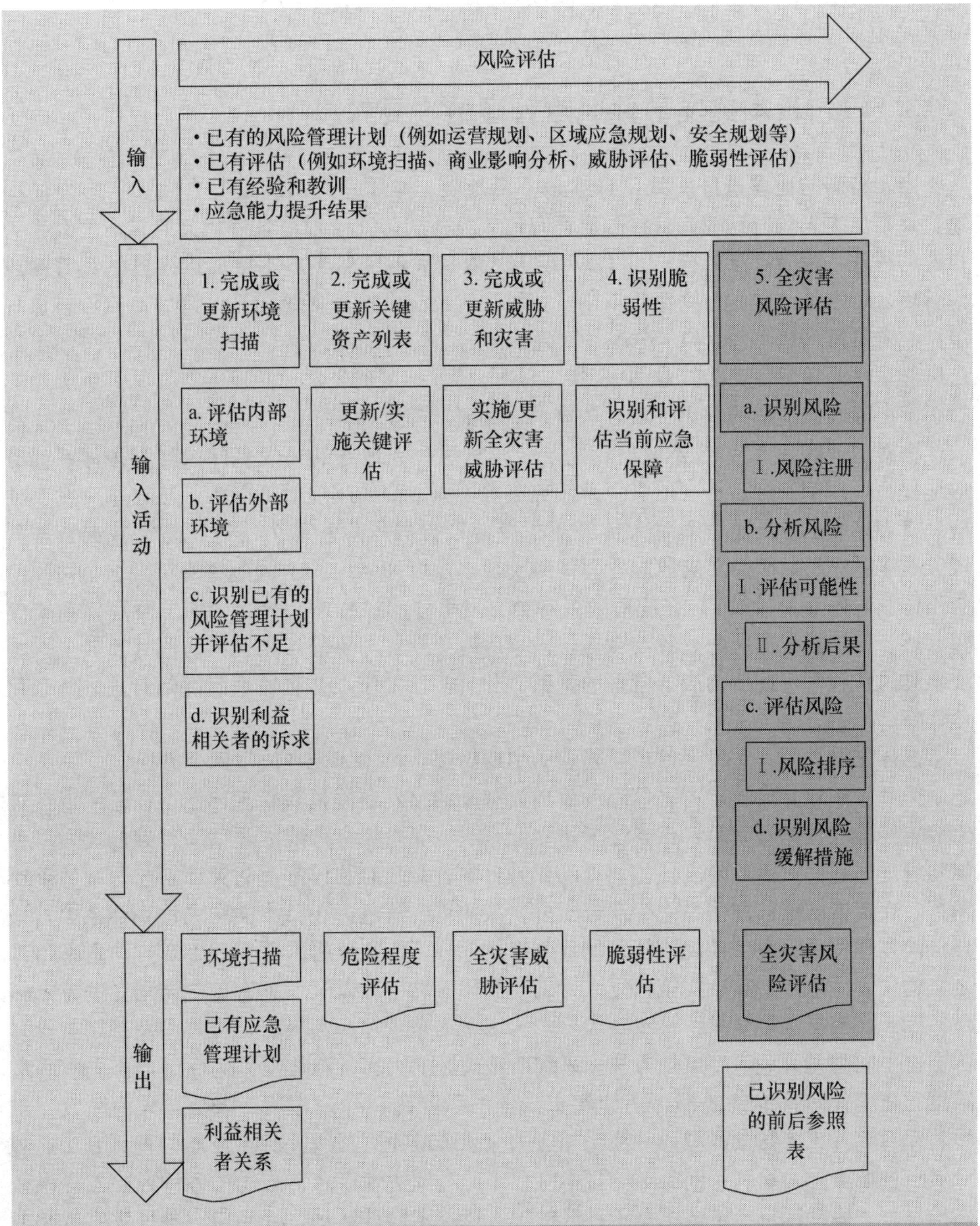

图 3-5　加拿大突发事件风险评估流程图

3.5 日本突发事件风险管理

3.5.1 日本突发事件风险管理的主要做法

由于特殊的地理条件所致，日本是一个地震、海啸、火山爆发等自然灾害多发的国家。日本从中央政府到地方自治政府都有比较完备的防灾计划，各种相关的对策已经作为重要的行政政策被广泛执行。自 1995 年 1 月阪神大地震后，日本更加重视自然灾害的风险管理。特别是 20 世纪 90 年代以来，各种人为的突发事件接踵而至，诸如地铁沙林毒气事件、全日空劫机事件、O-157 事件、日本海的油轮重油泄漏事件，以及核燃料再加工工厂爆炸事件频频发生。尤其是 2011 年 3 月 11 日，日本东北太平洋地区突发 9.0 级强地震并引发海啸及核泄漏的三重灾难，造成人员和财产的重大损失。

面对“天灾人祸”，日本政府建立了一套从中央到地方的突发事件风险管理体系，有效地提高了国家安全、社会治安、自然灾害等不同方面的风险管理能力。从日本突发事件应急管理体制的发展历程看，大体经历了以单项灾种风险管理为主进行防灾减灾管理阶段、对多项灾种的综合防灾风险管理体制阶段以及以加强内阁功能为主的新型综合性风险管理体制阶段三个阶段①。在应对各级各类突发事件的过程中，日本的应急管理体系工作重心逐步从注重事后应急处置与救援，向事后应急处置与事前主动风险防范并重转变，突发事件风险管理由此成为应急管理的基础性和日常性工作，并且实现制度化管理、常态化运作。

总体来看，日本突发事件风险管理的主要做法，具体体现在以下四个方面：

第一，构建并完善以灾害危险度评估为基础的突发事件风险管理体系。在总结以往灾害应对经验教训的基础上，日本逐渐建立健全了一套以灾害危险度评估为基础的突发事件风险管理体系。灾害危险度评估调查已成为日本各级政府制订都市防灾计划与对策的重要依据，在都市防灾计划体系中扮演着不可或缺的重要角色。在日本的防灾计划体系中，地域危险度评估是突发事件风险管理的重要组成部分，旨在分析、研究和确定“防灾都市计划”的代表性地区、灾后实施“复兴计划”的代表性地区以及“灾害预防计划”的重点区域。因此，根据法律要求，日本各级行政区域（如东京都、大阪府、神户市及静冈县等），都通过不同类型的危险度评估方法，来判断该地区的灾害危险程度。为做好动态的灾害危险度评估工作，日本各地都评估和发布当地的风险图，标记地震、海啸、火山喷发、洪水、泥石流等灾害易发区域，并注明相应的应急疏散撤离路线。日本地理调查研究所通过开展各种调查，为绘制不同类型的日本主要平原和周边地区及活火山的各种风险图提供基本信息。一些社区也经常组织基于社区的灾害风险图设计活动，提出应对各种灾害威胁的

① 顾林生. 从防灾减灾走向危机管理的日本. 城市与减灾，2003（4）.

对策措施，以提高公众对灾害风险图的认知度①。

第二，建立严密、全面的灾情风险监测和信息网络。针对各种常见灾害风险，日本建立了覆盖比较全面的灾情风险监测和信息网络，从而能够对地震、海啸、火山喷发以及恶劣天气灾害风险等提供准确、实时的信息。气象厅是日本主管地震和海啸监测的专门机构，建有24小时不间断运作的风险监测系统，以确保在地震发生的瞬间计算出震源、规模、是否引发海啸并发出海啸警报和预报。气象厅在全国建立100个观测点，使用包括自有的以及日本海岸警卫队和当地政府等组织安装的观测设备，对海啸进行24小时不间断风险观测。在发生地震时，通过地震灾害监测系统，可实时将地震观测结果传送到气象厅，计算出震中、震源深度、震级等信息，迅速发布地震情报、预报、警报。日本气象厅在全国范围内安装了大约180个地震检波器站点，以在地震发生后快速地定位震源并估算出地震的震级及快速地发布海啸预报。为向全国共约3 900个区域点发布地震强度信息，日本气象厅在全国范围内安装了大约600个点的地震强度仪，24小时监测地震；在日本海域安装了约1 000个地震仪，密切监视大陆架板块的移动。在火山喷发方面，日本气象厅在全国108座火山中的30座活动频繁的火山上安装了24小时运行的地震仪及其他火山观测设备，并在全国设有4个火山观测和信息中心，用来收集和监测数据。当发现火山活动异常时，气象厅及其邻近的气象台站会增加临时观测，临时观测又包括远望观测和现场观测。在恶劣天气灾害方面，日本气象厅通过收集来自国内外的天气观察数据（如降雨量和降雪量），为发布气象预报、警报以及气象报告做准备，然后分析汇总数据，并发布未来天气状况预报。日本气象厅还开发了一套“气象服务计算机系统”（COSMETS），采用基于电话线的天体信息传输系统，用以收集观测数据并传播信息，后台有一套超级计算机系统进行数据分析处理并发布预报②。

第三，注重灾情风险评估内容充实化与灾害风险管理综合化。一是灾情风险评估内容充实化。日本灾情风险评估的内容是多种多样的，不仅有直接经济损失，还有间接经济损失；不仅有对经济的影响，还有对社会的影响（如人员伤亡），及对环境的影响等。日本灾情风险评估内容不断充实，其中有的是对直接经济损失评估的既有模型进行检验、提高和完善。二是灾害风险管理综合化。从2001年起，以日本防灾科学技术研究所为主体进行的国家重点研究项目“关于城市抗灾社会系统的实证研究”，专门以水灾为研究对象，从社会的多样性视角出发，围绕灾害风险管理的综合框架、洪水风险的跨学科研究以及公众参与型风险管理的平台，进行了为期5年的研究和探索，形成了独特、系统的理论体系。在此框架内，从构成社会的最基本的要素——个人行为出发，对城市区域空间发展与规划中的防灾和环境保护问题，首次运用喜好模型对居民的不同需求进行了定量探讨，导出了防灾和环境保护之间的等效用置换关系。在此基础上，又增加了经济发展的内容，成功地对防灾、环境保护和经济发展三者之间的等效用置换关系进行界定，为城市区域的资

① 钟开斌．国际化大都市风险管理：挑战与经验．中国应急管理，2011（4）；钟开斌．日本灾害监测预警的做法与启示．行政管理改革，2011（5）；钟开斌．东京基于社区的地震灾害危险度评估：做法与特点．北京行政学院学报，2011（6）．

② 姚国章．日本自然灾害预警系统建设报告．电子政务，2007（11）；姚国章．日本自然灾害预警运行体系管窥．中国应急管理，2008（2）；钟开斌．日本灾害监测预警的做法与启示．行政管理改革，2011（5）．

源有效调配和利用提供了理论基础。基于 PDCA（plan-do-check-action）循环过程，通过不断的城市诊断（urban diagnosis）来实现灾害风险的适应性管理（adaptive management），即综合灾害风险管理理论。在进行风险控制（risk control）的同时，要采取各种办法进行风险融资（risk financing，即转移风险）；防灾投资的效果评估要跳出传统的期待损失额的评估，要考虑到风险溢价（risk premium）①。

第四，加强灾害风险沟通和信息公开工作。政府与公众、企业之间的灾害风险沟通和信息公开，是突发事件风险管理的前提和基础。日本政府的灾害风险沟通与信息公开，促进了公众和企业对所在地区的灾害历史、现状和存在的风险隐患的了解，从而提高了公众对灾害风险的认知能力和应对能力。日本从 20 世纪 80 年代就开始公开政府的防灾减灾规划、地形图、地质灾害图、地震观测数据等信息，并做到随时随地谁都能接触的大众化的信息公开。2000 年 10 月，日本防灾科学技术研究所在互联网上开设了“滑坡地形分布图数据库”，把全国各地已经发生滑坡灾害的数据，有可能存在滑坡、泥石流等地质灾害危险和隐患的地形图数据向社会免费公开。地方政府通过这个数据库，可以确定和掌握灾害发生时与外界中断联系的孤立地区的位置和范围，正确制订地区防止地质灾害的规划，研究土壤雨量指数与滑坡等地质灾害发生的关系，等等。民间企业通过数据库，可以更好地提高道路、桥梁等的工程设计和建设质量，做好环境影响评价，制定企业所在地防止地质灾害的应对措施，等等。一般居民可以查询自己的居住地区有没有发生滑坡和泥石流灾害的可能性，以及掌握参与社区防灾规划编制的基础，等等。2009 年，日本国土交通省所辖的国土地理院开设了“危险地图门户网”，把洪水内涝、地震、火山、高潮与海啸、地质灾害等防灾地图和地形图全部归纳在一起，做到无论何时何地任何人都能看到防灾地图，并且可以利用这些数据制定自己地区和单位的防灾避难图及设置公共活动安全地区等②。

日本国土交通省出版《洪水灾害风险地图编制手册简本》，介绍了洪水灾害风险地图的编制背景、定义、编制主体、编制目的，论述了灾害风险地图防洪减灾的有效性，讲解了灾害风险地图编制的编制、普及和活用流程，规定了灾害风险地图的编制程序，还对灾后地图的普及和活用中可能出现的问题做了解释③。基于 WebGIS 开发了互联网洪水灾害风险地图，并通过对地方政府工作人员的问卷调查，评估了灾害风险地图和互联网上的防灾信息的内容及其有效性，同时探讨了互联网灾害地图防灾信息传递方式的有关问题。日本防灾科学技术研究所开发了公众参与型水灾风险沟通支援系统（PAFRICS）和沿海灾害危险度地图检索系统，前者主要解决市民、地方政府工作人员、NPO 工作人员等在日常防灾工作中遇到的问题，为他们举办防灾研讨会提供技术支撑；后者主要是通过居民运用该系统检索沿海灾害危险度地图，可以使他们了解因海平面上升造成的海水淹没损失，从而诱发他们自觉加入应对全球温暖化和海平面上升的队伍中来④。

---

① Zhai Guofang，Fukuzono T，Ikeda S. Multi-attribute Evaluation of Flood Management in Japan：A Choice Experiment Approach. Water and Environment Journal，2007，21（4）：265-274；翟国方. 日本洪水风险管理研究新进展及对中国的启示. 地理科学进展，2010（1）.

② 顾林生. 全民参与的日本防灾应急机制及其对我国的启示. 内部研究资料，未刊稿。

③ 国土交通省（社）国际建设技术会：建设技术移转指针洪水危险地图概要版，2003.

④ 防灾科学技术研究所. 沿岸灾害危险度地图：2007. http://engan.bosai.go.jp/engan/index.htm.

3.5.2　日本地方政府突发事件风险管理：以东京市为例①

根据《东京都震灾预防条例》的规定，自 1975 年以来，东京在实践中逐步建立了一套基于社区的地震灾害危险度评估体系，以东京各町丁目为评估对象，通过对建筑物危险度、火灾危险度和应急避难危险度进行分类评估，得出各地的综合危险度，为防灾减灾工作提供科学依据。同时，东京都还编制《防灾措施——防范东京可能面临的危机》等风险防范和应急处置相关的操作指南，供防灾减灾部门和社会各界学习参考，以提高全社会的风险应对能力。

东京都都市计划局都市防灾部所发行的《地震相关地域危险度测定调查报告书》，把地震灾害危险度定义为："因地震所引发的危险有地盘裂开、建筑物倒塌、火灾、避难中发生的伤亡，或是因混乱导致的恐慌等。""这些灾害因地区特性而有很大的差异，这些差异受地面软硬程度、木建筑的密集状况、附近地区有无安全的应急避难场所等影响灾害发生的重要因素所左右。"所谓地域危险度评估，"是指对选定某一范围，就其潜在的地震灾害危险度的影响程度进行测定"。依据《东京都震灾预防条例》（现《东京都震灾对策条例》）规定，危险度评估是一套在预先设定的地震强度及评估要因的条件下，检测都市或区域内可能因灾害发生导致的各种危险状况发生的分布情形，依据其分布情形，比较各地区间相对危险程度的方法。实际上，东京都的抗震预防计划是以历年地域危险度调查评估结果为基础而做出的一些对策性和整体性的预测工作。从过去的地震经验可以了解到，建筑物倒塌及地震、火灾往往是造成人员死亡及灾害扩大的最主要因素。

东京基于社区的地震灾害危险度评估，其主要内容包括建筑物倒塌危险度、火灾危险度、避难危险度三个方面。建筑物倒塌危险度需要同时考虑自然因素（如当地的地震特性）及建筑物实体因素（如建筑物密度、建筑物结构类型）去做评估。建筑物倒塌危险度的测度公式为：建筑物倒塌危险度＝各类建筑物的数量×不同类型地表结构上的建筑物的倒塌比例。火灾危险度分为发生火灾的危险以及火势燃烧蔓延危险两个方面。其中，发生火灾的危险主要是计算地震爆发时起火的可能性，需要考虑建筑物的使用类型（居住建筑、公共建筑、工业建筑和农业建筑）、相邻危险程度、地下危险程度等因素。火势燃烧蔓延危险主要计算起火后蔓延的危险程度，需要考虑消防设施完备性、建筑物结构类型等因素。火灾危险度的测度公式为：火灾危险度＝火灾发生的危险度×火灾蔓延的危险度，同时考虑周边町丁目火灾蔓延至本地的危险。避难危险度主要评估地震发生后的各个阶段民众逃生避难的危险程度，主要考虑人口密度、避难逃生路径的安全性、避难场所的可及性等因素。根据建筑物、火灾和避难三大危险度各自的评估结果，最后汇总为综合危险度，作为决定不同程度危险地区的依据。综合危险度评估方法以评点法为主，计算三大危险度的得点，对此得点依 0～5 危险等级的五阶段评点法进行评点，最后将三个危险度

① 钟开斌. 东京基于社区的地震灾害危险度评估：做法与特点. 北京行政学院学报，2011 (6)；钟开斌. 国际化大都市风险管理：挑战与经验. 中国应急管理，2011 (4)；顾林生. 东京大城市防灾应急管理体系及启示. 防灾技术高等专科学校学报，2005 (2).

所得评点加总，再进行五阶段评点，得到该地区的综合危险度。根据各地区综合危险度的数值，绘制各地区的综合危险度示意图。

东京都基于社区的地震灾害危险度综合评估，主要包括三项工作流程：首先，对建筑物和地表结构进行分类统计。为此，要详细统计当地建筑物的数量、类型、建造年份、楼层数以及各个地区所在地表结构的具体情况。其次，分别测度建筑物倒塌的危险度、火灾发生和蔓延的危险度、应急避难的危险度。建筑物倒塌的危险度要重点关注建筑物的类型、结构、楼层数、地表结构等指标，火灾危险度需要测度起火危险度和火灾蔓延危险度两个方面。最后，测度综合危险度。根据建筑物危险度、火灾危险度和避难危险度各自的评估结果，最后汇总为综合危险度。为开展基于社区的地震灾害危险度综合评估，东京建立了一个“基于社区的危险度调查委员会”，全面负责危险度综合评估的组织、协调和指导工作。该委员会由各方面的专家共同组成，其主要职责包括：编制地震灾害危险度综合评估指南，供各地参考并根据当地的实际情况进行调整；根据综合评估的结果，提出改进风险防范和处置工作的对策建议。

东京基于社区的地震灾害危险度评估具有如下特点：一是以巨灾为重点，积极开展强烈地震发生后不同地区的危险度评估。根据城市所面临的风险态势和特点，东京以强烈地震为重点防范对象，在预先设定的地震强度及评估要因条件下，用科学的方法，综合评估都市或区域内可能因灾害发生导致的各种危险状况发生的分布情形，依据其分布情形，比较各地区间相对危险程度。通过建立巨灾风险评估机制，东京都最后形成了各町丁目地震灾害危险度综合评估结果表（涉及建筑物倒塌、重大火灾、避难危险等类别），以此作为城市防灾减灾规划的重要指导和依据。二是以综合为目标，全面评估巨灾对经济社会产生的综合影响。基于社区的地震灾害危险度综合评估主要包括建筑物危险度、火灾危险度、避难危险度三类内容。根据各类危险度的评估，分别调查后将其汇总，最后整合形成东京各町丁目的综合危险度。三是以专项为基础，深入评估震后火灾等各类具体风险。例如，东京震后火灾风险评估主要就地震发生时用火器具、电热器具、化学药品、工业用炉、危险物设施及其他起火因子的起火率，来计算其起火次数。除了地震灾害危险度综合评估，东京也对暴风雪、洪水、火山、火灾、传染病、恐怖袭击等进行专项风险评估，在此基础上形成综合风险评估结果。四是以公开为动力，大力提高全社会的风险防范意识和应对能力。根据《东京都震灾预防条例》的规定，自 1975 年 11 月第一次开展不同地区地震综合危险度评估以来，东京每五年集中开展一次此项工作，每次综合危险度评估的结果（包括各种图表和数据）都在东京都相关政府网站及时进行公布，接受社会各界的监督，不断改进工作。

本章小结

1. 20 世纪 90 年代以来，美国、英国、德国、加拿大等发达国家先后出台了政府突发事件风险管理方面的法律法规、风险评估指南和指导性文件，在加强组织机构建设、构建政府突发事件风险管理标准化体系、开展国家突发事件风险评估等方面不断创新，持续强化突发事件风险评估的基础性地位，充分运用风险评估模型和信息技术，统一规范突发事件风险管理工作，实现不同地区、部门和层级协调联动、公开透明，提高政府突发事件风险管理的科学化、规范化、系统化水平，成效显著。

2. 控制风险是制定美国国土安全战略和政策的重要原则，国土安全风险管理的标准化是有效控制风险的前提和基础。美国国土安全部通过风险管理的标准化，确定风险术语供与国土安全有关的利益团体使用，努力提高全联邦范围内的整合风险管理能力。

3. 成立或确定风险管理的专门机构是开展突发事件风险管理的重要基础。美国国土安全部专门成立风险管理与分析办公室，下设风险治理和支持处、风险分析处两个处，并明确风险管理与分析办公室的工作职能和职责，以强化联邦政府国土安全风险管理。

4. 针对所面临自然灾害风险的新类型、新趋势和新特点，根据美国联邦政府的统一要求和指导意见，纽约探索建立了由市应急办牵头、30 多家机构参与的，规范有序、综合协调、依靠科技、公开透明的城市自然灾害风险管理体系。

5. 美国突发事件风险评估模型发展较成熟、应用较为广泛、综合性较强的主要有两种：HAZUS-MH 模型、CVAT 模型。HAZUS-MH 是由美国联邦应急管理署和国家建筑科学研究院联合开发的标准化多灾害损失估计方法。CVAT 模型是由美国国家海洋和大气管理局提出的旨在为风险减缓措施提供技术支持的风险评估方法。

6. 自 2004 年以来，英国政府先后出台了《民事紧急状态法》《应急管理准备和响应指南》《应急管理恢复指南》等法规和文件，使中央政府风险管理能力得到显著提高。《民事紧急状态法》强调以风险管理为应急管理的核心，强调用科学的方法发现风险、测量风险、登记风险、预控风险，把应急管理建立在科学的方法基础上。

7. 英国加强突发事件风险管理的组织机构体系建设，已初步形成了以内阁办公室、财政部和政府贸易办公室为核心的组织体系，形成以复原力为核心的全面风险管理框架，按照“中央—地区—地方”三级风险管理架构进行分级管理，统一应对英国政府可能面对的风险。

8. 伦敦逐步建立了一套以全面风险登记为基本特点的城市突发事件风险管理体系。伦敦各级政府以复原力论坛为平台，建立跨地区、跨部门的合作机制，采取“风险＝可能性×影响”的风险评估方法，每年都编制和公开发布《风险登记册》，成为各地编制应急预案、应急规划和业务持续计划的前提和基础，不断提高城市的风险防范和应急管理能力。

9. 德国 2009 年修订完成的《公民保护和灾难救助法》明确赋予联邦政府开展风险分析的法定责任，为突发事件风险分析工作奠定了坚实的法律基础。德国加强对突发事件风险管理工作的统一领导，注重整合各类社会资源开展突发事件风险管理工作，充分借鉴和吸收国内外风险管理的经验和先进技术，构建支持政府决策的突发事件风险分析工具。

10. 根据《公民保护中的风险分析方法》（2010）公布的做法，德国试图按照统一的方法与标准来评估各种类型突发事件的风险等级。该方法主要是以突发事件的发生可能性和损害规模为基础，将风险划分为四个等级。通过比较各种突发事件的风险等级，在同一张风险矩阵图内形象化地显示风险分析结果，可以为应急决策者快速做出决定提供相关参考。

11. 加拿大形成了综合突发事件风险管理模式，将风险管理实践扩展到整个组织的结构、过程和文化中，与组织的目标开发、业务计划、决策制定和其他管理活动融为一体，并在实践中得到了较好的应用。加拿大政府强化了现实风险识别的综合探视与资源整合，探索确立与风险匹配的评估及应对管理模式。

12. 加拿大突发事件风险评估流程包括完成或更新环境扫描、完成或更新关键资产列表、完成或更新威胁和灾害、识别脆弱性、全灾害风险评估五大步骤。风险评估是加拿大突发事件风险管理的核心环节之一。

13. 日本逐渐建立健全了一套以灾害危险度评估为基础的突发事件风险管理体系。灾害危险度评估调查已成为日本各级政府制订都市防灾计划与对策的重要依据，地域危险度评估是突发事件风险管理的重要组成部分，旨在分析、研究和确定“防灾都市计划”的代表性地区、灾后实施“复兴计划”的代表性地区以及“灾害预防计划”的重点区域。

14. 东京在实践中逐步建立了一套基于社区的地震灾害危险度评估体系，以东京各町丁目为评估对象，通过对建筑物危险度、火灾危险度和应急避难危险度进行分类评估，得出各地的综合危险度，为防灾减灾工作提供科学依据。

15. 东京基于社区的地震灾害危险度评估具有如下特点：以巨灾为重点，积极开展强烈地震发生后不同地区的危险度评估；以综合为目标，全面评估巨灾对经济社会产生的综合影响；以专项为基础，深入评估震后火灾等各类具体风险。

关键术语

美国突发事件风险管理　纽约市自然灾害风险管理　HAZUS-MH 风险评估模型　CVAT 风险评估模型　风险管理标准化　英国突发事件风险管理　复原力　全面风险管理框架　伦敦城市风险管理　德国突发事件风险管理　加拿大突发事件风险管理　综合风险管理模式　加拿大风险评估模型　日本突发事件风险管理　东京基于社区的地震灾害危险度评估体系

复习思考题

1. 简述美国联邦政府突发事件风险管理的发展历程。
2. 美国联邦政府突发事件风险管理的主要做法有哪些？
3. 如何理解美国联邦政府突发事件风险管理的启示与借鉴？
4. HAZUS-MH 风险评估模型的流程如何操作？试举例说明之。
5. 纽约市自然灾害风险管理的主要做法有哪些？
6. 应如何看待英国联邦政府突发事件风险管理的主要做法？
7. 英国联邦政府突发事件风险管理对我国有何启示与借鉴？
8. 伦敦市突发事件风险管理的主要做法对我国特大城市有何启示与借鉴？举例说

明之。

9. 德国突发事件风险管理的主要做法中有何亮点?

10. 德国突发事件风险管理的启示与借鉴有哪些?

11. 简述加拿大综合风险管理框架的主要内容。

12. 如何运用加拿大突发事件风险评估模型?

13. 日本突发事件风险管理的主要做法具体体现在哪些方面?

14. 何谓东京基于社区的地震灾害危险度评估体系?其主要内容、工作流程和主要特点有哪些?举例说明之。

阅读案例

日本2011年“3·11”大地震灾害应对中的风险沟通

一、基本情况

2011年3月11日,日本东北太平洋地区突发9.0级地震并引发海啸,造成人员的重大伤亡,并引发财产的重大损失。日本媒体灾害风险沟通充分而有效地发挥了应急功能。NHK灾害风险沟通以紧急警报播报、灾害关联信息、灾害预警信息、注意事项告知、灾害防御指南及政府对策的解读等内容为主。3月11日14点46分地震发生,3分钟后海啸警报发布,14点50分NHK即发出紧急地震快报。

当灾害发生时,日本新闻媒体的灾害风险沟通都以政府发布的信息为准。如“NHK online”的“东北关东大地震相关信息”网络板块中,整体灾害信息并不直接公布,而是链接向日本内阁府、气象厅、国土交通省、消防厅、警察厅等官方网站,直接指向信息来源。关于灾情及其动态变化,主要采取事件描述、官方新闻发布会等形式进行客观报道,将政府作为主要信息来源,媒体不做过度的猜测和判断,始终保持独立的新闻专业主义精神。日本媒体对政府应急处置的不当行为也给予客观描述,坚持舆论监督功能及建设性立场,旨在推动解决实质性问题。

二、灾民本位立场与灾害风险沟通的议程设置

采用系统抽样法截取了NHK网站的“地震特集”和朝日新闻网站“东日本大地震”的相关新闻,对报道内容分为灾情描述与救援活动、预警信息、避难与生存生活信息提供、政府决策与行动指引、民间支援、舆论评论、“事件驱动”、专家分析八个方面进行归类分析。

(1)提供大量避难与生存生活信息,完全公布政府决策与行动指引。灾情描述与救援活动是各国媒体灾害风险沟通的重点,而日本灾害风险沟通特色在于提供大量避难与生存生活信息,以及政府决策与行动指引。避难与生存生活信息主要包括“岩手县避难所名册”“茨城县无线WLAN局域网信息”“大规模停电计划”等为灾民提供紧急生活用品供应、避难所设施、医疗状况、交通运行和生活信息;政府决策与行动指引着重报道政府应急处置的每项关键行动,多采用新闻发布会及首相避难指示等直接报道政府对灾情最准确、最迅速的把握。

（2）随着灾害事件进入不同阶段，新闻数量呈线性相关关系。从报道绝对量看，从地震发生当天（3月11日）的154条报道到灾害发生12天（3月23日）后的95条，整体呈递减趋势；随后1周内报道数量基本维持在100条左右，进入相对稳定期。灾害发生后，公众对于信息的需求量处于极端状态，因此报道数量也呈现井喷，以最大限度地满足公众的知情权。在3月17日、3月23日、3月29日三天，报道数量小幅回升，这与福岛第一核电站爆炸的紧张事态变化有关，总体上基本满足了政府、公众与传媒间的信息供求关系。

（3）日本媒体灾害风险沟通体现预警、人性关怀与稳定民心的功能。一是预警信息。截至3月13日"全国范围内解除海啸警报"，日本媒体在灾害发生初期及时播报余震、海啸的预测情况，以利于救灾抗灾及稳定民心；二是"事件驱动"性报道开发较少，具有难得的新闻克制精神；三是专家分析平均每日1报，通过政府公布事态与权威解读结合，使公众心里有数，从而更有勇气面对巨大的未知灾害。

（4）从议程设置看日本媒体灾害风险沟通的灾民本位立场。朝日新闻网站的"东日本大地震"特集中设置了14个栏目："核能相关及解读""计划停电""受灾信息""Life-line信息""交通信息""行政对策""死亡确认信息""遗体确认""官房长官会见（全文）""民间支援""社会公益救灾""Google新闻信息""NHK避难者名册""震灾关系的企业名单"。此外，还设置了关于避难所名册及确认死亡者的检索，以及与NTT合作的安否信息确认"171灾害留言板"。

日本灾害风险沟通的重点是灾情信息及避难生活信息：一是为公众提供灾后恢复日常生活、维持生活秩序的便利信息，如停电、交通等各方面通告；二是为公众提供寻找亲人、获取各方援助的信息；三是通过政府、专家的权威指引以及民间支援、社会公益等报道，激励受灾民众稳定心态、鼓舞信心。危机议程设置在日本灾害风险沟通中得到淋漓尽致的体现，从客观报道到应对灾害事件的技术性策略，强势引导人们的关注重点并形成集约化的整体舆论。

三、人文关怀与灾害风险沟通的思维及语态

就新闻价值和新闻伦理而言，灾害风险沟通的突出功能在于展现人文关怀、激励民族精神、稳定社会民心。当巨大的自然灾害发生后，政府公信力、社会维系力、人性本质等都将面临极致考验，需要强大的内在精神力量支撑，在满足灾害信息需求供应的同时激发出全社会"万众一心、众志成城"的高度凝聚力。日本灾害风险沟通在坚持新闻传播理念和坚守追求真相的新闻价值观的前提下，以理性与感性相融合的新闻观点表达，其新闻思维坚持正面引导、充分发挥媒体人文关爱和凝聚民心的功能。

（1）克制性的报道语态。日本灾害风险沟通标题类型主要有以下几种：一是借助官员和专家原话表达观点；二是对信息和数据的直接引用，不加过多修饰词或限定词；三是采用探究语态引导公众思考，并在深度报道中帮助公众深刻认知和理解灾害。在报道的具体描述上，日本媒体的笔墨从容而淡定。这些平静叙述、看似无情的克制性语态运用，却能让受众在阅读的同时获得内心的震撼。

（2）温暖民心的视觉表现。日本媒体的图片灾害报道并不追求图片本身的视觉冲击和猎奇，强调尊重和保护灾民情绪的稳定，抚慰和舒缓灾民的情绪。在重点突出的视觉

表现中，日本灾害风险沟通新闻思维的定位变得十分明确：更致力于通过描绘生命强大与生存美好的视觉表现来激发灾民的生存意志，平复灾民情绪，鼓舞社会民心凝聚。以朝日新闻选取的“地震图片特集”为例，其报道主题集中在以下方面：一是图片量最多的“避难所场景”。其大致分为如下几类：1）避难场所的生活条件。如食品供给、医疗服务、志愿服务、社会服务等。2）灾民安置的生活状态。如读书交流、互帮互扶等。3）避难所中的特殊场景。如学校毕业典礼、动物安睡等。画面随处可见整洁干净的避难场、有条不紊的服务、面容平静的灾民以及笑靥满面的儿童。二是“灾害现场描述”。值得注意的是，报道并未展示灾民个体的惨状，而多以大场景来表现灾害的惨烈，以散落的照片、物件表现灾害的无情，并以简洁易懂的卡通图画描述复杂的灾害原理。三是“民间支援与激励”。包括各地为灾区加油的人群、公众人物募集救灾资金的义演等活动。在“救援”类图片中，简洁有力地表现了救援者的能力及其工作的危险程度，使灾民消除孤独无助的感受，也使社会公众深化了对救援行动的了解及对救援行为的颂扬。四是为数不多的“事件驱动”型图片。尽管数量不多，但适当照顾了感性与理性报道的需要。五是“政治行为”的图片。其中，只有召开新闻发布会的现场照片，不做过多报道。

（资料来源：张光辉．日本的灾害防治机制与应急新闻报道及对我国的启示．河南社会科学，2009（11）；NHK 官方网站）

案例思考题

从上述案例提供的材料来看，你认为在灾害风险沟通的报道本位、报道功能、报道准备、舆情引导等方面应该如何充分借鉴日本的经验和做法？灾害风险沟通应如何进一步突出灾民本位和救灾服务功能？舆情引导应如何有效控制报道者的情绪和报道视角，防止过度的情绪宣泄，自觉维护社会稳定？

第4章

自然灾害风险管理

人类社会的发展与自然灾害相伴而行。随着全球气候变暖和环境破坏的加剧，各种灾害事件多发、频发，给人类造成了巨大的生命财产损失。进入21世纪以来，人类遭遇了数次重大灾害事件，如2004年印度洋大海啸、2005年美国卡特里娜飓风、2008年中国汶川大地震以及南方多省（区、市）的雨雪冰冻灾害、2010年海地7.0级地震、2011年日本9.0级地震等。仅2010年，全球就共计发生了373起自然灾害，全球共有大小洪灾182起，出现了83起风暴、29起极端天气以及23起破坏性地震，使近30万人失去生命，造成财产损失高达1 100多亿美元①。可以说，在危害人类生命和财产安全的风险中，自然灾害风险最为广泛，影响程度也最为深远，受到人们普遍的重视与持续的关注。伴随着防灾减灾的需要，自然灾害风险管理应运而生，并在理论研究和实际工作中取得了一定的进展。

本章主要说明自然灾害风险的基本理论，包括：相关概念的解析，自然灾害风险的特征、分类与分级，国内外自然灾害风险管理理论与实践的发展进程，自然灾害风险管理的流程与方法，以及几种典型的自然灾害风险分级、评估的主要做法。

重点问题

- 自然灾害风险的基本内涵
- 自然灾害风险相关概念
- 我国自然灾害风险管理的发展进程
- 自然灾害风险管理的基本流程
- 自然灾害风险识别、风险分析、风险评估的方法

① 郭跃．全球化背景下的自然灾害风险及应对策略．重庆师范大学学报（自然科学版），2014（5）．

4.1　自然灾害风险管理概述

4.1.1　自然灾害风险管理的基本概念

1. 灾害

在日常生活中，“灾害”一词使用的范围很广，凡是给人类造成危害的事件和现象都可以称为灾害。人们也把它称为灾难、灾祸、灾患等。对灾害的内涵和外延，还存在不同的观点。归纳起来主要有三种：第一，灾害是一种危害人类的自然现象，灾害学研究的对象是各种自然灾害。日本学者金子史朗认为：“它是一种自然现象，与人类关系密切，常会给人类生存带来危害或损害人类生活环境。这样的自然现象就是灾害。”① 第二，灾害不仅是自然现象，也是社会人为现象；灾害学既要研究自然灾害，也要研究社会人为灾害。如澳大利亚学者W. 尼克·卡特把灾害视为一种“自然或人为事件”，分为自然灾害和社会灾害，其社会灾害包括重大事故和社会动乱等。第三，灾害的产生既有自然因素也有人为因素，但其人为因素仅指人类与自然界矛盾运动范围内的，不涉及人类社会矛盾运动的范围。灾害学的研究对象是自然界的矛盾运动、人类与自然界矛盾运动所产生的灾害。1994年，世界减灾大会通过的《横滨战略和行动计划》认为，灾害概念包括自然灾害和其他灾害、包括环境和技术灾害，及其相互关系。

根据上述认识，作为灾害学研究对象的灾害可以这样定义：凡是危害人类生命、财产和生存条件的各类事件都可以称为灾害。灾害具有普遍性，其后果具有多样性和差异性。对于具体的灾害而言，它的成因是孕灾环境、致灾因子、承灾体及灾情（灾害后果）四个要素交互作用的结果，即灾害的发生就是在一定的孕灾环境下，致灾因子通过承灾体而产生灾情的过程。

2. 孕灾环境（disaster-formative environment）

孕灾环境是由大气圈、岩石圈、水圈、物质文化（人类—技术）圈所组成的综合地球表层环境。对灾害系统的复杂程度、致灾强度、灾情程度以及灾害系统的群聚与群发特征起着决定性的作用，其稳定性是影响自然灾害风险形成和发展的主要性质。

3. 承灾体（exposure）

承灾体是指包括人类本身在内的物质文化环境，主要指农田、森林、草场、道路、居民点、城镇、工厂等人类活动的财富集聚体，承灾体的暴露性（E）、脆弱性（V）、恢复性（R）和适应性（A）是其主要属性。

4. 致灾因子（hazard）

致灾因子是指可能造成人员伤亡、财产损失、资源与环境破坏、社会系统混乱等孕灾环境中的自然异变因子。极端天气气候事件、地震、海啸、滑坡、泥石流等都是大家熟知

---

① 金子史朗. 世界大灾害. 济南：山东科技出版社，1981：2.

且最为常见的致灾因子。危险性（H）是致灾因子的主要性质，是形成灾害的自然变异的程度。危险性的大小主要是由灾变活动规模和活动频次决定的。

5. 灾情（disaster information）

灾情是指在孕灾环境、致灾因子、承灾体相互作用下产生的自然灾害后果。

6. 自然灾害

通常，人们将由自然灾害因素造成人类生命、财产、社会功能和生态环境等损害的事件或现象称为自然灾害。在中国，自古就有“天灾人祸”的说法，这里的天灾主要是指自然灾害。自然灾害的发生不是单一的和孤立的，往往会在某一时间或某一区域集中出现，形成灾害群或灾害链，具有典型的群发性和伴生性特征。2013 年 2 月 1 日起正式施行的《自然灾害分类与代码》（GB/T 28921-2012）采用线分类法将自然灾害分为气象水文灾害、地质地震灾害、海洋灾害、生物灾害和生态环境灾害五大类 39 种自然灾害。

4.1.2 自然灾害风险与自然灾害风险管理

1. 自然灾害风险的内涵

由于人们对“风险”的含义存在不同的理解，所以对于有关自然灾害风险的定义还没有达成共识。总的来看，可以归纳为如下三种：（1）从风险的定量计算角度出发，将灾害风险定义为一定概率条件的损失；（2）从致灾因子的角度出发，将灾害风险定义为致灾因子出现的概率；（3）从灾害系统理论出发，认为灾害风险是致灾因子、暴露性和脆弱性三者共同作用的结果，并强调人类社会自身的脆弱性在灾害形成中的作用，即人类自身活动会对灾害造成“放大”或者“减缓”的作用。上述自然灾害风险的定义，只强调了风险的表达，缺乏对风险内涵的阐述，导致许多灾害风险研究不自觉地陷入传统的灾害研究或是纯粹的数学统计计算研究中。为此，有学者提出，应该对“自然灾害风险”进行更加严格与普适的基本定义，用于指导更加严密的风险分析。在我国，以黄崇福等为代表，提出了以情景为基础的自然灾害风险定义，认为风险是与某种不利事件有关的一种未来情景，自然灾害风险是由自然事件或力量为主因导致的未来不利事件情景；在灾害风险研究中要综合考虑其观察角度，对具体问题选择恰当的定义来描述风险①。以倪长健等为代表，认为自然灾害风险是自然灾害系统演化的产物，是由自然灾害系统自身演化而导致未来损失的不确定性②。综上，本书将“自然灾害风险”定义为：由于自然因素的影响对人类社会可持续发展造成不利后果的不确定性。这样定义，是充分整合了现有有关自然灾害风险定义的观点，取其精华，扬长避短。首先，“人类可持续发展”的词义通俗易懂，公众可以清晰地理解，便于风险沟通。同时，“可持续发展”是不过时的概念，虽然不断会有新的灾害风险情况出现，但无论何时，其所涉及的问题仍然是可持续发展的相关问题。其次，“不确定性”外在体现为“概率”。“概率”是可以计算的，便于风险评估和衡量风险发生的后果，也便于风险管理过程中对风险措施进行及时调整。最后，这样定义不但体现

① 黄崇福，刘安林，王野. 灾害风险基本定义的探讨. 自然灾害学报，2010（6）.

② 倪长健，王杰. 再论自然灾害风险的定义. 灾害学，2012（3）.

了自然灾害风险与人类可持续发展目标的关系，而且表明了风险的实质其实是一种不利后果（生命财产损失、社会功能损害和环境破坏等）发生的可能性。

自然灾害风险的形成离不开孕灾环境、致灾因子、承灾体以及灾情四个因素。区域灾害系统（disaster system）是由孕灾环境、致灾因子、承灾体复合组成的具有复杂特性的地球表层异变系统。灾情是孕灾环境、致灾因子、承灾体相互作用的产物。区域灾害系统理论认为致灾因子、承灾体与孕灾环境在自然灾害系统中的作用具有同等的重要性①。

2. 自然灾害风险的特征

总的来看，自然灾害风险具有以下五个方面的特征：

（1）存在的普遍性。

只要有自然界存在，只要自然界中有人类活动，就不可避免地会发生人类改造自然的一系列风险。自然变异与人类活动都可能导致自然灾害或人为的自然灾害的发生，灾害风险的存在具有普遍性。

（2）成因的复杂性。

自然灾害的多样性及社会系统的结构差异决定了自然灾害风险的复杂性。同一灾种作用于不同结构的社会系统，产生的后果是不同的；而同一社会系统下，面对不同种的自然灾害，其所能承受的风险性与可能性也是不一样的。

（3）影响的不可预期性。

自然灾害风险多源自自然条件的变化，自然灾害风险链条中的风险因素与地理地质构造、气候环境条件等自然物质因素有关，这些物质因素外生于人类社会，极难受到人类行为的控制，风险发生的时间、发展的程度以及最后的结果均表现出较强的随机性和不可预知性；同时，由于灾害链的作用，原生灾害所诱发的次生、衍生灾害的后果更是无法准确预料。诚然，自然灾害风险的大小会随着人类认识程度的变化和社会经济活动的不同而有所差别，这不仅表现在人类可以通过提高认识和改进技术来减少风险，还表现在人类不断改造世界的行为也会促使自然环境条件恶化，使极端自然灾害更为频发。历史表明，难以预期和控制是自然灾害风险研究过程中面临的重大难题之一。

（4）后果的非利性。

自然灾害风险会给个人或社会带来严重的影响，集中体现在经济损失和人员伤亡方面。以我国 2008 年为例，有数据显示，该年度各类自然灾害共造成约 4.7 亿人（次）受灾，死亡和失踪 88 928 人，紧急转移安置 2 682.2 万人（次）；农作物受灾面积3 999 万公顷，其中绝收面积 403.2 万公顷；倒塌房屋 1 097 万间，损坏房屋 2 628.7 万间；因灾直接经济损失 11 752.4 亿元，比上年增加 397.4%②。

（5）动态变化性。

自然灾害风险不是一成不变的。从概念上讲，风险是以下两个因素的函数：1）一个事件或一系列不同强度的事件发生的概率；2）事件的社会后果。所以，随着影响灾害事件自然原因的变化或人为作用的影响，也随着社会易损性的变化，灾害风险的程度大小甚

① 袁艺，潘东华，周洪健.《自然灾害风险管理基本术语》解读. 中国减灾，2015（4）.

② 2008 年民政事业发展统计公报. 民政部网站.

至性质，都是可以变化的。因此，自然灾害风险是动态变化的。

3. 自然灾害风险的分类、分级

(1) 分类。

面对纷繁复杂的自然灾害风险，科学分类是做好风险研究与应对的前提。但从国内外风险分类体系的研究状况来看，研究的视角不同，风险分类各不相同。有的从风险认知角度，有的从风险诱因角度，有的从风险量化角度，还有的从灾害类型角度进行分类，各有千秋，也各有利弊。由于自然灾害风险比较复杂，单一的分类标准无法表达灾害风险的综合特征，以刘希林、尚志海为代表，提出采用平行分类法对自然灾害风险进行综合分类。灾害种类并非一成不变，可以根据实际灾害种类灵活添加。分类图谱只是提供一种分类思路和方案，具体分类命名可根据实际灾情而定。总的来说，我国自然灾害主要分为七大类，包括气象灾害、洪水灾害、地震灾害、地质灾害、海洋灾害、生物灾害、火灾，每一类又可分为若干种，比如地质灾害又可分为山体崩塌、滑坡、泥石流、地面塌陷、地裂缝、地面沉降六种，而且每一种又可分为若干亚种，如泥石流灾害还可进一步分出暴雨泥石流、冰川泥石流等①。该分类方法以自然灾害种类为实体，体现了以灾害风险管理需求为导向、以灾害风险后果为特征的分类思路。

(2) 分级。

自然灾害风险分级是灾害风险管理的重要环节，是自然灾害评估的依据，是科学管理灾害风险的前提和基础。依据2012年4月1日起实施的我国民政行业《自然灾害风险分级方法》，自然灾害风险分级由自然灾害风险事件发生的可能性和产生的后果来决定。以P代表自然灾害风险事件发生的可能性的分级，以C代表自然灾害风险事件产生的后果的分级，以R代表自然灾害风险。自然灾害风险（R）的级别由P和C的乘积决定即$R=P\times C$。

4.1.3 自然灾害风险管理研究的重要意义

自然灾害对人类的威胁日益加大，加强自然灾害风险研究是当前灾害形势的迫切需要。随着世界人口数量不断增加、人口密度不断增大、基础设施建设不断扩大，未来暴露于自然灾害风险影响下的经济总量将呈现继续增多的趋势。同时，承灾体能力的退化使自然灾害所造成的威胁日益加大。我国在灾害发生频率方面，极端天气气候事件和地震活动明显增多，经济损失明显加重。据联合国网站报道，近20年间，我国是遭受自然灾害最多的国家之一，以洪涝灾害、地震、极端天气、干旱等为主的自然灾害发生的频度以及影响的广度和深度最为突出，经济损失达到了数十亿甚至上百亿美元。“十二五”期间，我国各类自然灾害呈多发频发态势，年均造成3.1亿人次受灾，因灾死亡、失踪1 500余人，紧急转移安置900多万人次，倒塌房屋近70万间，农作物受灾面积2 700多万公顷，直接经济损失3 800多亿元。仅2014年，全国各类自然灾害多发频发，中强地震灾害活跃，洪涝、干旱灾害突出，台风灾害损失集中，滑坡、泥石流、风雹等灾害不同程度发生，共造成全国2.4亿人次受灾，1 583人死亡，235人失踪，600余万人次紧急转移安置，45万间

---

① 刘希林，尚志海．中国自然灾害风险综合分类体系构建．自然灾害学报，2013（6）．

房屋倒塌，350 多万间房屋不同程度损坏，直接经济损失近 3 400 亿元。国家减灾委、民政部共启动救灾应急响应 28 次，财政部、民政部下拨中央救灾资金 98.73 亿元，调拨帐篷 11.4 万顶、棉衣被 16.4 万件（床）等中央救灾储备物资，全年共救助受灾群众 7 500 万人次①。如何面对新趋势，进一步减轻和减少灾害，是摆在我们面前的重大课题。自然灾害风险研究的目的正是要建立一套完整的自然灾害风险管理体系，以主动、有效、周密地应对自然灾害，尽可能地减少自然灾害损失。

4.2 自然灾害风险管理的历史脉络与研究框架

“重处置、轻预防”曾经被看作灾害管理的工作重心，在学界及实践工作中很少将降低灾害风险纳入灾害管理的重点。人类从一个灾害走向另一个灾害的惨痛经历使人们认识到自然灾害风险管理的重要性——找出导致自然灾害的风险源，通过识别、分析和评价等手段，预防或控制发生自然灾害的风险，是从根本上消除或减轻灾害的有效途径。

4.2.1 自然灾害风险管理理念的变化

在自然灾害形势越来越严峻的大背景下，自然灾害风险研究得到了国际社会的重视。从国际社会开展的一系列有关灾害管理与应对的活动中，可以厘清自然灾害风险管理理念的变化脉络。管理理念的变化同时也引导着自然灾害风险管理理论的研究方向与研究重点。

1. 减少或减轻自然灾害的理念

1981 年，国际风险分析协会（SRA）成立了，开展灾害风险分析、风险管理和政策研究；1987 年，由多个国际组织和国家支持的“国际减轻自然灾害十年”（International Decade for Natural Disaster Reduction，IDNDR）规定 1999—2000 年为治理灾害的十年，敦促各国把减轻自然灾害风险列入工作计划，推动各国采取措施减轻自然灾害的影响。1991 年 3 月，联合国国际减轻自然灾害十年科技委员会制定了《国际减轻自然灾害十年的灾害预防、减轻、环境保护和减轻机构的纲要及目标》（简称《危险预防方案》），明确提出减灾十年的根本目标，宗旨就是通过对自然灾害的危险性及脆弱性的评估，有效预防自然灾害风险。第四十四届联合国大会通过了“国际减轻自然灾害十年”的国际行动纲领，这个纲领的产生为在世界范围内的一致减灾活动铺平了道路。1994 年，世界减灾大会通过《横滨战略和行动计划》，提出了建立更安全世界的防灾、备灾和减灾的指导方针。2005 年，世界减灾大会通过神户战略，确定了 2005 年至 2015 年的世界减灾战略目标和行动重点，提出将减灾战略由减轻灾害调整为减轻灾害风险，并从单纯的减灾调整为减灾与可持续发展相结合。在此理念引领下，综合自然灾害风险研究成为核心内容，其中自然灾

① 2014 年社会服务发展统计公报. 民政部网站.

害风险辨识、评价、灾害风险监测与预警被列为五个优先领域之一。

2. 与灾害风险共存的理念

2010 年，达沃斯全球风险论坛（GRF）主办了瑞士达沃斯国际灾害风险大会。大会的主题是“灾害、风险、危机和全球变化——将威胁转化为可持续发展的机遇”，国际社会越来越认识到人类抵御自然灾害的能力是有限的，应该摆脱旧有的恐惧和躲避灾害的传统思想，转而更加理性地了解灾害，进而有效地管理灾害，学会与灾害共生共存。与风险共存理念的核心内容之一就是要接受部分灾害风险，这一部分风险被称为可接受风险。英国是开展可接受风险研究较早的国家，其中英国健康与安全执行局（Health and Safety Executive，HSE）对可接受风险研究最为深入。澳大利亚在此方面的研究比较有代表性，研究的重点之一就是地质灾害风险。研究的前提是在可持续发展的大背景下，在整个社会能力可及的前提下最大限度地减少承灾体脆弱性和灾害风险的可能性，以减轻灾害发生的不利影响。

3. 科学减灾理念

2015 年 3 月，第三届世界减灾大会通过了《2015—2030 年仙台减轻灾害风险框架》，突出强调了“科学减灾”，要求树立科学的思维，运用科学的方法，理解和认识灾害风险，提升灾害风险管理能力，加大对减轻灾害风险的投资，加强备灾，提升灾害应对能力。相信在科学减灾理念的引领下，新一轮的科学研究工作将蓬勃展开。

4.2.2 国外自然灾害风险管理研究概况

相对于我国而言，国外在自然灾害风险理论研究与实证研究方面都开展得较早，尤其在灾害风险评估方面的研究比较集中和成熟。美国正式进行灾害研究始于 1945 年怀特（G. P. White）出版《人类与洪水相适应》一书之后。同年，怀特在对洪水灾害进行研究的基础上，首次将人们防灾减灾的视线从单纯的致灾因子研究和工程防御措施扩展到人类对灾害的行为反应，指出可以通过调整人类行为而减少灾害影响和损失，为其后的综合减灾奠定了理论基础①。20 世纪 60 年代，自然灾害风险研究多集中在灾害机理与预测研究，同时也陆续开始进行灾害风险评估工作，并在风险评估技术与理论方面都取得了长足的进展。

在灾害风险评估方法与技术方面，加拿大地理学家罗杰·汤姆林森（Roger Tomlinson）首次提出 GIS 理念并将 GIS 技术引入自然灾害风险分析和风险决策领域。20 世纪 70 年代初期，托伯（Tobber）将元胞自动机的概念引入地理学研究，并且认为其是在分析模拟地理动态现象与灾害风险分析管理方面的一次方法革命。值得一提的是联邦应急管理署开发的风险管理工具软件包，用来评估灾害造成的人员伤亡和财产损失，为支持减灾、抗灾、灾后恢复的国家计划提供了重要支持。如美国联邦应急管理署和国家建筑科学研究院开发的 HAZUS 系统，重点针对洪水、地震、飓风三种自然灾害进行风险处理；社区灾害

① 张继权，李宁，等. 主要气象灾害风险评价与管理的数量化方法及其应用. 北京：北京师范大学出版社，2007.

风险管理系统（CBDRM）是帮助家庭和社会群体处置紧急灾害事件的重要定量分析工具，已在印度尼西亚三个区应用；科罗拉多州政府和科罗拉多大学开展了系统的自然灾害风险评估工程，涉及雪崩、干旱、地震、洪水、泥石流等多灾种评估；荷兰建立了系统的应对风暴潮和洪水的灾害风险评估与管理体系，将整个沿海地区划分为不同设防等级进行分区管理。

在灾害风险评估理论和方法方面，20 世纪 20 年代从自然系统自身的致灾因子危险性研究开始，到对承灾体的脆弱性、暴露性等进行比较系统的研究，在国家尺度上的自然灾害风险研究方面取得一定的进展。进入 20 世纪中叶，风险评估的方法研究成为热点，使灾害风险研究方法不断得到改进。随着对传统以概率为基础的马尔可夫随机过程下的静态风险研究转变为对风险动态变化性的认识的提升，相应的风险预测方法得到广泛应用。可以说，灾害风险评估方法的研究不断趋于定量化和成熟化。同时，研究内容也不断丰富。

4.2.3 新中国自然灾害风险管理的发展进程与研究综述

1. 实践探索的历史脉络

新中国成立以来，党和政府非常重视自然灾害的防治工作。从救到防，从防到减，防灾减灾从初步探索到管理体制机制的不断完善，大体经过了四个阶段。

(1) 1949 年到 1978 年

这一时期主要是以新中国成立之初稳定新生政权、恢复经济建设为目标，强调生产救灾，还没有形成系统的防灾体系。1949 年成立的内务部专管救灾事宜。救助自然灾害是这个阶段的一项特殊政治任务。主要的救灾方针是“生产自救、互助互济，辅以国家必要的救助和扶持”。

(2) 1978 年到 1989 年

这一阶段以改革开放之后的发展经济为目标导向，针对自然灾害频发多发的现状，颁布了一系列方针政策，明确提出了“以防为主，防救结合”“以救人为首要任务”的方针。1978 年设立民政部，接替内务部的工作，防灾救灾工作得以系统开展。1983 年，明确了救灾款管理专款专用的原则，下发了《关于严格执行灾民生活救济款专款专用原则的通知》，开始尝试分散自然灾害损失的实践。1983 年，浙江省诸暨县率先把保险手段引入救灾管理工作。1987 年开始，民政部先后在 7 个省的 9 个县试行农村救灾合作保险。1987 年，我国在国际救灾援助领域日益走向开放和成熟，改变了以往拒绝一切国际援助的态度，调整为接受国际援助的方针。在这一时期，国家出台了包括《环境法（试行）》《大气污染防治法》《水污染防治法》《森林法》《水法》《海洋环境保护法》等生态环境方面的保护法律。

(3) 1989 年到 2003 年

这一阶段，防灾减灾思想不断深化。1989 年 4 月，为了响应联合国关于开展国际减灾十年活动的号召，我国成立了“中国国际减灾十年委员会”，开始了大规模的减灾建设。救灾理念也随之发生变化：从“抗灾救灾、减少经济损失”为主转向了“减灾防灾、保障生命安全”为主，强化了人民利益至上和以人为本的救灾理念。

1993年后，民政部在全国救灾救济工作会议上提出“实行救灾工作分级管理，救灾款分级承担”的现代救灾工作模式，改变了中央政府是自然灾害管理的唯一主体的局面。

1998年，国务院制定并印发了《中华人民共和国减灾规划（1998—2010年）》，这是我国在40多年减灾经验基础上制订的第一部国家减灾工作规划。同年施行的《中华人民共和国防洪法》也是我国第一部防治自然灾害工作的法律。

（4）2003年至今

2003年是我国应急管理发展里程碑式的一年。此后，我国风险管理体制机制日趋完善。随着“一案三制”建设的快速发展，我国基本形成了自然灾害管理体系的基本框架。2006年，国务院成立应急管理办公室，这是灾害管理常态化和专门化的重要标志。2007年11月1日起施行《突发事件应对法》，标志着我国对包含自然灾害在内的四大类突发事件的应急管理体系基本建成。2008年汶川地震以后，国家把每年的5月12日定为“全国防灾减灾日”，并发布了《中国的减灾行动》白皮书。2014年7月11日，民政部救灾司召开国家综合防灾减灾“十三五”规划专题讨论会，正式启动规划编制工作，并要求“十三五”期间，防灾减灾工作要体现综合减灾与可持续发展和气候变化之间的关系，将灾害风险管控、灾害救助标准、巨灾保险、公众服务能力等要素纳入规划内容。

2. 理论研究综述

长期以来，灾害研究领域的主导话语归属自然科学与工程技术研究传统，导致灾害管理的实践层面呈现出技术主义倾向。通过技术革新可以提升灾害管理能力，但也使得灾害管理模式的创新与发展缺乏理念与制度支撑①。随着自然灾害种类的增多、强度的加大以及复杂性的不断增加，我国自然灾害管理的重心逐渐从事后的经验应对转向事前的风险研究与灾害应对相结合。新中国成立以来，除了我国各级政府积累了一套行之有效的灾害管理和救助的经验外，学界也在自然灾害风险管理领域开展了一系列理论与实证方面的研究工作，为我国科学、有效地应对自然灾害风险提供了理论上的支持。

（1）关注灾害管理过程中的人文因素研究，将灾害变异与人类活动结合起来。

20世纪以来，在灾害风险中，越来越多的学者开始重视人文因素方面的研究。自然灾害的研究从最初的只关注其自然属性的“灾变”研究逐步转向关注其社会属性的研究。

（2）关注自然灾害风险评估体系及评估方法的研究，用数学方法使自然灾害风险的表达趋于定量化。总体而言，数学方法应用及风险定量化表达已成趋势。

（3）关注自然灾害风险管理的方法研究，提出“综合自然灾害风险管理”的战略思路。

（4）关注自然灾害风险分散机制的研究，为保险业纳入灾害预防救助体系做好铺垫。

（5）关注防灾减灾体系建设情况研究，为在制度上预防与应对灾害做好准备。

综上，国内外关于自然灾害风险的研究已经从实践技术层面的探索逐渐转变为对风险分析方法、风险管理手段、风险制度保障等方面的具体研究；从定性分析逐渐向关注定量分析转变；有关生命风险和生态环境风险的研究已有一些定量评估模型提出，经济风险定

① 陶鹏. 基于脆弱性视角的灾害管理整合研究. 北京：社会科学文献出版社，2013：1.

量评估的模型相对较多，也比较成熟；有关自然灾害风险空间尺度与时间尺度的研究较为全面，针对性较强。但与此同时也应该看到，尽管自然灾害风险领域的各个子问题都或多或少地有研究成果呈现出来，但真正将风险评估与风险管理对策衔接起来的研究还比较缺乏，有些诸如方法理论等关键环节的研究还不够深入。如风险评估过程中的可接受风险理论的研究较少、对自然灾害风险时间尺度的研究还没有达成共识、风险评估的方法不够完善统一等；尤其在我国自然灾害风险研究中，往往偏重于关注巨灾风险，而对日常的自然灾害风险管理的研究管理还有待加强；在脆弱性评估过程中，对承灾体的认知还比较多地停留在社会系统，而对生态系统的关注相对较少；有关灾种的研究虽然涉及的面较宽，但更多的还是集中在对于地质灾害及洪水等单灾种的研究，对于灾害链的研究也多是针对台风、地震、暴雨、滑坡等，并且较多研究是定性分析灾害链的特性与成因，而对于如何定量表达灾害链之间的能量传递规律与动力流动过程的研究仍显不足。自然灾害风险管理的研究将随着人类对自然界认识的深化而不断深入。

4.3　自然灾害风险管理的结构与方法

4.3.1　自然灾害风险管理的理念基础

通俗而言，所谓自然灾害风险管理是指人类社会对于已经感知到的自然灾害风险进行风险识别、分析与评价，并运用政治、经济、行政等手段整合社会资源，加强控制管理，以减少自然灾害的发生或减轻自然灾害侵袭，保护人类社会生命与财产安全，实现可持续发展的目标。

在实践可持续发展的过程中，人们的自然灾害风险管理理念也发生着变化。我们认为，自然灾害风险管理的核心是对自然灾害变异程度的考量，对风险主体承受度与脆弱性的分析，对自然灾害风险的损失控制，以及对可接受风险标准的科学认定，诸如此类，构成了自然灾害风险管理的基础。自然灾害风险管理的重点在“风险”管理，最佳功效在于对自然灾害的“超前预防”，即自然灾害管理的“关口再前移”，是在自然灾害发生前对孕灾环境与承灾体等风险源的监测、识别、分析、评估及采取控制行动。

4.3.2　自然灾害风险管理结构体系与模型

风险管理是一个连续的、循环的、动态的过程，以最佳风险管理技术为中心，从最经济合理的角度来处置风险，体现成本与效益的关系。自然灾害风险管理是一个复杂的过程，但总的来说重点要回答和解决以下几个问题：未来可能发生哪些自然灾害？社会的哪些方面将面临灾害的风险？灾害发生的可能性有多大？灾害会对社会造成多大的损害或不利影响？这些影响是否重要？面对可能发生的风险，我们能做些什么？为此，自然灾害风险管理从流程上大致可以分为三个阶段。第一阶段是风险识别，是指以感知、判断或归类等方式对现实或潜在的自然灾害风险进行鉴别的过程。第二阶段是风险评估，是指对可能发生的自然灾害及其造成的后果进行分析、评定和估计的过程。第三阶段是风险处置，是指针对不同类型、不同规模、不同概率的风险，通过采取相应的对策、措施或方法，降低自然灾害损失及其影响的过程。风险处置手段根据其对灾害系统的影响及其效果不同，可划分为风险规避、风险化解、风险抑制、风险接受、风险分担和风险转移等。而借鉴风险管理通用框架，自然灾害风险管理过程应该是动态循环的过程，并在各环节中动态进行风险沟通、风险监测与更新。由于自然灾害风险受致灾因子、孕灾环境及承灾体的客观影响，具有成因与后果的不确定性，给自然灾害风险评估等管理工作也带来一定的难度。

4.3.3 自然灾害风险管理的方法

1. 自然灾害风险识别方法

用一种能被理解的方式将风险信息描述出来，并对其进行合理的分类，是对风险进行具体分析、评价等管理行为的前提。风险识别是灾害管理的第一步。一般而言，风险识别是通过设置确定风险问题的基本尺度，系统查找隐患和薄弱环节，分析各种风险来源和可能产生的后果，从而识别出需要进行管理的风险①。风险识别有多种计算模型或方法，如精算外推法、PRA、贝叶斯统计工具等。自然灾害风险识别主要应该回答几个基本问题：(1) 可能发生什么灾害（what)？(2) 为什么会发生（why)？(3) 何时何地会发生(when，where)？(4) 会以怎样的方式发生（how)？(5) 主要受影响的对象是什么(whom)？灾害风险识别不是一件容易的工作，需要通过灾害识别与灾害发生频率分析、后果识别与社会易损性分析两个步骤来实现。

其一，灾害识别与灾害发生频率分析。

通常可以通过以下活动来实现：1）针对灾区或灾害风险较大地区开展科学调研活动；2）实地考察或与灾害管理专家座谈，走访灾区群众等；3）了解调查地区灾害历史记录，并与其他地区灾害事件进行比较；4）建立灾害清单。在此基础上，分析和描述灾害的性质和特征，弄清灾害发生的概率大小、不同强度灾害事件发生的频率、灾害可能影响的地域范围和持续的时间，为灾害风险的分析奠定基础。

其二，后果识别与社会易损性分析。

后果识别是通过分析承灾体在灾害发生时可能遭受的损失和破坏程度来进行的，这就是易损性分析。考察易损性状况，我们需针对承灾体建立起易损性因数及其指标。易损性因数是由易损性依赖的社会特征的关键因数所组成，易损性指标则是用于确定易损性因数易损程度的控制性标志②。例如，一个住宅建筑，其地理位置就是易损性因数，是否位于灾害直接影响的范围之内就是易损性指标的评判标准，于是，我们就这个住宅

① 薛澜，等. 应对气候变化的风险治理. 北京：科学出版社，2014：354.

② 郭跃. 自然灾害风险特征与风险管理模型的探讨. 水土保持研究，2006 (4).

建筑进行易损性分析，就可以得到这样的认识：位于灾害直接影响范围之内的住宅建筑是高度易损的，位于灾害直接影响范围之外的住宅建筑是低度易损的。社会易损性分析是灾害风险管理过程中最为复杂和繁重的工作，它的成功与否直接影响到灾害风险管理的质量。

如果风险在这一步骤中没有被认定为潜在的风险，就不会进入下一环节的风险分析环节。因此，选取适用科学的风险识别工具与方法进行全面识别非常关键。

2. 自然灾害风险评估方法

随着自然灾害风险研究的不断深入，评估方法日渐丰富并日趋定量化。归纳国内外灾害风险评估方法，大体包括概率统计法、指数法、模糊数学法、信息扩散法、灰色系统、人工神经网络、GIS等①。

自然灾害风险评估过程包括风险分析与风险评价两个方面。

(1) 风险分析。

自然灾害风险分析的主要目的是确定灾害风险等级，区分哪些是主要风险、哪些是次要风险，哪些风险是需要立即处理的，哪些风险是可以缓处理或不需要处理的，同时为风险排序、风险处理评估提供依据。合理制定自然灾害风险发生可能性与后果的分级方法是进行自然灾害风险分级的关键。具体操作步骤如下：

步骤1：确定灾害风险可能性等级分值。

自然灾害风险事件可能性从高到低可分为四个等级，分别用等级P的分值表示。

步骤2：确定灾害风险后果等级分值。

根据自然灾害风险产生指标的等级分值，将后果从大到小分为四个等级。一次灾害风险事件的多个指标的等级分值不同时，后果等级分值C取其指标等级分值中的最大者。

步骤3：确定最终的自然灾害风险分级结果。

根据自然灾害风险可能性等级分值P和自然灾害风险事件后果等级C的分值，建立自然灾害风险分级矩阵。根据某一自然灾害风险事件的可能性等级分值P和后果的等级C的分值，得到自然灾害风险等级分值R，由R的分值（1～16分）确定最终自然灾害的风险等级（某一自然灾害风险等级分为4个等级，并附以四种颜色进行标示，红色代表极高风险，R分值为1～2分；橙色代表高风险，R分值为3～4分；黄色代表中风险，R分值为6～9分；绿色代表低风险，R分值为12～16分）②。

在具体的灾害风险分析过程中，可以依据实际情况对可能性标准和后果标准加以调整，如可能性分值中考虑时间尺度，后果分值中考虑空间尺度，以此建立灾害风险的可能性和后果的不同等级分值，得到实际的自然灾害风险等级。

(2) 风险评价。

风险评价的主要任务就是决定风险是否可以接受、是否需要处理，并排出风险处理的优先序列，涉及对所评价风险的严重性和可接受性的判断。

对自然灾害可接受性的判断，一是通过该风险与事先拟定的评价指标（风险可接受

① 巫丽芸，等. 自然灾害风险评估与脆弱性研究进展. 灾害学，2014 (4).

② 李宁，张鹏.《全国减灾救灾标准解读》系列四：自然灾害风险分级方法. 中国减灾，2015 (6).

或不可接受的标准）相比较而得出；二是根据风险等级的情况来决定哪些风险是可以接受的、哪些风险是不可以接受的。一般而言，极度风险和高度风险的风险是不可以接受的，而中度风险和低度风险的风险可以处理为可以接受的风险。对于风险的严重性的判断，除了要考虑风险的性质外，还要考虑风险的环境影响、公众反应、商业信心和政治影响。

不可接受的风险被确定后，还要区别出相对重要性或严重性，然后进行排序，这样才能保证最危险的风险优先被处置，并制定出合理的风险处置方案。

3. 自然灾害风险处置方法

风险处置的目的就是针对不可接受的风险采取风险规避、风险化解、风险抑制、风险接受、风险分担和风险转移等介入策略或措施，以达到减小灾害事件发生的可能性或缓和灾害影响的后果的目的。例如，在风险评估结果的基础上，将房屋、重要基础设施建设选址远离地质灾害高发区，属于风险规避；山区强降雨来临前，排查并消除可能的地质灾害隐患，属于风险化解；地震灾害发生后，及时将受灾群众转移到安全地区，属于风险抑制；流域性洪涝灾害发生后，开放行蓄洪区以减轻重要粮食基地、大型城镇等受灾的程度，属于风险接受；政府与农户共同承担保费的政策性农业保险属于风险分担；巨灾债券、巨灾保险的运用属于风险转移。不同风险治理手段可以根据灾害自身的特征、发展阶段、管理者自身条件等单独或组合优化使用，以最低的成本获取最大的安全保障。风险处置的任何手段的实施都需要制定完备的计划方案，一旦开始执行，就要随时做好监测并评述风险处置的状况，以适应自然灾害风险动态变化的特征。

本章小结

1. 自然灾害是指给人类生存带来危害或损害人类生活环境的自然现象；自然灾害风险是由于自然因素的影响对人类社会可持续发展造成不利后果的不确定性。自然灾害风险具有存在的普遍性、成因的复杂性、影响的不可预期性、后果的非利性和动态变化性等特点。

2. 自然灾害风险管理的重点在“风险”管理，最佳功效在于对自然灾害的“超前预防”，即自然灾害管理的“关口再前移”，是在自然灾害发生前对孕灾环境与承灾体等风险源的监测、识别、分析、评估及采取控制行动。

3. 我国自然灾害风险管理大致可划分为四个阶段：封闭救灾阶段、开放探索阶段、防灾减灾思想深化阶段、风险管理体制机制不断走向完善阶段。

4. 自然灾害风险管理的一般流程包括风险识别、风险评估、风险处置三个环节。

关键术语

灾害　自然灾害　自然灾害风险　自然灾害风险管理　致灾因子　孕灾环境
承灾体　灾害链　脆弱性　恢复力　风险识别　风险分析　风险评估

复习思考题

1. 自然灾害风险管理的主要内涵是什么？与自然灾害应急管理的主要区别是什么？
2. 我国自然灾害风险管理进程中理论研究的主要成果有哪些？还需要在哪些方面进一步深化？
3. 请结合实例说明当前加强自然灾害风险管理的必要性与紧迫性。
4. 自然灾害风险管理的一般流程是什么？包括哪几个环节？

阅读案例

余姚水灾与我国洪水灾害风险管理

一、余姚水灾背景

2013 年 10 月 7 日上午 9 时，第 23 号强台风“菲特”在福建省建瓯市境内登陆，浙江多地受灾。余姚市遭遇了百年一遇的降雨，70%以上的城区受淹，主城区城市交通瘫痪，一度成为孤岛。直至 12 日，主城区积水才慢慢退去，逐渐恢复通车。

暴雨导致流经余姚的江水暴涨，姚江沿线多处溃堤，大量居民住房被淹，群众生命财产受到严重威胁。从 7 日深夜开始，余姚主城区受江水倒灌影响，一片汪洋。7 日晚 6 点多，余姚市凤山街道成了该市受灾最严重的地区之一。剑江村严家附近姚江段出现溃堤，缺口长达 10 米，江水汹涌而来。堵缺口需要大量沙包，街道干部迅速组织人员抢运沙石。除了当地干部群众组成的抢险队外，江东区人武部及驻牟山近百名官兵也前来支援抢险。此时，宽阔马路已成汪洋一片，运沙车进不了，大家肩扛背背。当晚，剑江村 1 600 多户村民家绝大部分进水，相邻的蜀山村、五星村等也受灾严重。各村都安排了村民临时安置点。到 8 日上午，姚江多处溃堤，江水倒灌涌入余姚主城区，主干道上都是齐腰深的积水，城区部分路段最深积水达 3 米，所有中长途客运及高速客运、城市公交、城乡公交、出租车和渡口客运全部暂时停运，交通一度完全瘫痪。8 日凌晨 3 点，暴雨再次加强，居民小区里的汽车纷纷进水，城区 90%以上的车辆都进水，蜂鸣声此起彼伏，市区全面拉闸停电、停水，信号差。

“我在余姚舜水大桥桥面上从昨晚 8 点起一直被困在车里，没吃没喝，求助。”

“名士花园整个小区从 7 日下午开始就停水停电，目前缺水缺粮，积水漫到大腿，等救援。”

“陆埠镇郭姆村 12 房 48 号，积水 1.5 米，粮食紧缺最多熬到今晚，断水。”

“余姚市区花园新村 105 幢 204 室有五大一小，一楼已经淹了，无法出门，缺少粮食，有八十几岁的老人和五岁的小孩，请帮助送点吃的……”

这样的求助信息遍布网络微博，充斥各个报警电话和新闻热线。

二、余姚城区洪灾成因

有关专家认为，此次余姚之所以受灾严重有其特殊原因。

（1）自然原因。余姚城区地处姚江平原腹地，地势平坦，受南部四明山区洪水和西北部平原汇水的共同影响，处在流域的“锅底”，极易造成重灾。此次“菲特”台风给余姚市域内带来强降雨，达百年一遇，且降雨时间集中，3 日雨量达 527 毫米，致使姚江水位持续处于高水位。姚江流域洪水只有通过姚江排往甬江一条通道，且易受到潮水和奉化江洪水的顶托，此次暴雨期间又正值天文大潮，姚江流域主要的排水通道姚江大闸需候潮排洪，最终导致排水不畅，2.57 亿方涝水滞蓄在余姚城区境内，造成了严重内涝。

（2）城市建设。余姚是 7 000 年前的河姆渡文化所在地，在“菲特”台风暴雨给余姚带来洪水淹城之时，河姆渡文化遗址却经受住了洪水的考验。而与余姚的地理、气候条件类似的浙江嘉兴、湖州市，均在 21 世纪初花费数亿元修建了抵御洪水的大包围工程，即用主导河道来控制城市的防洪。防洪大包围工程是环绕城市规划范围外围，利用区内河网的调蓄功能。中心城市的防洪能力达到百年一遇。中国灾害防御协会副秘书长、中国国家减灾委员会专家高建国表示：“什么叫灾害？没有办法应对，才会产生灾害。同样的洪水如果发生在嘉兴、湖州，结果肯定不一样。”

（3）群众安全素质。“菲特”台风期间，余姚每个辖区内均有几辆至十几辆不等的车辆违章停在人行道上，被刮断的树枝等杂物砸坏。除了造成个人损失外，停放在人行道上的车辆还会给执法部门的抢险工作造成诸多不便，前往现场处置情况的抢险车辆经常受阻。

三、德国城市防洪风险管理经验

2010 年，德国也经历了一次 400 年未遇的洪水袭击，德国城市的防洪经并非神话，但其尊重自然、未雨绸缪的风险管理理念确实值得学习。尊重自然环境是“德国防洪经”十分值得推崇的重要理念。洪峰来袭，下游城镇极易受灾，因此要为河水漫堤预留足够的土地面积。德国政府主动控制泄洪区内人口聚居地的发展，任何新兴建筑均须经防汛机构严格审批，通常情况不批。德国城市在发展过程中，较好地保留了天然的河网水系、湿地绿化。土壤是天然的蓄水池，绿地不像混凝土等材料，能够延缓雨水的流动，同时有助于调节城市的局部气候。为了使尽量多的雨水渗透到土壤中，德国政府为道路占地面积的增长设限，城市中预留大量土地。德国很多城市还将一些公共活动场所，例如球场、停车场、绿地，有意识地设计成干湿两用蓄水池。平时，这些地方供市民休闲、停车，暴雨来袭时则立马变身储水池。

荀子说过：“防为上，救次之，戒为下。”联合国前秘书长安南说：“灾前预防不仅比灾后救灾更人道，而且更经济。”一个灾害过程由预测、预防、应急、重建四部分组成。我们不应把主要精力放在应急上，预测和预防才是更重要的。

四、我国洪水灾害风险管理理论研究与实践改进

洪水灾害，简称洪灾，通俗地讲，就是地表径流不能被江河、湖库容纳，水位上涨而泛滥的现象。洪水灾害风险是指在各种可能的条件和一定的防洪措施下，发生洪水，造成社会、经济、环境和人员损失的可能性。这里，一方面体现了发生洪水灾害的可能性，另一方面也体现了对社会系统产生的一定损失后果。洪水灾害风险值 R=P（发生

洪灾的可能性）×L（洪水灾害的损失后果）。洪水灾害风险同样离不开致灾因子、孕灾环境与承灾体的作用。洪水的孕灾环境包括大气环境、水文气象环境以及地形地貌环境（又称为下垫面环境）。致灾因子中包括暴雨、海啸、冰雪消融、冰川阻湖、冰凌、溃坝、城市洪水、水库洪水及其他洪水组成。承灾体可划分为人、城市、工业及矿业、农业、森林、牧业、渔业、交通、环境等。灾情包括人员伤亡，工农业的直接、间接经济损失以及建筑物的破坏量等。在联合国公布并重点关注的 15 种主要自然灾害中，洪水灾害是影响范围最广、发生次数最多、损失最为严重的几种灾害之一。洪水灾害造成的损失占到全球自然灾害损失的 1/5。

可以用不同的标准对洪水进行分类，分类的标准不同，洪水的名称也不同。常用的洪水风险分类标准有洪水的基本水体和洪水的起源地两种。按照洪水的基本水体的不同，洪水风险可以被区分为河流型洪水风险、湖泊型洪水风险、风暴潮洪水风险三大类。其中，河流型洪水风险按其成因又可被区分为暴雨型洪水风险、融冰型洪水风险、冰凌型洪水风险、溃坝型洪水风险四小类。按照洪水的起源地的不同，洪水风险可以被区分为河流洪水风险与海岸洪水风险两大类。其中，河流洪水风险又可以被区分为雨洪水风险、山洪风险、泥石流风险、融雪洪水风险、冰凌洪水风险、溃坝洪水风险、湖泊洪水风险七小类；海岸洪水风险又可以被区分为天文潮风险、风潮风险、海啸风险三小类。

（一）洪水灾害风险等级分析

人们通常用重现期作为评价洪水等级的指标。洪水重现期是指某一特定大小洪水出现的平均时间间隔（以年计）。如某一量级的洪水，其重现期为 100 年，则称百年一遇；重现期为 10 年，则为十年一遇。重现期的长短与洪水的量级大小成正比例关系。一个地区洪水灾害发生的可能性用发生频率 P 表示，P 等于 1 时表示发生频率小于等于 10 年一遇，P 等于 4 时表示发生频率大于 100 年一遇。一个地区洪水灾害产生的后果用死亡人口、紧急转移安置或需紧急生活救助人数、倒塌和严重损坏房屋的数量作为产生的后果分级的四个指标。结合自然灾害风险矩阵图，便可以分析得出洪水灾害的风险等级结果。举例：某地区未来 10 年洪水灾害发生的频率为 70 年一遇，可能造成 90 人死亡、60 万人紧急转移安置、20 余万间房屋倒塌和严重损坏，那么该地区洪水灾害的风险等级为高风险。分析步骤如下：

步骤 1：根据频率为 70 年一遇，得到自然灾害风险事件发生可能性等级为中级，P 等于 3。步骤 2：根据死亡人口 95 人、紧急转移安置 85 万人、倒塌和严重损坏房屋 20 余万间，可知死亡人口对应为中级，C 等于 3；紧急转移安置人数对应为高级，C 等于 2；倒塌和严重损坏房屋数对应为极高级，C 等于 1；取最大等级 C 等于 1，后果等级为极高级。步骤 3：风险等级 R 的分值可由 P 与 C 的乘积得到，为 3。步骤 4：对照矩阵，R 值落在橙色区域内，则对应的洪水灾害风险等级为高风险。

（二）洪水灾害风险评估的方法

洪水灾害的形成及变化受到天气系统、陆地表面系统和人类社会经济系统的共同影响，其系统的复杂性增加了风险评估的难度。洪水灾害风险评估的方法很多，如层次分析法、模糊综合评价法、损失估算法、因子分析法、洪水分析概率统计法及概率统计法中的直接积分法、MC（蒙特卡洛法）、MFOSM（均值一次两阶法）、AFOSM（改进一次两阶法）、SO（二次矩法）、JC 法等。但每种方法都有其一定的局限性，都不能很好地适应洪水的复杂性和变化性，无法对洪水灾害风险进行全面准确的预评估。当前，利用模糊数学方法来评价洪水灾害风险是一种常用的有效方法，即把影响洪水灾害风险的各种因素的危害性、易损性与暴露性等单一风险指标，采用一定方法和模型，综合成单指标值，以表示该地区发生洪水灾害风险的可能性及其损失的程度。

（三）洪水灾害风险评估结果的运用

洪水灾害风险评估是洪水灾害风险管理的十分重要的内容。其主要作用在于：在人类无法控制洪水发生甚至还不能完全准确地对洪水进行预报和预警的条件下，通过对洪水灾害风险的综合评估，编制不同空间尺度的灾害风险分布图，辨识高风险区，可以为国际社会减轻全球洪水损失提供一定的参考，也可以指导各级政府的防灾与备灾工作。从全球尺度、区域与中小流域尺度三个层面，利用全球范围内的降水、径流量、数字高程、土地利用、人口、GDP 等数据进行洪水灾害风险评估，可以为我们全面认识洪水风险以及预防洪水风险、减少灾害损失提供参考。

全球洪水主要发生在亚洲、欧洲、北美洲的沿海、沿河、沿湖地区。这些地区地形平坦、水源丰富，常常是经济发达地区，通过 GDP 折算得到的单位面积损失也更高，洪水灾害的经济损失风险也就更大。从灾害损失分布的国家和地区来看：中国、美国、印度、俄罗斯、德国、法国、日本、巴西、英国、意大利等国的风险最大。其中，中国百年一遇洪水的淹没面积为 42.1 万平方公里，仅次于印度，但由于中国的 GDP 是印度的近 3 倍，单位面积损失远高于印度，所以中国成为世界上洪水灾害风险最高的国家。洪水人口高风险区主要分布在洪水频繁且人口密集的印度半岛，中国东部和南部、中南半岛，欧洲西部以及美洲东部部分地区；经济高风险地区主要分布在洪水频繁且经济发达的美国中东部，印度半岛北部，东亚的韩国、日本及中国东部地区，欧洲西部以及南美巴西东部部分地区。从洪水灾害风险分布的流域来看，人口高风险区主要分布在恒河—布拉马普特拉河、长江、亚马孙河、尼罗河、湄公河等人口分布密集且雨量水量比较充沛的热带/亚热带流域；经济高风险区主要分布在密西西比河、长江、多瑙河、恒河—布拉马普特拉河、巴拉那河、莱茵河等经济发达且洪水灾害频繁的流域。其中，涉及中国的全球主要流域有长江流域、黄河流域以及横跨俄罗斯和中国的黑龙江流域。

联合国政府间气候变化专门委员会（IPCC）第四次报告明确指出，全球气候变化已是不争的事实，并会对全球和区域水循环造成一定的影响。理论上，气候变暖改变地表蒸散发，使水循环过程加速，极端降水事件增多，使得洪水事件更加频繁。然而，由于洪水灾害系统的复杂性，不同地区气候变化的影响有着明显的差异，当前全球尺度的评估仍存在着较大的不确定性，难以得到一致的结论。与此同时，受气候变化的影响，传统洪水风险分析中水文序列稳态过程的假设受到挑战，历史序列难以反映未来的变化圈。气候变化给洪水风险评估和管理带来诸多难题和挑战，如何客观全面地分析评估气候变化下的洪水灾害风险将成为未来研究的重点和难点。

总之，自然灾害风险管理既是各国政府的一项重要职能，也是关系人类生产生活和社会稳定的长期任务。我国地域辽阔，面临的灾害不尽相同，常见多发的自然灾害风险除了洪水以外，还有地震灾害、气象灾害、地质灾害、海洋灾害，都是需要我们关注和进一步研究的重要领域。今后在继续做好防灾减灾工作的同时，更需要突出强调减轻灾害风险不只是区域性问题，应考虑不同空间尺度，把减轻灾害风险从地方、企业、国家、区域上升到全球，形成完整的全球防灾减灾体系。强调多领域、多级组织开展减轻灾害风险，在注意发挥个人、企业、社区和整个国家的作用的同时，还要发挥各利益相关方以及区域和国际组织的作用。在实践中，要不断总结经验教训，加强部门间的协作与联系，合力推进自然灾害风险管理的各项工作，切实提高自然灾害风险管理的水平。

（资料来源：浙江余姚遭受百年一遇降雨，70%以上城区受淹. 光明网，2013-10-09；余姚洪灾再敲城市防洪警钟. 科技日报，2013-10-15；方建，等. 全球暴雨洪水灾害风险评估与制图. 自然灾害学报，2015（1））

案例思考题

从上述案例提供的材料来看，你认为风险管理在自然灾害的治理中有什么样的作用？结合古今中外的经验试述防治城市内涝风险的根本性措施有哪些。

第5章

事故灾难风险管理

事故灾难风险是指在人类各种生产活动（既包括营利性单位的营利性生产活动，也包括公共部门的公共服务生产活动）中所发生的伤害人身安全和健康或者损坏设备设施或者造成经济损失的意外事件的可能性和后果的总和。所谓事故灾难风险管理，是指对事故灾难风险进行监控与预警、对事故灾难危险源与事故灾难隐患进行处理与控制的活动。

针对事故灾难风险的防范与管理，学界的关注点和研究重心经历了由“事后管理”到“事前防范”的转移，研究成果明显体现了由“以反馈控制为核心的事故灾难风险管理”向“以前馈控制为核心的事故灾难风险管理”的转变。其中，“以反馈控制为核心的事故灾难风险管理”的代表性理论主要有基于系统反馈控制论的事故灾难风险管理理论和基于事故灾难模型的事故灾难风险管理理论，“以前馈控制为核心的事故灾难风险管理”的代表性理论主要有基于危险源识别与控制的事故灾难风险管理理论和基于事故隐患管理的事故灾难风险管理理论。

中国的事故灾难风险管理的进展首先是与法律法规体系的建设密切相关的。大体来讲，中国事故灾难风险管理立法先后经历了“以人员伤亡管理为重心的安全事故立法阶段”“以行业分类为基础的安全事故立法阶段”“生产安全事故综合法律体系建设阶段”这三个主要阶段。在此基础上，中国的事故灾难风险管理形成了以“生产经营单位负责、职工参与、政府监管、行业自律、社会监督和中介服务”为基本格局的多元主体责任，并形成了以“事故灾难风险防范管理法律法规体系、事故灾难风险防范规制体系和事故灾难风险防范责任体系”为主要内容的基本框架。

本章首先致力于说明事故灾难风险的基本内涵、主要类别、典型特征与事故灾难风险管理的主要内容；其次，介绍了事故灾难风险管理的重点理论；最后，梳理了中国事故灾难风险管理主要进展。

重点问题

- 事故灾难风险的含义
- 事故灾难风险的类别
- 事故灾难风险管理的主要内容
- 事故灾难风险管理的主要理论
- 中国事故灾难风险管理的主体责任
- 中国事故灾难风险管理的基本框架

5.1 事故灾难风险管理的概念与内涵

5.1.1 事故灾难风险

1. 事故灾难风险的基本内涵

依据《国家突发公共事件总体应急预案》规定，事故灾难主要包括工矿商贸等企业的各类安全事故、交通运输事故、公共设施和设备事故、环境污染和生态破坏事件等。从其内涵来看，事故灾难与一般所称的生产安全事故有很大的重合性，也有一定的区别。生产安全事故是指生产经营单位在生产经营活动（包括与生产经营有关的活动）中突然发生的，伤害人身安全和健康，或者损坏设备设施，或者造成经济损失的，导致原生产经营活动（包括与生产经营有关的活动）暂时中止或永远终止的意外事件。生产安全事故包含工矿商贸事故、火灾事故、道路交通事故、水上交通事故、民航飞行事故、铁路交通事故、农业机械事故、渔业船舶事故八大类事故分类①，由此可以看出二者的高度重合。但 2007 年国务院常务会议通过的《生产安全事故报告和调查处理条例》指出，生产经营活动中发生的造成人身伤亡或者直接经济损失的生产安全事故的报告和调查处理，适用本条例；环境污染事故、核设施事故、国防科研生产事故的报告和调查处理不适用本条例。这一规定，则将属于事故灾难范畴的公共设施和设备故障、环境污染和生态破坏事件排除在生产安全事故范畴之外。本书将事故灾难视为一种广义的生产安全事故，即人类在各种生产活动（既包括营利性单位的营利性生产活动，也包括公共部门的公共服务生产活动）中所发生的伤害人身安全和健康或者损坏设备设施或者造成经济损失的意外事件。所谓事故灾难风险，是指发生上述意外事件的可能性和后果的总和。

2. 事故灾难风险的主要类别

（1）固有风险。

固有风险是由于生产系统中的危险源所导致的风险，危险源是导致事故发生的能量主体，是事故的本质和前提。固有风险是企业生产过程中的客观存在，通常是不可避免或者说很难避免的，而且其基本不发生变化。固有风险的典型案例，如：高压锅炉所具有的发生爆炸的可能就是一种固有风险，因为只要高压锅炉运行，就有发生爆炸的可能。

---

① 吕海燕．生产安全事故统计分析及预测理论方法研究．北京：北京林业大学，2004．

（2）潜在隐患风险。

潜在隐患风险是指具有发生事故灾难的条件及诱因，只是暂时还没有形成事故的风险。潜在隐患风险是由于事故隐患所导致的风险。潜在隐患风险是生产系统中的动态风险，处于经常性变化的不稳定状态。这种不稳定性不仅表现在隐患自身往往处于不断的变化中，还表现在一种隐患的存在可能造成另一种隐患的产生，或者是一种隐患转化为事故后又会引发另一种隐患转化为事故。

（3）人的行为风险。

人的行为风险是指由于人的不安全行为导致事故发生的风险。人的不安全行为的表现形式很多，诸如忽视安全警告，错误操作，使用不安全设备，冒险进入危险场所，不安全装束，攀坐不安全位置，机器运转时检修、注油、清扫，超载运行，违章驾驶，无证操作，等等。人的不安全行为往往是由于当事人存在诸如怕麻烦、图省事、好出风头等不当心理却没能准确估计危险发生的可能性，从而为事故的发生埋下了隐患。

3. 事故灾难风险的典型特征

（1）事故灾难风险是对人类安全的客观威胁。

从概率论的角度来看，是“没有零概率现象”的，因此事故灾难风险是绝对存在的。绝对存在的事故灾难风险实质上就是对人类安全的威胁，因为安全意味着没有危险、不受威胁、不出事故，即消除能导致人员伤害、生病、死亡或造成设备财产破坏、损失，以及危害环境的条件①。由于事故灾难风险的存在，使得人类社会的绝对安全成为不可能，而只能追求相对安全。安全作为人类最重要和最基本的需求，是人类社会文明进步的标志。人类社会的发展、技术的进步、人类整体知识素质水平的提高、经济发展的进步是人类应对事故灾难风险的威胁，降低事故灾难发生概率的基础。因此，不同社会的发展时期、不同的行业对于事故灾难风险的接受水平是不一致的。

（2）事故灾难风险是一种辩证性的存在。

事故灾难风险是一种辩证性的存在，是指尽管事故灾难风险的存在是绝对的，但事故灾难风险的大小是相对的。一方面，事故灾难发生的概率不可能为零，世界上不存在无风险的项目或系统，只是风险有大小差异而已，即风险是绝对存在的。另一方面，事故灾难风险的大小是可以通过人类的主动工作，改变构成风险函数的人、物、环境和管理等多方面的因素，从而调节系统存在的风险大小，也就是说人们可以对事故灾难风险进行管理和控制，而将其降到最低。

5.1.2 事故灾难风险管理

所谓事故灾难风险管理，是指对事故灾难风险进行监控与预警、对事故灾难危险源与事故灾难隐患进行管理与控制的活动。

1. 事故灾难风险监控与预警

事故灾难风险监控与安全管理预警包括风险信息的采集，风险辨识与管理，风险信息

① 曹庆贵．企业风险监控与安全管理预警技术研究．青岛：山东科技大学，2005．

的传输、存储和分析，事故风险的预警提示，安全动态监控，以及安全管理对策等。

风险信息是与风险有关的、对风险状况有一定影响的信息集合，是风险管理活动所依赖的资源。企业生产过程中，需要及时、准确地掌握如下风险信息风险的类别和程度：固有风险信息、潜在隐患风险信息、人的行为风险信息。

2. 事故灾难危险源的管理与控制

危险源是事故灾难出现的根源，通常被区分为第一类危险源和第二类危险源。第一类危险源是指可能发生意外释放而伤害人员和破坏财务的能量、能量载体或有毒、有害、危险物质。第二类危险源是导致第一类危险源失控，即造成第一类危险源的屏蔽措施失效的各种因素，如硬件故障或环境因素等。第一类危险源是事故发生的能量主体，对事故发生后果的严重程度起决定作用；第二类危险源是第一类危险源造成事故的必要条件，决定事故发生的可能性。

对危险源的辨识是危险源管理与控制的第一步。危险源的辨识主要包括对危险源的种类、危险性质、损害能力、数量及危险源所在的时间和地点等内容的识别。危险源辨识的方法主要有三种：一是经验分析法，即将生产现场的实际情况与技术标准、安全操作规范等进行对照以发现危险源。二是安全检查表法，即在经验分析法的基础上，运用安全检查表进行对比和分析，排查生产现场可能存在的危险源。三是理论分析预测法，即使用诸如危险性预先分析、故障类型和影响分析、事件树分析等系统安全分析方法对生产系统或其某一局部进行系统分析，辨识危险源及其特性。

总的来说，危险源管理与控制主要涉及对危险源的控制、防护和隔离。其具体方法和步骤包括：(1) 辨识和确认危险源；(2) 划分危险源的危险等级；(3) 对危险源进行登记和申报；(4) 根据危险等级，采取合理措施控制和降低危险源的危险程度；(5) 对危险源进行实时监控和预警；(6) 制定事故应急救援措施。

3. 事故灾难隐患的管理与控制

事故灾难隐患是指由于人为不安全行为与失误、安全管理决策失误、组织失误（组织程序、组织文化、规则）等造成的安全事故的可能性，事故灾难隐患被有的学者称为第三类危险源①。事故灾难隐患涉及的内容很广泛，包括：(1) 违章作业、违章指挥及违反劳动纪律。(2) 危险源检查、评估、整改以及质量验收中存在的缺陷。(3) 教育不及时、检修不及时或环境整顿不及时。(4) 各种安全管理规章制度的制定及执行存在缺陷。(5) 安全管理机制及效能存在问题，制定的技术、经济机制不当。(6) 群众监督机制及安全文化建设存在缺陷。(7) 安全信息的搜集、统计、分析、流通及在安全决策、规划、计划中的运用存在缺陷。(8) 安全管理和监察人员的水平及培养力度存在不足。(9) 面对生产任务变化、生产人员变化、生产技术变化或生产环境变化，安全管理工作及时做出相应调整的活力不足。

对于事故灾难隐患的管理与控制同样是要从事故灾难隐患的识别开始。事故灾难隐患的识别常用的方法有：(1) 静态辨识，即分析安全管理的各项规章制度建立得是否完善。(2) 动态辨识，即分析日常安全管理工作中，各项规章制度执行的广度、力度、深度是否存在问题。(3) 效果辨识，即分析安全管理工作中每个方面的管理成效。

---

① 张斌．基于第三类危险源的风险管理计划研究．中国安全科学学报，2005 (9).

从整体上看，事故灾难隐患的管理与控制工作主要包括如下内容：（1）及时发现、准确辨识事故隐患；（2）对隐患信息进行处理和存储；（3）对事故隐患开展针对性管理工作；（4）整改事故隐患，消除或控制事故风险；（5）开展安全教育和培训，让所有职工都掌握事故隐患的处理方法、事故预防措施和事故发生时应采取的紧急处置措施；（6）及时评价和反馈工作人员的安全工作绩效等。

5.2 事故灾难风险管理理论

针对事故灾难风险的防范与管理，学界的关注点和研究重心经历了由“事后管理”到“事前防范”的转移，研究成果明显体现了由“以反馈控制为核心的事故灾难风险管理”向“以前馈控制为核心的事故灾难风险管理”的转变。其中，“以反馈控制为核心的事故灾难风险管理”的代表性理论主要有基于系统反馈控制论的事故灾难风险管理理论和基于事故灾难模型的事故灾难风险管理理论，“以前馈控制为核心的事故灾难风险管理”的代表性理论主要有基于危险源识别与控制的事故灾难风险管理理论和基于事故隐患管理的事故灾难风险管理理论。

5.2.1 基于系统反馈控制论的事故灾难风险管理理论

控制论原本是工程系统自动控制技术的基础理论，随着其被拓展至生物系统和社会系统用以研究各种系统的共同控制规律，逐渐发展成为一种撇开各种系统的具体特性而高度概括的新理论。从广义的角度而言，所谓控制，是指按照给定条件对系统及其发展过程加以调整和影响，使系统处于最佳状态，并达到预期目的的行为。任何系统控制都是以信息的传递、反馈为基础的活动①。一套反馈控制系统通常由检测、决策、标准和调节四部分组成（见图 5－1）。

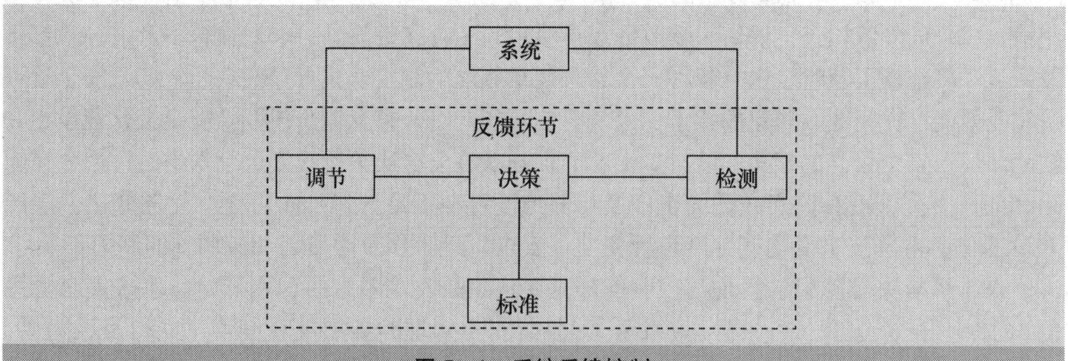

图 5－1 系统反馈控制

资料来源：张翼鹏．安全控制论的理论基础和应用（一）．工业安全与防尘，1998（1）．

① 张翼鹏．安全控制论的理论基础和应用（一）．工业安全与防尘，1998（1）．

反馈控制过程大体如下：检测单元从系统输出端得到系统输出量的有关信息，将结果传递给决策单元。决策单元则根据检测单元提供的信息，参考事先给定的判断标准，进行逻辑判断，以确定应当如何调节输入量，然后向调节单元发出调节指令。标准单元在绝大多数情况下，是一种事先给定的数值，但有时标准单元也是可供决策人选择的若干方案中的最佳方案。调节单元则是反馈环节的执行机构，它根据决策单元传递过来的指令去执行命令。

系统反馈控制论在安全管理工作中的应用，既丰富了安全科学的理论体系，也推动了安全管理的实践。安全控制系统作为一个大系统，需要实施分层控制，各层次之间除了监督下层贯彻方针、政策、规程和有关决定外，最重要的控制机制是提高下属组织的自组织能力，使之具有较高的控制能力，能够审时度势，加强自我就地反馈。各级管理层的自组织能力则集中体现在以下方面：首先，了解下层危险源的事故结构有关信息，诸如事故模式、严重程度和发生概率等；其次，掌握危险源的动态信息，诸如已接近临界状态的重大危险源、存在的缺陷、职工安全素质存在的主要问题、隐患整改情况等；再次，熟悉危险分析技术，并善于用之解决实际问题；最后，具有丰富的经验和极强的应变能力。

系统反馈控制论在安全管理工作中主要被应用于安全计量、安全评价、系统宏观预测、目标管理、安全管理现代化（建立符合安全控制论原则的管理体系、力争工作部署实现闭环控制、建立安全信息系统）等领域。

5.2.2　基于事故灾难模型的事故灾难风险管理理论

所谓事故灾难模型，即阐明事故的成因、始末过程和后果，以便对事故现象的发生、发展进行明确的逻辑分析，用以探讨如何预防事故灾害的发生。

如图5-2所示，事故的发生不是单一因素造成的，也不是个人偶然失误或单纯设备故障所形成的，而是各种因素综合作用的结果，是社会因素、管理因素和生产中的危险因素被偶然事件触发所造成的结果①。意外（偶然）事件之所以触发，是由于生产中环境条件存在着危险因素即不安全状态，后者和人的不安全行为共同构成事故的直接原因。这些物质的、环境的以及人的原因是由于管理上的失误、缺陷、管理责任所致，是构成事故的间接原因。形成间接原因的因素，包括经济、文化、学校教育、社会历史和法律等基础原因，可以被统一归入社会因素。事故的产生过程可以表述为由基础原因的“社会因素”产生“管理因素”，进一步产生“生产中的危险因素”，通过人与物的偶然因素触发而发生伤亡和损失。

事故灾难模型为事故灾难风险管理提供了三条基本原则：第一，防患于未然。事故灾难的防治对策是防患于未然，“把事故消灭在设计图纸上”，抓住苗头，根除隐患，尽可能查找物的不安全因素，克服人的不安全行为，消除管理实践中的人为失误，做到以预防为主。第二，切断事故的因果链接。事故灾难的发生总是有着“因”与“果”的继承性，因果是多层次相继发生的，一次原因是二次原因的结果，二次原因是三次原因的结果，并依

① 隋鹏程．产业伤害：伤亡事故致因理论（2）．劳动保护科学技术，2000（3）．

此类推。可以将事故的因果继承表述成如下“事件链”：基础原因→……→2 次原因→1 次原因→事故→损失。如果采取适当的措施，去掉其中任何一个原因，就切断了事故的“事件链”，因而能防止事故灾难的发生。第三，合理选择对策。防止事故灾难的对策必须慎重选择，如果对策不当，就会影响事故灾难防止的效果。最适当的对策是在原因分析基础上得出来的。要注意，只把直接原因作为对象而采取的对策往往会是头痛医头、脚痛医脚。唯有深入追踪事故间接原因及基础原因，找出构成事故的本质的、涉及社会因素和管理因素的深层原因，才能选择出治本的防治事故灾难的对策①。

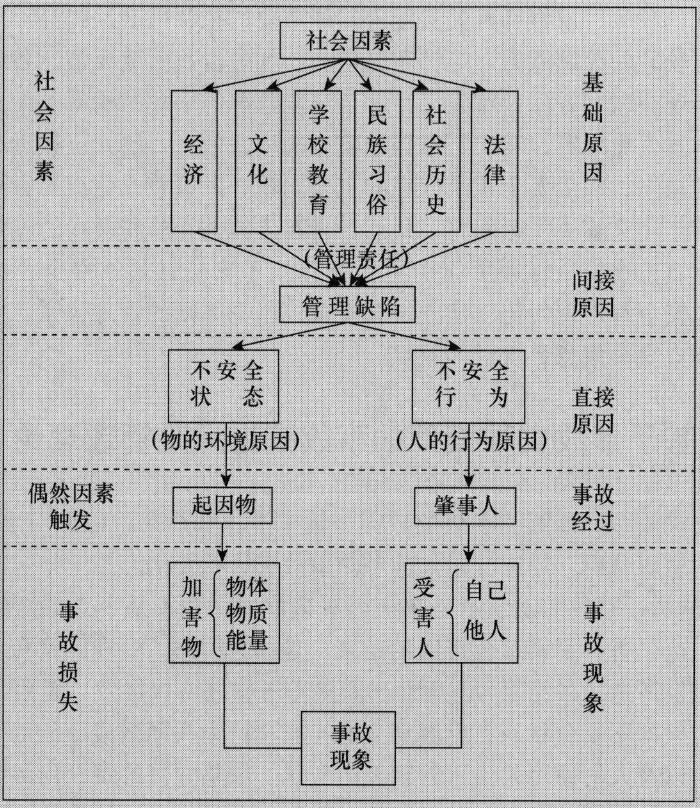

图 5－2 事故灾难模型

资料来源：隋鹏程．产业伤害：伤亡事故致因理论（2）．劳动保护科学技术，2000（3）．

5.2.3 基于危险源辨识与控制的事故灾难风险管理理论

基于危险源辨识与控制的事故灾难风险管理主要是通过危险源控制系统得以实施。危险源控制系统除了包含作为起点和基础的危险源的辨识，还包含危险源的评价和危险源控制措施。

① 隋鹏程．产业伤害：伤亡事故致因理论（1）．劳动保护科学技术，2000（2）．

危险源的辨识是事故灾难风险管理的核心内容和起点，也是组织主动开展事故灾难风险管理的重要基础。危险源辨识具有一定的预见性和前瞻性，有利于组织实现对事故灾难的预防与风险控制。危险源辨识主要包含两个方面的内容：一是要对存在危险源的业务活动及场所进行排查，二是要对危险源的类别进行考察①。从方法上讲，危险源的辨识可以有询问交谈、问卷调查、现场观察、查阅有关记录、获取外部信息、工作任务分析、材料性质和生产条件分析、系统安全分析等多种选择，但是各种方法在切入点和分析过程上都有其各自的适用范围或局限性，在辨识危险源的过程中，通常很难靠一种方法全面地辨识其所存在的危险源，而往往需要综合运用两种或两种以上的方法。

危险源的评价是指在危险源被辨识和确认后，需要对其进行风险分析。一般来讲，危险源的分析包含如下几个方面：第一，分析构成各类危险源的危险因素及其原因和机制；第二，分析各类危险源导致事故灾难发生的概率；第三，评价事故灾难发生的后果；第四，评价事故灾难发生概率和发生后果的联合作用与影响；第五，分析上述评价结果与安全目标值的差距，检查风险值是否达到可接受水平，否则需要采取控制措施，以降低危险水平②。

危险源控制措施包含两个方面：一是对危险源的日常管理；二是当事故灾难发生时的应急措施。在对危险源进行辨识和评价之后，要针对每一个危险源制定出一套完善的、严格的安全管理制度，同时采用技术措施（诸如设备设施的选择、设计、监造、运行与维修中的安全保障等）和组织措施（诸如对人员的培训和指导、合理规定工作人员时间和职责等）对危险源实施常态化的严格管理。同时，要依据危险源评价制定现场应急计划，并且定期开展应急计划的检验、定期评估现场应急计划的有效程度，并及时根据检验和评估结果对应急计划做出适时的修订。

危险源控制系统的详细运行过程详见图5-3。在此系统中，明确部门、人员的危险源控制职责是开展事故灾难风险管理的组织基础，事故灾难风险的良好管理需要各级部门和人员切实落实好自身职责，积极组织或参与危险源的辨识、评价和控制工作。为了促进事故灾难风险管理工作的高效推进，通常还需要设置危险源控制工作小组，工作小组必须由经验丰富、业务能力强、具有较强的综合分析能力的人员组成，并且工作小组成员应当接受危险源辨识、评价与控制方面的专门培训。实际上，相关的培训工作不仅需要针对工作小组成员展开，也需要针对组织的其他成员展开，并且注意有针对性地设计培训内容和形式。通常，对全体成员主要开展普及培训；对各级领导干部应该在此基础上，重点进行意识和标准培训；而对技术人员、管理人员，特别是各级评价小组，则应进一步深入培训，加强对职业健康安全管理体系标准的理解和贯彻，使之基本具备内部审查员的知识和能力。

在确定危险源辨识的范围时，要充分考虑到生产作业活动、产品和服务的全过程，并有意识地对生产作业活动进行划分。危险源辨识与评价方法的选择则要根据对象的作业性质、危险源复杂程度和从事危险源辨识与评价的人员能力而合理确定。通常，基层单位作

① 钱新明，陈宝智．重大危险源的辨识与控制．中国安全科学学报，1994（8）．

② 吴宗之．重大危险源控制技术研究现状及若干问题探讨．中国安全科学学报，1994（5）．

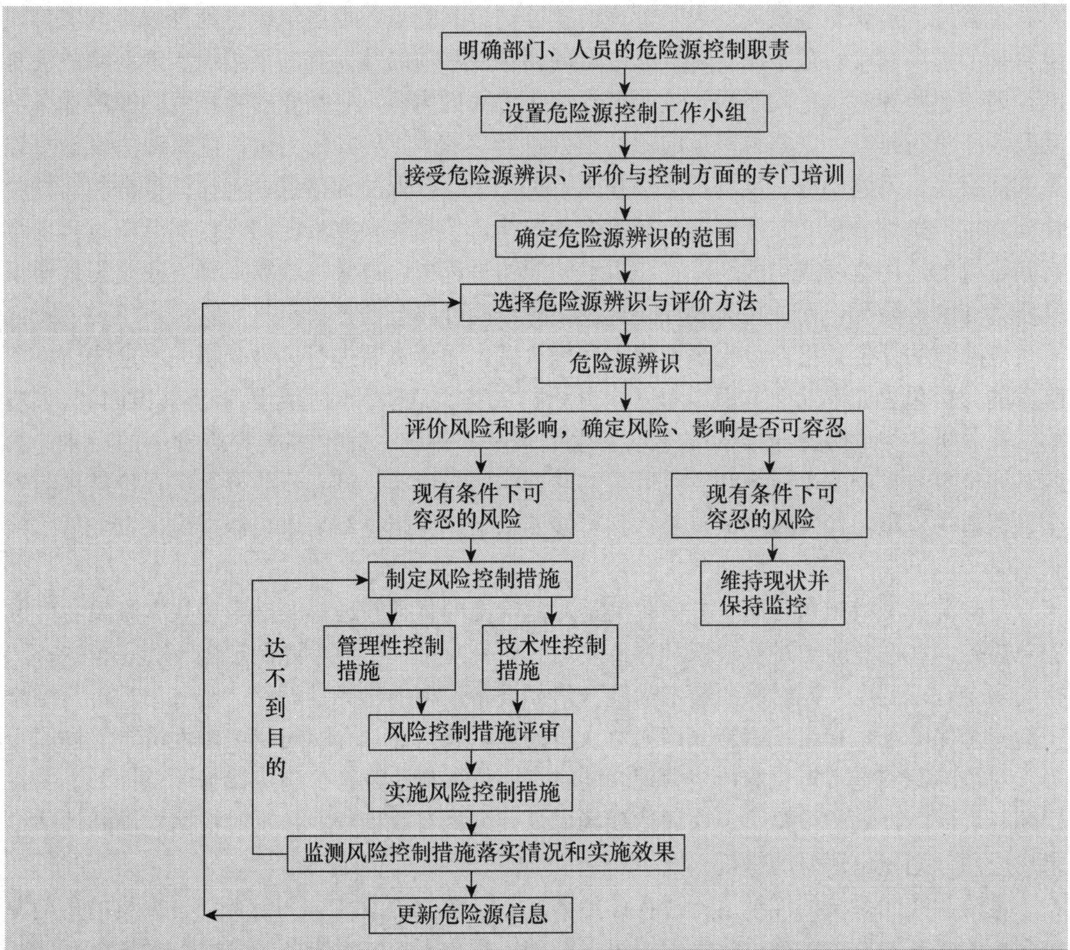

图 5－3　危险源控制系统运行过程

资料来源：杨源，陈葵阳，包晓海．危险源辨识、风险评价和风险控制全过程方法讨论．石油化工安全技术，2005(6)．

业人员应该选择相对简单的评价方法，而对技术、管理人员和危险源评价小组成员而言，当简单方法不能满足需求时，应该选择系统安全评价方法和综合评价方法。危险源的辨识工作主要包括以下内容：第一，要收集相关资料，包括企业的背景资料、执行的法律法规、规程和标准、各种工艺指标、生产所需要的原材料、运行情况记录、国内外同行或相关行业及组织的事故记录、作业环境监测资料和其他有关情况等。第二，各部门根据选定的方法，组织相关人员对各项业务活动的主要危险进行辨识，并编制危险源辨识表以反馈至主管部门，由主管部门对上报的内容进行汇总、确认、登记并形成危险源台账。第三，对危险源信息进行归类和整理①。

危险源评价工作则在既定的危险源评价依据、标准、评价方法和风险分级办法的指导下展开。危险源评级依据和标准可从法律法规合规性、事故灾难伤亡程度、事故灾难影响

① 杨源，陈葵阳，包晓海．危险源辨识、风险评价和风险控制全过程方法讨论．石油化工安全技术，2005 (6)．

规模、事故灾难发生频率、相关方面关注程度、组织面临的风险大小、财产损失额度和降低防线的难度七个方面来考虑。在确定好评价依据、标准和方法后，各级工作人员可将风险源辨识结果对照评价标准和系统风险等级进行危险源的风险评价，编制出危险源风险评价表和危险源风险评价清单。

危险源的风险评价工作之后则需要确定风险的可承受程度，对于不可容许的风险应该深入分析原因，并制定控制措施以消除危害、降低风险。危险源控制措施制定出来之后，还要对其进行系统的评审。风险源控制措施的评审主要包括考察计划的控制措施能否将危险源的风险降低到可容许水平、考察是否会产生新的危险源、考察是否已经给出了效果最佳的应对方案、考察受影响的人员对控制措施的评价和认识。通过评审的危险源控制措施在实施之后要再次接受效果监测与评估，对于不能达到风险控制效果的风险源控制措施要及时修订或者重新制定，对于风险控制效果良好的措施则可以将其标准化，以作为长效机制。

在整个危险源控制过程中，当组织内部管理发生变化、组织的生产作业条件发生改变、组织的工艺技术和设备技术变更、事故灾难发生、密切相关的外部环境变化等情况发生时，需要技术更新组织的危险源信息。

5.2.4　基于事故隐患管理的事故灾难风险管理理论

基于事故隐患管理的事故灾难风险管理的核心机制是事故隐患管理系统。事故隐患管理系统把管理上的缺陷、人的不安全行为、物以及环境的不安全状态整体作为事故隐患来管理，通过排查日常隐患来发现管理上的缺陷、人的不安全行为以及物和环境上的不安全状态，并对这些事故隐患进行风险评价，通过评价确定事故隐患的严重危险程度，并采取相应的消除控制措施，以进行持续的改进。事故隐患管理系统包含事故隐患识别子系统、事故隐患评价子系统、事故隐患控制子系统。

事故隐患识别子系统通过对组织安全生产事故隐患的不断检查来实现，组织事故隐患存在于管理、人的行为、物以及环境的安全状态之中，组织要针对安全生产过程进行分析，按照事故隐患的分类，找出生产过程中可能存在的管理上的缺陷、人的不安全行为、物和环境的不安全状态，并编制不同类型的检查表用于事故隐患的识别。事故隐患检查表必须能结合实际、突出重点、简明易行、符合安全生产要求。事故隐患检查表的编制依据主要有三个方面：第一，事故隐患检查表应以国家、部门、行业企业所颁发的有关安全法令、规章、制度、规程以及标准、手册等为依据。第二，编制事故隐患检查表应认真收集国内外有关各种事故案例的资料，并作为编制参考。第三，编制事故隐患检查表还应该结合组织自身生产操作和安全管理资料的实践经验①。

事故隐患评价子系统针对组织存在的事故隐患进行风险评价，根据事故隐患的特点选择科学、合理、适用的定性、定量评价方法，对危险、有害因素导致事故发生的可能性和严重程度进行定性、定量评价，以确定事故可能发生的部位、频次、严重程度的等级及相

① 李玉伟. 企业安全生产事故隐患管理体系构建研究. 哈尔滨：哈尔滨工程大学，2007.

关结果，为制定安全对策措施提供科学依据。事故隐患风险评价的目的首先在于根据国家所规定的安全指标或公认的安全指标，衡量风险的水平，以便确定风险是否需要处理和处理的程度。其次是将风险评价结果用于制定和完善有关安全操作与维修的规章制度，并且作为安全教育教材和进行安全检查的依据，以促进安全管理系统化、现代化，形成安全教育、日常检查、操作维修的完整体系①。

事故隐患控制子系统根据定性、定量评价结果，提出消除与控制危险、有害因素的技术和管理措施及建议，实现对事故隐患的消除与控制目的。在具体的工程技术措施中，有如下技术要领：第一，消除潜在危险；第二，降低潜在危险因素数值；第三，提高系统的安全系数，增加安全余量；第四，启用元器件的机器连锁或电气互锁；第五，设置危险源屏障；第六，设置安全距离；第七，缩短使人暴露于微信、危害因素的时间；第八，增加系统强度；第九，配备个人防护设备；第十，以机器设备替代作业人员。管理措施主要是指通过制定和监督实施有关法令、规程、规范、标准和规章，以规范人们在生产活动中的行为②。

5.3 中国事故灾难风险管理的制度与框架

5.3.1 中国事故灾难风险管理的法律制度

中国事故灾难风险管理的法律制度呈现出两个基本特征：第一，重点集中在传统的生产安全事故领域；第二，侧重以罚示警。从立法进程来看，中国的事故灾难风险管理立法主要经历了三个重要阶段。

1. *以人员伤亡管理为重心的安全事故立法阶段*

新中国成立初期，生产安全事故方面的法律法规主要聚焦于对人员伤亡事故的调查、登记、统计和报告。1950 年，《全国公私营厂矿职工伤亡报告办法》发布，该办法的重要意义在于：从法律上明确了企业职工伤亡事故的受理部门由劳动部门承担。1950 年，劳动部制定《全国公私营厂矿职工伤亡报告办法》，并发布了《重伤、死亡事故调查报告表》和《因工死亡人数日报表》，进一步从法律层面上明确和规范了职工伤亡事故的调查处理和信息上报。1956 年，国务院颁布《工人职员伤亡事故报告规程》，明确了"企业（指第二条所列各单位，以下同）对于工人职员在生产区域中所发生的和生产有关的伤亡事故（包括急性中毒事故，以下同）必须按照本规程进行调查、登记、统计和报告"，其中企业是指国营、地方国营、合作社营和公司合营的工业、交通运输业、建筑业、伐木业的企业，地质和水利系统的工程单位，机械农场和农业机器站。上述的规定和办法，使企业职工伤亡事故的调查处理和统计分析有了初步的法律制度，对我国伤亡事故的控制和减少起

① 张建航．事故隐患两阶段风险评价方法的研究．北京：中国地质大学，2010.

② 吴宗之．论重大危险源监控与重大事故隐患治理．中国安全科学学报，2003 (9).

到了积极作用。

新中国成立初期建立起来的以人员伤亡管理为中心的安全事故法律体系，在“文化大革命”中遭到了严重冲击和破坏，至“文化大革命”结束，安全立法工作才得以恢复。1979年4月，国务院重申认真贯彻执行包括《工人职员伤亡事故报告规程》的重要意义。同年，“交通肇事罪”和“重大伤亡事故罪”被写进全国五届人大二次会议通过的《刑法》，明确了“交通、运输、工矿、林场、建筑等企业、事业单位，因违反规章制度，强令工人违章作业而造成重大事故的责任者需承担相应的刑事责任”，这极大地加强了法律对于职工伤亡事故责任的约束。

20世纪80年代，国务院、最高人民检察院相继颁布了一批涉及职工伤亡事故的文件，如《国务院批转关于在工业交通企业加强法制教育严格依法处理职工伤亡事故的报告》《最高人民检察院关于办理重大责任事故案件的情况和意见》等。1989年，国务院第31次常务会议还通过了《特别重大事故调查程序暂行规定》，对于造成特别重大人身伤亡或者巨大经济损失以及性质特别严重、产生重大影响的事故的调查处理做出了明确的规定，并且规定了相关的罚则。这一系列的文件与规定使企业职工伤亡事故的调查处理日益规范化、制度化，在一定程度上对职工伤亡事件的发生起到了警示和控制作用。

2. 以行业分类为基础的安全事故立法阶段

随着“依法治国”方略的确定，中国安全生产方面的法制建设步入一个新的阶段。许多行业都相继出台了有关安全生产的行业特别法，如1990年的《铁路法》、1992年的《矿山安全法》、1995年的《民用航空法》、1996年的《煤炭法》、1997年的《建筑法》、2003年的《道路交通安全法》等。这些行业特别法都专门对本行业内的安全生产管理做出了详细规定，为各行业内的生产安全事故管理和风险防范奠定了法律基础。

这一阶段，承担安全生产管理工作的国家机构也做出了调整。1998年，原来由劳动部承担的安全生产综合管理、职业安全监察、矿山安全监察职能交由国家经贸委承担。国家经贸委内设安全生产监察局，负责综合管理全国安全生产工作，对安全生产行使国家监督职权，相应的事故调查处理职能也转至经贸委。2001年，国家安全生产监督管理局（国家煤矿安全监察局）正式宣告成立，这标志着我国安全生产管理体制的改革取得重大进展，新体制、新机构正式运行，企业职工伤亡事故的调查处理部门也由经贸委部门转至安全生产监管部门。这标志着中国的生产安全事故工作进入由专业的安全生产监管部门承担的阶段。

3. 生产安全事故综合法律体系建设阶段

与经济社会的发展相伴随，安全生产领域的新情况和新问题层出不穷，安全生产所面临的形势日益严峻，同时社会各界对于安全生产事故报告和处理的关注度也越来越高，各级政府特别是地方政府在安全生产工作中被赋予越来越重要的职责。这些力量共同推动中国的安全生产管理工作进入了一个系统立法阶段。首先，是作为中国安全生产保障基本法的《安全生产法》于2002年正式颁布，建立起了相对完善的生产安全事故管理体系。其次，是2007年国务院总理签署公布了《生产安全事故报告和调查处理条例》（简称《条例》），该《条例》改变了以往将企业职工伤亡事故仅仅局限于企业职工在生产经营活动中的伤亡事故而并不包括道路交通、火灾等其他生产安全事故的不合理情况，而把生产安全事故定义为包含了工矿商贸事故、火灾事故、道路交通事故、水上交通事故、民航飞行事故、铁路交通事故、农业机械事故、渔业船舶事故八大类事故分类。因此，这些分类事故的法律文件都被纳入了生产安全事故的法律体系中。由此，中国的生产安全事故管理已基本形成《安全生产法》和《生产安全事故报告和调查处理条例》为基础、各分类事故法律文件为配套的法律体系。

2014 年，全国人大常委会第十次会议修订了《安全生产法》，新修订的《安全生产法》第一次明确提出了建立事故隐患排查治理制度，开始强调加强事前预防、强化隐患排查，要求生产经营单位必须建立事故隐患排查治理制度，采取技术、管理措施消除事故隐患，要求政府有关部门建立健全重大事故隐患治理督办制度，督促生产经营单位消除重大事故隐患。对未建立隐患排查治理制度、未采取有效措施消除事故隐患的行为，设定了严格的行政处罚。这一突破，标志着中国的生产安全事故管理进入了风险管理的新阶段。

5.3.2 中国事故灾难风险管理的责任体系

伴随着中国安全生产方针政策和法律法规的完善，基本形成了以“生产经营单位负责、职工参与、政府监管、行业自律、社会监督和中介服务”为核心的事故灾难风险管理格局。在多元参与的格局中，不同的责任主体承担着差异明确、互为补充的风险管理责任。

1. 生产经营单位负责

生产经营单位负责是指生产经营单位积极贯彻“安全第一、预防为主”的安全生产方针，自觉遵守安全生产相关的法律、法规和标准，并根据自身的生产特征制定出适合本单位安全生产管理实践的企业规章制度，设置专门的安全生产管理机构，配备专职人员负责事故灾难的风险管理。

生产经营单位必须遵守《安全生产法》和其他有关安全生产的法律、法规，加强安全生产管理，建立、健全安全生产责任制和安全生产规章制度，改善安全生产条件，推进安全生产标准化建设，提高安全生产水平，确保安全生产。生产经营单位的主要负责人对本单位的安全生产工作全面负责。

2. 职工参与

职工参与体现在两个方面，一方面是职工在劳动生产过程中履行相应的安全生产义务，另一方面是职工依据法律法规对自身在劳动生产过程中应该享有的安全权利和健康权利进行维护。职工通过履行相应的安全生产义务、主张和维护自身安全权利和健康权利，主动识别并抗议从事生产生活过程中可能引发事故灾难的风险行为，从而实现对事故灾难风险的规避。

《生产安全法》一方面规定生产经营单位的从业人员必须履行的安全生产义务，即从业人员在作业过程中，应当严格遵守本单位的安全生产规章制度和操作规程，服从管理，正确佩戴和使用劳动防护用品；应当接受安全生产教育和培训，掌握本职工作所需的安全生产知识，提高安全生产技能，增强事故预防和应急处理能力；发现事故隐患或者其他不安全因素，应当立即向现场安全生产管理人员或者本单位负责人报告；接到报告的人员应当及时予以处理。另一方面也赋予了从业人员维护自身安全和健康的相关权利，即生产经营单位的从业人员有权了解其作业场所和工作岗位存在的危险因素、防范措施及事故应急措施，有权对本单位的安全生产工作提出建议；从业人员有权对本单位安全生产工作中存在的问题提出批评、检举、控告；有权拒绝违章指挥和强令冒险作业。

3. 政府监管

政府监管是政府部门根据国家法律法规对企业安全生产职责的履行和安全生产法律、法规、政策的执行情况进行监督和检查，对于违反了国家安全生产法律法规从而造成事故灾难风险的企业，根据其违法程度与情节采取限期整改、停产整顿甚至关闭企业等相应的处置措施。负责安全生产监管的政府职能部门通过设立专门的安全生产检查机构，派专职监察员深入企业调查事故隐患，把事故风险消解在萌芽状态。

《安全生产法》明确了政府的安全生产监督管理职能，即县级以上地方各级人民政府应当根据本行政区域内的安全生产状况，组织有关部门按照职责分工，对本行政区域内容易发生重大生产安全事故的生产经营单位进行严格检查。安全生产监督管理部门应当按照分类分级监督管理的要求，制订安全生产年度监督检查计划，并按照年度监督检查计划进行监督检查，发现事故隐患，应当及时处理。负有安全生产监督管理职责的部门依照有关法律、法规的规定，对涉及安全生产的事项需要审查批准（包括批准、核准、许可、注册、认证、颁发证照等）或者验收的，必须严格依照有关法律、法规和国家标准或者行业标准规定的安全生产条件和程序进行审查；不符合有关法律、法规和国家标准或者行业标准规定的安全生产条件的，不得批准或者验收通过。对未依法获得批准或者验收合格的单位擅自从事有关活动的，负责行政审批的部门发现或者接到举报后应当立即予以取缔，并依法予以处理。对已经依法取得批准的单位，负责行政审批的部门发现其不再具备安全生产条件的，应当撤销原批准。

4. 行业自律

行业自律是指相关产业的国家标准、行业标准对生产经营单位的经营、生产行为进行约束，以保证其经营、生产行为的安全性。任何生产经营单位从事安全设备的设计、制造、安装、使用、检测、维修、改造和报废等活动时，都必须遵守相关的国家标准和行业标准；任何企业生产、经营、运输、储存、使用危险物品或者处置废弃危险物品时，必须执行有关法律、法规和国家标准或者行业标准，建立专门的安全管理制度，采取可靠的安全措施，接受有关主管部门依法实施的监督管理。

国务院有关部门应当按照保障安全生产的要求，依法及时制定有关的国家标准或者行业标准，并根据科技进步和经济发展适时修订。生产经营单位必须执行依法制定的保障安全生产的国家标准或者行业标准。

5. 社会监督

事故灾难风险管理方面的社会监督是指任何单位或个人、工会、居民自治组织、新闻媒体等具有权利对生产经营单位的安全生产事故风险进行监督和举报，通过广泛的群众的眼睛及时发现企业生产过程中可能存在的风险隐患，并向负责企业安全生产的部门和人员反馈，从而实现对事故灾难风险的预警与管理。

根据《安全生产法》，任何单位或者个人对事故隐患或者安全生产违法行为，均有权向负有安全生产监督管理职责的部门报告或者举报。工会对生产经营单位违反安全生产法律、法规，侵犯从业人员合法权益的行为，有权要求纠正；发现生产经营单位违章指挥、强令冒险作业或者发现事故隐患时，有权提出解决的建议，生产经营单位应当及时研究答复；发现危及从业人员生命安全的情况时，有权向生产经营单位建议组织从业人员撤离危险场所，生产经营单位必须立即做出处理。工会有权依法参加事故调查，向有关部门提出处理意见，并要求追究有关人员的责任。居民委员会、村民委员会发现其所在区域内的生产经营单位存在事故隐患或者安全生产违法行为时，应当向当地人民政府或者有关部门报告。新闻、出版、广播、电影、电视等单位有进行安全生产公益宣传教育的义务，有对违反安全生产法律、法规的行为进行舆论监督的权利。

6. 中介服务

中介服务是指具有执业资格的个人或者独立法人凭借自己的专业优势，为政府、企业甚至职工个人提供事故灾难风险管理方面的咨询、科研、调查、教育培训、检测检验、评价、技术措施改造等服务，协助政府开展安全监督与管理，促进企业安全管理水平的提高。

《安全生产法》明确要求，依法设立的为安全生产提供技术服务的中介机构，依照法律、行政法规和执业准则，接受生产经营单位的委托，为其安全生产工作提供技术服务；承担安全评价、认证、检测、检验的机构应当具备国家规定的资质条件，并对其做出的安全评价、认证、检测、检验的结果负责。

5.3.3 中国事故灾难风险管理的基本框架

中国的事故灾难风险管理基本格局之下，逐步形成了以事故灾难风险防范管理法律法规体系、事故灾难风险防范规制体系和事故灾难风险防范责任体系为主要内容的基本框架。

1. 事故灾难风险防范管理法律法规体系

从我国的法的形式及体系来考察，中国的事故灾难风险防范管理的法律法规体系包含：事故灾难风险防范管理的法律、行政法规和法定安全生产标准。

中国有关事故灾难风险防范管理的法律实际上分为三大类：第一类是调整基本安全生产关系、解决各行各业的共性问题、从整体上促进事故灾难风险防范的基本法。中国事故灾难风险防范管理的基本法是《中华人民共和国安全生产法》。第二类是专门调整某一行业或者专业领域特殊安全生产关系、对特定领域的事故灾难风险防范管理起到约束和规制作用的法律，如《中华人民共和国矿山安全法》《中华人民共和国道路交通安全法》《中华人民共和国消防法》等。第三类是在安全生产专门法律以外的其他法律中含有安全生产内容的法律，包括相关行业法律、相关专业法律以及与安全生产监督执法相关的法律，如《中华人民共和国煤炭法》《中华人民共和国职业病防治法》《中华人民共和国行政许可法》等[1]。

与事故灾难风险防范管理的法律相辅相成，旨在保障法律的具体实施的行政法规也是规范事故灾难风险防范管理的重要规范体系。行政法规为安全生产机构进行安全监管的活动提供了具体规范。中国现行涉及事故灾难风险防范管理的行政法规主要包括九大类：一为综合类，如《安全生产许可证条例》《生产安全事故报告和调查处理条例》等；二为煤矿安全类，如《煤矿安全监察条例》；三为非矿山煤矿安全类，如《水库大坝安全管理条例》《电力监管条例》等；四为危险化学品安全类，如《危险化学品安全管理条例》；五为烟花爆竹安全类，如《烟花爆竹安全管理条例》；六为民用爆破器材安全类，如《民用爆炸物品安全管理条例》；七为建筑工程安全类，如《建筑工程安全生产管理条例》；八为交通运输安全类，如《中华人民共和国内河交通安全管理条例》《中华人民共和国道路运输条例》等；九为其他安全类行政法规，如《大型群众性活动安全管理条例》。可以说，上述行政法规涵盖了安全生产领域的方方面面，为事故灾难风险防范提供了详尽有力的法律保障。

《安全生产法》要求国务院有关部门应当按照保障安全生产的需要，依法及时制定有关的国家标准或者行业标准，并根据科技进步和经济发展适时修订。生产经营单位必须执行依法制定的保障安全生产的国家标准或者行业标准，这实际上是通过法律的规定赋予了国家标准和行业标准强制执行的效力。此外，我国很多安全生产立法还直接将一些重要的安全生产标准规定在法律法规之中，使之上升为安全生产法律、法规中的条款。因此，我国安全生产国家标准和行业标准虽然与安全生产立法有所区别，但是从一定意义上来说，它也可以被视为我国安全生产法律体系中的一个重要组成部分。我国现行的安全生产国家标准和行业标准涉及设计、管理、方法、技术、检测检验、职业健康和个体防护用品等多个方面，全面而具体的法定标准对于企业的生产活动具有有效规范的作用，从而也对提高我国安全生产监管的工作质量、提升事故灾难风险防范管理水平具有重要作用。

2. “立法、行政、司法”三位一体的事故灾难风险防范规制体系

从整体上看，中国的事故灾难风险防范规制体系包括了立法性规制、行政性规制和司法性规制[2]。其主要的规制主体和功能分工详见表5-1。

表5-1　“立法、行政、司法”三位一体的事故灾难风险防范规制体系

	事故灾难风险防范管理立法性规制	事故灾难风险防范管理行政性规制	事故灾难风险防范管理司法性规制
规制主体	全国人民代表大会及其常务委员会	国务院、省级和较大的市人大、省级和较大的市人民政府、负有安全生产监管职能的部门	最高人民法院（人民法院）
立法性功能（规制立法）	制定有关事故灾难风险防范管理的法律	制定有关安全生产的法规、规章、标准等	制定有关安全生产的法律规范的司法解释

① 韦锋. 当代中国安全生产监管问题的政治学分析. 苏州：苏州大学，2008.

② 苗金明. 中国安全生产规制理论及其效果评估与实证研究. 徐州：中国矿业大学，2009.

续前表

	事故灾难风险防范管理立法性规制	事故灾难风险防范管理行政性规制	事故灾难风险防范管理司法性规制
行政性功能（规制实施）	无	安全生产的行政许可、行政处罚、监督检查、安全验收、安全审查、安全核准等	无
司法性功能（诉讼裁决）	无	准司法性程序，行政裁决、调节和仲裁，行政处罚，行政复议	通过形式司法审判权，追求安全生产违法行为的民事责任、刑事责任，行政诉讼中对安全生产规制行为的合法性审查，司法建议

事故灾难风险防范的立法性规制，是指立法机关通过行使立法权，为事故灾难风险防范制定基本的法律，如《安全生产法》《矿山安全法》等，为事故灾难风险防范提供整体的规制框架。具体来说，主要是指由全国人民代表大会及其常务委员会制定关于事故灾难风险防范管理的法律，由此确定行政规制的大致规范，为规制者提供规制的具体规则。

事故灾难风险防范的行政性规制，是指由行政机关通过颁发规制性法规和规章、实施生产经营单位生产准入许可、制裁生产经营单位违反安全生产法律法规等行为来对生产经营单位的生产经营活动进行规制，以督促其履行事故灾难风险防范管理的相关责任和义务。具体来讲，主要包括行政机关制定和颁发有关事故灾难风险防范的行政法规、地方性法规、行政规章和法定的安全生产标准，以及行政机关规定安全生产规制措施和规制政策，为生产经营单位的事故灾难风险防范管理提供指导原则和实施准则；由行政机关实施行政许可、颁布禁令和予以行政奖励等，以约束和监督生产经营单位对上述法规、政策以及标准的实施情况；由行政机关裁决纠纷、制裁违反安全生产规范要求的行为，以预防和纠正生产经营单位的安全生产违法行为，保护从业人员、劳动者和其他社会成员的生命财产安全。

事故灾难风险防范管理的司法性规制，主要是指司法机关通过法律解释、违法惩戒等方式实现对事故灾难风险管理的规制。具体来讲，一方面是指最高人民法院通过参与有关事故灾难风险防范管理的法律解释，直接参与规制性立法；另一方面是指人民法院通过行使审判权，对生产经营单位违反事故灾难风险防范相关法律的行为进行惩治，以约束生产经营单位的安全生产行为。司法性规制的重要功能在于，通过刑事追诉程序，惩戒安全生产违法犯罪行为，以维持正常的社会活动和经济活动秩序；通过审判行政案件，实现对安全生产违法或不当的规制行为的司法审查，对行政机关的规制权利和规制行为进行监督和约束；通过对规制者的合法的规制行为予以维护，解决因规制行为引发的安全生产行政监管纠纷，以排除安全生产行政监管过程中的阻塞现象。

3. 事故灾难风险防范责任体系

中国已经形成了综合监管与专项监管相结合的事故灾难风险防范责任体系，综合监管部门与专项监管部门各司其职。根据《安全生产法》的要求，综合监管的责任主体主要是国务院负责安全生产监督管理的部门和县级以上地方各级人民政府负责安全生产监督管理的部门，由其分别对全国范围和所在行政区域内的事故灾难风险防范工作实施综合监督管理。国务院有关部门和县级以上地方各级人民政府有关部门分别在各自的职责范围内对有关事故灾难风险防范工作进行专项监督管理。综合监管和专项监管主要是根据职责的不同来划分的。

事故灾难风险防范的综合监管是指安全生产综合监管部门在整体意义上对事故灾难风险防范工作进行的一种监管活动，它的范围较为宽广。除了负责某些特定领域的直接监管工作以外，综合监管部门还负责对专项监管部门的监管工作进行指导和监督。综合监管部门的职责分为三个方面：第一，对某些领域的事故灾难风险防范工作进行直接的监管，直接监管的对象是没有单独设置监管部门的行业，如工矿、商贸等领域；第二，对辖区范围内的事故灾难风险防范工作进行全面的规划、部署、组织和实施；第三，对负责专项监管的有关部门进行指导、协调和监督。在综合监管部门三个方面的主要职责之中，后两者主要体现了“综合”的特点。综合监管部门在我国事故灾难风险防范监管机构中的地位至关重要，其所起的作用是决定性的和方向性的。

事故灾难风险防范的专项监管是指依照有关法律、法规和政府授权，由政府有关部门对某一方面或者特定行业领域的事故灾难风险防范工作所实施的政府监督管理。专项监督管理主要解决某一方面或者行业领域的特殊性、专业性的事故灾难风险防范问题。专项监管的主体是负责安全生产专项监管执法工作的行政机构，具体来说，包括卫生部门、人力资源和社会保障部门、建设部门、农业部门、公安部门、交通部门、质量技术监督检验检疫部门等，国务院以及各级地方政府均设置有这些部门，负责该级行政区划范围内的专项安全生产监管工作，这些专项监管机构各自有不同的管辖范围，分工明确。事故灾难风险防范专项监管职责主要来源于法律、法规、规章和政府的授权。事故灾难风险防范的专项监管主要有四个方面的职责：第一，在本级人民政府的领导下，研究部署事故灾难风险防范监管的专项执法工作，对有关本行业或者领域的事故灾难风险防范工作实施专项监督管理；第二，实施法定的安全生产行政许可；第三，对有关行业或领域的生产经营单位安全生产条件和安全管理情况进行监督检查；第四，受理和查处举报的有关行业或领域的事故隐患和安全生产违法行为。

本章小结

1. 事故灾难风险是指在人类各种生产活动（既包括营利性单位的营利性生产活动，也包括公共部门的公共服务生产活动）中所发生的伤害人身安全和健康或者损坏设备设施或者造成经济损失的意外事件的可能性和后果的总和。事故灾难风险是对人类安全的客观威胁，由于事故灾难风险的存在，使得人类社会的绝对安全成为不可能，而只能追求相对安全。事故灾难风险的存在具有辩证性特征：一方面，事故灾难发生的概率不可能为零；另一方面，人们可以对事故灾难风险进行管理和控制，而将其降到最低。事故灾难风险管理的主要内容包括对事故灾难风险的监控与预警、对事故灾难危险源的管理与控制以及对事故灾难隐患的管理与控制。

2. 事故灾难风险管理的主要理论主要有基于系统反馈控制论的事故灾难风险管理理论、基于事故灾难模型的事故灾难风险管理理论、基于危险源识别与控制的事故灾难风险管理理论、基于事故隐患管理的事故灾难风险管理理论等。事故灾难风险管理理论的发展体现了风险管理理念上对风险管理端口的不断前移，即理论的发展体现了事故灾难风险管理理念由“以反馈控制为核心”到“以前馈控制为核心”的转变。

3. 中国事故灾难风险管理的主要进展首先体现在相关法律法规体系的建设与完善上。在经历了“以人员伤亡管理为重心的安全事故立法阶段”“以行业分类为基础的安全事故立法阶段”“生产安全事故综合法律体系建设阶段”三个主要发展阶段之后，中国基本形成了相对完善的事故灾难风险防范法律法规体系。在此基础上，中国的事故灾难风险管理整体形成了以“生产经营单位负责、职工参与、政府监管、行业自律、社会监督和中介服务”为基本格局的多元主体责任和以“事故灾难风险防范管理法律法规体系、事故灾难风险防范规制体系和事故灾难风险防范责任体系”为主要内容的基本框架。

关键术语

生产安全事故风险　生产安全事故风险管理　固有风险　隐患风险　行为风险　风险监控　风险预警　系统反馈控制　事故灾难模型　危险源识别与控制　隐患管理

复习思考题

1. 什么是事故灾难风险？事故灾难风险有哪些主要特征？
2. 事故灾难风险有哪些主要类别？
3. 事故灾难风险管理的主要内容有哪些？
4. 事故灾难风险管理的主要理论有哪些？
5. 中国事故灾难风险管理的基本框架包含哪些内容？

阅读案例

天津港“8·12”特大火灾爆炸事故风险识别与管理

2015 年 8 月 12 日，位于天津市滨海新区天津港的瑞海国际物流有限公司（简称瑞海公司）危险品仓库发生特别重大火灾爆炸事故。事故造成 165 人遇难（参与救援处置的公安现役消防人员 24 人，天津港消防人员 75 人，公安民警 11 人，事故企业、周边企业员工和周边居民 55 人），8 人失踪（天津港消防人员 5 人，周边企业员工、天津港消防人员家属 3 人），798 人受伤住院治疗（伤情重及较重的伤员 58 人、轻伤员 740 人）；304 幢建筑物（其中，办公楼宇、厂房及仓库等单位建筑 73 幢，居民 1 类住宅 91 幢、2 类住宅 129 幢，居民公寓 11 幢）、12 428 辆商品汽车、7 533 个集装箱受损。

据《天津港“8·12”特别重大火灾爆炸事故调查报告》（简称《调查报告》），导致本次重大事故灾难的发生的原因既有事故企业的问题，也有有关地方政府及部门和中介机构存在的问题。

《调查报告》指出，瑞海公司违法违规经营和储存危险货物，安全管理极其混乱，未履行安全生产主体责任，致使大量安全隐患长期存在。瑞海公司的生产经营活动存在以下明显问题：第一，严重违反天津市城市总体规划和滨海新区控制性详细规划，未批先建、边建边经营危险货物堆场。第二，无证违法经营。第三，以不正当手段获得经营危险货物批复。第四，违规存放硝酸铵。第五，严重超负荷经营、超量存储。第六，违规混存、超高堆码危险货物。第七，违规开展拆箱、搬运、装卸等作业。第八，未按要求进行重大危险源登记备案。第九，安全生产教育培训严重缺失。第十，未按规定制订应急预案并组织演练。

《调查报告》指出，地方政府及部门和中介机构存在的问题主要包括以下方面：第一，天津市交通运输委员会（原天津市交通运输和港口管理局）滥用职权，违法违规实施行政许可和项目审批；玩忽职守，日常监管严重缺失。第二，天津港（集团）有限公司在履行监督管理职责方面玩忽职守，个别部门和单位弄虚作假、违规审批，对港区危险品仓库监管缺失。第三，天津海关系统违法违规审批许可，玩忽职守，未按规定开展日常监管。第四，天津市安全监管部门玩忽职守，未按规定对瑞海公司开展日常监督管理和执法检查，也未对安全评价机构进行日常监管。第五，天津市规划和国土资源管理部门玩忽职守，在行政许可中存在多处违法违规行为。第六，天津市市场和质量监督部门对瑞海公司日常监管缺失。第七，天津海事部门培训考核不规范，玩忽职守，未按规定对危险货物集装箱现场开箱检查进行日常监管。第八，天津市公安部门未认真贯彻落实有关法律法规，未按规定开展消防监督指导检查。第九，天津市滨海新区环境保护局未按规定审核项目，未按职责开展环境保护日常执法监管。第十，天津市滨海新区行政审批局未严格执行项目竣工验收规定。第十一，天津市委、天津市人民政府和滨海新区党委、政府未全面贯彻落实有关法律法规，对有关部门和单位安全生产工作存在的问题失察失管。第十二，交通运输部未认真开展港口危险货物安全管理督促检查，对天津交通运输系统工作指导不到位。第十三，海关总署未认真组织落实海关监管场所规章制度，督促指导天津海关工作不到位。第十四，中介及技术服务机构弄虚作假，违法违规进行安全审查、评价和验收等。

案例思考题

1. 导致上述材料所述事故灾难发生的风险类别有哪些？

2. 上述材料所述的事故灾难风险案例，反映出我国事故灾难风险管理中的哪些突出问题？

3. 根据上述材料，你认为该如何有效提升对事故灾难风险的管理水平？

第6章

公共卫生事件风险管理

公共卫生事件风险管理主要包括：突然发生，造成或可能造成社会公共健康严重损害的传染病疫情风险管理；群体性不明原因疾病风险管理；食品药品安全事件风险管理；职业危害事件风险管理；食物中毒和职业中毒等事件风险管理；动物疫情等动物卫生事件风险管理；大型活动公共卫生事件风险管理；其他严重影响公众健康事件风险管理等。

我国有关公共卫生事件风险管理方面的制度规定，主要分散在各种法律、法规、条例以及规范性文件、政策、标准中。《突发事件公共卫生风险评估管理办法》，对我国公共卫生事件风险管理制度进行了系统规范。《突发公共卫生事件风险评估工作指南（2014版）》《突发事件公共卫生风险评估技术方案（试行）》《市县级突发事件公共卫生风险评估试点工作方案》等，对公共卫生事件风险管理的流程和方法进行了具体规定。

新《食品安全法》从国家法律的层面，明确规定了实行食品安全风险管理的工作方针、风险分级管理、责任保险以及国务院卫生行政部门组织开展食品安全风险监测和风险评估的法定职责等内容，详细确立了食品安全风险监测制度、食品安全风险评估制度、食品安全风险交流沟通制度、食品安全事故调查制度、食品安全事故问责制度等创新要求。

本章主要说明公共卫生事件风险管理的含义、内容以及研究进展，介绍公共卫生事件风险管理的制度创新、流程和方法，阐明我国食品安全事件风险管理的实践做法和研究进展。

重点问题

- 公共卫生事件风险管理的含义
- 公共卫生事件风险管理的内容
- 公共卫生事件风险管理的研究进展
- 基于人群脆弱性的突发公共卫生事件风险评估
- 传染病突发事件公共卫生风险评估
- 动物卫生突发事件风险评估
- 化学中毒突发公共卫生事件风险评估
- 大型活动公共卫生事件风险评估
- 自然灾害公共卫生风险评估
- 公共卫生事件风险管理制度创新
- 公共卫生事件风险管理流程和方法
- 食品安全事件风险管理制度创新
- 食品安全事件风险管理研究进展

6.1　公共卫生事件风险管理的含义、内容与研究进展

6.1.1　公共卫生事件风险管理的含义与内容

公共卫生事件风险管理主要包括：突然发生，造成或可能造成社会公共健康严重损害的传染病疫情风险管理；群体性不明原因疾病风险管理；食品药品安全事件风险管理；职业危害事件风险管理；食物中毒和职业中毒等事件风险管理；动物疫情等动物卫生事件风险管理；大型活动公共卫生事件风险管理；其他严重影响公众健康事件风险管理等。

公共卫生事件风险管理的主要内容包括：(1) 建立健全多部门公共卫生事件风险联防联控工作机制，强化部门信息沟通和措施联动，加快推进指挥决策系统建设；加强突发事件公共卫生风险评估工作，完成市县级突发事件公共卫生风险评估试点，推动市县级风险评估工作；进一步修改完善突发事件公共卫生风险监测预警制度，开展对全国鼠疫、炭疽、人感染高致病性禽流感等 13 种突发急性传染病实验室检测能力调查，了解相关疾病检测能力，开展严重临床异常事件风险监测报告试点；加强公共卫生事件风险沟通工作，利用微博、专家访谈等载体，开展防灾减灾，中暑防范，预防采食野生蘑菇中毒、胡蜂袭人、核辐射与健康等专题防护宣传；开展公共卫生事件风险科普宣教工作，组织开展“突发急性传染病防控”和“突发中毒事件应急处置”全国技能竞赛活动，完成卫生应急管理、应急准备、紧急医学救援、突发急性传染病防控、中毒事件控制、辐射事件控制等卫生应急培训教材编制发行。(2) 围绕中长期规划确定的口蹄疫、禽流感、布病等优先防治病种，全面部署防控工作，四种重大动物疫病免疫密度达到 95%以上，免疫抗体合格率超过国家规定标准；组织开展疫情风险监测和流行病学调查，科学研判形势，及时掌握疫情动态，对病原学阳性畜禽按规定及时进行处置；进一步完善疫情报告网络，加强疫情举报核查工作；对发生的重大动物疫情，开展紧急流行病学调查、追踪溯源等各项风险防控工作；提高养殖场户的防疫风险意识，普及农民科学养殖等技术知识，提高外来动物疫病风险防范意识，有效防止外来动物疫病传入。(3) 完善生活必需品市场预警信息风险监测体

系，重点加强重大节假日期间的市场监测预警，完善农产品产销自动对接信息平台，加强对农产品市场的监测预警和信息引导，化解农产品卖难问题；落实境外安全风险预警和信息通报制度，及时发布风险提示，通报境外安全形势和突发事件情况；建设境外企业项目外源性风险管理评价体系，帮助企业系统性评估外源性风险；通过政府网站和新闻媒体向对外投资合作人员和劳务人员多次发布境外传染病风险预警，提醒尽量避免或暂缓赴疫情严重的国家和地区。(4) 制订和实施进出口食品化妆品安全风险监控计划，对涉及进出口食品化妆品的项目进行抽样监控，监测发现新的安全隐患；密切关注和收集境外网站的信息，收集研判进出口食品安全风险信息；开展出入境传染病及核生化因子风险监测。(5) 通过应急管理信息传输系统实时监测食品药品安全网络敏感信息和舆情热点，采用内网、短信和传真系统收发等方式发送《重要舆情快报》《每日舆情监测报告》，实现重要敏感舆情共享。(6) 开展野生动物保护和疫源疫病风险监测防控，发布实施《陆生野生动物疫源疫病监测管理办法》，完成《突发野生动物疫情应急预案》以及《陆生野生动物疫源疫病监测技术规范》等标准；做好国家级监测站网络建设规划的布局和指导，开展初检实验室建设改造升级，提升风险检测能力；完善主动风险预警专项工作方案，稳步推进重要野生动物疫病由被动监测向主动预警转变。

当前，在快速推进的城镇化建设进程中，各类自然、非自然的突发公共卫生事件交织出现，一些落后的生产生活方式加大了传染病、食物中毒、食品安全等公共卫生类突发事件发生的风险。一些食品生产、加工、流通、交易等产业（包括家禽和家畜养殖、野生动物驯养繁殖产业）防范和抵御公共卫生类突发事件风险的能力弱，一旦此类事件发生，产业往往受损严重。相关产业抵御突发事件风险的能力亟待提高。高效的现代化传媒条件，以及公众对健康安全的高度关注，极易引发谣言传播，形成相关媒体热点事件。总体上看，我国公共卫生类突发事件的风险防范和应对压力正不断加大。因此，要大力加强公共卫生事件风险管理工作力度，提升公共卫生事件风险评估能力，主要表现在：要继续推进突发公共卫生事件风险监测预警工作，健全突发公共卫生事件风险监测报告系统，建立全国统一的食品生产加工、流通、餐饮、进出口环节的安全风险监测体系，强化突发公共卫生事件和食品安全风险检测能力；要健全公共卫生类突发事件风险舆情监测体系，构建多渠道、多途径、广覆盖的突发事件信息报告网络，落实信息报告责任，及时全面地收集掌握各方面的信息，加强信息分析研判，强化信息核查；要进一步加强全国动物疫情风险监测与报告体系，完善重大动物疫情风险监测预警制度，完善经费投入机制，建立健全野生动物疫源疫病风险国家级监测站网络和应急检测体系等，提高监测报告、快速诊断、主动预警等核心能力；要进一步规范国家级和省级突发事件公共卫生风险评估工作，推动市县级风险评估工作开展，为应急准备和处置提供决策建议，增强突发事件预警的及时性、准确性；要继续发展和加强口岸核心能力，防止疫病疫情、医学媒介生物、核和化学有害因子传入我国；要加强食品药品安全风险检测检验体系建设，加快建立应急检验检测实验室，配齐配强应急检验检测专业技术力量，研究建立非标方法验证认定的快速通道，解决应急检验面临的非标准检验检测和鉴定方法问题；要支持养殖场加强生物安全全过程监管，做好人畜共患病源头风险控制工作，保障人民群众食品安全和公共卫生安全；要加强公共卫生事件健康宣教和风险沟通工作，加强公众科普宣教，重点做好知识普及、风险沟通、心理卫生援助和应急处置信息发布，引导社会力量积极参与到公共卫生类突发事件风险防范与应对工作中；要积极开展舆情监测，建立新闻媒体、互联网和个人信息发布规范，保证信息发布的真实性，及时发现苗头性问题，加以舆论引导，有效防范公共卫生事件对正常社会生产生活秩序的影响。

6.1.2 公共卫生事件风险管理的研究进展

公共卫生事件风险管理的实践和研究工作在我国起步较晚，均处于起步阶段，但已经取得了较大的进展。具体来说，除了食品安全事件风险管理研究（具体内容在本章第3节中专门介绍）以外，公共卫生事件风险管理研究进展主要体现在以下六个方面：

第一，基于人群脆弱性的突发公共卫生事件风险评估研究。突发公共卫生事件风险的发生与否，不仅取决于突发公共卫生事件危害本身，同时取决于突发公共卫生事件的直接承灾体——社会公众的脆弱性。突发公共卫生事件风险发生时，社会公众的脆弱性表现为包括对危害的抵抗能力和恢复能力在内的适应性，当事件的危害程度达到或超过社会公众脆弱性的阈值时，才可能发生突发公共卫生事件。突发公共卫生事件人群脆弱性是一种状态，它描述了社会公众对于突发公共卫生事件所受影响以及自我保护的程度，包括健康脆弱性和心理脆弱性两个方面。人群脆弱性受危害（类型、变异能力、传播途径、中间宿主等）、人群特点（密度、结构、流动性、行为、知识水平、技能水平等）、环境（气候、气温、湿度等）、安全防范措施（药物储备、物资、技术、制度、机构设置等）等各方面因素的综合影响。

该研究从人群脆弱性视角探讨突发公共卫生事件风险评估的思路和方法，结果发现人群脆弱性是突发公共卫生事件形成与发展的本质原因之一，突发公共卫生事件风险与人群脆弱性之间存在一种正相关关系，人群脆弱性越强，风险越高。危害发生时，当人群脆弱性低于“警戒值”时，公众的抵抗能力、适应能力较强，突发公共卫生事件发生的风险较低，公众处于较安全的状态，而且随着脆弱性的提高，风险变化不明显；当人群脆弱性处于“警戒值”和“危险值”之间时，公众的危害抵抗力较弱，人群脆弱性的微小变化就会带来突发公共卫生事件风险的大幅提高，公众处于高风险状态；当人群脆弱性高于“危险值”时，公众的危害抵抗力接近于零，发生突发公共卫生事件风险的可能性极高，处于高危险状态。

可以从人群自身相关的因素、危害相关的因素、危害应急应对相关的因素以及环境因素四个维度构建人群脆弱性评价指标体系，进行人群脆弱性评价，并以此为基础评判突发公共卫生事件的风险等级。影响人群脆弱性的因素主要包括以下四个方面：(1) 与人群自身相关的因素，包括人口密度、人口流动性、生活方式或习惯、危害知识掌握程度、危害应对技能掌握程度、人群对社会保障体系的信赖程度等。(2) 与危害相关的因素，包括危害的致病性、危害的传播速度、危害的传播途径等。(3) 危害应急应对的相关因素，包括物资储备情况、医疗技术水平、应急人员素质、应急应对组织管理水平等。(4) 环境因素，包括居住地气候条件、居住环境等①。

① 康正，宁宁，梁立波，等. 基于人群脆弱性视角的突发公共卫生事件风险评估. 中国公共卫生管理，2015 (3).

第二，传染病突发公共卫生事件风险评估研究。传染病风险评估趋向于涵盖生物学、社会学和经济学的综合评价，已有研究多在历史数据和实地调查的基础上，通过德尔菲法、头脑风暴法、专家评分法等建立风险评估指标体系，确定指标权重，采用综合评分法或层次分析法建立疾病发生风险综合评价模型。食源性疾病风险评估多通过流行病学研究、毒理学研究、体外实验等收集充足信息，建立暴露剂量与不良反应的模型，从而对暴露于某特定风险源的人群可能出现的不良影响进行估算，提出相应的风险应对策略。定量微生物风险评估是食源性疾病风险评估的主要方法，其主要是模拟食物链中因食品消费引起致病菌感染的可能性，确定食物链中可采取的应对措施，并对各种措施效果进行评估①。

综合采用文献综述、经验分析、层次分析、德尔菲专家咨询、专家评议等方法，对传染病风险因素进行分析分类，筛选出关键要素构架风险评估指标体系，确定指标权重。按照指标权重评分，划定风险等级标准，再根据指标体系风险要素，对传染病事件逐条进行打分，根据最终得分确定风险水平等级，架构传染病突发事件公共卫生风险评估模式。传染病突发公共卫生事件风险评估要素主要来自三方面：生物学（病原体）因素、流行病学因素和脆弱性分析。生物学（病原体）因素是指病原体有利于感染人的生物学和生态学特性，如病原体繁殖能力、传播能力、致病能力、毒力、变异性、耐药等固有的特性以及对环境改变的适应能力。传染病的流行必须具备三个基本环节，即传染源、传播途径和人群易感性。三个环节必须同时存在，方能构成传染病流行。流行病学因素分为自然因素和社会因素。自然因素包括地理因素与气候因素，传染病传播、流行与温度、湿度、传播媒介因素及季节特征高度相关。社会因素是指社会条件、经济水平、风俗习惯、公众关注程度、人的行为等各个方面，与卫生保健设施及服务能力密切相关。脆弱性分析主要为控制力和承受力的分析。控制力的分析因子包括疾病的早期识别能力，处置应对能力，干预措施及效果，医疗救援能力，技术储备，卫生资源及其扩充能力，疫苗、药物的应用及效果，自救互救能力，公共卫生基础设施，生活饮用水、食品供应，社会关注认知程度，健康教育普及等方面。承受力的分析因子具体包括易感人群分析，疾病的严重程度，有无致死、致残等，以及公众心理承受力和公众公共卫生意识等，可从疾病的易感程度、人群爆发、流行的可能性及其所造成危害的严重程度等方面进行综合评价②。

第三，动物卫生突发事件风险评估研究。1997 年颁布的《中华人民共和国动物防疫法》确立了在我国实施动物卫生风险分析制度，由动物疫病、药残等引起的食源性疾病数量不断上升。切实加强动物卫生风险分析工作，研究重大动物疫病风险分析概念框架，构建适合我国国情的动物疫病风险分析模型，已成为进一步提高我国重大动物疫病防控能力和动物产品安全监管水平的紧迫任务。同时，动物卫生风险分析也是世界动物卫生领域一种新的工作理念和管理模式，是制定动物卫生政策和开展畜产品国际贸易的一项基础性工作。自世界贸易组织（WTO）《实施卫生与动植物卫生措施协议》（SPS 协议）签署之后，风险分析已成为动物卫生管理领域一个重要的决策工具。世界贸易组织、世界动物卫生组织（OIE）等国际组织力促各成员国应用风险分析技术。

---

① 邓瑛，王琦琦，松凯，等. 突发公共卫生事件风险评估研究进展. 中国预防医学杂志，2011（3）.

② 谭兆营. 基于指标体系的传染病突发事件公共卫生风险评估模式探讨. 江苏卫生保健，2012（6）.

在动物卫生领域中应用风险分析技术，可以使动物卫生管理决策具有科学性、透明性和可防御性。多数研究采用《陆生动物卫生法典》为基础进行风险分析。此风险分析系统以 Covello-Merkholer 系统为基础。Covello-Merkholer 系统最初是用来评估潜在危害所带来的广泛风险。该系统将风险分析分成四个模块：危害识别、风险评估、风险管理和风险交流。危害识别层次使用的分析方法为专家调查法、幕景分析法、流程图法、故障树法、现场调查法、风险列举法等，继而将风险评估划分为四个步骤：释放评估、暴露评估、后果评估和风险计算。常用的风险评估方法有定性风险评估、定量风险评估和半定量风险评估，且风险评估是整个风险分析过程的基础和核心，同时也是进行风险管理的科学依据。风险评估遵循科学性、客观性、透明性和有效性原则。该系统将风险管理划分为四个步骤：风险评价、措施评价、实施、监测和评审。另外，美国国家科学院（USNAS）设计的风险分析系统（Codex risk analysis system，简称 Codex 系统），将风险分析划分为三个步骤：风险评估、风险管理和风险交流。其中，风险评估包括危害识别、危害描述、暴露评估、风险描述。

在我国动物卫生风险分析的个案研究中，主要涉及了禽流感、猪瘟、疯牛病、口蹄疫、蓝舌病五种动物疫病的风险分析，其中有关禽流感的风险分析仍然是工作重点。动物卫生风险分析的最终目标是防控动物疫病，提高动物及人类的健康水平；保证动物性食品安全，减少食源性疾病的发生；减少养殖业对环境的污染；为制定动物卫生法规和标准体系提供科学依据；保持检验检疫的正当技术壁垒作用，充分发挥检验检疫的保护功能，强化检验检疫贸易的促进作用①。

1991 年，风险分析作为新内容被加入《陆生动物卫生法典》中，推动了成员国将风险分析作为制定动物卫生管理决策的科学基础，其中对侵入评估和暴露评估环节中涉及的风险因素进行了列举描述：侵入评估中需要考虑生物学因素（如动物种类、年龄和品种）、国家因素（如发病率/流行率、兽医机构及区划体系等）和商品因素（如进口商品数量、储存和运输影响等）；暴露评估中所需的信息包括生物学因素（如病原特性）、国家因素（如人和动物统计数据、地理和环境特征）和商品因素（如进口商品数量、进口动物及动物产品的预期用途）。欧盟、加拿大和澳大利亚等对动物卫生风险分析进行细化研究②。欧盟动物卫生风险分析由欧盟食品安全局（EFSA）具体负责。欧盟食品安全局由管理委员会、行政主任、咨询论坛、科学委员会和八个科学小组组成，具体职责主要包括四个方面：一是为欧盟委员会和欧盟议会在食品安全、动物卫生领域立法和制定风险管理政策提供科学的建议和意见；二是在职权范围内向公众公开相关风险分析信息；三是在出现动物卫生及食品安全事件后向欧盟理事会提供应急风险管理支持；四是对动植物和环境的保护给予关注。欧盟明确了动物卫生风险分析的目的和原则，即为了保护消费者的健康安全和保证消费者利益的至高无上，动物卫生风险分析必须本着透明、公开、公正的原则；建立了动物卫生风险分析机制，由风险评估、风险管理和风险交流三个部分组成。

---

① 郭齐，孙向东，刘拥军，等. 国内动物卫生风险分析研究评述. 中国动物检疫，2011 (9).

② 刘倩，郑增忍，单虎，等. 动物卫生风险分析的要素. 动物医学进展，2014 (10)；刘倩，郑增忍，单虎，等. 动物疫病风险分析的产生、演变和发展. 中国动物检疫，2014 (1).

我国应借鉴欧盟的做法和经验，完善制度建设、提升动物卫生风险管理能力。其一，出台涉及动物卫生风险分析的专门法规细则，对风险评估、风险管理及风险交流主体、风险评估过程、风险管理过程、风险交流过程以及三个过程如何联动等方面做出全面规范，为建立完善的风险分析框架提供法律依据。其二，农业部作为承担动物卫生风险管理的主要机构，应将风险管理方式运用到各级主管部门的实践运用中，使得各级主管部门的管理措施及出台的相关标准是依据风险评估的结果来制定的。在风险分析运作机制上，建立类似“快速警报系统”的电子信息平台，使每一个利益相关者都可以在风险平台上发布信息。其三，全国动物卫生风险评估专家委员会作为国家最高的动物卫生风险评估咨询机构，其职责是进行风险评估和风险交流，负责制订风险分析计划，施行风险分析，提出风险管理建议，监督风险管理措施的实施，并且负责不断地与风险利益相关者沟通和交流风险信息。为了进一步保证专家委员会的独立性和权威性，需要就委员会的地位、权限、运作规则、经费来源、履行职责等做出明确的规定，保持相对的独立性，提高动物卫生风险分析技术能力①。

第四，化学中毒突发公共卫生事件风险评估研究。根据历史上化学中毒事件的特征、社会影响，筛选出影响化学中毒突发公共卫生事件发生的关键风险要素，主要包括五个方面：(1) 毒物的理化性质和毒理学特征。毒物的理化性质为：毒物在环境中的稳定性，毒物有无刺激性与腐蚀性，毒物间是否存在联合作用、有无燃烧或爆炸的风险、能否发生化学反应或转化为毒性更强或较弱的衍生物等特性。毒物的毒理学特征为：系统毒性、局部毒性、致敏性、遗传/致癌性、扩散性、蓄积性、发育/生殖毒性等。根据化学危险品的毒性、作用的靶系统、靶组织及其对机体健康损害的严重程度，是否致死、致残、不可逆，有无并发症等，采用定性或半定量分析方法，进行毒物的危害性识别，进而明确剂量—反应关系。(2) 暴露水平评价包括：根据化学危险品的种类，包括剧毒、高毒、中毒和低毒化学物质，毒性越高，对暴露水平的贡献值越大；根据接触途径或暴露方式，主要途径为呼吸道、消化道和皮肤接触等，中毒方式不同，危害后果和防护要求也不同，人群接触剂量的估算应考虑到不同途径的吸入系数的影响及多途径进入机体的问题；根据化学危险品的理化性质及存在形态，主要形态为气溶胶、粉尘、刺激性气体、窒息性气体、腐蚀性气体和可吸入颗粒物等；根据作业场所污染水平（毒物浓度）、暴露持续时间、暴露频率等，应用定性与定量分析相结合的方式，综合测评暴露的程度和反应关系。(3) 健康监护与防护。健康监护由劳动环境监测、职业性疾病监测和健康监护信息三部分构成，健康防护包括工程防护和个人防护，应综合评估消除或降低危险的有效防护技术、安全设施设备（安全通道、机械通风、除尘或排毒）、安全管理措施、个人防护措施及效果等。(4) 背景信息资料分析。背景信息包括风险暴露环境信息、暴露场所的人群特征、卫生知识与行为及风险场所相关的基础资料。(5) 脆弱性分析。主要脆弱性影响因子体现在三个方面：人员的安全知识、安全意识以及由应急逃生技能和自救互救能力组成的安全技能；自然环境和社会环境；应急救援能力的高低②。

① 王栋，范钦磊，刘倩，等. 欧盟动物卫生风险分析体系概况及对我国的启示. 中国动物检疫，2014 (1).

② 姚春风，谭兆营，杨丹丹. 化学中毒突发公共卫生事件风险评估指标体系和评估方法探讨. 职业与健康，2014 (10).

第五，大型活动公共卫生事件风险评估研究。其中，2008 年北京奥运会重大公共卫生事件风险评估研究较为充分。根据奥运会的特点及奥运期间公共卫生安全保障要求，风险评估所涉及的重大公共卫生事件是指对 2008 年奥运会具有较大影响的公共卫生事件，包括三方面内容：对奥运会赛事的顺利进行具有重大影响的公共卫生事件；严重影响奥运涉及人群健康的公共卫生事件；有可能造成较严重国际、社会不良影响的公共卫生事件。所涉及的区域范围界定为北京市所有奥运相关场所，根据公共卫生安全保障要求进一步划分为重点保障场所（如奥运村、比赛场馆、媒体村等）和一般保障场所；人群范围为奥运会与残奥会期间所有在京人员，分为重点保障人群（如运动员、教练员、代表团随行国际和国内嘉宾、工作人员等）及一般保障人群。具体要评估的公共卫生风险，主要涉及传染病疫情事件、食品安全事件、生活饮用水安全事件、病媒生物引起的公共卫生事件以及其他带有群发性质、与奥运相关人群健康密切相关的公共卫生事件等。采用经验判断、德尔菲专家咨询、专家评议、风险矩阵分析等方法，结合管理学、社会学、流行病学理论，建立奥运会期间可能的公共卫生重大事件的风险评估的具体方法，确定了传染病疫情事件、食品安全事件、生活饮用水安全事件、病媒生物引起的公共卫生事件以及其他公共卫生事件 5 类 45 种有可能对 2008 年奥运会和残奥会产生较大影响的公共卫生风险，建立对其风险发生可能性、风险严重程度及风险水平具体评估的方法和指标体系，为实现公共卫生事件风险动态评估、早期预警提供了科学数据和技术支持①。

有学者开展了对 2010 年广州市第 16 届亚运会突发公共卫生事件风险的识别与评估研究，亚运会期间突发公共卫生事件主要涉及：传染病疫情类突发公共卫生事件、食物中毒事件、化学中毒事件、生活饮用水污染导致群体事件以及暴力和伤害事件（包括生物、化学、核与辐射恐怖袭击事件和群体事件等）。所涉及的区域范围界定为广州市所有亚运相关场所，分为重点场所（竞赛场馆及非竞赛场馆、抵离场所以及亚运场馆外围管理线）和一般场所（本市行政区域除涉亚场所外的区域）；人群范围为亚运会、亚残运会期间所有在穗人员，分为重点人群（各国运动员、教练员、代表团随行人员、亚奥理事会成员、国际与国内要人和嘉宾、注册媒体和赞助商、亚运工作人员等）和一般人群（广州市当地居民及各国宾客等）两类。研究确定了食物中毒事件、空气污染导致的公共卫生事件、传染病疫情事件、水污染导致的公共卫生事件、意外伤害事件和生化核恐怖袭击事件 6 类 19 种可能产生较大影响的公共卫生风险，列出风险矩阵，提出霍乱、登革热、基孔肯雅热等传染病暴发疫情，水源水污染事件和生物性、化学性食物中毒事件是高风险突发公共卫生事件，需要加强监测预警，落实预防措施，做好应对的准备②。

有学者开展了 2011 年深圳市第 26 届世界大学生夏季运动会突发公共卫生事件风险评估研究，评估内容主要分为传染病疫情类、食源性疾病类、公共环境卫生导致的群体

---

① 庞星火，刘秀颖，高婷，等. 2008 年北京奥运会重大公共卫生事件风险评价方法的研究. 首都公共卫生，2009 (2)；邓瑛，高婷，庞星火，等. 2008 年北京奥运会公共卫生风险与保障对策的研究. 中华预防医学，2008 (1)；高婷，庞星火，刘秀颖. 2008 年北京奥运会公共卫生安全的风险管理应用思路. 首都公共卫生，2007 (2)；李慧艳，张正. 2008 年北京奥运会食品安全风险识别与评估. 现代预防医学，2007 (10).

② 肖新才，丁鹏，陈纯，等. 第 16 届亚运会突发公共卫生事件风险识别与评估. 现代预防医学，2012 (10)；刘茂玲，邹宇华，陈晓瑜，等. 2010 年广州亚运会传染病疫情风险分析及防范措施. 中国公共卫生管理，2009 (6).

事件类和恐怖袭击类。时间范围为：从评估之日起至本届大运会结束，即 2011 年 3 月至 8 月 23 日。空间范围为：分为重点场所和一般场所。重点场所包括大运会竞赛场馆及非竞赛场馆、接待宾馆酒店、抵离场所等，一般场所为深圳市行政区域除涉大场所外的区域。人员范围为：分为重点保障人员及一般保障人员。重点保障人员包括各国运动员、教练员、代表团随行人员、大运会奥林匹克理事会成员、国际与国内要人和嘉宾、注册媒体和赞助商、大运会工作人员等。一般保障人员是指大运会期间在深圳的所有其他人员，包括深圳市当地居民及各国游客等。通过对突发公共卫生事件的发生概率、危害水平、人群和设施对预防事件发生的脆弱性，以及现有医疗卫生条件和监控手段对事件的可控性等方面的综合分析，结合风险分析矩阵法，2011 年深圳市第 26 届世界大学生夏季运动会突发公共卫生事件风险评估结果共分为 4 大类 23 种，其中传染病疫情类 11 种、食源性疾病类 4 种、公共环境卫生导致的群体事件类 5 种、恐怖袭击类 3 种。按照风险等级分类，其中极高风险事件 3 种、高风险事件 13 种、中风险事件 7 种，无低风险事件。2011 年深圳市第 26 届世界大学生夏季运动会实际监测结果显示，本届大运会全部比赛场所无突发公共卫生事件和食物中毒事件报告，累计报告 3 例传染病病例，其中 1 例急性出血性结膜炎、1 例其他感染性腹泻病和 1 例慢性乙型肝炎复发，而深圳市累计报告 8 类重点关注传染病 2 104 例，其中登革热 1 例、伤寒和副伤寒 24 例、急性出血性结膜炎 56 例、细菌性痢疾 248 例，其他感染性腹泻病 1 775 例，实际监测的结果与风险评估结果相一致，并且通过开展风险评估有效降低了传染病和食物中毒发生的风险①。

第六，自然灾害公共卫生风险评估研究。自然灾害公共卫生风险评估是针对自然灾害发生、发展各个阶段的公共卫生风险要素，描述各风险要素发生的可能性、后果严重性及其分布特征，综合分析、评价风险等级，根据不同风险等级提出相应的风险管理建议②。风险评估在公共卫生领域的应用越来越广泛，在新发传染病的预防控制、环境卫生、精神卫生、灾后重建等领域都发挥了重要的作用。自然灾害公共卫生风险评估是在传染病报告信息管理系统数据、历史资料、相关政策和文献扫描的基础上，由灾害专家根据所评估的内容及相关证据，结合自身的知识和经验进行充分讨论，提出相应的意见和建议，为今后开展自然灾害公共卫生风险动态评估、早期预警指标体系的建立提供借鉴。其中，快速风险评估是在具有潜在公共卫生影响的自然灾害发生的早期阶段，对其可能给人群健康造成的潜在风险进行评估。一旦自然灾害被确认为可能造成公共卫生影响，通常就应该在 24～48 小时内对其进行快速风险评估，从而为公共卫生紧急应对决策提供依据。由于快速评估必须在短时间内完成，用于评估的信息和证据通常有限，因此，快速风险评估通常需要部分依靠相关专家的专业知识。然而，快速风险评估仍应遵循透明、清晰、可重复的原则，按照事先制定好的评估框架，获取一切可用的关键信息，基于科学证据和专家的专业知识对风险进行评估③。

---

① 逯建华，何建凡，许舒乐，等. 第 26 届世界大学生夏季运动会突发公共卫生事件风险评估方法研究. 中国健康教育，2012 (8).

② 洪荣涛，严延生，李群，等. 自然灾害公共卫生风险评估方法初步研究. 中国公共卫生管理，2013 (2).

③ 熊玮仪，倪大新，殷文武，等. 青海省玉树县地震灾区重点传染病风险初步评估. 疾病监测，2010 (6).

6.2　公共卫生事件风险管理的制度、流程和方法

6.2.1　公共卫生事件风险管理的制度框架

我国有关公共卫生事件风险管理方面的制度规定，主要分散在各种法律、法规、条例以及规范性文件、政策、标准中。涉及公共卫生事件风险管理领域的主要法律法规有：《中华人民共和国食品安全法》《中华人民共和国传染病防治法》《中华人民共和国动物防疫法》《中华人民共和国国境卫生检疫法》《中华人民共和国食品卫生法》《中华人民共和国进出境动植物检疫法》《植物检疫条例》《突发公共卫生事件应急条例》《重大动物疫情应急条例》等。涉及公共卫生事件风险管理领域的主要规范性文件、政策、标准有：《突发事件公共卫生风险评估管理办法》《突发公共卫生事件风险评估工作指南（2014 版）》《突发事件公共卫生风险评估技术方案（试行）》《市县级突发事件公共卫生风险评估试点工作方案》《食品安全风险评估管理规定（试行）》《突发公共卫生事件与传染病疫情监测信息报告管理办法》《国家突发公共卫生事件应急预案》《国家突发公共事件医疗卫生救援应急预案》等。

《突发事件公共卫生风险评估管理办法》，对我国公共卫生事件风险管理制度进行了系统规范。突发事件公共卫生风险评估是指通过风险识别、风险分析和风险评价，及时发现和科学研判突发事件公共卫生风险，对突发公共卫生事件风险或其他突发事件的公共卫生风险进行评估，规范和指导风险评估工作，并提出风险管理建议的过程。适用于《突发公共卫生事件应急条例》规定的突发公共卫生事件的风险评估、《中华人民共和国突发事件应对法》中规定的其他突发事件的公共卫生风险评估，也适用于大型活动等其他需要进行公共卫生风险评估的情形。涉及食品安全的风险评估按照《食品安全风险评估管理规定（试行）》中的相关规定执行。突发事件公共卫生风险评估应当遵循属地管理、分级负责、多方参与、科学循证的原则，确保评估工作科学、规范、及时开展。各级卫生行政部门负责建立健全突发事件公共卫生风险评估工作制度和工作机制，负责风险评估工作的组织管理、督导检查以及评估结果信息的通报和发布。各级疾病预防控制机构负责职责范围内的突发事件公共卫生风险相关信息的监测、分析和风险评估，并指定专人负责做好相关技术保障。其他相关医疗卫生机构依据职责开展相关突发事件公共卫生风险评估。各级卫生行政部门可根据风险评估工作的实际需要，指定或委托其他专门机构开展相关的突发事件公共卫生风险评估。

突发事件公共卫生风险评估分为日常风险评估和专题风险评估。日常风险评估主要是根据常规监测收集的信息、部门通报的信息、国际组织及有关国家（地区）通报的信息等，对突发公共卫生事件风险或其他突发事件的公共卫生风险开展初步、快速的评估。专题风险评估主要针对国内外重要突发公共卫生事件、大型活动、自然灾害和事故灾难等，开展全面、深入的专项公共卫生风险评估。具体情形包括：日常风险评估中发现的可能导

致重大突发公共卫生事件的风险；国内发生的可能对本辖区造成危害的突发公共卫生事件；国外发生的可能对我国造成公共卫生风险和危害的突发事件；可能引发公共卫生危害的其他突发事件；大型活动等其他需要进行专题评估的情形。各级疾病预防控制机构应当定期开展日常风险评估。根据实际需要，确定评估频次，国家级和省级疾病预防控制机构应当至少每月开展一次日常风险评估。各级疾病预防控制机构及其他相关医疗卫生机构应当根据需要，开展职责范围内的专题风险评估。国家级疾病预防控制机构应当对特别重大突发公共卫生事件开展专题风险评估。省级、地市级、县级疾病预防控制机构应当分别对本辖区内的重大、较大和一般突发公共卫生事件开展专题风险评估。各级卫生行政部门可根据需要，组织或指定疾病预防控制机构和其他医疗卫生机构开展专题风险评估。对于日常风险评估中发现的可能导致重大突发公共卫生事件的风险，由疾病预防控制机构或其他医疗卫生机构开展专题风险评估。对于国内发生的可能对本辖区造成危害的突发公共卫生事件，由当地疾病预防控制机构或其他相关医疗卫生机构开展专题风险评估。对于国外发生的可能对我国造成公共卫生风险和危害的突发事件，由国家级疾病预防控制机构开展专题风险评估。必要时，有关省份或地市也应当组织开展专题风险评估。对于自然灾害、事故灾难等可能引发公共卫生危害的其他突发事件，由当地疾病预防控制机构组织开展专题风险评估。对于大型活动，根据大型活动组织管理部门的统一安排和实际需要，由举办地疾病预防控制机构组织开展专题风险评估。各级疾病预防控制机构负责撰写日常风险评估报告，开展专题风险评估的机构负责组织撰写专题风险评估报告。风险评估报告的内容应当包括背景、事件风险及评估依据和风险管理建议等。各级卫生行政部门和有关医疗卫生机构应当根据风险评估结果，做好风险沟通、预警发布、风险控制等风险管理工作。

6.2.2 公共卫生事件风险管理的流程和方法

《突发公共卫生事件风险评估工作指南（2014 版）》《突发事件公共卫生风险评估技术方案（试行）》《市县级突发事件公共卫生风险评估试点工作方案》等，对公共卫生事件风险管理的流程和方法进行了具体规定，并重点针对传染病类突发事件风险评估进行细化和举例说明。公共卫生事件风险管理的作用和意义体现在四个方面：一是及时识别风险。制度化和规范化的风险评估工作，可使公共卫生机构保持对突发公共卫生事件的警戒状态，及时识别重要的公共卫生风险，有效开展应急准备和响应。二是支持卫生应急决策。按照事先确定的评估流程和方法，组织不同部门和专业的人员，规范地开展风险评估，形成风险评估结论和应对措施建议，可以帮助决策者在面临事件发展的不确定性和信息不充分的情况下做出恰当的应对决策，确保防控措施与突发事件的风险水平相适应。在事件发生发展过程中动态地开展风险评估，有助于决策者及时调整控制策略和措施。三是为风险沟通提供依据。高质量的风险评估是风险沟通的重要依据。通过风险评估，描述危害特征、确定风险水平和风险管理对策，有助于制定风险沟通策略，包括风险沟通的内容、对象、方式和时机；有助于确定风险沟通的信息和知识要点，帮助公众和应急决策与管理部门建立恰当的风险认识。四是指导卫生应急准备。风险评估可以用于确定高风险地区、高风险人群以及卫生应急准备活动的优先性，为制订应急准备计划及应急能力建设规划提供依据。

公共卫生事件风险管理是对突发公共卫生事件相关信息及其有关知识进行收集、评估、记录并确定事件风险等级的系统过程。评估时，首先需要确定评估的风险问题，然后进行风险识别、风险分析和风险评价。风险评估通常采用定性分析、定量分析以及定性与定量相结合的分析方法。风险评估中的定量程度受多重因素影响，如评估资料的可用性、评估时限要求、风险问题的复杂程度等。在突发公共卫生事件风险评估中，尤其是在事件发生初期掌握资料比较有限，对事件发生发展的规律尚无系统、全面的认识时，定性风险评估可能是唯一的选择。需要强调的是，一个设计良好的定性风险评估的结果，比用质量差的数据或错误的方法所进行的定量风险评估得出的结果更加可靠。突发公共卫生事件风险评估应动态开展，即随着事件的发展和获得信息的变化及时更新。风险评估的过程应有良好记录，同时应对风险评估结果和建议落实情况进行跟踪，并对风险评估工作开展评价，不断促进风险评估结果的利用和风险评估能力的提高。

具体来说，公共卫生事件风险管理的流程包括三个步骤：

（1）确定风险问题。开展风险评估之前，首先需要确定风险问题，并据此界定参与评估的人员构成、所需要收集的信息等。清晰明确的风险问题也有利于在风险评估中确定优先开展的行动。突发公共卫生事件风险评估中通常需要回答的首要问题是“特定时间范围内某一公共卫生危害在特定地区发生的可能性及其后果”。围绕上述问题，常常要回答：病原体进一步传播或者暴露于某种有毒有害因子的可能性有多大？如果某事件发生，造成的公共卫生后果是什么？或是基于一系列场景假设提出风险问题，如：假设新亚型流感病毒发生有效人际传播，假定病毒传播能力、致病力和病死率在不同水平条件下，激增的门诊和住院病例对现有医疗卫生服务能力造成何种冲击影响？风险评估不需试图在事件发生之初就立刻回答所有的风险问题，应该根据所掌握信息的情况以及评估时间要求，首先确定需要立即解决的关键问题，一些不紧迫的问题可以留待以后解决。

（2）风险识别。风险识别是根据需要评估的风险问题，发现和确认需开展风险评估的突发公共卫生事件或威胁，描述风险要素的过程，是风险分析和风险评价的基础。风险要素包括影响事件发生可能性或后果严重性相关的事件发生情况和对疾病的科学认识，以及相关的事件背景。风险要素的资料收集方法为：一是通过多种渠道收集事件发生情况的信息。二是系统查阅文献资料，提炼最佳证据；如果关键要素缺乏文献资料，可以咨询专家团队，获得专家意见。对于传染病类突发事件的风险评估，风险识别应重点描述事件发生的现况，当地已经采取的措施，既往研究或者防治实践经验对病原、临床特征、流行特征、危险因素和防治措施的认识等。对检索获取的文献和资料进行评价，提取最佳证据作为风险评估的依据。如果发现存在知识或证据上的不足，需要进一步的信息，应列出关键性问题，请专家根据个人知识经验进行补充。事件发生背景因素可能会影响对风险分析和风险评价结果的判断，因此风险识别中还需要识别事件背景方面的内容，包括社会因素、经济因素、环境因素、伦理因素、政策与政治因素五个方面。

（3）风险分析和评价。风险分析是基于风险识别的结果，对事件发生的可能性和后果的严重性以及风险的承受能力和控制能力进行分析，同时考虑分析过程中的不确定性。在可能性分析过程中，通常主要依据风险识别中获取的监测数据或既往文献资料，分析并推测事件发生的可能性。专家判断时，应充分利用风险识别中所获取的全部信息。可能性分析可参照以下三个要素进行评估：当地是否发生过此类事件或具备发生此类事件的条件；周边地区是否发生过此类事件，此类事件是否可能涉及本地区；当地是否存在此类事件发生的特殊风险因素。在后果的严重性分析过程中，潜在的公共卫生影响可参照以下六个要素进行评估：1）风险影响的地理范围、涉及人数。2）造成的病例数和（或）死亡数。3）事件不寻常或出乎意料。例如，事件由未知因素引发，或其来源、传播途径、控制措施不明确；事件发展比预期严重（包括致病率或病死率），或症状罕见；事件发生的地区、季节或人群异常；引发事件的疾病或因素已在我国消灭、根除，或以前从未报告、发生。4）存在跨地区广泛传播的风险。例如，有证据表明该事件与其他地区的类似事件存在流行病学联系；事件发生在大型集会地区，有可能引起跨地区传播；指示病例在多个地区有旅行史；由环境污染等引起的事件，可能跨地区蔓延。5）有可能产生重大的公共卫生影响。例如，传染性强、病死率高；没有有效防控措施；发生于特殊人群，如儿童、老人、免疫力低下者、营养不良者等；发生于特殊时期，如重大活动、重大自然灾害、事故灾难等；发生在人口稠密地区；有毒有害物质大范围散播，如被污染的市场化销售的食品和饮用水、核事故等。6）有可能产生较大的社会影响。例如，事件已经或可能引起政府有关部门关注；事件已经或可能引起公众关注；事件已经或可能引起媒体关注。

在此基础上，综合评估风险发生的可能性、可能的危害后果以及需要采取的风险管理措施，确定风险水平的高低，并将风险评估结果分为四级，即特别关注、重点关注、需要关注和一般关注。特别关注：事件已经或几乎肯定会对评估地区产生现实的重大威胁，而且该威胁的后果比较严重，需要采取特别的风险管理措施。确定为特别关注的事件，均应立即组织开展专题风险评估，并积极开展风险管理，加强风险控制，必要时启动应急响应。重点关注：事件很可能对评估地区产生较高程度的威胁，需要采取一定的风险管理措施，但发生后事件的影响和风险管理尚在可控范围内。确定为重点关注的事件，一般也应组织开展专题风险评估，并根据评估结果，采取适当的风险管理措施，加强风险控制。需要关注：事件本身在评估时仍具有较大的不确定性，需要密切跟踪事件发生、发展情况并更新评估，或者事件对评估地区可能存在一定程度的威胁，但现有防控机制可以有效应对，不需采取其他特别的应对措施。对此类事件，应注意跟踪事件的发展或处置过程，有重要进展或变化时，应适时更新评估。一般关注：风险因素可能导致的事件对评估地区基本不构成威胁，或完全在基层处置能力范围内，对其他地区基本不构成威胁。对此类事件，如果事件特征没有发生特殊的变化，只要进行一般了解或记录即可，无须进一步跟踪或评估。

一般来说，公共卫生事件风险管理采用风险评估矩阵分类表（见表 6-1）。参考“澳大利亚/新西兰风险管理标准”（AS/NZ，2004）中的风险分析模型，公共卫生事件风险评估包括可能性评估、危害性评估、脆弱性评估、可控性评估四个方面。其中，可能性评估中的危害发生概率划分为 5 级（5—必然发生，4—很可能发生，3—可能发生，2—不太可能发生，1—罕见）；危害性评估中的危害因素影响水平分为 5 级（5—灾难性的，4—严重的，3—中等的，2—低的，1—极低）；脆弱性评估与可控性评估作为校正参考，评估结果分为5级风险等级（5—极高，4—高，3—中，2—低，1—非常低）。

表6-1　公共卫生事件风险评估矩阵分类表

风险等级		危害性评估				
		5—灾难性的	4—严重的	3—中等的	2—低的	1—极低
可能性评估	5—必然发生	极高 25	20	15	10	5
	4—很可能发生	20	高 16	12	8	4
	3—可能发生	15	12	中 9	6	3
	2—不太可能发生	10	8	6	低 4	2
	1—罕见	5	4	3	2	非常低 1

注：风险等级按照风险分值的大小划分为5个级别，其中5—极高（20～25），4—高（11～19），3-中（6～10），2—低（3～5），1—非常低（1～2）。

6.3　食品安全事件风险管理

6.3.1　食品安全事件风险管理的法律与制度创新

2015年4月24日，《中华人民共和国食品安全法》由第十二届全国人民代表大会常务委员会第十四次会议修订通过，自2015年10月1日起施行。《食品安全法》第二章和第七章专门规范了食品安全事故风险问题。《食品安全法》第三条规定，食品安全工作实行预防为主、风险管理、全程控制、社会共治，建立科学、严格的监督管理制度。第五条规定，国务院设立食品安全委员会，其职责由国务院规定。国务院卫生行政部门依照本法和国务院规定的职责，组织开展食品安全风险监测和风险评估，会同国务院食品药品监督管理部门制定并公布食品安全国家标准。第四十二条规定，国家建立食品安全全程追溯制度。第四十三条规定，国家鼓励食品生产经营企业参加食品安全责任保险。第六十三条规定，国家建立食品召回制度。第一百零九条规定，县级以上人民政府食品药品监督管理、质量监督部门根据食品安全风险监测、风险评估结果和食品安全状况等，确定监督管理的重点、方式和频次，实施风险分级管理。由此可见，《食品安全法》从国家法律的层面，明确规定了实行食品安全风险管理的工作方针、风险分级管理、责任保险以及国务院卫生行政部门组织开展食品安全风险监测和风险评估的法定职责等内容。

具体来说，《食品安全法》关于食品安全事件风险管理的法律与制度创新，主要体现在以下几个方面：

第一，食品安全风险监测制度创新。《食品安全法》第十四条规定，国家建立食品安全风险监测制度，对食源性疾病、食品污染以及食品中的有害因素进行监测。国务院卫生行政部门会同国务院食品药品监督管理、质量监督等部门，制订、实施国家食品安全风险监测计划。国务院食品药品监督管理部门和其他有关部门获知有关食品安全风险信息后，应当立即核实并向国务院卫生行政部门通报。对有关部门通报的食品安全风险信息以及医疗机构报告的食源性疾病等有关疾病信息，国务院卫生行政部门应当会同国务院有关部门分析研究，认为必要的，及时调整国家食品安全风险监测计划。省、自治区、直辖市人民政府卫生行政部门会同同级食品药品监督管理、质量监督等部门，根据国家食品安全风险监测计划，结合本行政区域的具体情况，制定、调整本行政区域的食品安全风险监测方案，报国务院卫生行政部门备案并实施。第十五条规定，承担食品安全风险监测工作的技术机构应当根据食品安全风险监测计划和监测方案开展监测工作，保证监测数据真实、准确，并按照食品安全风险监测计划和监测方案的要求报送监测数据和分析结果。食品安全风险监测工作人员有权进入相关食用农产品种植养殖、食品生产经营场所采集样品、收集相关数据。采集样品应当按照市场价格支付费用。第十六条规定，食品安全风险监测结果表明可能存在食品安全隐患的，县级以上人民政府卫生行政部门应当及时将相关信息通报同级食品药品监督管理等部门，并报告本级人民政府和上级人民政府卫生行政部门。食品药品监督管理等部门应当组织开展进一步调查。

第二，食品安全风险评估制度创新。第十七条规定，国家建立食品安全风险评估制度，运用科学方法，根据食品安全风险监测信息、科学数据以及有关信息，对食品、食品添加剂、食品相关产品中生物性、化学性和物理性危害因素进行风险评估。国务院卫生行政部门负责组织食品安全风险评估工作，成立由医学、农业、食品、营养、生物、环境等方面的专家组成的食品安全风险评估专家委员会进行食品安全风险评估。食品安全风险评估结果由国务院卫生行政部门公布。对农药、肥料、兽药、饲料和饲料添加剂等的安全性评估，应当有食品安全风险评估专家委员会的专家参加。食品安全风险评估不得向生产经营者收取费用，采集样品应当按照市场价格支付费用。第十八条规定，有下列情形之一的，应当进行食品安全风险评估：(1) 通过食品安全风险监测或者接到举报发现食品、食品添加剂、食品相关产品可能存在安全隐患的；(2) 为制定或者修订食品安全国家标准提供科学依据需要进行风险评估的；(3) 为确定监督管理的重点领域、重点品种需要进行风险评估的；(4) 发现新的可能危害食品安全因素的；(5) 需要判断某一因素是否构成食品安全隐患的；(6) 国务院卫生行政部门认为需要进行风险评估的其他情形。第十九条规定，国务院食品药品监督管理、质量监督、农业行政等部门在监督管理工作中发现需要进行食品安全风险评估的，应当向国务院卫生行政部门提出食品安全风险评估的建议，并提供风险来源、相关检验数据和结论等信息、资料。属于本法第十八条规定情形的，国务院卫生行政部门应当及时进行食品安全风险评估，并向国务院有关部门通报评估结果。第三十七条规定，利用新的食品原料生产食品，或者生产食品添加剂新品种、食品相关产品新品种，应当向国务院卫生行政部门提交相关产品的安全性评估材料。第四十条规定，食品添加剂应当在技术上确有必要且经过风险评估证明安全可靠，方可列入允许使用的范围；有关食品安全国家标准应当根据技术必要性和食品安全风险评估结果及时修订。

第三，食品安全风险交流沟通制度创新。《食品安全法》第二十条规定，省级以上人民政府卫生行政、农业行政部门应当及时相互通报食品、食用农产品安全风险监测信息。国务院卫生行政、农业行政部门应当及时相互通报食品、食用农产品安全风险评估结果等信息。第二十一条规定，食品安全风险评估结果是制定、修订食品安全标准和实施食品安全监督管理的科学依据。经食品安全风险评估，得出食品、食品添加剂、食品相关产品不安全结论的，国务院食品药品监督管理、质量监督等部门应当依据各自职责立即向社会公告，告知消费者停止食用或者使用，并采取相应措施，确保该食品、食品添加剂、食品相关产品停止生产经营；需要制定、修订相关食品安全国家标准的，国务院卫生行政部门应当会同国务院食品药品监督管理部门立即制定、修订。第二十二条规定，国务院食品药品监督管理部门应当会同国务院有关部门，根据食品安全风险评估结果、食品安全监督管理信息，对食品安全状况进行综合分析。对经综合分析表明可能具有较高程度安全风险的食品，国务院食品药品监督管理部门应当及时提出食品安全风险警示，并向社会公布。第二十三条规定，县级以上人民政府食品药品监督管理部门和其他有关部门、食品安全风险评估专家委员会及其技术机构，应当按照科学、客观、及时、公开的原则，组织食品生产经营者、食品检验机构、认证机构、食品行业协会、消费者协会以及新闻媒体等，就食品安全风险评估信息和食品安全监督管理信息进行交流沟通。第九十五条规定，境外发生的食品安全事件可能对我国境内造成影响，或者在进口食品、食品添加剂、食品相关产品中发现严重食品安全问题的，国家出入境检验检疫部门应当及时采取风险预警或者控制措施，并向国务院食品药品监督管理、卫生行政、农业行政部门通报。

第四，食品安全事故调查制度创新。《食品安全法》第一百零六条规定，发生食品安全事故，设区的市级以上人民政府食品药品监督管理部门应当立即会同有关部门进行事故责任调查，督促有关部门履行职责，向本级人民政府和上一级人民政府食品药品监督管理部门提出事故责任调查处理报告。涉及两个以上省、自治区、直辖市的重大食品安全事故由国务院食品药品监督管理部门依照前款规定组织事故责任调查。第一百零七条规定，调查食品安全事故，应当坚持实事求是、尊重科学的原则，及时、准确查清事故性质和原因，认定事故责任，提出整改措施。调查食品安全事故，除了查明事故单位的责任，还应当查明有关监督管理部门、食品检验机构、认证机构及其工作人员的责任。

第五，食品安全事故问责制度创新。具体体现在两个方面：一是创造性地在法律中明确规定了“责任约谈”这种食品安全事故问责新制度，体现了预防为主、风险管理的立法原则和思路。《食品安全法》第一百一十四条规定，食品生产经营过程中存在食品安全隐患，未及时采取措施消除的，县级以上人民政府食品药品监督管理部门可以对食品生产经营者的法定代表人或者主要负责人进行责任约谈。食品生产经营者应当立即采取措施，进行整改，消除隐患。责任约谈情况和整改情况应当纳入食品生产经营者食品安全信用档案。第一百一十七条规定，县级以上人民政府食品药品监督管理等部门未及时发现食品安全系统性风险，未及时消除监督管理区域内的食品安全隐患的，本级人民政府可以对其主要负责人进行责任约谈。地方人民政府未履行食品安全职责，未及时消除区域性重大食品安全隐患的，上级人民政府可以对其主要负责人进行责任约谈。被约谈的食品药品监督管理等部门、地方人民政府应当立即采取措施，对食品安全监督管理工作进行整改。责任约谈情况和整改情况应当纳入地方人民政府和有关部门食品安全监督管理工作评议、考核记录。二是极大地扩大和加重了食品安全事故问责范围和力度。例如《食品安全法》第一百四十二条规定，县级以上地方人民政府隐瞒、谎报、缓报食品安全事故，或者本行政区域内发生特别重大食品安全事故，或者连续发生重大食品安全事故，造成严重后果的，其主要负责人应当引咎辞职。第一百四十三条规定，县级以上地方人民政府未制定本行政区域的食品安全事故应急预案，或者发生食品安全事故后未按规定立即成立事故处置指挥机构、启动应急预案，造成严重后果的，给予直接负责的主管人员和其他直接责任人员降级或者撤职处分。第一百四十五条规定，县级以上人民政府食品药品监督管理、卫生行政、质量监督、农业行政等部门在获知有关食品安全信息后，未按规定向上级主管部门和本级人民政府报告，或者未按规定相互通报，或者未按规定公布食品安全信息，情节严重的，给予直接负责的主管人员和其他直接责任人员开除处分。

此外，《食品安全风险评估管理规定（试行）》（卫监督发〔2010〕8 号）关于食品安全事件风险管理的制度创新，主要体现在：明确规定食品安全风险评估以食品安全风险监测和监督管理信息、科学数据以及其他有关信息为基础，按照科学、透明和个案处理的原则，遵循危害识别、危害特征描述、暴露评估和风险特征描述的结构化程序开展风险评估。其中，危害是指食品中所含有的对健康有潜在不良影响的生物、化学、物理因素或食品存在状况。危害识别在于：根据流行病学、动物试验、体外试验、结构—活性关系等科学数据和文献信息确定人体暴露于某种危害后是否会对健康造成不良影响、造成不良影响的可能性，以及可能处于风险之中的人群和范围。危害特征描述在于：对与危害相关的不良健康作用进行定性或定量描述。可以利用动物试验、临床研究以及流行病学研究确定危害与各种不良健康作用之间的剂量—反应关系、作用机制等。如果可能，对于毒性作用有阈值的危害应设置人体安全摄入量水平。暴露评估在于：描述危害进入人体的途径，估算不同人群摄入危害的水平。根据危害在膳食中的水平和人群膳食消费量，初步估算危害的膳食总摄入量，同时考虑其他非膳食进入人体的途径，估算人体总摄入量并与安全摄入量进行比较。风险特征描述在于：在危害识别、危害特征描述和暴露评估的基础上，综合分析危害对人群健康产生不良作用的风险及其程度，同时应当描述和解释风险评估过程中的不确定性。

6.3.2 食品安全事件风险管理的研究进展

第一，食品安全风险评估模式研究。我国《食品安全法》所规定的食品安全风险评估模式属于专家理性模式，以专家知识作为评估的排他性依据，从组织形式、评估对象、议题的形成及评估方法等方面规定了专家知识的独断地位，而这种专家知识的排他性地位的确立是以食品安全风险作为一种客观的物质性存在为前提假设的。然而，就理论预设角度而言，食品安全风险具有社会建构的属性，食品安全风险不仅仅是一种客观的物理性存在，也是一种社会的、心理的和文化的建构；就评估依据角度而言，专家知识自身不仅充满着模糊性和不确定性，也将面对公众知识的竞争。因而，依据该评估模式所得出的评估结论在科学性和正当性方面都面临着困境。改革现行评估模式，应当以综合食品安全风险的双重属性之优势作为逻辑起点，综合客观意义上的食品安全风险观与建构意义上的食品安全风险观这两类食品安全风险观的优势，在理性—科学与民主—公平之间获得恰当的平衡，并遵循分析性、协商性和整合性原则。分析性原则，是指食品安全风险评估者系统地运用已经在专家（包括自然科学、社会科学、工程学、决策科学、逻辑、数学和法律）共同体中发展出来的特殊的理论和方法，来识别食品安全风险的危害性，描述其危害特征，评估其暴露状态以及评价其危害后果等。协商性原则，就是食品安全风险评估专家、政府官员、与食品安全风险有利害关系的人、对食品安全风险感兴趣的人，相互协谈，共同深思，相互交换意见和证据，对相互关心的食品安全风险议题进行反省和交流，并试图相互说服对方的沟通过程。整合性原则，是指食品安全风险评估者通过特定的方法，将食品安全风险评估中的分析性原则和协商性原则所体现的内容加以综合，使其体现在一个连续的和统一的程序过程之中。新食品安全风险评估模式的特点在于：在评估组织形式上，实现从专家委员会到多元主体组成的评估协调委员会之转变，除专家外，增加了对食品安全风险感兴趣的人士代表、消费者代表、食品生产企业界代表、卫生行政部门及其他行政部门的工作人员等多元主体参与评估协调委员会。在评估结构方面，实现从四个结构到六个结构之转变，即在食品安全风险评估原有四个结构（危害识别、危害特征描述、暴露评估、风险特征描述）基础上增加两个组成部分：一是将预评估作为第一阶段；二是将评估参与作为贯穿于五个阶段的共同环节。所谓预评估，是指风险评估协调委员会运用一定的标准和程序对食品安全风险的特征、类型等加以审查，确定风险议题和评估方法与手段等过程。所谓评估参与，是指风险评估协调委员会中的专家小组、公众小组和企业界代表小组运用自身的知识，参与风险评估整个过程中的程序。在评估范围方面，实现从物质性维度到多元维度之转变，即将食品安全风险的评估范围从仅限于食品、食品添加剂中生物性、化学性和物理性等物质性维度的危害评估，扩大到政治的、道德的、文化的和心理的等多元维度的危害“关注度评估”。在评估方法方面，实现从定量方法到定量方法与定性方法相结合之转变。定量方法，包括收集和评估可以观察到的或者医学档案记载的关于食品安全事件的数据、对动物或志愿者试验的研究、流行病调查、毒理学分析、剂量—反应曲线等。定性方法，包括从食品安全事件的历史和比较研究中进行逻辑推断、从法律先例中进行推断、从对受众的访谈中进行总结、运用道德原则进行分析等①。

第二，食品安全风险行政调查研究。基于风险评估的食品安全风险行政调查，是指行政机关依据风险食品的类型及风险食品生产经营者监管风险食品的能力级别来确定调查等级和强度，从而实施相应的行政调查。该项制度的基本内容包括三个方面：行政机关建构食品安全风险指标体系，确立风险食品类型；行政机关建构食品生产经营者防范食品安全风险能力的指标体系，对其予以分级；行政机关依据风险系数分值，确定行政调查等级。

① 杨小敏．我国食品安全风险评估模式之改革．浙江学刊，2012（2）．

该项制度的合理性在于：一是能够确保行政机关行使裁量性的调查权力符合理性。基于风险评估的食品安全风险行政调查，实质就是要将行政机关在行使调查权力时应当遵循的比例原则、适度原则和必要性原则予以具体化，形成切实可行的操作方案。二是能够缓解行政调查执法成本过高与执法人力和物力短缺之间的矛盾。通过基于风险评估的食品安全风险行政调查制度，食品安全风险调查机关必然会在搜索和甄别某一食品安全风险信息所需成本及该信息所能产生收益之间进行调适，行政机关无须开展频繁的执法检查；对一些风险等级低的企业，甚至可以大大减少检查次数。行政调查次数的减少，自然可以节约执法成本，降低人力和物力支出。三是能够较好地平衡食品生产经营者与消费者之间的利益，确保社会福利最大化。基于风险评估的食品安全风险行政调查既能理性地降低检查频率，节约执法成本，避免干扰企业生产经营，也能有效地配置执法资源，保护公众身体健康，从而使社会福利最大化。四是在行政执法资源既定的条件下，有助于行政机关实现最佳威慑效果。行政机关对食品生产经营者的调查频次（也就是威慑强度）是依据它们所生产或加工的食品的风险等级及其防范该类食品风险的能力等次来确定的，以便产生与违法行为的危害性相匹配的威慑力。面对当前我国种类繁多、数量巨大的食品生产经营者以及形形色色的风险食品，面对社会公众日益增强的食品安全风险意识，以及行政机关的行政调查资源极其有限等多重困境，基于风险评估的食品安全风险行政调查不失为有效化解诸多难题的科学方法。为将该制度在全国范围内推广，需要通过行政法来规范。行政法需要为行政机关、食品生产经营者以及社会公众等主体配置相应的权利（职权）与义务（职责），特别是要规定食品生产经营者以及社会公众享有充分的正当程序权利，以及行政机关违反正当程序义务时的法律责任①。

第三，食品安全风险评估政策偏好研究。在食品安全风险评估领域，政府监管部门决策时经常面临复杂的技术面向，对哪些物质有危害、危害影响多大等问题争论不断。按照事实与价值分立的原则，科学专家只负责对风险客观地评价，属于行政决策过程中“事实发现”的部分；在风险评估基础上，综合考虑政治、经济、社会等因素进行政策选择，则不属于科学专家的工作，而由承担政治与法律责任的行政官员负责。科学性是食品安全风险评估作为事实发现工具的内在要求，评估的目的是通过量化方法，建立概率性的因果关系，作为制定管理政策的知识基础。风险评估应当做到忠实于科学，避免个人偏好、政策考虑对评估的不当干扰，确保价值中立。然而，通过对食盐加碘风险评估的考察可以发现，评估混杂了政策考量与个人偏好，进而影响了其权威性。这一问题的根源在于，服务于政策制定的科学并不完全基于科学事实，在证据不充分、决策又有时间限制的情况下，科学家需要大量运用假设、推定，这就给政策考量、个人偏好影响评估科学性留下了空间。某些情况下，政策制定者可能基于政治、经济、社会因素已经形成是否规制某一物质的意愿，并基于这种意愿去干涉、引导、暗示风险评估活动。因此，需要通过食品安全风险评估的任务界定、组织架构与程序设计方面的制度建设，限制政策、偏好对评估科学性的不当影响，确保更为客观的评估。要求建立评估报告的同行评审与公告评论制度，事前制定评估指南，对评估中的各种科学政策事前做出安排，例如对如何判断现有研究的有效

① 戚建刚．论基于风险评估的食品安全风险行政调查．法学家，2013（5）．

性、如何选择估算模型、采取谨慎还是乐观的立场解释证据等做出概括性的规定，可以形成对裁量权行使的自我约束①。

本章小结

1. 公共卫生事件风险管理主要包括：突然发生，造成或可能造成社会公共健康严重损害的传染病疫情风险管理；群体性不明原因疾病风险管理；食品药品安全事件风险管理；职业危害事件风险管理；食物中毒和职业中毒等事件风险管理；动物疫情等动物卫生事件风险管理；大型活动公共卫生事件风险管理；其他严重影响公众健康事件风险管理等。

2. 公共卫生事件风险管理的实践和研究工作在我国起步较晚，均处于起步阶段，但已经取得了较大的进展。具体来说，主要体现在六个方面：基于人群脆弱性的突发公共卫生事件风险评估研究、传染病突发公共卫生事件风险评估研究、动物卫生突发事件风险评估研究、化学中毒突发公共卫生事件风险评估研究、大型活动公共卫生事件风险评估研究、自然灾害公共卫生风险评估研究。

3. 我国有关公共卫生事件风险管理方面的制度规定，主要分散在各种法律、法规、条例以及规范性文件、政策、标准中。《突发事件公共卫生风险评估管理办法》，对我国公共卫生事件风险管理制度进行了系统规范。

4. 突发事件公共卫生风险评估是指通过风险识别、风险分析和风险评价，及时发现和科学研判突发事件公共卫生风险，对突发公共卫生事件风险或其他突发事件的公共卫生风险进行评估，规范和指导风险评估工作，并提出风险管理建议的过程。

5. 突发事件公共卫生风险评估分为日常风险评估和专题风险评估。日常风险评估主要是根据常规监测收集的信息、部门通报的信息、国际组织及有关国家（地区）通报的信息等，对突发公共卫生事件风险或其他突发事件的公共卫生风险开展初步、快速的评估。专题风险评估主要针对国内外重要突发公共卫生事件、大型活动、自然灾害和事故灾难等，开展全面、深入的专项公共卫生风险评估。

6. 《突发公共卫生事件风险评估工作指南（2014 版）》《突发事件公共卫生风险评估技术方案（试行）》《市县级突发事件公共卫生风险评估试点工作方案》等，对公共卫生事件风险管理的流程和方法进行了具体规定。

7. 具体来说，公共卫生事件风险管理的流程包括三个步骤：确定风险问题；风险识别；风险分析和评价。在此基础上，综合评估风险发生的可能性、可能的危害后果以及需要采取的风险管理措施，确定风险水平的高低，并将风险评估结果分为四级，即特别关注、重点关注、需要关注和一般关注。

8. 公共卫生事件风险管理采用风险评估矩阵分类表。参考“澳大利亚/新西兰风险管理标准”（AS/NZ，2004）中的风险分析模型，公共卫生事件风险评估包括可能性评估、危害性评估、脆弱性评估、可控性评估四个方面。其中，可能性评估中的危害发生概率划分为

① 赵鹏. 风险评估中的政策、偏好及其法律规制：以食盐加碘风险评估为例的研究. 中外法学，2014 (1).

五级。

9.《食品安全法》第三条规定，食品安全工作实行预防为主、风险管理、全程控制、社会共治，建立科学、严格的监督管理制度。《食品安全法》从国家法律的层面，明确规定了实行食品安全风险管理的工作方针、风险分级管理、责任保险以及国务院卫生行政部门组织开展食品安全风险监测和风险评估的法定职责等内容。

10.《食品安全法》关于食品安全事件风险管理的法律与制度创新，主要体现在五个方面：食品安全风险监测制度创新、食品安全风险评估制度创新、食品安全风险交流沟通制度创新、食品安全事故调查制度创新、食品安全事故问责制度创新。

11.《食品安全风险评估管理规定（试行）》（卫监督发〔2010〕8 号）关于食品安全事件风险管理的制度创新，主要体现在：明确规定食品安全风险评估以食品安全风险监测和监督管理信息、科学数据以及其他有关信息为基础，按照科学、透明和个案处理的原则，遵循危害识别、危害特征描述、暴露评估和风险特征描述的结构化程序开展风险评估。

12. 食品安全事件风险管理的研究进展，主要体现在三个方面：食品安全风险评估模式研究、食品安全风险行政调查研究、食品安全风险评估政策偏好研究。

关键术语

公共卫生事件风险管理研究进展　基于人群脆弱性的突发公共卫生事件风险评估　传染病突发公共卫生事件风险评估　动物卫生突发事件风险评估　化学中毒突发公共卫生事件风险评估　大型活动公共卫生事件风险评估　自然灾害公共卫生风险评估　公共卫生事件风险管理制度创新　公共卫生事件风险管理流程和方法　食品安全事件风险管理制度创新　食品安全事件风险管理研究进展

复习思考题

1. 简述公共卫生事件风险管理的含义与内容。
2. 分析我国公共卫生事件风险管理取得的成就、存在的问题以及改进措施。
3. 何谓基于人群脆弱性的突发公共卫生事件风险评估研究？试举例说明之。
4. 传染病突发公共卫生事件风险评估应如何操作？
5. 我国动物卫生突发事件风险评估应如何借鉴欧盟的做法和经验？
6. 化学中毒突发公共卫生事件风险评估有何特点？
7. 大型活动公共卫生事件风险评估应如何进行？试举例说明之。
8. 何谓自然灾害公共卫生风险评估？试举例说明之。
9. 公共卫生事件风险管理的制度创新主要体现在哪些方面？
10. 简述公共卫生事件风险管理的流程和方法。
11.《食品安全法》关于食品安全事件风险管理的制度创新主要体现在哪些方面？
12. 食品安全事件风险管理研究取得了哪些进展？

阅读案例

人感染 H7N9 禽流感疫情风险防控

一、基本情况

2013 年 3 月 22 日，国家卫计委接到上海 3 例不明原因重症肺炎病例的报告，接报后立即部署患者救治和调查处置工作。3 月 24 日，上海将病例标本送中国疾病预防控制中心。3 月 26 日，中国疾病预防控制中心从病例标本中检出 H7 病毒核酸阳性结果。3 月 29 日，中国疾病预防控制中心从病例标本中分离出 H7N9 禽流感病毒。3 月 30 日，国家卫计委组织专家会商后，确诊为人感染 H7N9 禽流感，并于 3 月 31 日依法发布信息，向世界卫生组织通报情况。此后，上海、安徽、浙江、江苏 4 省（直辖市）相继报告病例。4 月 4 日，农业部在上海市某活禽经营市场的禽类中首次检出 H7N9 禽流感病毒，随后在浙江、江苏、安徽、河南 4 省的禽间及外环境中也检测到该病毒，疫情呈现一定的扩散态势。截至 2013 年底，我国内地共报告 144 例确诊病例，其中死亡 48 人，康复 96 人，病例分布于上海、江苏、浙江、安徽等 12 省（直辖市）。

2013 年人感染 H7N9 禽流感疫情风险呈现以下特点：一是病例主要集中在上海、江苏和浙江 3 省（直辖市），报告病例数占病例总数的 78%。二是年龄在 2～91 岁之间，以老年人为主，60 岁以上占 50%。性别以男性为主，占 71%。三是职业以离退休人员、农民为主，占病例总数的 62%。四是病例暴露和感染模式以活禽或活禽经营市场暴露为主，74%的病例有动物接触史或到过经营活禽的市场。五是大部分病例主要表现为发热、咳嗽等流感样症状，部分病例发展为重症肺炎，少数病例因多器官衰竭死亡。六是未发现病毒有公共卫生意义的变异，未发现病毒具备有效人传人依据。

二、主要做法及成效

疫情发生后，党中央、国务院高度重视，习近平总书记、李克强总理第一时间要求各地各有关部门要高度重视，坚持把人民群众身体健康和生命安全放在第一位，做好疫情风险防控。中央政治局常委会、国务院常务会议专门听取了工作汇报。国家卫计委和各地各部门认真贯彻党中央、国务院决策部署，坚持内紧外松、科学应对、突出重点、分类指导的工作原则，迅速落实各项防控措施。

第一，加强疫情风险联防联控工作机制。根据国务院专题会议精神，建立了由卫计委牵头、相关部门组成的联防联控工作机制。联防联控工作机制建立后，各成员单位迅速行动，及时组织学习中央领导同志关于做好疫情防控工作的指示要求和国务院会议精神，先后召开 15 次会议，会商、研究布置疫情防控工作。各成员单位按照职责分工，加强信息沟通和措施联动，积极指导地方开展防控工作。疫情发生地党委、政府高度重视，建立了多部门联防联控机制或启动应急响应。沪苏浙皖四地还建立了区域联防联控机制，加强地区间合作。未发生疫情的地区也积极开展信息沟通、人员培训、物资储备等应急准备工作。

第二，积极做好病例救治和疫情风险防控工作。卫生计生部门依法将人感染 H7N9 禽流感纳入乙类法定传染病。卫生计生、农业、质检、林业、中医药部门，以及军队、武警及时完善相关诊疗和疫情防控方案，指导地方做好病例救治、人和动物疫情监测与防控、出境人员和出口禽类及其产品疫情监测等工作。卫生计生部门对144例病例的所有密切接触者实施了医学观察，强化对各级各类医疗卫生机构人员的培训，落实“四早”要求，提升及时发现病例的能力。民政、财政、人力资源和社会保障、卫生计生等4部委印发通知，要求各地做好疫情防控和患者医疗费用保障工作。食品药品监管总局完成抗流感新药和诊断试剂审批上市。工业和信息化部积极做好疫情防控相关物资的储备与调运工作。

第三，加强疫情风险监测和研判。卫生计生部门加强不明原因肺炎病例和流感样病例监测，扩大监测范围，开展医疗机构人感染H7N9禽流感检测工作，落实对养殖业从业人员、活禽贩卖人员等重点人群的检测。林业部门严格执行野生动物疫源疫病监测防控日报告和零报告制度，加大溯源力度。质检部门加强口岸出境人员查验和疫情监测，加强供港澳活禽和食用禽产品检测和监测。充分发挥专家作用，卫生计生、农业、林业等部门组成联合专家组，指导疫情发生地开展采样检测和流行病学调查等工作。密切关注疫情态势，及时组织专家开展风险评估，科学研判疫情形势，研究提出应对策略。2013年已开展14次专题风险评估。根据疫情变化和风险评估结果，完善应急预案，做好应对疫情变化的准备。

第四，强化传染源风险控制和督导检查。卫生计生、农业、工商、食品药品监管、林业、中医药6部门联合印发通知，要求各地加强活禽市场管理，规范活禽调运，严格传染源控制。联防联控工作机制将科学防控和推动家禽产业转型升级结合起来统筹考虑，切实做到“两手抓”。农业部门将动物感染H7N9禽流感病毒暂时纳入一类动物疫病管理，强化动物感染病毒情况监测；研究制定并落实扶持家禽业健康发展的政策措施。财政部门积极安排养殖业损失补偿和产业发展相关经费。卫生计生、农业、林业、工商、食药等部门及时开展联合督导检查，了解疫情发生地防控工作落实情况，就进一步加强防控工作与地方交换意见，推动落实各项疫情防控措施，严防疫情扩散。

第五，做好信息发布和风险沟通。卫生计生、农业等部门及时向中办、国办报告疫情和工作信息，向有关部门通报情况。按照有关法律法规，及时向世界卫生组织、世界动物卫生组织等国际组织，港澳台地区，有关国家通报疫情和所采取的措施。坚持公开、透明原则，及时向社会发布疫情和防控工作信息。中宣部、新闻办等加强舆论引导，宣传普及防治知识，及时回应社会关切，引导公众科学理性应对。

第六，加强科研攻关与国际合作。科技部紧急安排应急防控研究专项，集成国内优势力量，大力推进诊断技术、疫苗、临床救治等应急攻关任务。卫计委密切与世界卫生组织等相关国际组织的沟通与合作，主动与世界卫生组织流感参比与研究合作中心和指定的实验室共享毒株。卫生计生和农业部门分别邀请世界卫生组织和世界动物卫生组织专家来华与我国内专家组成联合考察组，考察我人感染H7N9禽流感疫情形势和疫情应对工作。中国—世界卫生组织人感染H7N9禽流感防控联合考察组认为，中国政府的应对堪称典范，卫生计生部门准备充分，反应迅速、有效、专业，采取的措施得力有效。

上述做法取得了积极的成效：2013年人感染H7N9禽流感疫情风险应对，从病例样本中分离出病毒后24小时内就对病例进行了确诊，病例确诊后24小时内就向有关方面进行了通报并向社会公布，是历次疫情风险处置中最迅速的一次。各地各有关部门按照党中央、国务院的统一部署，积极采取综合性防控措施，及时、有效地控制了疫情，切实保障了公众健康安全。世界卫生组织、联合国粮农组织、世界动物卫生组织等国际组织，以及《科学》《自然》等权威杂志，对此次我疫情风险防控给予一致的高度评价。在第 66 届世界卫生大会上，中国政府在疫情发生后公开、透明、快速、有效的应对得到了各方的广泛认同。疫情风险防控工作也得到了社会和公众的高度认可，通过 12320 热线和微博对全国进行民意调查显示，公众对政府疫情应对工作的满意度达 80%以上。

三、经验与启示

第一，统一领导、分级负责是有效应对疫情风险的重要保证。党中央、国务院坚持政府主导、部门协作、分级管理的原则，及时分析疫情风险态势，科学决策、统一部署，形成了高效的组织领导机制，充分发挥专业防控力量，确保防控工作有序进行。第二，联防联控工作机制是有效应对疫情风险的组织保障。联防联控工作机制的建立，强化了跨部门信息沟通和协调联动，尤其是强化了卫生计生、农业、食品药品监管、工商和林业等部门的协调配合，大大提高了防控工作效率。第三，依法科学有度防控是有效应对疫情风险的重要前提。在疫情防控过程中，及时将人感染 H7N9 禽流感纳入乙类法定传染病。各地各有关部门依法行政，依法办事，保证了各项防控工作的顺利进行。充分发挥专家委员会作用，及时分析疫情动态和流行规律，科学决策，动态地调整防控策略和措施。根据疫情防控的迫切需求，及时部署科研项目，在检测技术、疫情监测、临床救治等方面取得突破，为疫情防控提供了坚实的科技支撑。第四，强化公共卫生体系建设是有效应对疫情风险的重要基础。10 年来，我国公共卫生体系建设得到全面加强，为疫情的及时发现和有效应对奠定了坚实的基础。我国已建成全球最大的传染病疫情和突发公共卫生事件网络直报系统，建立了统一领导、分级负责、属地管理为主的卫生应急管理体制，突发公共卫生事件应急能力得到明显提升。第五，坚持信息公开和加强国际合作是有效应对疫情风险的重要环节。各地各有关部门坚持公开、透明的原则，及时公布疫情，积极开展宣传报道、舆论引导、健康教育等工作，为防控工作创造了良好环境。履行《国际卫生条例(2005)》有关规定，积极与世界卫生组织、有关国家和地区开展防控工作经验交流与合作，获得国际社会的赞誉和肯定。第六，统筹疫情防控和家禽养殖业发展是有效应对疫情风险的重要因素。中央和有关地方政府及时出台相关产业扶持政策，并拨出专款，努力减少家禽业损失，同时积极推动家禽产业转型升级，做到科学防控和产业发展“两手抓”。

（资料来源：洪毅．中国应急管理报告（2014）．北京：国家行政学院出版社，2014；国家卫生计生委网站、中央政府门户网站；以及相关资料）

案例思考题

从上述案例提供的材料来看，你认为 2013 年人感染 H7N9 禽流感疫情风险防控和应对成功吗？为什么？你认为 2013 年人感染 H7N9 禽流感疫情风险防控和应对的主要做法和经验可以推广吗？其成本—收益分析如何？从 2013 年人感染 H7N9 禽流感疫情风险防控和应对的实践来看，你对公共卫生事件风险管理有何新的认识？

第7章

社会安全事件风险管理

社会安全事件风险管理主要包括：重大刑事案件风险管理；涉外突发事件风险管理；恐怖袭击事件风险管理；突发重大经济安全事件风险管理；民族宗教事件风险管理；规模较大的群体性突发事件风险管理。我国社会安全事件风险管理的法律与制度创新，集中体现在《中华人民共和国国家安全法》和《中华人民共和国反恐怖主义法》这两部法律上。

社会安全事件风险管理在我国的实践发展，在操作层面上主要体现为社会稳定风险评估工作。社会稳定风险评估是指在重大事项（重大决策、重大工程项目、重大活动及重要基础设施建设等）制定、出台及实施前，科学地预测、分析、研判可能影响社会稳定的诸因素，评估发生危害的可能性，对不同的风险进行等级管理，并制定风险应对策略和预案，采取措施防范、降低、消除风险的工作。社会稳定风险评估工作，其实践推进过程和发展历程，可以划分为三个阶段：起步和推广阶段、制度规范阶段、落实深化阶段。

社会稳定风险评估的基本含义是"对重大决策对社会稳定的影响预评估"，实现社会稳定的"源头治理"，从而实现维护社会稳定的模式转变。社会稳定风险评估是一项制度安排，奠定在国家—社会互动学理基础之上。社会稳定风险评估的理论基础主要有三个：社会影响评估理论、公共政策风险评估理论、公众参与理论。社会稳定风险评估的制度设计要素，主要包括评估范围、主体、方式和程序、评估结果的效力、评估结果的公开、监督与救济六个方面。

我国各地方政府因地制宜，积极探索，在重大决策社会稳定风险评估的主体、内容、流程、标准、主要做法等方面各具特色。其中，四川遂宁、浙江衢州、山东临沂、江苏淮安、贵州铜仁、四川成都等地的做法具有一定的代表性和典型性。各地在开展社会稳定风险评估中，积累了一些成功的做法和经验，也存在一些突出的问题。需要提出进一步推进和完善社会稳定风险评估工作的政策建议，成立相对独立的社会稳定风险评估专门机构，推动由"保稳定"（"维稳"）向主动"创稳定"的根本转变。

本章主要说明社会安全事件风险管理的含义与内容、法律与制度创新，介绍社会稳定风险评估的发展阶段与特征，阐明社会稳定风险评估的理论基础与制度要素，分析社会稳定风险评估机制的主要制约因素以及机制优化。

重点问题

- 社会安全事件风险管理的内容
- 社会安全事件风险管理的制度创新
- 社会稳定风险评估的发展阶段
- 社会稳定风险评估的特征
- 社会影响评估理论
- 公共政策风险评估理论
- 公众参与理论
- 社会稳定风险评估的制度要素
- 社会稳定风险评估机制的主要制约因素
- 社会稳定风险评估机制优化

7.1 社会安全事件风险管理的含义、内容与制度创新

7.1.1 社会安全事件风险管理的含义

社会安全事件风险管理主要包括：重大刑事案件风险管理；涉外突发事件风险管理；恐怖袭击事件风险管理；突发重大经济安全事件风险管理；民族宗教事件风险管理；规模较大的群体性突发事件风险管理。本书主要研究威胁社会稳定的社会安全事件风险管理，从理论层面上看，其内涵和外延与社会稳定风险评估较为一致；从实践层面上看，社会安全事件风险管理在我国的实践发展，在操作层次上主要体现为社会稳定风险评估。

2015 年 7 月 1 日，第十二届全国人民代表大会常务委员会第十五次会议通过并施行的《中华人民共和国国家安全法》，首次在法律层面上明确了国家安全风险的准确内涵与主要内容。《中华人民共和国国家安全法》第二条规定，国家安全是指国家政权、主权、统一和领土完整、人民福祉、经济社会可持续发展和国家其他重大利益相对处于没有危险和不受内外威胁的状态，以及保障持续安全状态的能力。第三条规定，国家安全工作应当坚持总体国家安全观，以人民安全为宗旨，以政治安全为根本，以经济安全为基础，以军事、文化、社会安全为保障，以促进国际安全为依托，维护各领域国家安全，构建国家安全体系，走中国特色国家安全道路。第四条规定，坚持中国共产党对国家安全工作的领导，建立集中统一、高效权威的国家安全领导体制。第九条规定，维护国家安全，应当坚持预防为主、标本兼治，专门工作与群众路线相结合，充分发挥专门机关和其他有关机关维护国家安全的职能作用，广泛动员公民和组织，防范、制止和依法惩治危害国家安全的行为。

《中华人民共和国国家安全法》第十五条到第三十三条，用 19 条的篇幅，以逐条列举的方式，具体规定国家安全风险的主要内容；第三十四条以开放的方式，概括没有一一列

举的国家安全风险。例如，《中华人民共和国国家安全法》第十九条规定，国家维护国家基本经济制度和社会主义市场经济秩序，健全预防和化解经济安全风险的制度机制，保障关系国民经济命脉的重要行业和关键领域、重点产业、重大基础设施和重大建设项目以及其他重大经济利益安全。第二十条规定，国家健全金融宏观审慎管理和金融风险防范、处置机制，加强金融基础设施和基础能力建设，防范和化解系统性、区域性金融风险，防范和抵御外部金融风险的冲击。第二十八条规定，国家反对一切形式的恐怖主义和极端主义，加强防范和处置恐怖主义的能力建设，依法开展情报、调查、防范、处置以及资金监管等工作，依法取缔恐怖活动组织和严厉惩治暴力恐怖活动。第二十九条规定，国家健全有效预防和化解社会矛盾的体制机制，健全公共安全体系，积极预防、减少和化解社会矛盾，妥善处置公共卫生、社会安全等影响国家安全和社会稳定的突发事件，促进社会和谐，维护公共安全和社会安定。第三十条规定，国家完善生态环境保护制度体系，加大生态建设和环境保护力度，划定生态保护红线，强化生态风险的预警和防控，妥善处置突发环境事件，保障人民赖以生存发展的大气、水、土壤等自然环境和条件不受威胁和破坏，促进人与自然和谐发展。第三十一条规定，国家坚持和平利用核能和核技术，加强国际合作，防止核扩散，完善防扩散机制，加强对核设施、核材料、核活动和核废料处置的安全管理、监管和保护，加强核事故应急体系和应急能力建设，防止、控制和消除核事故对公民生命健康和生态环境的危害，不断增强有效应对和防范核威胁、核攻击的能力。由此可见，国家安全风险主要包括国家主权安全，人民安全，领陆、内水、领海和领空安全，军事安全，经济安全，金融安全，资源能源安全，粮食安全，文化安全，重大技术和工程安全，网络与信息安全，民族关系安全，宗教信仰安全，反恐怖主义和极端主义，公共安全，环境安全，核安全，外层空间、国际海底区域和极地安全，国家海外利益安全 19 项风险内容。

7.1.2 社会安全事件风险管理的内容与制度创新

我国有关社会安全事件风险管理方面的制度规定，主要分散在各种法律、法规和条例中。涉及社会安全事件风险管理领域的主要法律法规有：《中华人民共和国国家安全法》《中华人民共和国反恐怖主义法》《中华人民共和国国防法》《中华人民共和国戒严法》《中华人民共和国集会游行示威法》《中华人民共和国人民防空法》《中华人民共和国监狱法》《中华人民共和国民用航空法》《中华人民共和国人民警察法》《中华人民共和国预备役军官法》《中华人民共和国民族区域自治法》《中华人民共和国领海及毗连区法》《中华人民共和国兵役法》《国防交通条例》《民用运力国防动员条例》《企业劳动争议处理条例》《行政区域边界争议处理条例》《退伍义务兵安置条例》《民用航空安全保卫条例》《军人抚恤优待条例》《信访条例》等。具体来看，我国社会安全事件风险管理的法律与制度创新，主要集中体现在《中华人民共和国国家安全法》和《中华人民共和国反恐怖主义法》这两部法律上。

《中华人民共和国国家安全法》关于社会安全事件风险管理的法律与制度创新，主要体现在以下三个方面：

第一，国家安全风险预防、评估和预警等风险管理制度创新。《国家安全法》第五十五条规定，国家制定完善应对各领域国家安全风险预案。第五十六条规定，国家建立国家安全风险评估机制，定期开展各领域国家安全风险调查评估。有关部门应当定期向中央国家安全领导机构提交国家安全风险评估报告。第五十七条规定，国家健全国家安全风险监测预警制度，根据国家安全风险程度，及时发布相应风险预警。第五十八条规定，对可能即将发生或者已经发生的危害国家安全的事件，县级以上地方人民政府及其有关主管部门应当立即按照规定向上一级人民政府及其有关主管部门报告，必要时可以越级上报。

第二，国家安全风险审查制度创新。《国家安全法》第五十九条规定，国家建立国家安全审查和监管的制度和机制，对影响或者可能影响国家安全的外商投资、特定物项和关键技术、网络信息技术产品和服务、涉及国家安全事项的建设项目，以及其他重大事项和活动，进行国家安全审查，有效预防和化解国家安全风险。第六十条规定，中央国家机关各部门依照法律、行政法规行使国家安全审查职责，依法作出国家安全审查决定或者提出安全审查意见并监督执行。第六十一条规定，省、自治区、直辖市依法负责本行政区域内有关国家安全审查和监管工作。

第三，国家安全风险科普宣教制度创新。《国家安全法》第十四条规定，每年4月15日为全民国家安全教育日。第七十六条规定，国家加强国家安全新闻宣传和舆论引导，通过多种形式开展国家安全宣传教育活动，将国家安全教育纳入国民教育体系和公务员教育培训体系，增强全民国家安全意识。

2015年12月27日，《中华人民共和国反恐怖主义法》由第十二届全国人民代表大会常务委员会第十八次会议通过，自2016年1月1日起施行。《中华人民共和国反恐怖主义法》关于社会安全事件风险管理的法律与制度创新，主要体现在以下五个方面：

第一，反恐怖安全查验与社会危险性评估制度创新。《反恐怖主义法》第五条规定，反恐怖主义工作坚持专门工作与群众路线相结合，防范为主、惩防结合和先发制敌、保持主动的原则。第二十条规定，铁路、公路、水上、航空的货运和邮政、快递等物流运营单位应当实行安全查验制度，对客户身份进行查验，依照规定对运输、寄递物品进行安全检查或者开封验视。对禁止运输、寄递，存在重大安全隐患，或者客户拒绝安全查验的物品，不得运输、寄递。前款规定的物流运营单位，应当实行运输、寄递客户身份、物品信息登记制度。第三十条规定，对恐怖活动罪犯和极端主义罪犯被判处徒刑以上刑罚的，监狱、看守所应当在刑满释放前根据其犯罪性质、情节和社会危害程度，服刑期间的表现，释放后对所居住社区的影响等进行社会危险性评估。进行社会危险性评估，应当听取有关基层组织和原办案机关的意见。经评估具有社会危险性的，监狱、看守所应当向罪犯服刑地的中级人民法院提出安置教育建议，并将建议书副本抄送同级人民检察院。罪犯服刑地的中级人民法院对于确有社会危险性的，应当在罪犯刑满释放前作出责令其在刑满释放后接受安置教育的决定。决定书副本应当抄送同级人民检察院。被决定安置教育的人员对决定不服的，可以向上一级人民法院申请复议。安置教育由省级人民政府组织实施。安置教育机构应当每年对被安置教育人员进行评估，对于确有悔改表现，不致再危害社会的，应当及时提出解除安置教育的意见，报决定安置教育的中级人民法院作出决定。被安置教育人员有权申请解除安置教育。人民检察院对安置教育的决定和执行实行监督。

第二，反恐怖重点目标管理单位制度创新。《反恐怖主义法》第三十一条规定，公安机关应当会同有关部门，将遭受恐怖袭击的可能性较大以及遭受恐怖袭击可能造成重大的人身伤亡、财产损失或者社会影响的单位、场所、活动、设施等确定为防范恐怖袭击的重点目标，报本级反恐怖主义工作领导机构备案。第三十二条规定，重点目标的管理单位应当履行下列职责：制定防范和应对处置恐怖活动的预案、措施，定期进行培训和演练；建立反恐怖主义工作专项经费保障制度，配备、更新防范和处置设备、设施；指定相关机构或者落实责任人员，明确岗位职责；实行风险评估，实时监测安全威胁，完善内部安全管理；定期向公安机关和有关部门报告防范措施落实情况。重点目标的管理单位应当根据城乡规划、相关标准和实际需要，对重点目标同步设计、同步建设、同步运行符合本法第二十七条规定的技防、物防设备、设施。重点目标的管理单位应当建立公共安全视频图像信息系统值班监看、信息保存使用、运行维护等管理制度，保障相关系统正常运行。采集的视频图像信息保存期限不得少于九十日。对重点目标以外的涉及公共安全的其他单位、场所、活动、设施，其主管部门和管理单位应当依照法律、行政法规规定，建立健全安全管理制度，落实安全责任。第三十三条规定，重点目标的管理单位应当对重要岗位人员进行安全背景审查。对有不适合情形的人员，应当调整工作岗位，并将有关情况通报公安机关。第三十四条规定，大型活动承办单位以及重点目标的管理单位应当依照规定，对进入大型活动场所、机场、火车站、码头、城市轨道交通站、公路长途客运站、口岸等重点目标的人员、物品和交通工具进行安全检查。发现违禁品和管制物品，应当予以扣留并立即向公安机关报告；发现涉嫌违法犯罪人员，应当立即向公安机关报告。

第三，恐怖风险事件现场指挥制度创新。首次在法律层面上明确规定了恐怖事件现场应急处置指挥长负责制，并清晰地规范了指挥长的确定办法和人选；还创造性地设立了现场指挥员制度，以弥补尚未确定指挥长时恐怖事件现场应急处置指挥的空白，并明确了依次递补确定担任现场指挥员人选的详细的可操作方法，从而在法律层面上有效地解决了困扰多年的突发事件现场应急处置多级指挥、多层指挥、政出多门、各自为战的老大难问题。《反恐怖主义法》第五十六条规定，应对处置恐怖事件，各级反恐怖主义工作领导机构应当成立由有关部门参加的指挥机构，实行指挥长负责制。反恐怖主义工作领导机构负责人可以担任指挥长，也可以确定公安机关负责人或者反恐怖主义工作领导机构的其他成员单位负责人担任指挥长。跨省、自治区、直辖市发生的恐怖事件或者特别重大恐怖事件的应对处置，由国家反恐怖主义工作领导机构负责指挥；在省、自治区、直辖市范围内发生的涉及多个行政区域的恐怖事件或者重大恐怖事件的应对处置，由省级反恐怖主义工作领导机构负责指挥。第五十七条规定，恐怖事件发生后，发生地反恐怖主义工作领导机构应当立即启动恐怖事件应对处置预案，确定指挥长。有关部门和中国人民解放军、中国人民武装警察部队、民兵组织，按照反恐怖主义工作领导机构和指挥长的统一领导、指挥，协同开展打击、控制、救援、救护等现场应对处置工作。第五十八条规定，发现恐怖事件或者疑似恐怖事件后，公安机关应当立即进行处置，并向反恐怖主义工作领导机构报告；中国人民解放军、中国人民武装警察部队发现正在实施恐怖活动的，应当立即予以控制并将案件及时移交公安机关。反恐怖主义工作领导机构尚未确定指挥长的，由在场处置的公安机关职级最高的人员担任现场指挥员。公安机关未能到达现场的，由在场处置的中国人民解放军或者中国人民武装警察部队职级最高的人员担任现场指挥员。现场应对处置人员无论是否属于同一单位、系统，均应当服从现场指挥员的指挥。指挥长确定后，现场指挥员应当向其请示、报告工作或者有关情况。

第四，恐怖风险事件应对处置措施制度创新。《反恐怖主义法》第六十一条规定，恐怖事件发生后，负责应对处置的反恐怖主义工作领导机构可以决定由有关部门和单位采取九项应对处置措施，其中有三项恐怖事件应对处置措施是首次在法律层面上明确规定的，确属恐怖事件应对处置措施重大制度创新。这三项应对处置措施是第六十一条第三项至第五项规定的，并明确由省级以上反恐怖主义工作领导机构决定或者批准，其具体内容为：在特定区域内实施空域、海（水）域管制，对特定区域内的交通运输工具进行检查；在特定区域内实施互联网、无线电、通讯管制；在特定区域内或者针对特定人员实施出境入境管制。

第五，境外恐怖风险事件应对处置制度创新。《反恐怖主义法》第四十一条规定，国务院外交、公安、国家安全、发展改革、工业和信息化、商务、旅游等主管部门应当建立境外投资合作、旅游等安全风险评估制度，对中国在境外的公民以及驻外机构、设施、财产加强安全保护，防范和应对恐怖袭击。第五十九条规定，中华人民共和国在境外的机构、人员、重要设施遭受或者可能遭受恐怖袭击的，国务院外交、公安、国家安全、商务、金融、国有资产监督管理、旅游、交通运输等主管部门应当及时启动应对处置预案。国务院外交部门应当协调有关国家采取相应措施。中华人民共和国在境外的机构、人员、重要设施遭受严重恐怖袭击后，经与有关国家协商同意，国家反恐怖主义工作领导机构可以组织外交、公安、国家安全等部门派出工作人员赴境外开展应对处置工作。第七十一条规定，经与有关国家达成协议，并报国务院批准，国务院公安部门、国家安全部门可以派员出境执行反恐怖主义任务。中国人民解放军、中国人民武装警察部队派员出境执行反恐怖主义任务，由中央军事委员会批准。

7.2　社会稳定风险评估的发展阶段与特征

7.2.1　社会稳定风险评估的发展阶段

社会安全事件风险管理在我国的实践发展，在操作层面上主要体现为社会稳定风险评估。社会稳定风险评估是指在重大事项（重大决策、重大工程项目、重大活动及重要基础设施等）制定、出台及实施前，通过系统的调查以及科学的预测、分析、研判和评估，对可能影响社会稳定的诸因素进行分析，评估发生危害的可能性，对不同的风险进行等级管理，并制定风险应对策略和预案，采取措施防范、降低、消除风险的工作，从而有效规避、预防、控制重大事项实施过程中可能产生的社会稳定风险。社会稳定风险评估机制实质上是以“维稳”为主轴，推动政府与公民互动，最终实现经济社会的有序良性发展。社会稳定风险评估工作，其实践推进过程和发展历程，可以划分为三个阶段：起步和推广阶段、制度规范阶段、落实深化阶段。

1. 起步和推广阶段

2005年初，四川省遂宁市率先在重大工程领域进行社会稳定风险评估工作试点，2006年建立重大事项社会稳定风险评估机制，效果显著。2005年至今，中央维稳办多次刊载遂宁经验。2009年在全国维护稳定暨信访工作第二次电视电话会议上，遂宁市委市政府作了经验介绍。中央维稳办推广了遂宁市的做法，各地纷纷仿效。2009年，中央要求在全国推广社会稳定风险评估。2010年10月，党的十七届五中全会报告指出，建立健全重大工程项目建设和重大政策制定的社会稳定风险评估机制，着力从源头上预防和减少矛盾，把问题解决在基层、解决在萌芽状态。2011年起，中央开始全面推进社会稳定风险评估工作，对涉及群众切身利益的重大工程项目和重大政策，在决策前进行经济效益和社会稳定风险"双评估"，防止因决策不当引发社会矛盾。全国已有20多个省（自治区、直辖市）下发了开展社会稳定风险评估工作的指导意见。

2010年10月10日，《国务院关于加强法治政府建设的意见》（国发〔2010〕33号）指出，完善行政决策风险评估机制。凡是有关经济社会发展和人民群众切身利益的重大政策、重大项目等决策事项，都要进行合法性、合理性、可行性和可控性评估，重点是进行社会稳定、环境、经济等方面的风险评估。建立完善部门论证、专家咨询、公众参与、专业机构测评相结合的风险评估工作机制，通过舆情跟踪、抽样调查、重点走访、会商分析等方式，对决策可能引发的各种风险进行科学预测、综合研判，确定风险等级并制定相应的化解处置预案。要把风险评估结果作为决策的重要依据，未经风险评估的，一律不得作出决策。

2. 制度规范阶段

2012年1月20日，中共中央办公厅、国务院办公厅印发《关于建立健全重大决策社会稳定风险评估机制的指导意见（试行）》（中办发〔2012〕2号），对社会稳定风险评估的指导思想和基本要求、评估范围和内容、评估主体和程序、评估结果运用和决策实施跟踪、责任追究、组织领导等方面作出明确的制度规范。

《关于建立健全重大决策社会稳定风险评估机制的指导意见（试行）》指出，开展重大决策社会稳定风险评估，对于促进科学决策、民主决策、依法决策，预防和化解社会矛盾，构建社会主义和谐社会，具有重要意义。重大决策社会稳定风险评估的指导思想为：深入贯彻落实科学发展观，坚持以人为本、执政为民，把实现好、维护好、发展好最广大人民根本利益作为决策的出发点和落脚点，正确处理改革、发展、稳定的关系，着力从源头上预防和化解社会矛盾，最大限度减少不和谐因素，最大限度增加和谐因素，保障和促进经济社会又好又快发展。其基本要求为：开展重大决策社会稳定风险评估，必须立足基本国情，一切从实际出发，确保取得实效。重大决策社会稳定风险评估具体有四项要求：（1）应评尽评。凡是按规定应当进行社会稳定风险评估的重大决策事项，未经评估不得作出决策。（2）全面客观。充分发扬民主，深入调查研究，广泛听取意见，全面分析论证，科学客观评估，实事求是地反映决策可能引发的各种社会稳定风险及其影响程度。（3）查防并重。既全面查找决策可能引发的社会稳定风险，又有针对性地采取措施加强解释引导，预防和化解社会矛盾。（4）统筹兼顾。把评估结果作为决策的重要依据，统筹考虑发展与稳定、整体与局部以及不同利益和各方面的关系，审慎作出决策。

重大决策社会稳定风险评估的范围为：凡是直接关系人民群众切身利益且涉及面广、容易引发社会稳定问题的重大决策事项，包括涉及征地拆迁、农民负担、国有企业改制、环境影响、社会保障、公益事业等方面的重大工程项目建设、重大政策制定以及其他对社会稳定有较大影响的重大决策事项，党政机关作出决策前都要进行社会稳定风险评估。需要评估的具体决策事项由各地区各有关部门根据上述规定和实际情况确定。重大工程项目建设需要进行社会稳定风险评估的，应当把社会稳定风险评估作为工程项目可行性研究的重要内容，不再另行评估。对需要进行社会稳定风险评估的重大决策事项，重点从四个方面进行评估：(1) 合法性。决策机关是否享有相应的决策权并在权限范围内进行决策，决策内容和程序是否符合有关法律法规和政策规定。(2) 合理性。决策事项是否符合大多数群众的利益，是否兼顾了群众的现实利益和长远利益，会不会给群众带来过重经济负担或者对群众的生产生活造成过多不便，会不会引发不同地区、行业、群体之间的攀比。拟采取的措施和手段是否必要、适当，是否尽最大可能地维护了所涉及群众的合法权益。政策调整、利益调节的对象和范围界定是否准确，拟给予的补偿、安置或者救助是否合理、公平、及时。(3) 可行性。决策事项是否与本地经济社会发展水平相适应，实施是否具备相应的人力、物力、财力，相关配套措施是否经过科学、严谨、周密的论证，出台时机和条件是否成熟。决策方案是否充分考虑了群众的接受程度，是否超出大多数群众的承受能力，是否得到大多数群众的支持。(4) 可控性。决策事项是否存在公共安全隐患，会不会引发群体性事件、集体上访，会不会引发社会负面舆论、恶意炒作以及其他影响社会稳定的问题。决策可能引发社会稳定风险是否可控，能否得到有效防范和化解；是否制定了社会矛盾预防和化解措施以及相应的应急处置预案，宣传解释和舆论引导工作是否充分。

重大决策社会稳定风险评估工作由评估主体组织实施。地方党委和政府作出决策的，由党委和政府指定的部门作为评估主体。党委和政府有关部门作出决策的，由该部门或者牵头部门会同其他有关部门指定的机构作为评估主体。需要多级党政机关作出决策的，由初次决策的机关指定评估主体，不重复评估。根据工作需要，评估主体可以组成由政法、综治、维稳、法制、信访等有关部门，有关社会组织、专业机构、专家学者，以及决策所涉及群众代表等参加的评估小组进行评估。评估程序分为四个步骤：(1) 充分听取意见。根据实际情况，可以采取公示、问卷调查、实地走访和召开座谈会、听证会等多种方式，就决策事项听取各方面意见。对受决策影响较大的群众、有特殊困难的家庭要重点走访，当面听取意见。听取意见要注意对象的广泛性和代表性，讲清决策的法律和政策依据、决策方案、决策可能产生的影响，以便群众了解真实情况、表达真实意见。(2) 全面分析论证。分门别类梳理各方意见和情况，对决策方案的合法性、合理性、可行性和风险可控性进行全面深入研究，查找社会稳定风险点。对所有风险点逐一进行分析，参考相同或者类似决策引发的社会稳定风险情况，预测研判风险发生概率，可能引发矛盾纠纷的激烈程度和持续时间、涉及人员数量，可能产生的各种负面影响，以及相关风险的可控程度。(3) 确定风险等级。根据分析论证情况，按照决策实施后可能对社会稳定造成的影响程度确定风险等级。风险等级分为高风险、中风险、低风险三类，大部分群众有意见、反应特别强烈，可能引发大规模群体性事件的，为高风险；部分群众有意见、反应强烈，可能引发矛盾冲突的，为中风险；多数群众理解支持但少部分人有意见的，为低风险。风险等级的具体划分标准由各地区有关部门予以明确。(4) 提出评估报告。评估报告应当包括评估事项和评估过程、各方意见及其采纳情况、决策可能引发的社会稳定风险、风险评估结论和对策建议、风险防范和化解措施以及应急处置预案等内容。评估报告由评估主体主要负责人签字后报送决策机关，需要多级党政机关决策的要逐级上报，并抄送决策实施部门和政法、综治、维稳、法制、信访等有关部门。

重大决策社会稳定风险评估的结果运用为：重大决策须经决策机关领导班子会议集体讨论决定，社会稳定风险评估结论要作为重要依据。评估报告认为决策事项存在高风险的，应当区别情况作出不实施的决策，或者调整决策方案、降低风险等级后再行决策；存在中风险的，待采取有效的防范、化解风险措施后，再作出实施的决策；存在低风险的，可以作出实施的决策，但要做好解释说服工作，妥善处理相关群众的合理诉求。作出决策后，决策机关要将评估报告送同级维稳部门。决策机关和有关部门及其工作人员要遵守工作纪律，对社会稳定风险评估报告和会议讨论情况严格保密。决策机关要跟踪了解重大决策实施情况，实施过程中出现社会不稳定因素的，要及时组织决策实施部门有针对性地做好宣传解释和说服工作，采取措施预防和化解社会矛盾；对群众的合理诉求要妥善处理，对确实存在困难的群众要给予帮扶，对不明真相的群众要耐心解释，对无理取闹制造事端的不法分子要坚决依法处理。维稳部门和政法、综治、信访等有关部门也要跟踪决策实施情况，协助做好矛盾纠纷排查调处和化解工作。决策实施引发影响社会稳定的重大问题的，决策机关要暂停实施；需要对决策进行调整的，要及时调整。

重大决策社会稳定风险评估的责任追究为：评估主体不按规定的程序和要求进行评估导致决策失误，给党、国家和人民利益以及公共财产造成较大或者重大损失等后果的，依照《中华人民共和国公务员法》的有关规定和《行政机关公务员处分条例》第二十条的规定，对责任人给予相应处分；依照《中国共产党纪律处分条例》第一百二十七条的规定，对责任人中的共产党员给予相应处分。评估主体隐瞒真实情况或者弄虚作假，给党、国家和人民利益以及公共财产造成较大或者重大损失等后果的，依照《中华人民共和国公务员法》的有关规定和《行政机关公务员处分条例》第二十二条的规定，对责任人给予相应处分；依照《中国共产党纪律处分条例》第一百三十一条的规定，对责任人中的共产党员给予相应处分。需要对责任人中的党政领导干部实行问责的，依照《关于实行党政领导干部问责的暂行规定》的有关规定处理。决策责任追究为：决策机关不根据重大决策社会稳定风险评估结论、无视社会稳定风险作出实施有关事项的决策，给党、国家和人民利益以及公共财产造成较大或者重大损失等后果的，依照《中华人民共和国公务员法》的有关规定和《行政机关公务员处分条例》第二十条的规定，对责任人给予相应处分；依照《中国共产党纪律处分条例》第一百二十条的规定，对责任人中的共产党员给予相应处分。决策机关在决策实施引发影响社会稳定的重大问题时不暂停决策实施或者及时调整决策，给党、国家和人民利益以及公共财产造成较大或者重大损失等后果的，依照《中华人民共和国公务员法》的有关规定和《行政机关公务员处分条例》第二十条的规定，对责任人给予相应处分；依照《中国共产党纪律处分条例》第一百三十一条的规定，对责任人中的共产党员给予相应处分。需要对责任人中的党政领导干部实行问责的，依照《关于实行党政领导干部问责的暂行规定》的有关规定处理。

重大决策社会稳定风险评估的组织领导为：一是完善工作机制。地方党委和政府主要负责人是本地区维护社会稳定工作的第一责任人，要高度重视重大决策社会稳定风险评估工作，建立健全主要负责人负总责，分管负责人直接抓，政法、综治、维稳、纪检监察、法制、信访等相关部门负责人参加的社会稳定风险评估工作领导机制，及时研究解决工作中遇到的困难和问题。中央和地方各级维稳部门要牵头做好社会稳定风险评估工作的综合协调和督促指导。二是加强监督检查。地方党委和政府要切实加强对重大决策社会稳定风险评估工作的监督检查。要把建立健全社会稳定风险评估机制、推行社会稳定风险评估工作情况纳入维稳、综治工作年度考核或者专项考核内容，考核结果作为党政领导班子和领导干部综合考核评价的重要依据。三是各地区各有关部门要认真贯彻落实相关意见，结合实际制定和完善开展重大决策社会稳定风险评估工作的具体办法，细化有关规定，完善配套制度，扎实推进重大决策社会稳定风险评估工作，坚决避免因决策不当引发社会稳定问题，切实保障和促进改革发展顺利进行。

2012 年 8 月 16 日，国家发改委印发《国家发展改革委重大固定资产投资项目社会稳定风险评估暂行办法》(发改投资〔2012〕2492 号)，要求建立和规范重大固定资产投资项目社会稳定风险评估机制。文件规定，国家发展改革委审批、核准或者核报国务院审批、核准的在中华人民共和国境内建设实施的固定资产投资项目，项目单位在组织开展重大项目前期工作时，应当对社会稳定风险进行调查分析，征询相关群众意见，查找并列出风险点、风险发生的可能性及影响程度，提出防范和化解风险的方案措施，提出采取相关措施后的社会稳定风险等级建议。社会稳定风险分析应当作为项目可行性研究报告、项目申请报告的重要内容并设独立篇章。重大项目社会稳定风险等级分为三级：高风险、中风险、低风险。高风险表现在：大部分群众对项目有意见、反应特别强烈，可能引发大规模群体性事件；中风险表现在：部分群众对项目有意见、反应强烈，可能引发矛盾冲突；低风险表现在：多数群众理解支持，但少部分人对项目有意见，通过有效工作可防范和化解矛盾。由项目所在地人民政府或其有关部门指定的评估主体组织对项目单位作出的社会稳定风险分析开展评估论证，根据实际情况可以采取公示、问卷调查、实地走访和召开座谈会、听证会等多种方式听取各方面意见，分析判断并确定风险等级，提出社会稳定风险评估报告。评估报告的主要内容为项目建设实施的合法性、合理性、可行性、可控性，可能引发的社会稳定风险，各方面意见及其采纳情况，风险评估结论和对策建议，风险防范和化解措施以及应急处置预案等内容。

国务院有关部门、省级发展改革部门、中央管理企业在向国家发改委报送项目可行性研究报告、项目申请报告的申报文件中，应当包含对该项目社会稳定风险评估报告的意见，并附社会稳定风险评估报告。国家发改委在委托工程咨询机构评估项目可行性研究报告、项目申请报告时，可以根据情况在咨询评估委托书中要求对社会稳定风险分析和评估报告提出咨询意见。评估主体作出的社会稳定风险评估报告是国家发改委审批、核准或者核报国务院审批、核准项目的重要依据。评估报告认为项目存在高风险或者中风险的，国家发改委不予审批、核准和核报；存在低风险但有可靠防控措施的，国家发改委可以审批、核准或者核报国务院审批、核准，并应在批复文件中对有关方面提出切实落实防范、化解风险措施的要求。国家发改委未按照规定，对项目可行性研究报告、项目申请报告作出批复，给党、国家和人民利益以及公共财产造成较大或者重大损失等后果的，应当依法依纪追究国家发改委有关单位和责任人的责任。评估主体不按规定的程序和要求进行评估，导致决策失误，或者隐瞒真实情况、弄虚作假，给党、国家和人民利益以及公共财产造成较大或者重大损失等后果的，应当依法依纪追究有关责任人的责任。

3. 落实深化阶段

2013 年 3 月 20 日，国务院第一次全体会议通过《国务院工作规则》，明确规定：国务院各部门提请国务院研究决定的重大事项，都必须经过深入调查研究，并经研究、咨询机构等进行合法性、必要性、科学性、可行性和可控性评估论证；涉及相关部门的，应当充分协商；涉及地方的，应当事先征求意见；涉及重大公共利益和公众权益、容易引发社会稳定问题的，要进行社会稳定风险评估，并采取听证会等多种形式听取各方面意见。2013 年 11 月 12 日，《中共中央关于全面深化改革若干重大问题的决定》强调，健全重大决策社会稳定风险评估机制，建立畅通有序的诉求表达、心理干预、矛盾调处、权益保障机制，使群众问题能反映、矛盾能化解、权益有保障。

2014 年 2 月，中办、国办印发《关于创新群众工作方法解决信访突出问题的意见》，指出：要着力从源头上预防和减少信访问题发生，提高科学民主决策水平。完善决策机制和程序，增强决策透明度和公众参与度。建立健全人民建议征集制度，鼓励和引导人民群众为党和政府工作献计献策。对与人民群众利益密切相关的决策事项，要通过举行座谈会、听证会、论证会等形式广泛听取意见，充分考虑大多数人的利益。健全重大决策社会稳定风险评估机制，把社会稳定风险评估作为重大决策出台的前置程序和刚性门槛，对决策可能引发的各种风险进行科学预测、综合研判，确定风险等级并制定相应的化解处置预案。在评估中要充分听取信访、维稳、综治等部门的意见。健全决策纠错改正机制，实时跟踪决策实施情况，及时了解利益相关方和社会公众对决策实施的意见和建议，全面评估决策执行效果，适时决定是否对决策予以调整或者停止执行。落实决策责任追究制度，对违反决策规定、出现重大决策失误而造成重大损失或者恶劣影响的，按照谁决策、谁负责的原则，严肃追究决策者的党纪政纪责任，触犯法律的依法追究其法律责任。2014 年 10 月 23 日，《中共中央关于全面推进依法治国若干重大问题的决定》提出，把公众参与、专家论证、风险评估、合法性审查、集体讨论决定确定为重大行政决策法定程序，确保决策制度科学、程序正当、过程公开、责任明确。建立行政机关内部重大决策合法性审查机制。建立重大决策终身责任追究制度及责任倒查机制。健全依法维权和化解纠纷机制。构建对维护群众利益具有重大作用的制度体系，建立健全社会矛盾预警机制、利益表达机制、协商沟通机制、救济救助机制，畅通群众利益协调、权益保障的法律渠道。健全社会矛盾纠纷预防化解机制，完善调解、仲裁、行政裁决、行政复议、诉讼等有机衔接、相互协调的多元化纠纷解决机制。

2015 年 4 月，中办、国办印发《关于加强社会治安防控体系建设的意见》，指出：运用法治思维和法治方式推进社会治安防控体系建设，加强基础性制度建设。落实重大决策社会稳定风险评估制度，切实做到应评尽评，着力完善决策前风险评估、实施中风险管控和实施后效果评价、反馈纠偏、决策过错责任追究等操作性程序规范。落实矛盾纠纷排查调处工作协调会议纪要月报制度，完善人民调解、行政调解、司法调解联动工作体系，建立调处化解矛盾纠纷综合机制，着力防止因决策不当、矛盾纠纷排查化解不及时等引发重大群体性事件。2015 年 10 月 29 日，《中共中央关于制定国民经济和社会发展第十三个五年规划的建议》提出，落实重大决策社会稳定风险评估制度，完善社会矛盾排查预警和调处化解综合机制，加强和改进信访和调解工作，有效预防和化解矛盾纠纷。2015 年 12 月，中共中央、国务院印发《法治政府建设实施纲要（2015—2020 年）》，提出提高专家论证和风险评估质量。加强中国特色新型智库建设，建立行政决策咨询论证专家库。对专业性、技术性较强的决策事项，应当组织专家、专业机构进行论证。选择论证专家要注重专业性、代表性、均衡性，支持其独立开展工作，逐步实行专家信息和论证意见公开。落实重大决策社会稳定风险评估机制。2016 年 3 月 16 日，十二届全国人大四次会议表决通过了《关于国民经济和社会发展第十三个五年规划纲要的决议》，决定批准这个规划纲要。《中华人民共和国国民经济和社会发展第十三个五年规划纲要（2016—2020 年）》指出，建立外部风险冲击分类分等级预警制度。加强重大安全风险监测评估，制定国家安全重大风险事件应急处置预案。健全国家安全审查制度和机制。对重要领域、重大改革、重大工程、重大项目、重大政策等进行安全风险评估。

7.2.2　社会稳定风险评估的特征

我国各地方政府因地制宜，积极探索，在重大决策社会稳定风险评估的主体、内容、流程、标准、主要做法等方面各具特色。其中，四川遂宁、浙江衢州、山东临沂、江苏淮安、贵州铜仁、四川成都等地的做法具有一定的代表性和典型性。四川遂宁做法的主要特点是“六个五”：评估“五类重大事项”，围绕“五项重点评估内容”，采取“五步工作法”，落实“五项制度”，拓宽“五种渠道”，严明“五项铁规”。浙江衢州积极探索建立由情报信息主导的重大群体性事件隐患专案管理制度，其做法的主要特点是“五个机制”：隐患排查机制、分析研判机制、风险评估机制、矛盾化解机制、责任分工与追究机制。山东临沂以关注民生为导向，进一步加强对房屋征收工作中的社会稳定风险防控，明确规定将社会稳定风险评估作为房屋征收决定发布前的必经程序，邀请人大代表、政协委员、法律工作者和被征收人代表参加房屋征收社会稳定风险评估组织，从源头上预防和减少社会不稳定因素，保障城镇建设健康有序推进。江苏淮安做法的主要特点是党委统一领导，党政齐抓共管，各职能部门纵向垂直领导、横向分工协作，并建立以目标管理为核心的问责制度。贵州铜仁做法的主要特点是风险评估先行、防范化解联动、建设与调解并进、发展与稳定统筹。四川成都做法的主要特点是社会稳定风险评估过程着重抓四个关键点：一是工作的临界点。凡群众满意率未达到 80%的事项，一律停止实施，重新论证。二是利益的平衡点。必须妥善处理好国家、集体、个人等各方利益关系，切实维护群众的合法权益。三是心理的承受点。必须充分考虑群众的承受能力，最大限度地避免对群众利益造成侵害。四是社会的认同点。必须加强对少数有不同意见群众的思想疏导和矛盾化解工作，避免矛盾激化。

重大决策社会稳定风险评估的范围、内容和程序，存在一些共同特征。第一，社会稳定风险评估的评估范围主要集中在三大矛盾突出领域：一是重大决策。包括与群众利益密切相关的重大政策、改革改制方案、社会保障、社会管理措施以及建设规划的出台等。二是重大项目。主要是指可能在较大范围或较长时间内对人民群众生产生活造成影响的有关资源开发利用、环境保护及城乡发展等重点工程建设，包括基础设施项目、公益性项目、工业项目、房地产开发项目等。三是其他重大事项。包括涉及诸多利益群体或较大群体利益的行业政策调整，影响大、涉众广、情况复杂的大型活动，以及涉及较多群众切身利益和可能引发群众集体上访、群体性事件的事项和国际社会关注的事项等。第二，社会稳定风险评估的内容主要集中在合法性、合理性、可行性和安全性四个方面。合法性评估是指评估被评估的事项是否符合党和国家大政方针，是否与现行政策、法律、法规相抵触，是否有充足的政策、法律依据；是否符合经济社会发展规律；所涉及的利益调整、利益调节对象和范围是否界定准确，调整、调节的依据是否合法，是否符合规定的议事决策程序。合理性评估是指评估重大决策的制定和出台是否坚持以人为本，是否符合大多数群众的利益；是否超越绝大多数群众的承受能力；是否得到绝大多数群众的理解和支持，是否符合人民群众的现实利益和长远利益。可行性评估是指评估重大决策的制定和出台是否征求了广大群众的意见，并组织开展前期宣传解释工作；是否符合本地经济社会发展总体水平；是否有科学依据，是否考虑到时间空间、人力物力财力等制约因素，是否有具体、翔实的方案和完善的配套措施，是否会给其他地方、其他行业、其他群众带来负面影响；是否体现相关政策的连续性和严密性，以及实施该项目的时机是否成熟。安全性评估是指评估重大决策的制定和出台是否按照程序，经过严格的审查审批；是否符合广大人民群众的根本利益；是否存在引发群体性事件的苗头性、倾向性问题；是否存在其他影响社会稳定的隐患以及是否有相应的预测预警措施和应急处置预案。第三，社会稳定风险评估的程序可归纳为五个基本步骤：成立评估小组；确定评估项目；制定评估方案；组织进行评估；落实维稳措施。具体组织开展社会稳定风险评估工作时，一般有六道程序：责任部门先期自行评估；主管部门进行审查；主管部门确定实施意见；信访维稳部门进行备案；责任部门落实措施；信访维稳部门和主管部门进行跟踪督导。

重大决策社会稳定风险评估的一些做法比较成熟，主要有以下五个方面：第一，党政齐抓共管，各部门协同配合，形成合力。江苏淮安市建立了党政齐抓共管、各职能部门（发改委、环保、国土、建设、安检、公安、工商、宣传等）纵向垂直领导、横向分工协作的组织领导体制。各部门既各司其职、各负其责，又在党委统一领导下相互支持、密切配合。四川遂宁市邀请人大、政协和社会各界代表参加，对重大事项社会稳定风险程度进行集体会审。浙江定海等地注重充分调动社会力量参与评估，建立起多元评估机制。第二，把社会稳定风险评估工作与责任主体相结合，增强社会稳定风险评估工作的操作性和有效性。江苏淮安等地明确重大事项决策的提出部门、政策的起草部门、项目的申报审批部门、改革的牵头部门、工作的实施部门均为重大事项社会稳定风险评估的责任主体。涉及多部门、职能交叉难以界定评估直接责任部门的重大事项，由党委、政府指定评估责任部门。第三，注重评估过程中的矛盾调解工作。贵州铜仁等地在社会稳定风险评估中，充分预测潜在风险，扎实细致地进行矛盾排查，坚持调解优先，让调处成为风险“稳压器”，防范风险演变，为贸然决策戴上“紧箍咒”，实现了社会发展和稳定统筹推进。海南社会稳定风险评估逐步形成“五到位”的工作标准：对群众的合理诉求必须切实解决到位；对群众的不合理诉求必须宣传、解释和对话到位；对确实存在困难的群众必须包干负责帮扶到位；对不明真相参与上访闹事的部分群众法制教育到位；对无理取闹、借机制造事端谋取私利的骨干分子依法打击到位。第四，把社会稳定风险评估工作和目标考核、干部考核相结合，严格问责制度。江苏淮安等地在社会稳定风险评估工作中，建立了以目标管理为核心的问责制度，把社会稳定风险评估工作纳入各地各部门年度目标责任状和社会治安综合治理考核体系，考核结果直接计入年度目标总分，同时还坚持把社会稳定风险评估工作纳入干部队伍政绩考核，坚决实行干部任用稳定工作“一票否决制”。第五，重视发挥专业评估机构和专家的作用，引进第三方参与机制。江苏淮安高度重视专家评估的作用，建立评估专家组、评估人才库，发挥专业评估机构的作用。江苏淮安基本上形成了覆盖全市的“稳评”工作专家网络，并成立社会稳定风险评估工作指导处，成立了国内首家“稳评”专业机构。重庆九龙坡区等地在风险评估工作中，注重引进第三方参与机制，委托具有资质的第三方机构进行评估，提升了决策的科学性、透明度和公信力。上海探索了一套社会稳定风险评估标准，出台《重大事项社会稳定风险评估指南》，积极探索引入第三方咨询和研究机构参与风险评估。

7.3　社会稳定风险评估的理论基础与制度要素

7.3.1　社会稳定风险评估的理论基础

从各地实践和中央相关文件来看，社会稳定风险评估的基本含义是“对重大决策对社会稳定的影响预评估”，实现社会稳定的“源头治理”，从而实现维护社会稳定的模式转变。它包括三个基本要素：预评估，就是对未来的不稳定因素进行模拟和预测；源头治理，即不是为评估而评估，中心任务是把社会不稳定因素控制在萌芽状态或缓解社会矛盾，需要采取相应的行动措施；维稳与维权的统一，即把事后的抗议力量导入公共决策参与过程，把“维权”、“维稳”和“决策过程的法治化、民主化和科学化”三个系统结合在一起。

社会稳定风险评估是一项制度安排，奠定在国家—社会互动学理基础之上。社会稳定风险评估的核心要旨是把社会力量导入公共决策过程中，从而实现国家对社会一定程度的开放；反之，它也反映了国家力量进入社会系统，运用国家力量来疏导社会发展过程中积累的社会稳定风险。因此，要将社会稳定风险评估置于国家与社会的界面和互动进程来分析。国家与社会之间存在着许多“界面”，如国家提供的法律制度和公共秩序、意识形态、公共物品、再分配的政策、对经济社会活动的监管框架等。而公共决策过程是国家与社会的“互动最集中的界面”。社会稳定风险评估的实质是对决策的社会影响评估，旨在实现“源头治理”。国家与社会互动有两个界面：评估，打开了决策的“机会之窗”；公众参与，开放了决策过程。从社会稳定风险评估终极目标来看，要实现国家与社会的合作，从而形成“强国家强社会”的理想格局，推动中国的民主建设和国家建设。在国家与社会互动界面上来认识和理解社会稳定风险评估，把该项制度安排的生命力置于民主政治和国家建设的双重维度交叉点上，这个定位实质是建立了社会稳定风险评估的制度安排评价坐标：民主性和有效性。民主性是把经济社会发展积累的消极能量转化为决策过程的正能量，从而提升决策的民主化。民主性和有效性是相互支撑的，构成了社会稳定风险评估的两个支点①。通过社会稳定风险评估可提升行政决策的有效性，从而克服转型时期国家与社会之间的紧张关系和直接对抗性。

综上所述，社会稳定风险评估的理论基础主要有三个：社会影响评估理论、公共政策风险评估理论、公众参与理论。

1. *社会影响评估理论*②

对重大决策社会稳定风险评估制度具有较大借鉴意义的基础理论，当属社会影响评估理论。社会影响评估（social impact assessment），是伴随着环境影响评估而逐步发展并分离出来的。对公共决策进行系统的评估始于环境影响评估（environmental impact assessment）。公共决策结果以多种形式呈现出来，如建设工程项目、政策、战略规划等。环境影响评估分为建设项目、规划和战略性等几个层次。社会影响评估理论，在实践中主要表现为西方国家投资项目社会风险评估及管理经验中较有代表性的社会影响评估制度③。

社会影响评估起源于20世纪50年代唐纳德·坎贝尔（Donald Campbell）的《社会背景下实验有效性相关因素》④，该书引入了社会科学方法来研究实验和准试验内外部有效性的测量。20世纪60年代，美国“向贫困开战”运动中成立了“经济机会办公室”，要求对社会政策进行评估，但这些努力并没有转化为制度安排。1969年，美国实施《国家环境政策法案》，要求联邦政府机构对“立法”的人类环境（human environment）的影响进行评估，促进了环境影响评估大发展。“社会影响评估”首先出现在对环境的社会影响评估中，这个概念由美国社会学会提出。20世纪70年代，福特基金会资助对美国联邦政府社会政策和项目进行评估，超越了环境影响评估的范畴。20世纪80年代，美国联邦政府开始形成环境和社会影响评估两个体系，并得到广泛运用。1986年，世界银行在其资助的工程项目领域进行社会影响评估。此后，社会影响评估得到全面、广泛的发展。社会影响评估的实施主体是美国联邦、州和地方机构的社会科学家或者由承担环境影响报告工作的投资方所委托的咨询顾问。值得注意的是：其明确指出，社会影响评估需要具备合法资质的独立评价机构（第三方评估）来实施评价，政府只能作为决策主体对评价结果作出回应⑤。

《国际社会影响评估手册》对社会影响评估的基本定义是：“对干预性的行动（政策、项目、规划和工程）的预想到的或未预想到的社会后果进行分析（预测、估算和反思）和管理”。对影响评估的内容和方法没有太大的争议。争论的焦点集中在“社会”的范畴上，

---

①② 朱德米. 社会稳定风险评估的社会理论图景. 南京社会科学，2014（4）.

③ 麻宝斌，杜平. 重大决策社会稳定风险评估的主题、内容与方法. 哈尔滨工业大学学报（社会科学版），2014（1）.

④ http://lsi.mckinsey.com/what_is_social_impact_assessment/the_history_of_social_impact _assessment.

⑤ 伯基. 社会影响评价的概念、过程和方法. 北京：中国环境科学出版社，2011.

难以清晰地界定。首要的是社会影响评估价值和目标的定位。国际影响评估协会（International Association for Impact Assessment，IAIA）提出社会影响评估的基本价值和原则有12条：（1）规划和社会影响评估的首要原则是基本权利平等；（2）规划性干预的社会影响是可预测的；（3）规划性干预能够被调整，以减少负面影响，提升其正面效果；（4）社会影响评估应纳入决策的全过程；（5）应当更多关注可持续发展的社会方面，社会影响评估（连同环境影响评估）能够提供更好的发展方式，平衡经济利益和社会成本；（6）所有干预性规划及其评估，应当有助于地方社区社会和人力资本的培育以及强化民主过程；（7）对于从干预性规划中获益的人群应当仔细调查；（8）当一些不可避免的影响存在时，应当对干预性规划的不同方案进行比较；（9）即使干预性规划得到批准或被认为是有益的，也应当对其环境和社会潜在影响进行全面评估；（10）在评估过程中，地方性知识、经验和文化应当充分考虑到；（11）在评估和规划性干预时，不应当使用暴力、恫吓和威胁；（12）侵犯人权的所有干预性计划都应当停止①。

从上述12条原则出发，社会影响评估的“社会”主要体现在平等（代内和代际）、价值多元、成本内化（而不能外溢）等基本含义。具体来说有：生活方式、文化、社区、健康、福利、基本权利、身心安全、代际公平等。其中，社会稳定影响评估集中在基本权利、健康和福利等方面。社会影响评估关注政策、项目、工程的社会后果，工程、项目、政策、规划等可能引起社会变化。社会变化表现在人口、经济、空间、制度运转、公民权、利益、分配、社会文化和心理等过程中。社会影响的后果包括给人群的需要、偏好、居住、工作、娱乐、相互之间的关系、利益结构等方面带来的变化。社会影响评估的目的是分析、监管和管理这些后果。这些后果包括积极的、消极的、预料到的、没有预料到的、直接的、间接的、短期的、长期的。社会影响评估的对象是人或组织，所以往往涉及价值冲突和权力斗争。决策的后果对社会变化有正面的效果，也有负面的效果。负面的效果往往会引发社会抗争，进而影响到社会稳定。决策过程是国家与社会互动的界面。影响评估是决策科学化和民主化的要求，体现了民主性和有效性的价值追求。影响评估本身就是打开决策过程“黑箱”的一把钥匙。社会稳定风险评估从其本源上来说，是社会影响评估的一个部分。评估的主题是“社会不稳定”。在中国的语境下，社会不稳定特指大规模信访、越级上访、群体性事件、极端事件、网络舆情等。社会不稳定是社会群体行动的一种表达方式，或许也可以理解成为社会群体博弈的一种方式②。社会不稳定的根源在于维权机制发育不足。换言之，社会稳定风险评估实质是通过对民众的基本权利进行影响评估，从而实现管控型维稳模式的转变。

对决策进行评估源自有限理性的假设。早期对决策的评估主要立足技术维度，后来扩大到环境和经济维度，当下更多关注到社会维度。社会稳定风险评估属于典型的决策预评估，但是在影响评估框架内还没有开发出评估工具和可能形成的风险概念，同时影响评估还停留在静态意义上。具体来说，社会稳定风险评估的内容包括：（1）显性风险与隐性风

① Becker H A，Vanclay F. The International Handbook of Social Impact Assessment. Edward Elgar：Cheltenham，UK，Northampton，2003：4-5.

② Cai Y. Collective Resistance in China. Stanford：Stanford University Press，2010：191.

险。显性风险是指已经暴露出来的社会不稳定倾向、苗头或事件，如通过网络QQ聊天、微博发布、网络社区互动、现场聚会、集会等形式表达出来的抗议，是通过各地维稳指挥中心反映出来的。隐性风险是指没有表现出来，但是存在着暗流或群众明显的不满意，根据属地的信息员或维稳部门工作人员的经验能够判断出来的风险。有的时候是根据隐患能够识别出来的。(2) 主要影响和次生影响。主要影响是指重大事项可能带来的风险点，比如征地拆迁领域的补偿方案。次生影响是指主要风险在社会矛盾预防和源头治理过程中带来的新风险。(3) 短期影响和长期影响。短期影响是指在重大事项完成周期内爆发出来的时间短、程度激烈、容易识别出来的影响。长期影响是在周期结束后，由于社会稳定的隐患存在而在更长时间内才会显现出来的影响。(4) 技术影响与社会心理影响。在重大工程项目进行社会稳定风险评估过程中，特别是在合法性审查过程中，许多技术指标，如采光、距离等符合法律法规的要求。但由于缺少人文关怀方面的考虑，即使规划、方案等是合法的，也有可能引发群体性事件或者社会恶性事件。因此，在社会稳定风险评估过程中，应针对不同人群的社会心理进行调查和评估。如有的地方在司法强制拆迁风险评估过程中，引入了社会心理分析，包括对拆迁对象的社会交往、心理落差、社会地位等方面进行分析。(5) 单个影响与整体影响。单个影响是指重大政策与大型工程在生命周期不同阶段出现的风险点、风险概率、风险值。如：大型工程在规划、建设、运营阶段涌现的单项风险，大型工程的环境影响、社会影响等层面涌现的单项风险，重大政策在酝酿、议程设置、决策等阶段涌现的单项风险，重大政策对不同利益相关群体的影响的单项风险。整体影响是指利益相关的公民、利益不相关的公民在信息扩散和“传染”机制的作用下，在社会形势演变不确定的条件下涌现的整体风险。整体风险不是单项风险的简单相加，而是由于人群之间存在着信息扩散和“传染”机制的作用而放大了社会稳定的风险①。

2. 公共政策风险评估理论

高风险社会扩展了公共政策的传统边界，改变了公共政策的评价标准，“收益—风险”之比将取代“成本—收益”之比，成为新的公共政策评价标准，即最多的利益相关群体可接受的政策才是好政策。因此，重大政策决策出台或重大建设项目审批之前，应当对其所带来的社会稳定风险进行评估。为此，就要正确地解决公共政策风险评估的地位、主体、方法、问责等问题。公共政策出台和重大项目审批之前，对其所带来的社会稳定风险进行评估就是公共政策风险评估的重要内容②。

公共政策风险评估的对象和内容是社会稳定风险。从公共政策过程的视角分析，在社会问题向政策问题转化、政策议程建立、政策功能整合、群体决策、公共政策的风险识别与可逆性评估、打开重大政策过程的封闭回路、决策失误问责机制的激发迟滞等过程中均存在社会稳定风险。当社会的实际状态与人们的期望状态之间存在普遍的差距时，社会问题便随之产生，如果这种差距长期得不到弥合，人们的期望长期得不到满足和实现，就会酝酿成“社会焦躁”，存在潜在的社会稳定风险。但是，这些社会问题中只有一

① 朱德米．社会稳定风险评估的社会理论图景．南京社会科学，2014 (4)．

② 童星．公共政策的社会稳定风险评估．学习与实践，2010 (9)．

部分被政府接受并提上议事日程而成为政策问题。那么，没有成为政策问题的那一部分社会问题是否会出现“潜在风险显性化”？而成为政策问题的那一部分社会问题的“潜在风险”是否一定会消解呢？对此，我们必须要有系统、全面、战略性的思维，高度重视公共决策过程，才能制定出科学合理的公共政策，弥合公众的心理落差，实现社会和谐与稳定①。

社会稳定风险是社会脆弱性（social vulnerability）的直接体现。社会脆弱性来源于社会不公平，“嵌入在复杂社会关系和社会过程中”，最好看作需要社会解决的社会问题②。在中国的语境下，社会稳定与社会秩序是联系在一起的。社会稳定的风险实质是社会秩序受到挑战，表现为社会群体性事件、社会骚乱、集体上访、恶性社会事件等。在公共政策风险评估的框架里，核心概念是不确定性。它包括四个方面的内容：对结果预判的知识方面不足；对风险无法进行定量描述或风险评估的结果不可靠；潜在因素对活动结果的影响缺乏理解；对结果的空间状态缺乏明确的定义③。简单地说，它分为两种类型：偶然或意外事件的不确定性（随机变量），即偶然的不确定性；由于知识不足导致认识论层次的不确定性，即认识上的不确定性。在实践中，社会稳定的风险既有偶然的不确定性，如突发事件的影响；又有决策者知识不足，对社会利益关系认识不足，如对人群的集体行动能力和能量认识不足。

公共政策风险识别方法是风险预测的关键要素。其主要方法有：（1）类型识别模式（taxonomy-based model）。风险分类是按照类别（class）、要素（element）、属性（attribute）三个层次来进行风险划分。在风险评估过程中，风险类型识别模式一直是基本的分类方法。在社会稳定风险评估过程中，针对不同类型的风险采取相应的风险防范显得非常重要。（2）分级全息建模（hierarchical holographic modeling，HHM）④。分级全息建模是建立在情景模拟基础上，力图通过类似摄影技术的方法，全方位揭示风险源、风险类型及其风险演化。“分级”缘自组织的本质是按层级设计的，因而由层级机制推动风险管理框架的运行。“全息”借用的是摄影技术词义，意思是“全息摄影”，展现系统风险的多视角图像⑤。其核心分析概念是分解（decomposition）方法，把多目标系统划分为各类子系统，按照风险来源进行定位和识别。运用HHM分析大型工程项目的社会稳定风险，包括了生命周期、项目管理、技术、硬件、软件等分系统。分系统可能引发的社会稳定风险源是不同的，如生命周期分系统内社会稳定风险源。运用HHM分析重大政策的社会稳定风险评估，关键是能识别出风险源，在此基础上进行系统扫描。重大政策的风险源主要来自政策文本的变化可能带来的社会稳定风险。政策文本的变化集中在三个方面：时间（temporal）、空间（spatial）、个体的异质性（individual heterogeneous）。个体的异质性也就是

---

① 庞明礼. 公共政策社会稳定风险的积聚与演变：一个政策过程分析视角. 南京社会科学，2012（12）.

② Brenda D P，Deborah S K. Alice Fothergill Lynn Blinn-Pike (eds). Social Vulnerability to Disasters. Taylor & Francis Group：London and New York，2010：4.

③ Terje A. On Different Types of Uncertainties in the Context of the Precautionary Principle. Risk Analysis. 2011 (31)：1515-1525.

④ Haimes Y Y. Risk Modeling，Assessment，and Management (third edition). A John Wiley&Sons，INC.，Publication，2009：97，266.

⑤ 马丽仪，邱菀华，杨亚琴. 大型复杂项目风险建模与熵决策. 北京航空航天大学学报，2010（2）.

社会人群。重大政策的整体风险取决于两个因素：每个风险点的风险值大小、扩散机制的强弱。单个风险点的风险值比较小，但扩散机制强，整体风险也比较大；单个风险点的风险值比较大，但扩散机制弱，整体风险也可控。扩散机制是指利益相关群体或不相关的群体，在网络、负面信息、谣言等作用下，利用人群的负面情绪来扩大社会风险。重大政策的风险点识别的标准是不同人群因政策缝隙而导致的利益获得或受损程度。因时间、空间、人群上的不一致，调查出人群的数量和利益关注点。公共政策风险评估旨在对决策后果进行预评估，实现社会利益冲突的源头防治，缓解社会矛盾和冲突，从而推动管控型维稳向民主、活力、有序的社会秩序建设转变①。

3. 公众参与理论

公众的参与方式包括抗争型与非抗争型两种。当个人或团体感到被排除在行政决定过程之外或其利益并未得到行政机构的充分考虑时，就会利用任何可得机会以任何可用手段——包括公民不服从——来与行政机关对抗。这种抗争型公众参与方式即是众多群体性事件中公众采取的参与方式，以游行、示威等形式进行要求参与行政决策的过程。从组织化程度和暴力程度来看，群体抗争参与行为有：组织化程度高的暴力、低度组织化暴力、无组织性的暴力、集体抗议（占领敏感地区、堵塞交通、游行、示威、静坐、“集体散步”）、信访等。大规模抗争的后果通常都会带来政策的变化。当公共决策过程排斥公民参与时，公民的需求、利益和偏好无法卷入决策过程，必然引发公民同决策后果进行抗争。同样，大规模持续的抗争、严厉的干部考核和责任追究迫使地方政府领导人转变决策过程，倾听民意，注重民众的利益、需求和偏好。简要地说，社会稳定风险评估的要义是在评估的过程中推进公众参与，把群体抗争的负能量通过决策过程的变革转变为公众参与的正能量。非抗争型公众参与方式也就是我们通常意义上的公民参与。在我国行政与司法实践中，以征求意见的方式进行公众的广泛参与是较为常见的。

抗争（contention）是社会基本元素之一，斗争与团结都源自人性。抗争理论明确提出，社会运动的主体是缺乏接近决策中心或参与公共政策过程的机会、能力或资源。换言之，没有开发出公民参与的路径和通道。按照西德尼・G. 塔罗（Sidney G. Tarrow）的总结，抗争型公众参与研究主要包括四个理论：怨恨与集体行为理论、理性选择与资源动员理论、抗争的文化理论、政治过程模式理论。(1) 怨恨与集体行为理论是从社会心理角度出发来考察社会抗争。该理论认为社会运动是一种社会紧张关系的表现，游离于正常社会制度体系（组织化程度低）之外，是一种反常的社会心理，是一种具有自我意识的社会涌现现象。该理论分析的核心是个体被剥夺感，由此产生怨恨，从而形成集体行为。(2) 理性选择与资源动员理论突破了原有框架，并引入了微观经济学的经济理性人分析假设。奥尔森及其后来的追随者都把集体行动看作类似市场营销——没有共同利益就没有一定数量的人群来参与。人群数量越大，大家越可能存在着“搭便车”行为。显然，奥尔森的理论难以解释大规模社会运动现象。后来，社会学家约翰・麦卡锡（John McCarthy）和迈耶・扎尔德（Mayer Zald）以资源为主题来回答上述问题，个体资源的扩大、职业化程度

① 朱德米. 社会稳定风险评估的社会理论图景. 南京社会科学，2014 (4).

的提升以及外部财务的支持等成为解决职业运动组织问题的答案。资源动员理论是解释社会运动如何开展的，是对早期关注结构的一种批判。资源动员理论对社会运动的正式组织现象具有解释力。(3) 抗争的文化理论来源于人类学、社会心理学和文化史等学科对社会运动现象的研究，关注社会运动的建构意义、对话以及情感等方面主题。根据塔罗的归纳，有三个代表：汤普森阶级意识的自我建构；社会心理学派提出“建构”(framing) 和“共识性动员”(consensus mobilization) 概念来解释社会运动的个体情感因素；历史学的建构主义转向，如福柯对权力结构的研究，主体的建构核心是认同的形成。文化理论后续的研究关注到社会运动的激励 (motive) 因素。(4) 政治过程模式理论具有很大的影响力。它提出的“政治机会结构”概念，比较有力地解释了国家与社会的互动，并且用来进行跨国比较研究，解释不同的社会运动的成功或失败。政治过程模式关注到机会/威胁、利用/压制之间的关系。后来有的学者对“机会”与“结构”的逻辑冲突进行评析，提出用“战略互动”来代替早期版本的解释。战略互动吸收了博弈思想，更为贴切地解释了国家与社会的互动关系①。

非抗争型公众参与方式就是通常意义上的公民参与。公众参与的研究源自政治参与，甚至在相当长的时期内，两者之间的区分是不清晰的。“政治参与就是平民试图影响政府决策的活动”②，是“公民（一切非政府的个体或团体政治行为者）试图影响和推动政治系统决策过程的活动”③。“政治参与应包括影响政府的所有活动，而不考虑这些活动根据政治系统的既定规则是否合法”④。可见，政治参与的主体是公民，客体是政治权力体系的活动以及重大的公共政治生活，内容是多形式、多目的的政治行为。政治参与对政府的影响，包括反对或支持、改变或维持政府的权威、政治规则、政府决策等活动。1969 年，阿恩斯坦 (S. Arnstein) 发表了《公众参与的梯子》一文，认为公众参与是公众权力的一种类型，参与也就意味着权力的重新分配，弱势群体因而获得了权力⑤。研究公众参与的新浪潮由此开启，从而把公众参与研究同政治参与研究区别开来。公众参与被广泛接受的定义是国际公众参与协会提出的七个要点：(1) 公众参与的信念是那些受到决策影响的公众有权利卷入决策过程；(2) 公众参与包括承诺公众的作为将影响到决策过程；(3) 公众参与通过对所有参与者（包括决策者在内）的需要和利益的识别和沟通来促进决策持续改进；(4) 公众参与积极推动那些对决策感兴趣或受到决策潜在影响的人们卷入决策过程；(5) 公众参与征求民众关于如何参与的意见；(6) 公众参与需要用便利方式向参与者提供所需要的信息；(7) 公众参与需要和参与者沟通他们的投入如何影响到决策。这些要点表明公众所参与的是公共决策过程，使政策制定产生实质性的影响。公众参与最显著的功能是防止社会冲突，把社会边缘群体纳入决策过程，从而承担起从源头治理社会稳定的功能。

---

① Tarrow S G. Power in Movement Social Movement and Contentious Politics. Cambridge：Cambridge University Press，2011：22-28，24.

② 亨廷顿，纳尔逊. 难以抉择. 北京：华夏出版社，1988：3.

③ 陶东明，陈明明. 当代中国政治参与. 杭州：浙江人民出版社，1998：104.

④ 同②6.

⑤ Arnstein S. A Ladder of Participation. Journal of the American Institute of Planners. 1969 (35)：216-224.

学者谢尔·阿斯廷（Chair Astin）在比较不同国家公民政治参与发展水平和制度演进的基础上，提出了"公民参与阶梯论"，讨论了公民政治参与发展可能出现的不同阶段，认为公民自主政治参与发展的历程可以划分为八个层次、三个阶段。其中，八个层次分别为：（1）政府操纵；（2）宣传教育；（3）给予信息；（4）政策咨询；（5）组织形成；（6）合作伙伴关系；（7）授予权力；（8）公民自主控制。三个阶段为：第一阶段，层次（1）和（2），是无参与式形式。公民的实际参与的程度很低，参与过程由官方操纵，或以教育、动员方式达成参与。第二阶段，层次（3）～（5），为象征性参与形式。公民通过政府的信息分布、政策听政与质询，具有了一定程度的公共政策过程进入和积极参与的机会，但是，政府为了避免对其权力产生激烈的影响，通常会改变参与的相关团体的权力分配方式，决定参与的过程，其自主性程度不高。第三阶段，层次（6）～（8），为完全型公民参与。公民享有合法的实体性权力与程序权力，参与公共政策的制定和执行，对社区的公共事务进行自主式的管理①。在中国特定发展阶段和制度框架内，按照公民参与对决策过程的影响程度来看，参与的形式有：信息告知（information）、在场（presence）、发出声音（voice）、谈判与协商（negotiation，deliberation）、同意（consent）。这些参与形式对决策过程的影响逐步增强，形成了参与通道（ladder）。在中国情景里，"同意"成为非常重要的参与形式②。

7.3.2 社会稳定风险评估的制度要素

社会稳定风险评估就是在决策和政策出台前，充分运用问卷调查、民意测验、听证会、访谈等多种公民参与的形式，对公众利益预期进行评估，提高公众对政府的认可度和信任度，从而在源头上防范社会风险；是在决策前了解各方需求，对存在的风险点进行科学识别和测量，有利于地方党委和政府在社会舆情的传播中掌握主动权。社会稳定风险评估机制就是在党委和政府的引导下，通过科学和民主的方式，为党委、政府和群众的对话协商提供制度化的渠道，不同群体参与公共决策，平等表达利益并相互协商，最终达成多种利益平衡的过程。对事关民生的重要决策、重要政策、重要项目、重要改革措施进行社会稳定风险评估，对可能存在的不稳定因素及其风险程度、可控程度进行科学分析评估，同时明确化解、控制措施，有助于实现从少数人决策到科学、民主决策的重要转变，对从制度上构建社会稳定的基础具有重要的现实意义。社会稳定风险评估制度的建立就是要通过社会治理模式和制度安排的创新来摆脱维稳困境，达到社会的良性稳定，实现维稳模式从"控制"到"协商"、从"被动"到"主动"、从"救火"到"防火"的有效转变③。

社会稳定风险评估在重大决策程序中的引入，旨在通过一种自主性、嵌入性的程序构造，拓展传统的决策程序结构，增强决策过程的风险意识。社会稳定风险具有不同于技术

① 陈金贵. 公民参与研究. 台湾行政学报，1997（24）.
② 朱德米. 社会稳定风险评估的社会理论图景. 南京社会科学，2014（4）.
③ 蒋俊杰. 我国重大事项社会稳定风险评估机制：现状、难点与对策. 上海行政学院学报，2014（2）.

性风险的特质：社会稳定风险是一种次生风险，通常并非基于决策本身的问题，而是基于其他前置性要素存在的未知风险而产生；社会稳定风险是一种综合性风险，包括技术性、社会性、自然性、财政性等多个方面的要素；社会稳定风险是一种社会性风险，是基于利益相关人和公众与决策主体之间的诉求冲突而产生的。社会稳定风险的次生性、社会性、综合性风险特质，要求社会稳定风险评估的制度建构应当以决策过程开放、决策理性和决策民主为导向①。

社会稳定风险评估的制度设计要素，主要包括评估范围、评估主体、评估方式和程序、评估结果的效力、评估结果的公开、监督与救济六个方面②。（1）评估范围。社会稳定风险评估的适用范围，主要包括“重大决策”“大型工程”“重大事项”等，一般采取“抽象定义＋肯定列举＋否定排除”的方式，个别采取了周期性修正的“决策目录”的方式，一般均留有选择性适用的空间。“肯定列举”涉及重大行政决策的权限问题以及重大行政决策程序的适用问题，是讨论的核心。“否定排除”存在两种认知路径：一是明确不属于政府行政决策范围的事项（可能涉及党委决策或人大决策），二是在性质上不属于“决策”的事项。（2）评估主体。从行政过程的角度来看，社会稳定风险评估是服务于决策理性的一个行政程序。一般意义上，评估主体要由决策主体来承担，但在诸多专业性、技术性、事务性的事项上都存在行政授权和行政委托的空间。重大决策社会稳定风险评估工作由评估主体组织实施，决策主体为地方党委和政府的，由党委和政府指定的部门作为评估主体；决策主体为党委和政府有关部门的，由该部门或者牵头部门会商其他有关部门指定的机构作为评估主体；决策主体为多级党政机关的，由出此决策的机关指定评估主体，不重复评估。根据工作需要，评估主体可以组成由政法、综治、维稳、法制、信访等有关部门，有关社会组织、专业机构、专家学者，以及决策所涉及群众代表等参加的评估小组进行评估③。（3）评估方式和程序。一般包括四个步骤：充分听取意见；全面分析论证；确定风险等级；提出评估报告。其中，技术性风险评估本身由四项不同的分析步骤组成：风险识别、剂量—反应评估、暴露评估和风险界定。（4）评估结果的效力。重大决策须经决策机关领导班子会议集体讨论决定，社会稳定风险评估结论要作为重要依据。作出决策后，决策机关要将评估报告送同级维稳部门。（5）评估结果的公开。从行政法理上看，社会稳定风险评估报告是行政主体作出风险决策的基础信息，其不同于风险决策本身，是一种行政过程性信息。对于过程性信息是否需要公开，在学理上有不同意见，在立法例上有不同的做法。以《政府信息公开条例》的规定来看，并未豁免过程性信息的公开义务。“工作纪律”也并非免于公开的法定理由。从建设法治政府的角度看，将此类评估结果公开，有利于风险信息的交流，提升社会稳定风险评估意见的科学性和严谨性。（6）监督与救济。一般大多将社会稳定风险评估纳入行政问责的范畴，特别是将是否发生“群体性事件”这种后果性事件作为启动行政问责的条件，但欠缺社会稳定风险评估的外部监督和救济机制。

---

①② 许传玺，成协中．重大决策社会稳定风险评估的制度反思与理论建构．北京社会科学，2013（3）．

③ 黄学贤，郑哲．聚焦二维结构的行政决策风险评估制度．苏州大学学报（哲学社会科学版），2013（5）．

7.4 社会稳定风险评估机制的主要制约因素及优化措施[①]

7.4.1 现行社会稳定风险评估机制的主要制约因素

现行重大决策社会稳定风险评估机制存在一些突出的缺陷，其主要制约因素表现在以下五个方面：

第一，社会稳定风险评估主体的独立性和客观性不够，评估的决策者与实施者存在合二为一的现象。社会稳定风险评估的主体贯穿于稳评的各个环节，其对评估的内容、方法、过程、结果及效果均有着极为关键的作用。在一些地方，社会稳定风险评估采用“属地管理”以及“谁主管谁负责”原则，评估的决策者与实施者存在合二为一的现象。虽然有的地方规定“可委托社会中介机构开展重点建设项目社会稳定风险评估”，“可委托中介机构在项目可行性研究报告评估时一并对社会稳定风险进行评估，也可委托中介机构单独对社会稳定风险进行评估”，但缺乏强制性和约束力。社会稳定风险评估主体的独立性不够，影响评估结论的客观性，容易导致评估流于形式。

长期以来，我国重大项目实行投资管理体制下的“垂直管理”与社会稳定风险评估机制中风险“属地管理”的双重管理体制，可能导致重大项目维稳工作的属地管理与工程项目的隶属管理关系不能有效衔接，稳评主体间权责关系失衡。在纵向政府间，上级投资管理部门作决策，下级地方政府承担社会稳定风险；在横向职能部门间，投资主管部门与维稳部门的权责大小倒置。中央事权项目在地方建设项目中、在中央与地方共同建设项目中，实质决策权归属为上级地方党委和政府的稳评决策主体。而下级党委政府对项目的审议只是对项目的“象征性决策”，然而在项目出现社会稳定风险、追究评估决策责任等情况时却只能采取“属地管理”，导致稳评决策权力行使主体与消极责任承担主体不对称。在社会稳定风险评估实践中，存在着各地政府对“属地管理、分级负责”“谁决策谁负责、谁主管谁负责”原则的理解不一致、操作不规范等问题，即中央政府的原则性规定面临着地方实践中可操作性问题；稳评主体层级（省、市、县级）不确定，评估实施主体不愿评，评估责任主体不履行评估主体责任或者责任下推，评估监督主体监督乏力、问责追责不力，中央或省属企业在市、县区投资的重大项目难以落实评估责任主体等诸多现象，折射出稳评工作在一些地方遭遇的尴尬现实困境[②]。

社会稳定风险评估的主体单一，评估主体的权威性和中立性不足[③]。在推进社会稳定评估中，各地一般建立社会稳定风险评估工作领导小组，由地方党委分管领导任组长，由维稳、法制、发改、建设、规划、公安等部门参与重大事项社会稳定风险评估工作领导小

① 张小明．我国社会稳定风险评估的经验、问题与对策．行政管理改革，2014（6）．

② 朱正威，白鹭，黄杰．重大项目社会稳定风险评估的主体、权力与责任：基于文本分析与个案研究的初步证据．甘肃行政学院学报，2015（4）．

③ 蒋俊杰．我国重大事项社会稳定风险评估机制：现状、难点与对策．上海行政学院学报，2014（2）．

组，领导小组在党委、政府领导下开展工作，将风险评估结果报党委、政府，由党委、政府决定是否实施重大事项。风险评估工作领导小组指定或允许重大决策拟定部门作为承办重大决策社会稳定风险评估的单位，指定或允许项目建设单位及其行政主管部门负责指导、协调、预审项目的社会稳定风险评估。风险评估单位可以在部门内组织人力物力进行评审，也可以委托学术机构开展重点建设项目社会稳定风险评估，形成评估报告后再由评估工作领导小组办公室牵头各部门进行评议。在实施评估过程中，如果兼有决策和评估职能的部门和单位认为有必要，可商请维稳、信访部门参与，而不是强制性地要求维稳、信访部门一定参与。由此可见，社会稳定风险评估工作领导小组主要起到协调各方的作用，提出决策的职能部门在整个过程中仍然处于主导地位。同一个部门既负责重大政策决策的出台，又负责评估和判定这一政策是否会影响社会稳定，最后风险评估的结果往往是肯定而非否定该政策决策和该建设项目。这样的社会稳定风险评估就成了“做形式”“走程序”，甚至出现控制论中所说的“正反馈”，即评估方输出的反馈信息进一步强化了决策方的指令信息，决策方和评估方同方向地施力，导致无法提前预知、甚至有可能强化政策决策和建设项目所带来的重大社会稳定风险。应强调并坚持进行风险评估的主体的独立性和超脱性，从一开始就贯彻“管办分离”，避免制造新的“政事不分”、以后再增加“管办分离”的麻烦①。

第二，社会稳定风险评估的程序不规范、不透明，风险沟通与信息公开渠道不畅通，存在重结果、轻程序的走过场现象。在一些地方，政府职能部门为保证重大项目建设进度，在项目论证、审批、推进等环节操作程序不规范、不透明，社会稳定风险评估事项走“简易程序”，存在重结果、轻程序的走过场现象。在实际工作中，社会稳定风险评估充其量还只能算是“略占地位”而非具有“战略地位”②，真正列入社会稳定风险评估的事项还比较少，大部分地区还没有把社会稳定风险评估作为重大事项决策的必经程序，存在将社会稳定风险评估作为重大决策出台后补做程序的“认认真真”地“走程序”现象。此外，重大事项社会稳定风险沟通与信息公开环节缺失，渠道不畅通，导致某些利益方对重大事项的了解不充分，群众的合理利益诉求无法得到表达。

社会稳定风险评估机制与现行行政决策程序不对接，而且社会稳定风险评估自身程序前后也不衔接，从而导致评估形式化、评估结果难以应用。我国地方政府一般采取如下决策程序：决策动议—分管领导负责—部门牵头—调查研究—形成初步可行性报告—部门审议—上交政府常务会议或党的常委会讨论。从各地的实践分析，社会稳定风险评估只是在部门牵头过程中的一个环节，社会稳定风险评估机制建立后，地方党委和政府决策程序一般改变为：决策动议—分管领导负责—部门牵头—“调查研究＋社会稳定风险评估”—“形成初步可行性报告＋稳定风险评估报告”—部门审议—上交政府常务会议或党的常委会讨论。在决策过程中，社会稳定风险评估极易成为可有可无的装饰机制。其一，我国地方决策中“一把手”主导的特点十分明显，因此社会稳定风险评估机制与原有的地方政府决策模式之间嵌入的有效性，很大程度上取决于“一把手”对社会稳定风险评估机制的认识水平和重视程度。地方“一把手”在强大的发展压力下，大型工程和商业项目对其具有

①② 童星. 公共政策的社会稳定风险评估. 学习与实践，2010 (9).

非常强的吸引力，而其对风险评估却存在排斥心理。其二，部门在实施社会稳定风险评估时，受到部门利益的影响，主观上会轻视重大事项中潜在的社会风险。其三，在常委会的决策讨论中，由于常委会成员各有分工领域，在讨论不属于自己的分工领域时，受到专业知识和人情因素的制约，很难对其他常委会成员分管的专业领域内的社会稳定风险评估报告提出针对性的问题和建议，从而使得评估形式化。此外，社会稳定风险评估自身程序前后也不衔接，导致评估结果难以应用。各地在实践中一般把社会稳定风险评估的程序分为：确定评估事项—制定评估方案—进行分析预测—形成评估报告—确定实施意见—落实维稳措施等步骤。对超出标准范围的风险的缓行决策、项目等，如何制定针对性、操作性强的应对防范措施，对风险进行跟踪联动，最终控制和排除风险，避免引发重大不稳定因素，地方党委和政府各部门之间的协同配合起着至关重要的作用。例如，决策提出部门或项目牵头部门在实施评估过程中，其评估中涉及的相关信息是跨部门的，需要维稳和信访部门的参与；在落实维稳措施阶段，决策提出部门由于受到职权和预算的限制，又需要财政部门的协助；对产生的社会矛盾的化解又需要民生保障部门甚至司法部门的参与。但是，在评估的实践过程中，各部门各自为政、相互分割的问题较为严重。虽然各地制定的实施意见和操作细则已经对风险评估工作的职责分工作了规定，但实际操作中各部门的具体职责交叉、相互扯皮的现象仍然存在。例如，项目评估中落实防范、化解和处置措施的牵头部门和配合部门仍不明确，容易造成评估后的防范化解和动态跟踪等工作难以有效落实①。

第三，社会稳定风险评估的标准不统一，随意性较大，权威性不足。由于对社会稳定风险评估的认识不到位、不统一，对社会稳定风险的大小缺乏客观的量化标准，加之影响社会稳定因素的不确定性和复杂性，对社会稳定风险等级的划分还没有统一的标准。社会稳定风险评估标准大多采用语言评价等方式，缺乏详细的定量规定，导致随意性较大、权威性不足、可操作性较差。

在主观上，在社会稳定风险评估机制的推行中，部分地方政府部门和干部在一定程度上确实存在着认识上的障碍。其一，对社会稳定风险评估的内涵认识不足。如有的干部把“社会稳定风险评估”等同于经济评价和建设项目的环境影响评价，成为典型的为评估而评估；有的干部把社会稳定风险评估看作党政机关内部自我评估，根据领导的需要来决定风险等级以及应对措施，把社会稳定风险评估变成推卸责任的“挡箭牌”，致使评估流于形式。其二，对社会稳定风险评估的功能认识不足。一些干部担心社会稳定风险评估机制的推行会影响地方发展和城市建设，对社会稳定风险评估还心存疑虑，担心这一机制会影响项目的推进，进而影响地方的发展速度。受“一把手”决策惯性思维的影响，有些地方干部习惯于自上而下的决策模式，对社会稳定风险评估的推行在思想上还有抵触，认为这会增加决策程序，影响决策效率。其三，对社会稳定风险评估机制如何运行的认识不到位。社会稳定风险评估是决策部门、经济发展部门、民生保障部门和政法维稳部门之间相互协同配合的过程。因此，社会稳定风险评估在实施过程中涉及内容多、影响面广，其不仅是政法机关或维稳部门的责任，还涉及政府行政管理的各个

① 蒋俊杰. 我国重大事项社会稳定风险评估机制：现状、难点与对策. 上海行政学院学报，2014（2）.

部门和各个环节。在推进过程中，由于各部门所处的立场不同，对风险评估的认识还不尽相同，有的部门存在重发展、重项目而轻评估、怕评估的观念。除了主观上的认识障碍以外，在客观上也确实存在社会稳定风险点的识别与科学测量难的问题。当前，我国正处于经济与社会转型时期，利益诉求日趋多元化，社会稳定风险的来源是多方面的：历史的因素和现实的因素，人为的因素和政策、法律因素往往相互交织在一起。社会稳定风险点既有群众的利益诉求过高所引发的，也有现有的政策、规章和法律滞后于现实发展的原因，还有的是历史遗留问题诱发的。此外，社会稳定风险与社会环境密切相关，尤其是政府的公信力对风险起到了决定性作用。在地方政府与公众信息不对称的情形下，如果地方政府公信力缺失，无论地方政府出台的重大项目或重大政策具有多大的可行性、合理性和合法性，民众都会提出质疑。因此，在决策和政策出台前，通过界定利益相关方，充分运用问卷调查、民意测验、听证会、专家咨询、访谈等多种形式，对评估事项广泛征求群众意见，并对利益诉求进行合理分类、进行风险定级，这在技术层面能测量出客观风险指标。但是，对满意度、信任、社会心态等影响社会稳定风险的主观指标还很难设计出一套有效的、标准化的识别和测量体系，这在一定程度上影响了社会稳定风险评估的可靠性①。

第四，社会稳定风险评估基本上是政府的自我评价，公民和社会组织的有效参与不足。在一些地方，社会稳定风险评估基本上是政府的自我评价，存在“一边倒”现象。各地大量报道实施评估后的效果，如实现了群众满意度100%、零上访、“三无”目标等。而公民和社会组织的有效参与不足，代表广泛性不够，对具体事项的认知度不高，存在民主参与中的形式主义。地方党委政府及其有关部门同时拥有决策权、执行权与监督权，决策权、执行权、监督权主体合一，因此，自己充当了稳评实施主体、稳评监督主体等，出现了重大项目稳评中“自己评自己”“走过场”等问题。

第五，社会稳定风险评估的责任主体不明确，监督与责任追究机制不健全。在一些地方，社会稳定风险评估的牵头政府职能部门不统一，导致责任主体不明确。对于社会稳定风险评估工作中出现的一些问题，如应进行风险评估而未评估，或在评估工作中搞形式主义、弄虚作假，造成评估失实，或防范化解工作不落实、不到位，引发不稳定问题和群体性事件，给社会稳定造成严重影响的，各地虽然规定要严肃追究有关单位领导和相关人员的责任，但如何落实问责大多缺乏可操作性的细则和程序保障。虽然一些地方建立了行政过错责任调查和责任追究联动机制，但工作机构都由本级部门组成，容易产生“条条”与“块块”之间的问责处置不到位问题。

在有关社会稳定风险评估问责的法律法规和政策文件规定中，极少提及由地方党委、政府或其法制部门进行社会稳定风险评估决策与评估责任的追究，稳评中问责机制缺乏，暴露了问责主体缺位问题，造成社会稳定风险评估的委托主体、实施主体、监督主体部分重叠，造成“自己评自己”“自己监督自己”“自己考核自己”等矛盾。稳评主体间权责关系的建立多是以行政文件的形式出现，而缺乏法律制度依据来保障。这些规定也大都比较笼统、宽泛，缺乏法律形式呈现出的职责权限划分原则、相应的监督机制与问责机制安排

① 蒋俊杰．我国重大事项社会稳定风险评估机制：现状、难点与对策．上海行政学院学报，2014（2）．

等，也造成各地对“规定动作”的“自主发挥”空间过大，往往容易出现较大的随意性和不符合权责关系规范的行为，进而出现了中央与地方政府间、地方政府及其部门间权责关系的“灰色地带”。重大项目稳评是决策部门、维稳部门等多部门间相互协同配合共同推进的过程。各部门之间的权力和职责交叉，社会稳定风险的界定难以明晰，责任倒查的过程中各部门之间相互推诿，也造成社会稳定风险评估责任追究难的问题。此外，社会稳定风险评估问责大多是就稳评结果进行追责，即对决策与评估等造成重大财产损失和严重社会影响时的追责，而对决策过程与评估过程中出现问题的追责情况几乎没有涉及。这些均导致由谁来问责、如何问责界定不清等问题，稳评责任监督、考核机制薄弱，问责机制难以落地。既忽视对稳评监督主体督查不力等的问责机制，也没有针对稳评的专项考核机制，而多是依靠综治、维稳考核或者政府目标责任考核中的极少部分对稳评进行考核，这样的考核与问责自然无法发力，难以真正落地。维稳办等在稳评中理应起到关键作用的监督部门，虽被赋予了监督权等，但在稳评实践中更常见的是“维稳办还不知情，项目已经上马”，不难看出监督赋“虚”权，进而其履行的监督责任也十分有限。而在现有规定中，很难找到关于监督不力该如何追责的相关规定，也极少看到关于稳评追责的实例，稳评问责方面的实践几乎没有实质性的触及。稳评主体间权责边界模糊，界定缺乏量化、具体规范，权责在一定程度上交叉，从而使得权力行使不充分、承担责任不明确，体现了当前重大项目稳评主体间权责关系呈现权力责任类别不一致、权力行使与责任承担主体不对称等权责背离的现实困境①。

在社会稳定风险评估的实际操作中，也确实存在着社会稳定风险评估责任追究难的客观困难。主要存在以下四种情况：其一，上级要求地方必须贯彻落实的项目和政策。这类事项如果在评估中存在风险，为了保证顺利推进，地方政府往往采取提高利益补偿标准的方式。但是，这种做法为其他重大项目和政策的推进埋下了社会稳定风险隐患。一旦产生“翻烧饼”或“涟漪”效应，社会稳定风险产生的责任就难以界定。其二，地方多个部门联合推动的重大事项。由于重大事项由地方各部门共同推进，各部门之间的权力和职责交叉，社会稳定风险的界定难以清晰，这就导致在进行责任倒查的过程中各部门之间相互推诿。其三，重大事项的社会稳定风险具有扩散性和传染性。社会稳定风险是网络时代的系统性风险，风险认知由于网络发达而被加强，社会稳定风险因此变得极具扩散性和传染性，任何一点小的信息符号就能导致人们的无限猜想，从而带来风险的扩大化。甚至民众会把某个特定的风险感知扩大到整个制度层面。这类社会稳定风险责任难以界定。其四，社会稳定风险具有变动性。对重大事项的社会稳定风险评估，在评估阶段风险低，但在执行中却产生极高的风险的情形，造成责任倒查中的责任主体难以界定。我国的社会稳定风险评估还停留在地方性的制度层面，还未进行立法，对重大决策社会稳定风险评估责任界定和倒查还缺乏法律的刚性约束力，这必然会影响社会稳定风险评估制度实效②。

---

① 朱正威，白鹭，黄杰. 重大项目社会稳定风险评估的主体、权力与责任：基于文本分析与个案研究的初步证据. 甘肃行政学院学报，2015 (4).

② 蒋俊杰. 我国重大事项社会稳定风险评估机制：现状、难点与对策. 上海行政学院学报，2014 (2).

7.4.2 社会稳定风险评估机制优化措施

第一，成立相对独立的社会稳定风险评估专门机构，推动由“保稳定”（“维稳”）向主动“创稳定”的根本转变。应强调并坚持社会稳定风险评估主体的相对独立性和超脱性，区分社会稳定风险评估的决策者与实施者，从一开始就贯彻“管办分离”要求。因此，应成立相对独立的社会稳定风险评估专门机构，由专门机构和专人来负责具体抓，积极推动社会稳定风险评估工作由“保稳定”向主动“创稳定”的根本转变。可考虑设立社会稳定风险评估委员会。委员会可以由人大代表、政协委员、律师、群众代表、官员代表、媒体代表等组成，确保委员会的客观公正性，构建权威、中立的社会稳定风险评估主体。具体操作时，可在维稳办下设社会稳定风险评估专门的常设机构，占一定编制，负责本地区的日常评估规划、评估测评和评估反馈，以保证评估结果的公平、公正。在具体项目的评估工作中，可设立临时性的项目小组，不占编制，主要纳入相关的决策部门、主管部门、审批部门和一些专门的评估机构、专家库等智囊团，负责该项目的整个评估工作。

要统一社会稳定风险评估话语体系和标准体系，进一步明确社会稳定风险评估主体类别，合理划分社会稳定风险评估权责关系，明确社会稳定风险评估主体权责边界，推进社会稳定风险评估主体间权责关系法制化，健全社会稳定风险评估的制度保障。稳评主体权责的配置是推动稳评开展的动力要素之一。只有合理划分稳评中的各种权责，明确各稳评主体间权责的边界，才可以实现有责有权、权责对等，减少权责交叉，避免权责空白地带，也为稳评中的问责与考量提供标准，进而推动稳评主体间权责一致关系的形成。要使稳评主体在重大项目稳评中切实发挥效力，必须推进稳评主体间权责关系法制化。其法制化有助于稳评主体明确稳评权责划分、依法行使稳评权力、依法承担稳评责任，有助于增强稳评的刚性约束力，也必然会促进稳评制度的实效。因而，当前必须加快其立法进程，为权责关系提供法律保障，也将其作为健全稳评机制的重要举措①。要实现社会稳定风险评估决策主体与评估主体的适度分离。社会稳定风险评估决策主体的责任在于以风险评估报告为基础，综合政治、经济、文化、社会等多方面的要求，审慎做出风险管理决策。而社会稳定风险评估主体的责任，主要从科学性、社会性的角度，对评估事项所存在的风险进行理性分析和评测。如果由决策主体直接来承担评估责任，则其极有可能将其政治考虑（意欲推动该决策的实施或阻碍该决策的出台）渗入风险评估的议程设定和评估过程，影响社会稳定风险评估的科学性②。

第二，进一步明确社会稳定风险评估的内容和重点。当前社会稳定风险评估的主要内容，是与群众利益密切相关的重大决策、重要政策、重大改革措施、重大工程建设项目，与社会公共秩序相关的重大活动等重大事项在制定出台、组织实施或审批审核前，对可能影响社会稳定的因素开展系统调查、科学预测和评估，制定风险应对策略和预案。具体来

---

① 朱正威，白鹭，黄杰. 重大项目社会稳定风险评估的主体、权力与责任：基于文本分析与个案研究的初步证据. 甘肃行政学院学报，2015（4）.

② 许传玺，成协中. 重大决策社会稳定风险评估的制度反思与理论建构. 北京社会科学，2013（3）.

说，当前社会稳定风险评估的重点和要点主要为六个方面：合法性评估、合理性评估、适时性评估、风险性评估、可控性评估、长远性评估。

要进一步明确社会稳定风险评估的范围。尽管重大决策主要依据决策对当事人的影响范围和程度来确定，对其内涵难以做出精确界定，但实践中普遍采取的“定义＋列举＋排除＋清单”的规定方式已能相对精确地勾勒出重大决策的范围。唯有将其范围法定化，方能排除行政部门的选择性适用，增强社会稳定风险评估的适用效力。要科学区分重大决策的社会稳定风险类型，构建多元、复合的社会稳定风险评估机制。要提升社会稳定风险评估的科学有效性，必须对其所涉风险进行分类，对于不同类型的风险采取不同性质的评估机制：如果风险评估主要体现为技术性风险，那么应当以科学专家为主，通过理论假设、科学实验等方式来进行风险预测和分析；如果风险评估主要体现为社会性风险，则应以社会管理和利益相关人为主，通过公平、开放的信息披露与意见交换程序进行①。要进一步扩大评估的范围，拓展社会稳定风险评估的深度和广度，在风险评估中既评民情，也评政策、评工作，要把群众满意度和公众信心度等指标有机结合起来，并作为风险评估的基本方向。同时，也要防止评估工作中“唯数字化”倾向。

要建立科学的社会稳定风险源的分析与识别机制。社会稳定风险与人们的预期相关，风险来源于人们对未来的“预期变数”。重大事项引发的社会稳定风险，来自利益相关群体对该事项在利益性、安全性和合法性上的社会预期，这种社会预期直接引发了与社会稳定相关的行为或行为取向。要引入科学的指标体系对社会稳定风险进行识别和测量，把定性指标与定量指标、综合性指标与技术性指标、正向指标与负向指标有机结合起来，准确、科学地识别社会稳定风险点。社会稳定风险评估不仅仅是一个量化评估的问题，更需要综合使用定量、定性、定位、定策相结合的方法，评定稳定风险等级，评估风险承受能力，提出风险化解对策，强调法律法规和政策策略相配套，从源头上预防和减少不稳定因素。此外，还要建立社会稳定舆情收集和分析常态化的机制。社会风险源不仅与公共政策、项目本身的科学性、合理性、合法性和可行性相关，也与当地民众的社会心态、公民的满意度和对地方政府的信任度等密切相关。因此，社会稳定风险评估要和常态化的舆情分析与社情民意研判有机结合起来，要进一步健全舆情和民情信息工作责任制，通过政务公开切实保障人民群众的知情权与监督权，提升民众对地方政府的信任度②。

第三，规范社会稳定风险评估的程序和标准。社会稳定风险评估是在重大决策出台前落实“关口前移”要求的前置性制度安排和程序设计，强调防患于未然；是为重大决策设置的一道“刚性门槛”，是事前不可或缺的“必备程序”而不是事后补做的“倒置”行为。要认真贯彻落实相关法律法规的规定和要求，加强重大决策程序建设，真正落实把公众参与、专家论证、风险评估、合法性审查、集体讨论决定、跟踪反馈和责任追究等作为社会稳定风险评估的法定程序和必经程序，进一步规范社会稳定风险评估的程序和标准。根据社会稳定风险评估的合法性、有益性和支持度要求，明确处理标准。其一，对不合法或不符合广大人民群众根本利益的拟决策事项，必须及时终止。其二，对既合法又符合群众长

① 许传玺，成协中．重大决策社会稳定风险评估的制度反思与理论建构．北京社会科学，2013（3）．

② 蒋俊杰．我国重大事项社会稳定风险评估机制：现状、难点与对策．上海行政学院学报，2014（2）．

远利益，但超出群众现实承受能力或多数群众不赞成的拟决策事项，分两种情况处理：评定的社会稳定风险等级在某地区风险承受能力范围之内的，对决策事项先试行，经试行良好、未出现稳定风险的，可正式施行；评定的社会稳定风险等级超出某地区风险承受能力的，决策暂缓出台，按风险消减对策改进决策内容，取得群众支持后，再次进入评估程序。其三，对合法性、有益性、群众支持度均达标的拟决策事项，可以实施。从而真正做到：凡是不能使绝大多数群众受益的事情不做，凡是不能得到绝大多数群众支持的政策不出台，凡是未经社会稳定风险评估的项目不审批，凡是经社会稳定风险评估后社会矛盾没有得到化解的不实施，防止在决策、审批等前端环节因工作不当引发新的社会矛盾。

第四，畅通社会稳定风险沟通与信息公开的渠道，拓展公民和社会组织有效参与的路径。社会稳定风险评估过程，既是听取民意、摸排社会稳定风险的过程，更应是相关利益主体共同协商、积极进行社会稳定风险沟通的过程。要畅通社会稳定风险沟通与信息公开的渠道，确保群众拥有知情权、发言权和决定权。要充分考虑各方利益主体尤其是弱势群体的切身利益。要积极拓展公民和社会组织有效参与的路径，采取舆情民意调查、相关利益群体协商、听证会、评审会、走访座谈、问卷调查、媒体公示等方式，多途径、多渠道广泛征求意见。要充分发挥专家和社会组织在社会稳定风险评估中的作用，促进评估工作专业化和规范化。

要畅通社会稳定风险沟通与信息公开的渠道，确保社会稳定风险评估结果的公开和可审查性。社会稳定风险评估无论是否作为后续监管决策的过程性行为，其结果都属于决策主体在行使公共权力过程中产生的信息，除了法定的免于公开的理由外，政府部门都不得以任何借口拒绝公开。社会稳定风险评估报告的公开，不仅有助于利益相关人和公众知情权的实现，对于实现对评估者的监督、提升评估过程的审慎性，都具有至关重要的意义。此外，决策者的社会稳定风险评估报告并不存在免于审查的法定理由。无论它是作为后续风险决策的基础，还是单独作为一个风险报告而存在，只要它对利益相关者的合法权益产生影响，就应接受行政复议或行政诉讼的审查。复议机关和法院可以从实体和程序两个方面对社会稳定风险评估深入审查。要构建开放的社会稳定风险评估启动程序以及公开、公平的信息披露和意见交换程序以及完善的说明理由程序。社会稳定风险评估有效性主要体现于其科学理性。无论是对于决策者，还是对于公众，充分的说理不仅能够展现风险评估报告的科学理性，更是后续风险决策和监督审查的基础。在美国，以风险评估报告缺乏充分的说理而被撤销的个案屡见不鲜①。要尽可能做到信息公开和让更多的利益相关者参与，尤其是在决策前和决策过程中应高度重视周边居民对相关工程项目的主观感受，深入周边居民的内心，关心他们的焦虑和担心，做好公众沟通和决策参与工作，降低公众的风险感知。要推动重大项目社会稳定风险的第三方评估，把利益的中立性作为选择评估专家或评估机构的一个重要条件；要强调对周边居民有关项目的风险感知、态度和行为倾向等主观内容方面的评估，评估过程和结果应该公开，而不能简单用项目环境安全、安全管理

① 许传玺，成协中．重大决策社会稳定风险评估的制度反思与理论建构．北京社会科学，2013（3）．

等客观内容的评估代替主观内容的评估[①]。在重大决策的社会稳定风险评估沟通过程中，必须考虑到民众对社会稳定风险的认知特点，尽量考虑公众的情绪反应，而且要正确使用媒体的力量，才能真正符合社会稳定风险评估要求[②]。

第五，将社会稳定风险评估工作纳入各级地方政府的政绩考核机制，明确社会稳定风险评估的责任主体，运用严格的责任倒查机制确保全程落实社会稳定风险评估责任。在社会稳定风险评估工作中，应加强对社会稳定风险评估主体与决策主体的问责。应将社会稳定风险评估工作纳入各级地方政府的政绩考核机制，明确社会稳定风险评估的责任主体。责任倒查机制是确保社会稳定风险评估落到实处的重要环节。责任倒查的实施者是各级监督机构，责任追究对象是评估机构和决策机构的主要负责人和相关责任人员。

要规范社会稳定风险评估中各主体间的权责关系，进一步明确重大决策的评估与责任主体，明确决策部门、主管部门和审批部门各自的职责，以法律形式对评估主体、责任主体和监督主体及其相互关系进行明确规定，并对其各自的责任进行严格规范和约束，来实现权责匹配。要落实社会稳定风险评估主体问责机制，创新社会稳定风险评估责任考核机制，在问责追究对象中纳入对稳评主体监督责任的问责，实现稳评主体的积极责任与消极责任的统一，并逐步建立属于稳评的专项考核制度，推动稳评主体间权责关系的平衡。在责任落实上，要建立社会稳定风险评估工作的责任倒查、责任追究机制，实行上级条线主管部门倒查与本级督查部门监督相结合的责任追究模式。要高度重视对稳评过程、稳评结果的“双问责”：凡是社会稳定风险评估没有发现问题，待重大政策决策和建设项目执行以后导致大规模群体性事件和严重社会不稳定的，进行社会稳定风险评估的主体及其责任人应当被追究责任；凡是社会稳定风险评估发现并如实提出了问题，却未被决策者重视，仍然付诸实施而导致大规模群体性事件和严重社会不稳定的，则应加大力度追究决策者的责任，并对进行社会稳定风险评估的主体予以表彰和奖励[③]。要保障社会稳定风险评估的结果具有刚性约束力，进一步把社会稳定风险评估作为决策和责任追究的刚性指标，确保评估结果能够真正地影响政府决策，真正从源头上、根本上、基础上化解社会矛盾。

第六，将社会稳定风险评估融入政府决策科学化、民主化、法治化以及行政决策程序建设的各项举措中，合力推进。社会稳定风险评估具有源头性、根本性、基础性特点，是对行政权力的监督、制约和管理，是一种对管理的管理，体现的是现代法治精神最本质的属性，是行政管理科学化的最高形式。因此，要尽快将社会稳定风险评估纳入法制化轨道，作为矛盾纠纷化解的首要环节和第一道防线。社会稳定风险评估要与加快以改善民生为重点的社会建设结合起来，与推进行政管理体制改革结合起来。应将政府常态行政管理和社会稳定风险管理有机结合起来，体现共性和个性的统一。应形成一条管理链条来连接政府行政管理、风险管理、应急管理，确保社会稳定风险评估的各项创新举措真正落地。社会稳定风险评估应具有“流域管理”的意识和方法，将事前评估、事中评估和事后评估

---

① 胡象明. 敏感性工程社会稳定风险事件：过程模型和参与者行动逻辑. 国家行政学院学报，2016 (2).

② 柳恒超. 风险的属性及其对政府重大决策社会风险评估的启示. 上海行政学院学报，2011 (6).

③ 童星. 公共政策的社会稳定风险评估. 学习与实践，2010 (9).

统一起来，将上级监督、同级监督和下级监督整合起来，建立全方位、多层面的风险防范体系，实现从点式、阶段性风险管理向线性、连续式风险管理的跨越。

本章小结

1. 社会安全事件风险管理主要包括：重大刑事案件风险管理；涉外突发事件风险管理；恐怖袭击事件风险管理；突发重大经济安全事件风险管理；民族宗教事件风险管理；规模较大的群体性突发事件风险管理。我国社会安全事件风险管理的法律与制度创新，集中体现在《中华人民共和国国家安全法》和《中华人民共和国反恐怖主义法》这两部法律上。

2.《中华人民共和国国家安全法》关于社会安全事件风险管理的法律与制度创新，主要体现在以下三个方面：国家安全风险预防、评估和预警等风险管理制度创新，国家安全风险审查制度创新，国家安全风险科普宣教制度创新。《中华人民共和国反恐怖主义法》关于社会安全事件风险管理的法律与制度创新，主要体现在以下五个方面：反恐怖安全查验与社会危险性评估制度创新，反恐怖重点目标管理单位制度创新，恐怖风险事件现场指挥制度创新，恐怖风险事件应对处置措施制度创新，境外恐怖风险事件应对处置制度创新。

3. 社会安全事件风险管理在我国的实践发展，在操作层面上主要体现为社会稳定风险评估。社会稳定风险评估是指在重大事项（重大决策、重大工程项目、重大活动及重要基础设施等）制定、出台及实施前，通过系统的调查以及科学的预测、分析、研判和评估，对可能影响社会稳定的诸因素进行分析，评估发生危害的可能性，对不同的风险进行等级管理，并制定风险应对策略和预案，采取措施防范、降低、消除风险的工作。社会稳定风险评估工作，其实践推进过程和发展历程，可以划分为三个阶段：起步和推广阶段、制度规范阶段、落实深化阶段。

4. 社会稳定风险评估的基本含义是“对重大决策对社会稳定的影响预评估”，实现社会稳定的“源头治理”，从而实现维护社会稳定的模式转变。社会稳定风险评估是一项制度安排，奠定在国家—社会互动学理基础之上。社会稳定风险评估的理论基础主要有三个：社会影响评估理论、公共政策风险评估理论、公众参与理论。

5. 社会稳定风险评估在重大决策程序中的引入，旨在通过一种自主性、嵌入性的程序构造，拓展传统的决策程序结构，增强决策过程的风险意识。社会稳定风险的次生性、社会性、综合性风险特质，要求社会稳定风险评估的制度建构应当以决策过程开放、决策理性和决策民主为导向。社会稳定风险评估的制度设计要素，主要包括评估范围、评估主体、评估方式和程序、评估结果的效力、评估结果的公开、监督与救济六个方面。

6. 我国各地方政府因地制宜，积极探索，在重大决策社会稳定风险评估的主体、内容、流程、标准、主要做法等方面各具特色。其中，四川遂宁、浙江衢州、山东临沂、江苏淮安、贵州铜仁、四川成都等地的做法具有一定的代表性和典型性。

7. 尽管各地方政府重大决策社会稳定风险评估的范围、内容和程序存在差异，但还是存在一些共同特点：社会稳定风险评估的评估范围主要集中在三大矛盾突出领域，社会稳定风险评估的内容主要集中在合法性、合理性、可行性和安全性四个方面，社会稳定风险评估的程序可归纳为五个基本步骤。

8. 各地方政府在开展重大决策社会稳定风险评估中，也积累了一些成功的经验，主要有以下五个方面：党政齐抓共管，各部门协同配合，形成合力；把社会稳定风险评估工作与责任主体相结合，增强社会稳定风险评估工作的操作性和有效性；注重评估过程中的矛盾调解工作；把社会稳定风险评估工作和目标考核、干部考核相结合，严格问责制度；重视发挥专业评估机构和专家的作用，引进第三方参与机制。

9. 各地各部门在推行重大决策社会稳定风险评估中也存在一些突出问题，主要表现在以下五个方面：社会稳定风险评估主体的独立性和客观性不够，评估的决策者与实施者存在合二为一的现象；社会稳定风险评估的程序不规范、不透明，风险沟通与信息公开渠道不畅通，存在重结果、轻程序的走过场现象；社会稳定风险评估的标准不统一，随意性较大，权威性不足；社会稳定风险评估基本上是政府的自我评价，公民和社会组织的有效参与不足；社会稳定风险评估的责任主体不明确，监督与责任追究机制不健全。

10. 进一步推进和完善社会稳定风险评估工作的政策建议，主要表现在以下六个方面：成立相对独立的社会稳定风险评估专门机构，推动由“保稳定”（“维稳”）向主动“创稳定”的根本转变；进一步明确社会稳定风险评估的内容和重点；规范社会稳定风险评估的程序和标准；畅通社会稳定风险沟通与信息公开的渠道，拓展公民和社会组织有效参与的路径；将社会稳定风险评估工作纳入各级地方政府的政绩考核机制，明确社会稳定风险评估的责任主体，运用严格的责任倒查机制确保全程落实社会稳定风险评估责任；将社会稳定风险评估融入政府决策科学化、民主化、法治化以及行政决策程序建设的各项举措中，合力推进。

关键术语

社会安全事件风险管理　制度创新　发展阶段　社会影响评估理论　公共政策风险评估理论　公众参与理论　社会稳定风险评估　制度设计　实践做法　经验　共同特点　主要问题　政策建议

复习思考题

1. 简述社会安全事件风险管理的含义与内容。
2.《中华人民共和国国家安全法》关于社会安全事件风险管理的法律与制度创新主要体现在哪些方面？
3.《中华人民共和国反恐怖主义法》关于社会安全事件风险管理的法律与制度创新主要体现在哪些方面？
4. 如何看待我国社会稳定风险评估工作实践推进和发展历程中的三个阶段？
5. 社会稳定风险评估的理论基础有哪些？
6. 社会影响评估、公共政策风险评估与社会稳定风险评估有何异同？

7. 简述社会稳定风险评估的制度设计要素。

8. 概括我国社会稳定风险评估的实践做法、经验及共同特点。

9. 我国社会稳定风险评估工作存在哪些主要问题?

10. 如何进一步改进和完善我国社会稳定风险评估工作?

阅读案例

广东江门鹤山市核燃料项目社会稳定风险评估

一、广东江门鹤山市核燃料项目社会稳定风险评估情况

2012年2月，为了解决现有的核燃料基地远离沿海的核电站项目、难以满足国内不断增长的核电站发电需求的问题，中国核工业集团公司审议通过了核燃料产业园区规划及建设方案，专门成立了核燃料产业园建设领导小组和工作组，组织专业人员开始在江苏、福建、广东和天津等沿海省市甄选厂址。因该核燃料项目总投资约370亿元，GDP与税收拉动能力惊人，各地政府开始对此项目展开激烈争夺。近几年来，作为全国经济发展总量排名第一的广东省对“西电东输”有很强的依赖性，频频遭遇缺电、缺煤局面，发展受到困扰。根据中国电力企业联合会的数据，广东省历年平均用电量供需缺口比例均在20%上下。为此，广东省一直力图开拓新的能源渠道，已经成为中国的核电大省。据了解，为解决广东“十二五”期间的能源危机问题，广东省预计投资约700亿元建设核电项目。广东省拥有在运核电机组6台、在建核电机组8台，对核燃料的需求巨大。地处广东省南部珠三角腹地的鹤山（县级）市，有着发展核电项目的内在需求和外在动力。

2012年10月，名气不大的鹤山市进入中核集团的考察视野，很快成为已实地踏勘和量化评审的近40个备选厂址中的热门选址。广东省党政主要官员在鹤山还未与中核集团正式签约之前，即明确表态“积极支持”。2012年12月，广东省发改委发文（粤发改能电函［2012］3063号），原则同意在鹤山市址山镇开展核燃料产业园前期工作。鹤山市政府会同中核集团开展相关资料搜集及初步厂址勘察工作，双方签订了投资意向协议。2013年3月31日，中核集团龙湾工业园项目合作协议签字仪式在北京举行。中国核燃料总公司与鹤山市共同签署了《中核集团龙湾工业园项目投资框架协议书》《中核集团龙湾工业园项目用地协议书》。这是中核集团在中国东南沿海拟建的第一座核燃料加工厂，由中国核工业集团公司与中国广核集团共同投资建设，是广东省重点建设项目，项目总用地面积229.0665公顷（含配套设施用地4.9125公顷），总建筑规模约50万平方米，总投资约370亿元，将采取“一站式”生产方式，集中铀纯化转化、铀浓缩、核燃料元件制造三大环节，建设国际一流的核燃料加工产业集群，并逐步发展成为具有标志性的亚洲核燃料加工及装备制造中心，未来不用再辗转上万公里进行半成品转运，不仅可为台山核电等邻近核电站提供相关原料加工服务，还可服务于整个华南地区的核电项目。

按照国家发改委和广东省政府相关规定，核燃料项目需要通过社会稳定风险评估。2013年3月，鹤山市发改局委托广州市国际工程咨询公司对核燃料项目出具《社会稳定风

险分析报告》。该公司出具的评审意见为“低风险”。4月，鹤山发改局又委托江门诺诚咨询有限公司对核项目进行社会稳定风险评估并予以公示，以征求公众意见。该公司在5月左右通过问卷调查、实地走访和召开座谈会三种方式听取各方面意见，“得到的反馈都是正面的”，据此给出的初步意见也是“低风险”，“所有程序，都是完全按照国家发改委的政策要求来进行的”。

二、社会稳定风险评估公示引发涉核群体性事件

2013年7月4日，鹤山市发改局发布《中核集团龙湾工业园项目社会稳定风险评估公示》（简称《公示》），对中核集团龙湾工业园项目社会稳定风险评估进行公示，目的就在于收集公众意见，公示期共10日，自2013年7月4日至7月13日结束。《公示》通过《江门日报》和江门政府网同步公开发布。公示期间，公众可通过书面意见、电子邮件等方式与公示单位或评估单位联系，表达对拟建项目社会稳定风险的意见和建议。当天，《公示》并没有引发媒体关注，只是在江门市的几个公共论坛和部分江门市民的热门微博上大量转发了公示内容，引起了网友初步关注，首次出现了质疑与反对的声音。江门很多QQ群、微博纷纷转发了这样一条信息：“江门政务网挂出消息称江门要建核原料加工基地，现在贴出来公示，如果7月13日前没人反对就确定项目了!”并附有《公示》的官方网站链接。自《公示》发布以来，珠三角及港澳市民在网络上发出了大量的反对声音，质疑项目的核污染、核辐射等问题。在“稳评”公示后一周内，两个征集意见的邮箱收到超过2万封电子邮件，绝大多数邮件表示反对该项目，意见主要集中在项目的安全性和环境影响方面。

自7月5日开始，经过多日的博弈，7月13日10时，鹤山市官方宣布：因“稳评”公示后引发较多群众反核，为尊重民意，鹤山市人民政府决定取消中核龙湾工业园项目，“不予申请立项”，终止引进。这也意味着酝酿一年的鹤山核燃料项目宣告失败。

7月14日上午，仍有少量市民上街，在江门市委、市政府大院门口表达诉求，希望政府以红头文件确认取消中核集团龙湾工业园项目。江门市政府随后发出2013年1号公告，确认取消决定。一个在业内看来安全系数相对颇高的核电项目就此搁浅。公众普遍欢迎鹤山市政府取消核项目的决定。网络出现一片赞许之声，既有赞许江门市民和平勇敢表达诉求者，也有赞许江门及鹤山官方直面舆情、决策合理者。

（资料来源：刘志权．有环保共识，才有多赢结局．人民日报，2013-07-15；王攀，毛一竹．370亿元核燃料工厂“软下马”之思．《瞭望》新闻周刊，2013-08-07；刘进，胥柏波，李婷婷．江门“核争议”台前幕后．南方日报，2013-07-12；江海波．江门核电“惊鸿一瞥”核能监管机制权威性缺失．华夏时报，2013-07-17；以及相关资料）

案例思考题

从上述案例提供的材料来看，你认为广东江门鹤山市核燃料项目社会稳定风险评估存在哪些方面的主要问题？为什么核燃料项目社会稳定风险评估公示会引发大规模的涉核群体性事件？从社会稳定风险评估的实践来看，你认为应如何避免类似事件的发生？

第 8 章

基层突发事件风险管理

风险管理是一项长期性的工作，需要调动全社会的力量，需要居民和社区的配合，需要教育来更新观念。随着我国公共安全风险管理长效体系的建设，基层突发事件风险管理的重要性逐渐凸显。因应急事态和灾害很多发生在基层，严重影响社会安全，且政府救援往往需要一段时间以后才能抵达受灾现场，这就要求基层部门具有一定的对突发事件的应对能力，拥有自我救援能力。

关于基层突发事件风险管理的目标，可以将其归纳为“有准备的”（prepared）或者“有重建能力的”（resilient），即了解地方风险及相关保护性措施，能采取适当的、针对这些风险的防范，在应对突发事件和灾害时有适当和有效的安排，在灾害的极端重压下具备恢复能力而不会崩溃。我国在不断探索基层突发事件风险管理实践方面取得了积极成效。

本章主要说明基层突发事件的类型、基层突发事件风险管理的基本流程和重要意义，阐明基层最具代表性的社区、学校和企业风险管理的实践探索。

重点问题

- 基层突发事件风险管理流程
- 社区风险管理流程
- 校园风险管理的实践
- 企业风险管理的实践

8.1 基层突发事件风险管理基本流程

从灾害系统论的角度来看，突发事件风险是由潜在风险源或极端事件（hazard or extreme events）、暴露元素（exposure）和脆弱性（vulnerability）三个因素相互作用形成的未来不利事件情景集。其中，潜在风险源或极端事件是风险形成的首要条件；暴露元素是指受各种灾害影响的人类社会系统（人口、财产、生计和人类依赖的环境），是灾害风险的来源；脆弱性是指暴露于灾害下的人类社会系统受到灾害冲击时抗御灾害和恢复的能力，直接决定灾害风险的大小。人类社会自身形成的暴露和脆弱性对于突发事件风险的形成具有“放大”或“减缓”作用，是人们减少突发事件风险的关键因素。

因此，在基层进行科学、有效、系统的风险管理，就成为维护基层社会和谐稳定，有效保障人民群众生命、健康和财产安全的必要措施和手段。

8.1.1 风险评估

1. 风险识别

风险识别是风险评估的第一步。风险识别所指的风险是指引起或产生对基层区域严重危害性影响的自然或人为事件或形势。

风险识别是指对一个地区（包括城镇、城市、县等行政区域或一个地理区域）所存在的风险的认识和确定。一个地区的风险识别一般是从三大类风险加以考虑：自然灾害的风险、人为灾害的风险和技术灾害的风险。

风险识别首先是要对所针对的地区做全面性的潜在风险调查，通过对该地区地理位置、气候环境、以往灾害记录等详细调查，获得当地各类灾害资料。

2. 风险个案描绘

风险个案描绘是在完成对本地区存在的各种灾害的危险调查之后，所实施的风险评估的第二步骤，主要针对各种风险作出具体分析，包括：（1）发生的频率；（2）发生的量级和烈度；（3）发生的地点；（4）影响的范围；（5）延续的时间；（6）发生的季节；（7）到来的速度；（8）可预警的时间与是否存在预警体系。

通过对风险发生的概率、规模和严重程度、发作的速度和连串性后果的分析，最终确定该地区所面临的风险全貌。评估这些风险的等级依据一般按照以下优先权顺序：

第一，生命安全：能够威胁人们健康或安全的条件。

第二，必要设施：如消防车、废水处理设施等会影响到基层地区应急能力的设施。

第三，重要基础设施：铁路、公用事业或其他公共设施，如果损坏将严重影响人们的安全和应急能力。

8.1.2 脆弱性分析

1. 脆弱性分析的主要内容

脆弱性分析的对象一般是社区或基层地区聚集的人口、建筑、基础设施和重要设施，如医院、学校、铁路线、通信中枢、电力设施、自来水供应系统、重要危险源等。

脆弱性分析的主要内容是确定潜在的人员损失和经济损失。如社会脆弱性分析是指研究地区中的脆弱人口与社会结构在不同灾害威胁下所造成的影响差异。经济脆弱性分析是指确定潜在的经济损失，要求检查建筑物以及它们的内涵价值，在农业地区要检查农作物和耕地。对于特殊危险源要特别注意，如靠近水库大坝的地区等。

2. 清点资产

清点资产主要针对与人们的安全、生存、生活和工作密切相关的资产，一般包括医院、学校、桥梁、水库、博物馆、煤气设施、水电设施等公用事业设施。美国联邦应急管理署在 2003 年公布了基层地区清点资产的专用表格（见表 8-1）①。

表 8-1　　社区或地区的资产清点表格

日期：　　　　危险名称：

建筑类别	建筑物数量			建筑物价值			人口数量		
	建筑总数	危险区域数量	危险区域内（%）	建筑物总价值	危险区域内价值	危险区域内（%）	人口总数	危险区域内人数	危险区域内（%）
居住									
商业									
工业									
农业									
宗教									
政府									
教育									
公用事业									
总数									

3. 评估损失

评估损失是确定本地区的资产将在突发事件中受损到什么程度、价值有多大。表 8-2 为社区或地区的资产损失评估表。

表 8-2　　社区或地区的资产损失评估表

日期：　　　　危险名称：

建筑损失						建筑内含物损失				
建筑物名称	建筑物置换价值	×	建筑损坏（%）	=	建筑损失	内含物置换价值	×	损坏（%）	=	内含物损失
桥梁	750 000	×	20	=	150 000	无	×	无	=	无
		×		=			×		=	
		×		=			×		=	
		×		=			×		=	
		×		=			×		=	

8.1.3 治理风险

在风险评估和脆弱性分析之后，针对确定的风险，结合本地区实际情况，采取最符

① 夏保成，张平吾．公共安全管理概论．北京：当代中国出版社，2011.

合成本效益原则的治理战略和行动方案实施治理，以最小的投入获得最有效的成果（见图 8－1）。

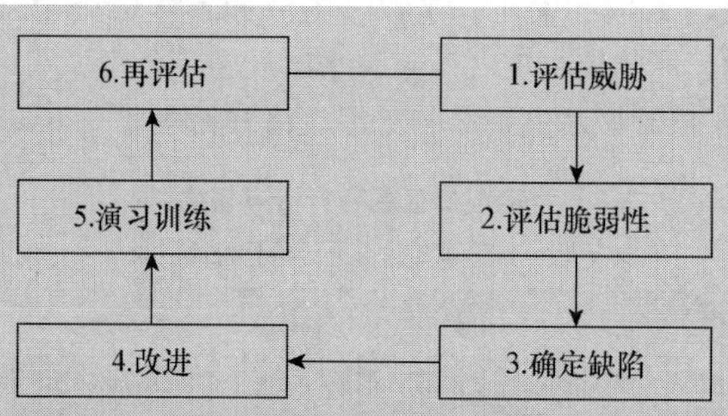

图 8－1 基层突发事件风险管理基本流程示意图

8.2 社区突发事件风险管理

社区突发事件风险管理指的是，通过对社区实际情况，包括社区的自然情况（地理位置、气候环境等）、人文情况（建筑物状况、居住人口状况等）、灾害历史（曾发生的各种灾害的处理记录）等的了解和数据收集整理，“经过科学的分析和归纳，确定社区内可能存在的风险类型，并对社区各种类型的风险进行定量的评估和分析、描述，预测可能发生的损害性最大或最频繁的灾害的类型、发展趋势、影响范围、破坏程度等，并采取一定的措施减少、降低、消灭这些可能性和突发公共事件发生概率的程度，达到预防社区突发事件、降低损失的目的”①。

随着社会治理体系的不断完善以及我国经济发展水平的逐步提高，以社区为基础的基层治理对我国社会治理的方式、水平及效果影响愈深，社区的安全关系到千家万户和整个社会的稳定与繁荣。一方面，随着现代城市的发展，将人群按照聚居地域划分而形成的社区成为城市最基础的构成单位。作为城市生活的基本场所，社区承载着社会的安全、稳定与和谐，是社会体系正常运转的细胞。另一方面，社区也同样成为最基础、最主要的承灾体，是突发事件的最前沿。只有保持社区这个基石的稳固，才能构建起我国应急管理工作的金字塔。因此，社区突发事件的风险管理也成为新时期我国安全发展、可持续发展的重要单元，也是全面建成小康社会的重要标准和重要内容。

8.2.1 社区概念及分类

1. 社区的概念

“社区”一词起源于社会学，1881 年，德国社会学家滕尼斯（F. Tönnies）将其用于

① 王晓芸. 社区风险管理：提高防御灾害能力的基石. 求实，2011（1）.

表述某类“社会团体或共同体”，其特点在于：组成团体或共同体的同质人口具有共同或相似的“习俗和价值观念”。随着社会学的发展，“社区”一词有了多种不同角度的阐释，世界卫生组织于 1974 年给出了社区的定义：社区是指一个固定的地理区域范围内的社会团体，其成员有着共同的兴趣，彼此认识且互相来往，行使社会功能，创造社会规范，形成特有的价值体系和社会福利事业。国家安全生产监督管理总局发布的《国家安全社区建设基本要求》中对社区的定义是：聚居在一定地域范围内的人们所组成的社会生活共同体。总结发现，在 140 多种定义中，社区所包含的 5 个基本要素逐渐明确：人口、地域、设施、文化、组织。社区至少包括以下几个特征：有一定的地理界限；有一定数量的人口；社区居民有共同的意识和利益，并有着较密切的社会交往，且在服务性活动和设施上有着共同利害关系。

2. 社区的类型

社区的类型，一种划分方式是从城镇化的动态发展阶段角度将其划分为城镇社区、过渡社区、农村社区。社区的类型是一个综合概念，它不仅仅包括社区所处的城镇化阶段，同时也包括社区内可以用于风险管理的资源。而社区内的资源可以分为自然资源和社会资源。自然资源包括该社区的物质基础等硬件。社会资源主要是指当地的关系资本。从城镇化发展阶段来看，农村社区的优势在于可以充分利用关系网络作为社会资本，这种关系资本正是礼俗社会的优势，也是起重要作用的信任资本。城镇社区的关系资本相比农村来说，由于传统熟人社会的打破，因此会有所不如。但是，城镇社区可以利用其他的社会组织形式来弥补关系的损失。相对而言，城镇社区的自然资源要胜于农村社区，而农村社区的关系资本则要大于城镇社区。

8.2.2　常见社区突发事件风险类型及风险利益相关者

1. 常见社区突发事件类型

社区的突发事件类型同样可以按照突发事件的四大类来划分：

(1) 自然灾害。如：东北部地区的低温灾害、雪灾，南部地区的洪涝灾害，山区的泥石流、山体滑坡灾害，沿海地区的台风灾害，等等。

(2) 事故灾难。主要包括：影响社区道路交通安全的交通运输事故；城市社区里供水、供电设施和其他公共设备事故；严重破坏生态，影响社区环境和居民健康的事故；社区内的火灾安全事故、燃气泄漏和爆炸事故等。

(3) 公共卫生事件。按照我国《突发事件应对法》的规定，我国公共卫生事件主要包括传染病疫情、食物及职业中毒等，各基层社区可能面临的主要是狂犬病、农村社区的农作物病虫害等。

(4) 社会安全事件。社会安全事件是影响居民生命安全和正常生产生活的突发事件。包括随着经济社会进入特定发展阶段出现的一些用极端暴力手段表达诉求的不理智行为，这类社会安全事件在基层社区相对突出，对社会情绪和社会秩序的稳定影响也较大；还包括新媒体及大数据发展下衍生出的非法动员组织等，也是社区需要注意的风险类型。

2. 社区灾害风险利益相关者

社区灾害风险管理的重点在于利益相关者。弗里曼将利益相关者界定为：能够影响组织目标的实现或者受到组织目标实现影响的人。社区灾害风险管理利益相关者是指：生活在该区域，为当地的社会经济发展做出了贡献，能够影响当地应急管理政策制定或实施，或是受到当地应急管理政策影响的任何组织或个人。根据这一定义，在社区灾害风险管理中，利益相关者包括地方政府（包括各级地方政府、各政府部门）、社区居民、社区管理机构、社会组织、驻区企事业单位等。有学者借鉴美国学者米切尔（Mitchell）和伍德（Wood）的观点，把应急管理中的利益相关者分为核心利益相关者、边缘利益相关者和潜在利益相关者。也有学者认为，可以借鉴克拉克森（Clarkson）提出的一种有代表性的分类方法，根据相关者群体与当前社区灾害风险管理联系的紧密性，将利益相关者分为首要利益相关者和次要利益相关者。这种分类其实是一种动态分类。根据不同阶段的发展，首要利益相关者有可能会逐渐变为次要利益相关者，次要利益相关者则有可能变为首要利益相关者。居于不同发展阶段的社区，地方政府、社区居民、社区管理机构、驻区企事业单位、社会组织等所承担的角色并不相同。各地利益相关者的不同地位与利益相关者的发育状况有关，有些地区居民参与意识高，有些地区居民参与意识低。因此，在采取社区灾害风险管理模式的时候，应该对当地各利益相关者的现状进行评价分析，充分利用各地利益相关者的资源，打造一种可以快速见效的管理模式（见表 8-3）。

表 8-3　　社区利益相关者划分

社区类型	首要利益相关者	次要利益相关者
农村社区	社区居民、政府、社工组织	社区管理者、社区企业事业单位
过渡社区	政府、社区居民	社工组织、社区管理者、驻区企事业单位
城镇社区	社区管理者、政府	社工组织、社区企业事业单位

资料来源：田建国，王玉海，谢恬恬，王晗．城镇化趋势下社区灾害风险管理模式初探．城市减灾，2015（2）．

8.2.3 社区突发事件风险管理现状

1. 发达国家的实践经验

国外发达国家十分注重社区减灾管理，形成了比较完善的防灾减灾体系。美国的"防灾型社区"的建设和运行取得了良好的效果，在组织形式、运行机制、宣传教育等方面值得借鉴，其中，开展社区防灾教育和培训是建设防灾型社区的重要前提，而防灾型社区建设的核心是建立社区与企业（或者说政府部门和民间组织等相关组织与机构）的伙伴关系，教育、培训及建立伙伴关系是社区提高其横向整合度和纵向整合度的有效方式。斯特（Stehr）认为，横向整合度和纵向整合度都高的社区，灾后重建工作通常进行得较理想：一方面，社区能动员自己的力量，针对社区自身的需求进行重建；另一方面，社区又能从外界取得更多重建所需的资源。德国联邦政府注重整合各类资源，提高全社会的风险管理能力。日本的社区（基层）灾害风险管理有两种做法：（1）政府在编制城市规划（地区防灾规划和应急预案）时，首先做好社区的风险评估；（2）政府与居民一起，或以居民为主体，基于政府提供的科学的基础资料，进行风险评估，制定不同比例尺的危险图和面向家庭的应急疏散避难图。日本作为灾害多发国家，提出了“公助、共助、自助”的减灾理念，并在法律中明确了各级政府、企业、社团和公民个人的权力、职责和义务，强化了自救、互救、公救相结合的合作关系。加拿大在法律中也明确了基层政府和居民的职责，鼓励社区居民开展自救和互助。

2. 中国社区灾害风险管理的现状

中国在社区灾害风险管理上进行了许多有益的探索，其中台湾地区的社区泥石流灾害风险管理已日趋成熟，已形成较完善的社区减灾管理机制。1999 年 7.6 级地震后，为了减轻灾害损失，并增强民众参与减灾的自觉性和主动性，台湾地区于 2000 年启动了非工程减灾方案：土石流（泥石流）疏散演习；2004 年开展了“自下而上”的土石流自主防灾社区建设，在预报预警和疏散避难等方面不断完善。实证研究表明，这些减少社区风险的方案（包括减灾工程、疏散演练及有节制的发展战略）符合成本效益。

中国大陆引入社区灾害风险管理概念已有多年，并在实践中不断充实，特别是汶川地震后，政府和学界越来越重视社区灾害风险管理研究和实践工作，加大了政策、技术和财政支持力度。例如，群测群防是我国当前山地灾害社区风险管理的“雏形”，是具有中国特色的地质灾害防治体系的重要组成部分，发挥着重要的现实作用。我国建起了一支 10 多万人的群测群防监测员队伍，在绝大多数地质灾害多发区建立了群测群防体系，完善了县、乡、村三级防灾责任制，并由政府落实补助经费，明确责任到人，严格落实汛期值班制度、险情巡查制度和灾情速报制度。为了充分调动广大群众防灾减灾的能动性，各地积极开展地质灾害防治知识宣传和培训，发放了地质灾害防灾工作明白卡、避险明白卡，实现对地质灾害隐患点附近群众的基本培训全覆盖，并开展综合减灾预案演练，以确保预案具有可操作性。

8.2.4　社区突发事件风险管理原则与流程

1. 社区突发事件风险管理原则

（1）科学运用社区灾害风险测量工具。

国外许多组织和研究者在社区灾害风险管理中引入并发展了一系列方法和工具，如美国联邦应急管理署开发了 HAZUS-MH 模型，可用以分析社区由洪水、飓风或地震所带来的灾害损失和风险；Pro Vention 联盟开发社区风险评估工具集，并进行了多个案例研究。其中，参与式 GIS（participatory GIS，PGIS）方法是国际社区灾害风险评估倡导的一种方法和研究热点，该方法将传统的参与式方法和 GIS 强大的空间数据采集、分析以及虚拟现实技术相结合，充分利用当地风险知识和 GIS 技术客观地对社区自然灾害风险进行动态评估，有效地提高了灾害风险评估的精确度和科学化水平，特别适合于灾害数据缺乏但具有丰富的当地知识的一些发展中国家的社区。

（2）充分利用社区当地风险知识。

当地知识（local knowledge）是指当地人民在自己长期的生活和发展过程中所自主生产、享用和传递的知识体系，与本土人民的生存和发展环境及其历史密不可分，是当地人民的共同精神财富，是当地人民实现独立自主和可持续发展的智力基础和力量源泉。在社区灾害风险管理中，社区居民有着丰富的与灾害相关的当地知识，即关于致灾因子、脆弱性和风险及应灾能力的知识和经验，具体包括：社区过去的灾害及其损害；风险因素及其价值；脆弱性及形成原因；灾害的处理策略和应用能力；社区环境发展变化情况。这些知识在社区灾害风险管理中是不可或缺的，不仅对于理解社区的风险、脆弱性、抗灾能力的社区发展规划和政策的制定非常重要，而且能够弥补遥感、传统地图等数据资料的不足。因此，社区灾害风险管理强调通过广泛的公众参与和充分的风险沟通，共同将当地知识转化为可利用的信息，以更合作的方式管理风险，使风险管理成为不同人员之间对话和协调的产物。

2. 社区突发事件风险管理流程

（1）风险评估。

1）风险交流。让公众（政府、社区居民、非政府组织、企业管理者）广泛参与到风险评估过程中，并与专家进行充分的交流，使社区的本地知识与专家的理论、方法和技术结合起来，渗透到风险管理的每一个环节，使风险管理成为公众和专家共同协调的结果。风险交流主要包括三方面的内容：建立关系，即通过正式或非正式访谈或会议的形式，与社区居民交流，初步建立良好的关系；明确环境，在建立关系的基础上，全面了解社区的自然、经济、社会和文化环境并收集相关资料，同时让政府人员和居民理解灾害风险管理的基本内容和要求；制订计划，在上述基础上制订风险管理工作计划，包括确定参与人员、工作的内容、方法和时间安排。

2）风险识别。风险识别是发现、认识和描述风险的过程，包括风险源识别、风险事件识别、风险原因及潜在后果识别。风险识别的主要目的是建立详细的风险清单。在社区灾害风险管理中，风险识别主要是运用各种参与式方法和 GIS 技术全面收集社区居民的“本地风险知识”，并将其转化为可利用的数据和信息。具体包括：历史灾情，主要运用 PGIS 方法全面收集社区居民对社区历史上灾害的致灾因子强度、概率、影响范围及造成的损失的认识，并分析社区脆弱性特征及原因；灾害风险认知，通过分析居民对社区可能存在的灾害的感知程度和可接受性，确定社区可能发生的灾害风险及其程度，并制定相应的风险准则，即评价风险重要程度的标准。

3）风险分析。风险分析是风险评价和风险处置决策的基础，是充分理解风险的性质和确定风险等级的过程。风险分析过程考虑风险成因和风险源、积极和消极的后果及后果发生的可能性，识别出影响后果和可能性的因素。根据风险的特点、分析的目的、信息、数据和可用的资源，风险分析可达到不同的详细程度。这种分析可以定性、半定量或定量，或采取以上方法的组合，这要视具体情况而定。具体包括：风险建模，即根据灾害风险理论和灾害的形成机制，运用相关软件构建灾害风险模型，为模拟不同灾害风险情景提供基础；历史灾情重建与模型校正，即运用所建的模型和收集的灾害数据重建历史灾情，并对模型进行校正；风险模拟，即运用校正的风险模型模拟研究区可能出现的灾害风险情景，模拟过程包括危险性分析、暴露分析和脆弱性分析；风险估算，即概率损失分析，分析各种灾害风险情景对社区可能造成的损失，包括直接经济损失、间接经济损失和人员伤亡损失。

4）风险评价。风险评价就是在风险分析的基础上，对风险进行分级和分类，确定需要处置的风险并进行排序，在此基础上对各种风险处理措施方案进行成本—效益分析，以决定是否需要采取这些措施。在实际评价过程中，应该在更加宽泛的背景下，不仅要考虑从风险中获益的各方，也要考虑承担风险团体对风险的容忍程度。在某些情况下，进行风险评价后，有可能决定进一步的分析，也有可能决定不再采取任何的风险控制措施，做出这一决定受组织的风险态度和风险准则的影响。风险评价的流程具体包括：风险分级，即根据风险估算结果和风险准则，对社区灾害风险进行分级，确定需要处理的风险；风险处置排序，即通过与社区居民的交流，根据社区的实际情况对需要处置的风险进行排序；风险成本—效益分析，即根据风险空间区划图设计相应的多种风险处置方案，并进行成本—效益分析，以确定需要采取的措施；风险空间区划，即综合上述分析结果制作社区突发事件风险空间区划图，为风险管理提供科学依据①。

(2) 风险处置。

风险评估之后，要对社区潜在的风险进行处置，以最大限度地减少灾害事故的发生，降低灾害风险。首先，对可能引发事故的因素加以控制，通过各种工程措施（如专业建筑规范、堤防、水坝等）和非工程措施（如法律法规、土地利用规划、保险、公共教育等），实现对常规风险源和具有重大事故隐患风险源的监控。依据国际国内标准和区域社会经济发展水平，确定可接受风险程度和损害水平，并最终确定区域风险管理规划和实施方案。其次，为降低事故发生后的损失，制定社区突发性事故应急预案和响应系统，包括组织结构、预测和预警、响应程序、防护和救援、技术储备、应急状态终止和善后处理、培训和演习、公众教育等内容。一旦事故发生，能迅速调取预案材料，指导应急行动按照预案有序进行，防止因组织不力或现场救援工作混乱而延误事故应急，从而降低人员伤亡和财产损失。

8.3　校园突发事件风险管理

8.3.1　校园突发事件概念及类型

1. 校园突发事件概念

《中华人民共和国突发事件应对法》规定："本法所称突发事件，是指突然发生，造成或者可能造成严重社会危害，需要采取应急处置措施予以应对的自然灾害、事故灾难、公共卫生事件和社会安全事件。"而校园突发事件（campus emergencies）则特指发生在学校内部或校园周边地区，威胁到师生生命或财产安全，或者会扰乱学校正常的学习、生活、工作秩序的突发事件。因为校园突发事件的主体是广大青少年，他们在生理及心理上都更容易受到侵害，且更容易受到社会的广泛关注，所以校园突发事件通常会对社会情绪安定和社会秩序稳定造成更大的冲击。

---

① 张振国，温家洪，李雪丽．面向社区的参与式灾害风险评估模型研究．灾害学，2013 (7).

与其他突发事件类似，校园突发事件也具备“突发性”“紧迫性”“危害性”等共有的要素。但因其发生场所及涉及人员的特殊性，使得校园突发事件存在一些自身特有的要素。一是“聚众性”。学校作为人口密集的场所，在突发事件中极易发生群死群伤，需要学校管理人员和政府相关部门格外注意。二是“针对性”。在很多社会安全事件中，有部分暴力恐怖分子或其他社会人员为取得更高的社会关注度，或为扰乱社会秩序、引起更大的社会恐慌，会专门针对学校等特殊的社会机构实施暴力行为。三是“脆弱性”。校园特别是中小学的主体人群年龄较小，对灾害的承受能力、在突发事件中的逃生自救能力及心理调适和恢复能力都较弱，因此在学校突发事件中总会受到不同程度的损害。在所有基层的突发事件风险管理中，校园突发事件是最特殊也是最应该引起警觉的突发事件。

2. 校园突发事件类型

常见的校园突发事件主要分为四种类型：

（1）自然灾害。在校园突发事件中，最需要防范的自然灾害类风险主要包括北方的冰雪灾害、南方的暴雨灾害、沿海地区的台风灾害等，还需要格外防范雷击灾害和地震灾害。

（2）事故灾难。特别需要注意防范的是教学场所和学生宿舍容易发生的火灾事故、电梯事故、突发事件引起的学生踩踏、各种交通安全事故等。

（3）公共卫生事件。公共卫生事件是学校特别需要注意防范的突发事件风险类型。学校作为人员密集且人口数量很大的机构，不利于公共卫生风险的防控，学校管理人员及政府相关管理机构要对学校的食物中毒、传染病疫情等的防控工作予以持续性的高度关注。

（4）社会安全事件。随着风险社会的来临以及由于经济、社会等多方面的原因，暴力恐怖事件的爆发数量在近几年明显增加，这也使得学校突发事件的风险防范工作越发艰巨而重要。包括针对校园的恐怖袭击事件、劫持人质事件、群体械斗事件等，一旦发生，不但会给学校带来重大的损失，威胁广大师生的人身安全，而且会影响到地方社会秩序和社会稳定。除了此类重大社会安全事件外，校园暴力事件、虐待儿童事件，以及高校遇到比较多并且难以处置的自杀、他杀和意外死亡等非正常死亡事件，也是需要重点防范的校园安全事件。

而除此四类突发事件风险外，学校因其独特性，也存在一些特殊的风险事件类型，主要包括：

（1）网络与信息安全事件。随着网络社会的快速发展和大数据时代的到来，学校特别是高校成为网络时代的生力军，也是最容易被网络和信息安全事件波及的机构。学校及相关管理部门要注意防范信息安全事件、设施设备故障以及在特殊时间或事件发生时的网络攻击事件等。同时，要对广大青少年进行相应的安全教育、思想教育以及配合相关部门进行网络舆论引导，防止青少年受到网络不良信息和不实言论的不当引导。

（2）教育考试安全事件。学校及相关管理机构在参与和组织各级各类考试中，要严格防范可能会发生的试题泄密等破坏考试安全保密性的突发事件，对可能发生突发事件的环节包括入闱命题环节、试卷保管环节以及评卷环节等进行严格监控，确保考试的公正性；同时，在重大考试中，要加强技术检测手段和安保能力，严防可能出现的各种舞弊行为，在公安机关的协助下坚决打击试图破坏考试秩序的行为，维护考场安全。

8.3.2 校园突发事件的特点

1. 破坏性大

突发事件发生通常会造成重大的人员和财产损失，而学校因其特有的环境、人员等因素，在突发事件中遭到的破坏往往更加巨大。首先，学校聚集了包括教师、学生、行政人员和其他的后勤辅助工作者等大量的人员，属于人员密集型场所，而且与商业场所、娱乐场所、餐饮场所以及其他一些人员密集型场所相比，学校的人员流动性不高（中小学的工作日时段以及高校的非寒暑假时段，学校会一直聚集固定的大量人群），这就导致一旦爆发了突发事件，人员损失的可能性极大提高，很容易发生群死群伤的事件；同时，学校的主体是学生，年龄层次低，特别是中小学校，受限于学生自身生理年龄限制，逃生和自救经验不足，特别是在校园暴力事件等社会安全事件中，容易受到侵害。

2. 社会影响深远

学校是特殊的社会场所，是整个社会正常运转所必需的中心机构之一。作为为社会培养人才的场所，学校历来受到全社会的重视和关注，因此，一旦爆发突发事件，通常会迅速成为媒体报道的焦点。而在校园突发事件中，通常会造成人员伤亡和学校财产损失，有些甚至会影响和破坏学校的形象及声誉。在新媒体高度发达的时代，校园突发事件这类焦点事件会经过新媒体迅速地传播、扩散，各种碎片化的信息和网络谣言相互作用，使得信息真假难辨，如果缺乏迅速有效的舆论引导，很容易引发社会心理的不稳定而导致群体极化，甚至威胁地方社会的稳定和正常的学习工作秩序。

3. 风险管理难度大

突发事件爆发契机的偶然性、多变性和不确定性，导致突发事件的风险管理工作异常复杂，而校园突发事件的风险管理则是其中难度最大的类型之一。首先，学校的突发事件风险更难以预测。学校因其独特的性质导致各种风险隐患多且复杂、纵横交错。突发事件风险受到时间、地点、人员等的影响度的不同变化，会表现出不同的爆发程度甚至形式，而学校作为人口大量集中的复杂场所，各种因素相互影响、相互转化，导致风险千变万化，难以预测；同时，随着经济、社会等存在的各种问题以及风险社会的全球化，各种风险开始越来越多地出现在社会生活当中，而学校因其特殊的社会地位，容易成为社会安全类突发事件的破坏目标。因校园突发事件与同类突发事件相比社会影响力更大，广大青少年、儿童自身防御手段和能力更薄弱，因而一些抱有特殊目的，妄图破坏社会稳定、造成人民恐慌的暴力恐怖分子，一些试图通过极端暴力手段进行利益诉求的人员常常会选择学校作为破坏目标，从而严重威胁广大师生的人身安全。这种风险受实施者主观情绪的影响而更加具有不确定性，更加难以预测，因而校园突发事件的风险管理要求更高的技术手段、更完备的防范措施，甚至需要相应的经济、技术、法律保障以及其他相关政府部门的通力配合①。

---

① 孙斌．学校突发事件应急管理存在的问题及解决对策研究．中国安全科学学报，2006（12）．

8.3.3 校园突发事件的预防与管理

1. 建立校园风险清单，绘制校园风险地图

（1）建立风险清单，实现群防群控。

1）全面收集校园整体风险情况。根据学校所在区域的地理位置、人文环境等，依据相关专家指导，并结合历史文献资料，对学校的安全风险情况进行整体的评估和把握，如是否处于地震带范围、是否易受台风影响、是否处于泥石流高发区域、校园周边是否存在固定危险源、校园区域社会安全及治安状况等，并据此经过认真严谨的调查分析，确定学校存在的大的风险类型，如自然灾害、事故灾难、公共卫生事件、社会安全事件等。

2）找出关键风险因子。根据校园风险的整体情况进行更加细化的考察和评估，力争将校园区域内所有可能导致突发事件的风险因子列入风险清单，保证清单的全面性。如：对学校火灾隐患的排查，评估火灾发生的可能性；对校园防洪涝灾害的排查，评估在洪涝灾害中可能出现的次生风险；对校园建筑进行测评，包括抗震指数、设计合理性、在何种情况下有发生踩踏事故的风险；对校园周边的道路交通情况进行测评，评估学生发生交通事故的风险指数；对校园周边安全环境进行调查，测评出现社会安全事件并威胁到学校正常学习工作秩序或广大师生生命安全的可能性，等等。保证清单的具体性和针对性。经过一系列系统细致的分析和排查，制定出校园的风险清单，并找出最容易导致突发事件风险的关键因子，长期严格防范，尽量降低风险发生的概率。

（2）绘制校园风险地图，划分不同区域。

根据确定好的校园风险清单，将校园及周边区域划分为重点区域、危险区域和安全区域。重点区域主要包括距离学校较近的医院、派出所等机构，可以在校园突发事件中提供相应协助、发挥重要作用的部门；危险区域则是根据风险清单所列举的风险类型，在面临不同风险时最危险的区域，须要求学生记牢，以便在面临不同突发事件时远离相应的危险区域；安全区域则比如学校操场、体育馆或校园周边的公园、广场等，是在面对一些风险时可以快速撤离到此并能保证安全的区域，相当于应急避难场所。校园风险地图的绘制要经过相关专业部门的科学评估和审核，确保地图绘制的科学性和合理性。地图绘制完成后，要通过各种方式向广大师生宣传，要求广大师生学习，使其能熟练分析各种区域，了解学校及周边相关环境和存在的各种风险，以提升其自救逃生能力；并积极倡导广大师生根据自身实际经验对校园风险地图进行不断的补充和完善，力争将风险消于无形之中。

（3）制定有针对性和系统性的校园应急预案。

突发事件的发生具有突发性和不确定性，因此很多突发事件的发生并不能被准确地评估。即使风险评估的科学性和准确性得到了最大程度的体现，也并不能够完全避免突发事件的爆发。因此，要想在各级各类突发事件爆发时尽量完善处置过程、降低其破坏程度、加快善后恢复速度、维护正常的社会秩序和社会稳定，就必须制定相应的应急预案。而校园应急预案的制定有两条准则：

1）校园应急预案要在阐明相关应急总体思想和制度的前提下保证具体性和可操作性。

在校园应急预案中，考虑到大多数未成年人受限于自身生理因素或逃生自救技能较弱，为充分保证校园和广大青少年的安全，要尽量将职责细化和明确，减低操作难度，以利于统一指挥突发事件的应急响应。比如，在突发事件爆发的紧急状况下，哪些人负责指导学生疏散撤离，哪些人负责采取基础的救护措施，哪些人负责通知应急部门和与医疗、公安、消防等其他相关部门取得联系并在必要时提供救援，哪些人负责相关信息发布，哪些人负责学生心理疏导、维持秩序稳定，等等。只有将职责明确到个人、将措施最大程度地具体化，才能在突发事件爆发时做到有备无患，真正掌控局面。

2）校园应急预案编制应实现体系化。校园突发事件风险多种多样且千变万化，因此要想更好地应对校园各种风险，就不能指定某一单一的应急预案，而是要在制定学校的整体应急预案之后，根据不同的风险类型制定相应的专项应急预案。其中，整体应急预案作为总体的制度性文件，要规定学校面对突发事件时的应急方针、政策，应急组织机构及相关应急职责，应急行动、措施和保障等基本要求和程序；专项应急预案则要根据不同的风险类型制定不同的处置程序和具体实施方案以及注意事项等。以整体应急预案为指导，以其他专项应急预案为补充，才能构成校园应急预案的完整体系，适应不断变化的校园风险。

2. *深入开展安全教育，提升风险意识与应急能力*

为了适应风险社会的要求，降低各种突发事件对学校的破坏性，减少突发事件造成的各种损失特别是人员损失，学校要利用多种形式，广泛开展安全风险教育。由于我国安全风险教育尚未形成体系和习惯，广大青少年学生和学校教职员工普遍存在安全风险意识不强、安全素质整体偏低的情况，因此，学校要深入推进开展安全教育进课堂、进教材活动，教育师生掌握正确的逃生、避灾、救灾知识和自救、互救的本领，以应对不断变化的校园风险，维护校园安全环境。在安全教育中要遵守几项基本原则：

第一是风险知识传授要具有针对性。比如，在校园风险中比较典型的是火灾风险，因此要有针对性地在师生中普及火灾中的基本技能，如在教学场所、学生宿舍等不同地点发生火灾时分别应该采取何种措施。要教给学生遇到火灾时的逃生和自救办法，其中应特别强调失火时要保持清醒的头脑，冷静应对，选择正确的避难措施和逃生途径。

第二是安全教育手段要多样性和趣味化。为了保证安全教育的效果，要针对不同学校的特点和不同学生年龄层次的接受程度选择不同的形式，根据学校自身的特点选择学生喜闻乐见、容易接受、生动活泼的教学方式。比如，在高校可以多运用安全讲座、宣传教育片以及学生与专家面对面交流的形式，中小学可以开展知识竞赛、开设安全教育课，并配合以安全教育画册、挂图、墙报、板报等形式；幼儿园及小学低年级小朋友则可以通过参观、观看简单的动画片等形式来学习逃生、避险、自救、互救等知识。安全教育要尽量简明，易于记忆。安全教育工作者要多总结归纳、提炼出一些简单核心的应对步骤和应对技巧。可以编成一些针对中小学生的记忆歌谣，如“过马路，眼要明，一路纵队靠右行，车辆靠近早避身”“震时莫慌张，拥挤会致伤”“食物中毒，催吐为先”等。

3. *应急演练*

为了更好地应对校园风险，尽量降低学校在各级各类突发事件中的损失，提升学校风险管理的能力，在绘制翔实可靠的校园风险地图，要求广大师生掌握必备的逃生避险、自救互救的应急技能的同时，学校还需要举行针对不同类型风险的应急演练。应急演练的重要作用在于，可以检测应急预案的合理性和可执行程度，充分反映出应急预案存在的问题，以利于管理者对应急预案进行修改和完善。同时，可以以实践的方式加深广大师生对应急预案和相关安全知识的掌握程度。中国古代诗人陆游在《冬夜读书示子聿》中写过："纸上得来终觉浅，绝知此事要躬行"。在校园突发事件的风险管理工作中，此种观点也同样适用。即使广大青少年将各种安全知识和技能背诵得很熟练，但如果缺少应急演练，真正面对突发事件、面对各种可能出现的问题时，学生们还是容易惊慌失措，不能将逃生自救等技能充分发挥，甚至可能会因为慌乱引发各种次生灾难。

我国政府已充分认识到在提升校园突发事件风险管理水平的工作中加强校园应急演练的重要性。2014 年，教育部发布了《中小学幼儿园应急疏散演练指南》，明确了学校演练准备、实施、总结等不同阶段的细节要领，并对应急演练的次数做了规定：中小学校每月至少要开展一次应急疏散演练，幼儿园每季度至少要开展一次应急疏散演练。同时，在校生较多的城镇中小学、农村寄宿制学校要适当增加应急疏散演练的次数。通过针对火灾、地震、社会安全事件等不同风险类型的应急演练，让广大师生更加熟悉应急预案的具体流程，明确各自的职责，在实践中熟练掌握和提高自救互救的基本技能。比如，在火灾现场，通过演练的方式让学生实践在安全教育课程中掌握的火灾现场的逃生方法：尽可能用湿毛巾等物品掩住口鼻，弯下身子，小步快跑；利用绳索、窗帘、布匹、消防水带等来开辟逃生通道。这种直观的方式能让学生在置身于火灾的情境下确切明白应该如何做，印象会更加深刻，将知识变成本能。同时，经过这种仿真的模拟，可以有效消除真正面对火灾现场时的过度惊慌，减少因惊慌引起的类似逃生过程中的踩踏事件等的次生灾害发生，使得学生在遇到类似灾害的时候有更大的可能性能够顺利、安全逃生，降低人员伤亡数量①。

在"5·12"地震中被称为"最牛校长"的四川省绵阳市安县桑枣中学校长叶志平，一直致力于学校教学楼的安全与紧急疏散的演练。他想方设法到处寻求支持，加固已有的一栋实验教学楼，先是拆除与此相连的具有安全隐患的厕所，接着除去楼板缝中原来填充的水泥纸袋，灌注混凝土，再拆掉笨重的砖栏杆，换上轻巧、美观、结实的钢管栏杆，最后将整栋楼的 22 根承重柱子，按正规的要求重新灌水泥，加粗为 50 厘米以上的五棱柱。历时 3 年多，以蚂蚁啃骨头的精神，筹集 40 多万元，一点点将这栋楼修好。对新建的楼，他的要求更严。他从 2005 年开始，每周安排一次安全教育课，每学期要在全校组织一次紧急疏散的演习。每次紧急疏散演练之前，他都会讲清疏散路线和注意事项，次数多了，教师和学生对疏散要领都谙熟于心。地震当天，他从绵阳冲回学校，看到的是这样的情景：8 栋教学楼部分坍塌，全部成为危楼。他的学生——11～15 岁的娃娃们都挨得紧紧地站在操场上，老师们站在最外圈，四周是教学楼。他最为担心的那栋实验教学楼没有塌。由于叶志平校长的坚持，由于做了充分的预防和应急准备，当灾难来临时，桑枣中学能够有序应对，损失很小。

---

① 高彧．校园暴力防范与突发事件处置．北京：科学普及出版社，2011.

8.4　企业突发事件风险管理

8.4.1　企业突发事件概述

1. 企业突发事件的概念

企业突发事件从其突发性来界定，主要体现它的负面影响，如飞机失事、火车脱轨、轮船沉没、毒气泄漏、火灾、爆炸坍塌、漏水、漏油等恶性事故。我们可以认为企业突发事件是指在企业经营管理活动中，由某种必然因素支配下出人意料地发生，给企业造成严重危害、损失或影响且需要立即处理的负面事件。

2. 企业突发事件现状

我国企业突发事件数量整体上呈现下降趋势，大部分地区和重点行业领域的安全状况基本稳定。2015 年，企业突发事件中最高发的煤矿事故同比下降 32.3%，死亡人数同比下降 36.8%。但值得注意的是，企业突发事件的级别开始增高，特大事故时有发生，危害严重，影响恶劣。同时，一些与百姓生活密切相关的领域如电梯、旅游、餐饮、道路交通等重大事故增多，直接影响人们的安全。

3. 企业常见突发事件的类型

（1）建筑施工事故。

工程建筑工地上，具体施工的工人要围绕建筑物进行作业，由于建筑物的不可移动性，导致建筑施工中容易出现以下几类事故：

1）高处坠落。在建筑施工作业中，35%～40%的事故是工人们在洞口、脚手架、模板、龙门架或临边作业时，由于疏忽或其他原因，从两米以上高度坠落造成的。

2）物体打击。由于建筑工程的工期较长，出于对施工全局的统筹安排，在一些时期施工中会出现交叉作业。在交叉施工中常见的事故是物体打击，可达到事故总数的 12%～15%。

3）触电。触电事故为施工中的多发性事故，达到事故总数的 18%～20%。建筑施工中的触电事故主要是指电动机械和电动工具使用不当导致的事故。

4）机械伤害。此类施工事故主要是指因某些机械设备的操作不当给相关工作人员带来的伤害，这种事故发生率达 10%。具体机械设备包括垂直运输机械或机具和钢筋加工、混凝土搅拌、木材加工等机械或机具。

5）坍塌。土方坍塌事故占事故总数的 5%～8%。随着基础工程越来越多，土方越来越多，坍塌事故发生的概率也随之提升。

（2）特种设备事故。

由于工作人员的不安全行为或特种设备本身处于不稳定状态，在设备的制造、安装、维修、检测活动中，可能造成设备的损坏、运行中断甚至是人员的伤亡。

（3）火灾事故。

《火灾统计管理规定》指出，凡失去控制并对财物和人身造成损害的燃烧现象都为火灾。按照生产安全事故等级划分标准，火灾可分为特别重大火灾、重大火灾、较大火灾和一般火灾四个等级。引起火灾的原因大致有下列几种：

1）民用爆炸物品爆炸引起的火灾。

2）易燃可燃液体、可燃气体、蒸气、粉尘以及其他易燃易爆化学物品爆炸引起的火灾。

3）破坏性实验中引起非实验体燃烧的事故。

4）机电设备因内部故障导致外部明火燃烧、需要组织扑灭的事故，或者引起其他物件燃烧的事故。

5）车辆、船舶、飞机以及其他交通工具发生的燃烧事故，或者由此引起的其他物件燃烧的事故。

（4）群体性食物、煤气中毒。

食物中毒是人们服食有毒食品引起的急性发病过程。主要是指人们食用了含有致病微生物及其毒素的食品或食用含有毒性物质的食物而引起的中毒。

煤气中毒是人们吸入一氧化碳导致的中毒，一般根据中毒时间长短分为轻度中毒、中度中毒和重度中毒三种。轻度中毒的时间短，中毒人神志清醒，以头痛眩晕、心悸、呕吐、四肢无力为主要症状，一旦脱离中毒环境，症状迅速消失且无后遗症；中度中毒的时间稍长，中毒者往往意识模糊、虚脱甚至昏迷，及时抢救的话能迅速清醒，几天内能完全恢复；重度中毒由于发现较晚，吸入一氧化碳浓度高，中毒者一般深度昏迷，四肢厥冷，血压下降，各种反射消失，容易迅速死亡。

（5）其他群体性突发事件。

在企业发展壮大过程中，其自身或外部容易出现矛盾，这些矛盾就成为影响企业的不稳定因素，随着矛盾的激化，一些突发性群体事件就会伴随出现，如：罢工、集体上访、游行、堵路拦车、围堵企业管理机构等。

4. 企业突发事件的负面影响

企业突发事件属于偶发性事件，一般发生的概率比较低，但一旦发生，其破坏性相当大。具体说来，突发事件对企业的消极影响有以下几方面：

（1）使企业营销战略的整体性受到影响。一般企业的市场营销活动是整体化的行为，不论是营销战略的制定还是企业销售网点的选择，从广告宣传模式到营销实施程序，都有严谨的设计。但一旦爆发突发事件，就会破坏市场营销战略的整体运作，使市场活动处于无序状态。

（2）降低企业信誉。在通信行业迅猛发展的今天，突发事件一经曝光，将大大降低企业信誉，公众对企业及其产品服务可能拒绝接受，这将影响企业的市场营销能力。丰田公司就是因突发事件，使得销量骤跌，几近倒闭。

（3）破坏企业形象。企业形象是企业竞争力的重要组成部分，能够起到吸引公众购买的作用。作为一项无形资产，多数企业都对其形象非常重视，但是一旦遭遇突发事件，将可能对企业的形象造成不利影响，甚至使企业形象毁于一旦①。

① 黄建发. 企业的应急管理和社会责任. 现代职业安全，2010（5）.

8.4.2　企业突发事件的成因

1. 企业生产系统中存在危险因素

在企业自身的生产系统中，存在一些容易导致突发事件的危险源，例如：在生产过程中产生的有毒物质、易燃易爆物质、明火及电磁辐射等。这些危险源在区别时可分为物理性危险、化学性危险、生物性危险。比如在煤矿企业中，容易引起煤矿突发事故的主要因素就是瓦斯、水、火、煤尘、顶板和机电设备，常见事故如地下水渗透、瓦斯积聚超限、煤尘自燃、电器火灾、顶板支护不严等。

2. 企业管理制度和措施不当

安全决策失误、计划失误、监督检查失误、安全文化氛围欠佳、组织人失误，这些因素都容易引发企业突发事件。

（1）基层负责人缺乏责任感。

企业的基层负责人是一个企业的基础。基层负责人缺乏对企业的归属感和责任心，不能够积极认真完成工作，对于安全生产更是不闻不问、毫不知情的话，那么其所带领的班组就缺乏凝聚力，干劲不足，容易引发企业安全生产突发事件。

（2）企业安全活动针对性差、制度流于形式。

有部分企业安全生产活动内容比较简单，除了在宣传时召开安全生产工作会议、悬挂一些安全标语以外，没有针对某些具体岗位的安全教育活动，安全工作也没有落实岗位责任。一些技术岗位培训往往流于形式，并没有具体任务。更有少数基层管理人员借口“时间紧、任务重”而未能严格执行安全生产规章制度。同时，由于连续作业，往往造成员工身心疲劳，容易出现安全生产规章制度执行不力的情况。

（3）缺乏安全生产的正面激励。

所谓负激励，是指当组织成员的行为不符合组织目标或社会需要时，组织将给予惩罚或批评，使之减弱和消退，从而抑制这种行为。一般负激励主要表现为：警告、纪律处分、经济处罚、降级、降薪、淘汰等。负激励在某种程度上能使员工们遵守安全生产的规章制度，但一味使用负激励也容易引起员工的反感。例如，在安全生产管理中，员工为了提高效率，不按照安全操作规程操作，结果被罚款，这个时候，员工就会变本加厉，在领导不在场的时候，严重违反安全操作规程，虽然没有造成安全事故，却使得其他一些员工也学会了相应的方法，进而导致安全事故发生的概率提升，最终的结果就是引发安全事故。另外，负激励使用不当，也会造成员工的报复心理。例如，员工没有按照安全操作规程操作，得到了过于严厉的负激励——处罚，这个时候，员工就可能产生报复心理，进而不按照安全操作规程操作，导致设备出现严重故障甚至是安全事故。

（4）员工缺乏安全意识。

部分企业的安全理念不明确，这样使得企业员工安全生产的意识不足，对安全作业认识不够，没有良好的安全作业习惯。企业缺乏生产安全氛围，容易造成员工不按安全规章制度开展作业，从而容易造成安全事故。

3. 经济和社会环境变化

企业是社会化的产物，受社会和经济环境的影响较大。环境的转变可能给企业的生存和发展带来各种影响，成为一种外部因素。企业只有适应经济社会环境，才能立足发展。通胀的影响、经济发展的趋向都可能导致企业突发事件。在企业进行结构和体制改革过程中，或者在企业管理创新过程中，一些方案的实施可能会使得企业中一部分人的利益受到损失，这部分人可能是企业的领导干部，也可能是普通员工，无论是谁，心里都会有些抱怨，这种抱怨如果不能及时得到处理，往往就会形成矛盾并进一步激化，很有可能会爆发群众性事件。一些企业在减员增效、效益下滑或企业破产时，由于对员工利益处理不当，使员工工资、保险费用等不能正常发放和缴纳，造成职工生活难以保障时，这类冲突就极易发生。

4. 职工法律意识淡薄

随着社会主义法制化进程的加快，人们的法律意识也随之提高，然而在一些企业中，部分员工的法律意识依旧不高，在个人利益和集体利益、群众利益相左时，往往不善取舍。有的员工认为利益至上，就不惜破坏社会正常秩序；有的员工崇尚暴力，不善于通过合法的途径解决纠纷。

8.4.3 企业突发事件风险管理的策略

1. 树立危机意识，强化安全意识

随着社会的发展和法制的健全，在人们生活富足安定的环境下，危机意识普遍薄弱，尤其是一些企业，安全危机意识在领导和员工心中毫无地位，以至于对危机根本毫无防范，这样就使得一些突发性较强、破坏性极大的灾难性事件在近些年时有发生。所以，我们要树立危机意识，防患于未然。

企业预防突发事件，首先应当强化员工对危机的识别意识。如果能够强化全员意识，对危机的预防就能达到事半功倍的效果。当然，危机意识需要企业有针对性地进行培养，例如：普及危机管理的知识，这些知识可以包括生活中的各个方面，职业、生产等均能成为树立员工危机意识的好途径，让员工意识到生产生活中危机随处都在，使员工懂得如何辩证对待危机、如何运用得当的方法解决危机；同时，还可以采用案例分析法，通过让员工加强对危机案例的思考来提升员工的综合素质。

通过员工危机意识的培养，能够强化员工的责任感和主人翁意识，使员工的危机意识转化为自觉行为，使员工具有正确认识自己、辨识危机并独立处理危机的能力。此外，关于强化安全意识，重在坚持。企业发展大计，安全是保障，安全是基石，安全意识的培养不但是员工入职培训的重要内容，而且贯穿于员工的整个职业生涯。

同时，还需要在企业中大力开展安全教育，通过多种多样的形式和途径，使安全工作深入人心，使员工和群众明确安全工作的目的和受益者。为了营造安全工作的良好氛围，企业除了可以采用传统的召开动员大会、张贴宣传标语和挂图、悬挂安全横幅做法外，还可以通过一些工会活动来实现，例如：组织安全知识演讲、安全知识有奖答题活动、安全工作竞赛活动等，有条件的企业还可以采用聘请安全生产大使等形式帮助营造安全工作氛围。一些旅游企业，可以通过发放安全宣传培训资料、警示牌和播放光盘来适时地对游客开展安全教育。

2. 注重企业内部利益的均衡

企业在发展过程中，除了要积累更多财富外，还要注重对职工利益的保护。防止因职工收入差距过大，引起职工内部矛盾，进而演化成对企业管理制度的不满。要树立正确的企业管理理念，在企业中建立内部利益均衡机制，使得企业中不同群体的利益均能得到有效保护。同时，对企业中一些基本保障制度要加以明确落实，包括失业保险制度、下岗职工的基本生活保障制度等。

3. 建立有效的风险管理运行机制

突发事件的发生往往会给企业带来各种威胁。值得庆幸的是，各种突发事件在发生之前都会出现某些征兆，如果企业善于捕捉这些征兆，就可以通过建立有效的风险管理运行机制，来对各种风险进行有效的防范，减少突发事件带给企业的损失。企业可以通过配备相关工作人员，完善岗位职责和分工，新增或优化相关管理制度、流程和授权，完善控制证据，加强制度执行等途径强化内部控制，建立风险源辨识、风险评估、季度重大风险监控、日常专项评价、年度内控评价、内控缺陷认定、缺陷整改报告、风险分级分类标准更新等一体化闭环风险管理机制。

4. 促进风险管理，实现定性向定量的转变

为了加强风险管理的精准性，需要切实推进风险管理的定量化。如神华集团公司就一直努力将风险管理由定性向定量转变。经过多年的探索和努力，2012 年 12 月初步建立了煤炭风险预警指标体系，这套指标体系包括 8 大风险，含 59 项定量指标、20 项定性指标，每一项指标设立警度和参考标准（见表 8-4），为处于安全高危行业的煤炭板块提供了一套重要的风险预警和控制工具，根据测试结果总结出管理层应该关注的风险事项。

表 8-4　　神华集团公司煤炭企业风险预警指标体系

序号	风险类型	风险级别	定性/定量	单一指标测试	综合指标测试	测试方法
1	战略风险	顶层风险	定性	√	√	访谈测试
2	财务风险	核心风险	定量	√	√	数值计算
3	市场风险	运营风险	定量	√	√	数值计算
4	资源风险	运营风险	定量	√	—	数值计算
5	环境风险	运营风险	定性	√	√	数值计算
6	安全风险	运营风险	定量	√	—	数值计算
7	人力资源风险	基础风险	定量	√	√	数值计算
8	政策法规风险	运营风险	定性	√	√	访谈测试

本章小结

1. 风险管理是对风险的事前预测和控制，不但要注意控制、消除已存在的风险，更需要注意预防、减少新风险的出现。

2. 应急预案提供的不仅是制度性的文件，还应包括突发事件发生前应做的具体的预防与准备工作。基层预案的编制应针对本区域实际情况，内容尽可能详细、具体实用，具

有很强的可操作性，便于执行。

3. 提升基层民众安全意识及技能是长期而重要的工作。

关键术语

风险　基层风险管理　风险识别　复原力　重心下移　关口前移　社会稳定风险评估　风险管理长效机制

复习思考题

1. 如何理解基层风险管理的重要意义？
2. 何谓有准备的社区？社区面对灾变时有何应急办法？
3. 试述如何对学校存在的风险进行科学评估。
4. 试述各类型突发事件的类型、成因及防范对策。

阅读案例

国外校园风险管理做法与经验

发达国家非常重视学校突发事件风险管理，把学校突发事件作为国家公共危机的一部分进行管理，多元力量参与其中以确保校园安全，包括政府、企业、社团和公民个人，并且制定了一系列规范以确保各方的权力、职责和义务分工明确。其中以日本和美国的管理做法与经验尤为突出。

日本：加强防灾安全教育

日本非常重视公民的安全素质，因此将防灾安全教育纳入国民教育的体系中，从小学开始就把防灾安全教育纳入教学大纲。日本在学校内开设防灾课程，教授孩子自救互救的基本技能和其他安全知识，有些学校给学生布置作业：发一张地图，上面标示着学校和家庭附近的区域，让孩子们按照放学后回家的路线，在地图上标出警察署、公用电话亭、饮水处、可避难的公园等重要地点。学校设有专门的应急物资储备仓库，储备食品和药品、帐篷等应急物资，标准为每两人3.3平方米。学校还为每个学生准备了配套物资齐全的防灾包，内有食品、药品、饮用水、毛巾和具有手摇式充电功能的收音机等。日本的学校还经常举行各种防灾演习，让学生熟知各种躲避危险的流程，在演习中不断发现其他潜在风险并加以防范，政府也常常派专业的防灾指导人员到学校组织各种防灾活动。

美国：建立成熟的校园风险管理体系

美国校园风险管理的突出特点是风险管理体系明晰完善、政府与社会力量相结合。美国设立有专门的“校园风险管理小组”。管理小组分为三个级别，分别是地区管理小组、社区管理小组和校区管理小组。其中，地区管理小组负责校园整体安全和相关政策的评估审议，成员包括心理健康工作者、警方代表、专家和社会服务人员等；社区管理小组负责资源调配，在本社区内的学校发生突发事件时迅速支援，提供技术支持，成员包括各类风险管理中心办公室人员和心理健康工作者；校区管理小组主要负责风险干预和心理咨询服务，成员包括学校行政人员、医护人员、社会工作者、法律顾问、教职员工等。

同时，美国的所有公办与私立学校，都必须通过对本校所处的自然环境和社会环境进行科学严谨的考察和监测分析，制定应急预案。各类学校的应急预案都非常具体、细致，并具有可操作性，甚至有细化到针对单个教学楼的应急预案。学校把应急预案印制成指导手册，发给师生。在预案中也有明确的处置步骤、具体的反应操作程序和责任划分，包括隐患排查、预警、提前干预、事故预测、紧急报警、危机评估、计划启动、紧急通信、疏散撤离、封闭校园、紧急避难、自我保护、家长沟通、新闻发布等。

美国政府每年投入大量资金用于支援消防、警察和公共卫生等专业性机构指导学校进行应急演练，购买紧急物资和装备，培训工作人员等。联邦政府每年拨款数额都在 3 000 万美元左右。同时，美国也十分重视社会力量对学校应急管理的协助作用。私营机构和非政府组织都会参与到校园突发事件风险管理中来。学校会与所在社区和其他志愿者组织密切联系，共同维护校园安全，包括法律机关、学区代理人、检测鉴定部门、青少年案件负责部门等社会、健康、福利部门。

（资料来源：杨力，邢娟娟. 学校突发事件应急管理与预案模式探讨. 中国安全生产科学技术，2010（1））

案例思考题

1. 日本及美国的校园风险管理经验给我们哪些启示？
2. 试述我国校园风险管理的缺失与对策。

图书在版编目（CIP）数据

突发事件风险管理/张小明主编. —北京：中国人民大学出版社，2018.10
全国党校行政学院系统应急管理系列教材
ISBN 978-7-300-25606-1

Ⅰ.①突… Ⅱ.①张… Ⅲ.①突发事件-风险管理-高等学校-教材 Ⅳ.①D035.34

中国版本图书馆 CIP 数据核字（2018）第 032719 号

全国党校行政学院系统应急管理系列教材
突发事件风险管理
主　编　张小明
副主编　董幼鸿　逯惠艳
Tufa Shijian Fengxian Guanli

出版发行	中国人民大学出版社		
社　　址	北京中关村大街 31 号	**邮政编码**	100080
电　　话	010－62511242（总编室）		010－62511770（质管部）
	010－82501766（邮购部）		010－62514148（门市部）
	010－62515195（发行公司）		010－62515275（盗版举报）
网　　址	http://www.crup.com.cn		
经　　销	新华书店		
印　　刷	北京昌联印刷有限公司		
开　　本	787 mm×1092 mm　1/16	**版　　次**	2018 年 10 月第 1 版
印　　张	15.5	**印　　次**	2023 年 5 月第 7 次印刷
字　　数	359 000	**定　　价**	55.00 元

中国人民大学出版社　管理分社

教师教学服务说明

中国人民大学出版社管理分社以出版工商管理和公共管理类精品图书为宗旨。为更好地服务一线教师，我们着力建设了一批数字化、立体化的网络教学资源。教师可以通过以下方式获得免费下载教学资源的权限：

★ 在中国人民大学出版社网站 www.crup.com.cn 进行注册，注册后进入“会员中心”，在左侧点击“我的教师认证”，填写相关信息，提交后等待审核。我们将在一个工作日内为您开通相关资源的下载权限。

★ 如您急需教学资源或需要其他帮助，请加入教师 QQ 群或在工作时间与我们联络。

中国人民大学出版社　管理分社

教师 QQ 群：648333426（工商管理）　114970332（财会）　648117133（公共管理）
教师群仅限教师加入，入群请备注（学校＋姓名）

联系电话：010-62515735，62515987，62515782，82501048，62514760

电子邮箱：glcbfs@crup.com.cn

通讯地址：北京市海淀区中关村大街甲 59 号文化大厦 1501 室（100872）

管理书社　　人大社财会　　公共管理与政治学悦读坊